RELIGIÓN Y POLÍTICA EN LA
CUBA DEL SIGLO XIX

Colección "Cuba" y sus Jueces

Ediciones Universal, Miami, 1975

Eduardo Barros

MIGUEL FIGUEROA Y MIRANDA

RELIGIÓN Y POLÍTICA EN LA CUBA DEL SIGLO XIX

El Obispo Espada visto a la luz de los
archivos romanos 1802-1832

··EDICIONES UNIVERSAL

P.O. Box 353
Miami, Florida, U.S.A. 33145.
1975

Primera edición, 1975

Library of Congress Catalog Card Number: 73-94180.

Dibujo de la portada reproduce el Oleo de Vermay con el Acto Inaugural del Templete. Oficia Espada, preside el General Vives.

Depósito Legal: B. 53.179-1974

ISBN-84-399-3122-0

Printed in Spain   *Impreso en España*

Impreso en el Complejo de Artes Gráficas MEDINACELI, S. A.
General Sanjurjo, 53 — Barcelona-12 (España)

ÍNDICE GENERAL

ESPADA

(Oleo en la Catedral de La Habána.)

PLAZA DE LA CATEDRAL A PRINCIPIOS DEL SIGLO XIX

A la memoria de mi padre que tanto
deseó ver publicado este libro.

PREFACIO

Cuando en junio de 1937 fui nombrado Secretario de Tercera Clase de la legación de Cuba en Italia, estaba muy lejos de imaginar que mi estancia en Roma duraría ocho años, y que las circunstancias futuras me llevarían a realizar uno de mis ideales: investigar en los archivos europeos la Historia Colonial de Cuba.

Tres años después, en marzo de 1940, fui trasladado a la Santa Sede para ponerme allí al frente de la legación de Cuba en calidad de Encargado de Negocios a. i.

No era difícil prever desde el principio de la guerra, que Cuba participaría en alguna forma en ella junto a las Potencias aliadas, y que, de suceder esto, me vería obligado a residir en el Vaticano sin poder salir de allí en mucho tiempo, como le había sucedido desde el inicio de las hostilidades al personal diplomático de las Embajadas de Polonia, Francia, Gran Bretaña y Yugoeslavia.

Teniendo presente esa posibilidad y con el ánimo de preparar, mientras gozaba de libertad de movimientos, algo que me hiciera soportable la clausura prevista, visité el archivo de la Embajada de España cerca de la Santa Sede, muy rico en documentos relativos a Hispanoamérica, perfectamente conservados y catalogados, en busca de algunos que me proporcionaran datos para escribir sobre Historia de Cuba, y con ello llenar la larga etapa de encierro, que según mis conjeturas, me esperaba en un futuro próximo.

Fue en el archivo de la Embajada de España cerca de la Santa Sede, donde fui sin ningún plan preconcebido que no fuera otro que encontrar material para escribir sobre temas cubanos, donde tuve mi primer encuentro con el Obispo Espada, de quien sólo conocía entonces la figura esquemática e idealizada de los textos de Historia de Cuba.

En ese archivo se conserva una abundante documentación sobre el prelado, debido a una Real Orden de Fernando VII, quien para que sirviera de antecedentes al Embajador de España del momento, dispuso que se enviaran a éste cuantos documentos relativos al Obispo de La Habana existían entonces en los archivos españoles; a los que se fue agregando en años sucesivos la correspondencia referente a él con la Secretaría de Estado de Su Santidad y con el Ministerio de Relaciones Exteriores de España.

Al ver esto, y comprobar que de todos los períodos de la Historia Colonial Cubana era aquél, en que Espada ciñó la Mitra de La Habana, el mejor documentado en el archivo que investigaba, me decidí por ese personaje, que llena una de las épocas más decisivas de la formación de nuestra nacionalidad (1802-1832); y auxiliado por el Padre Kirshbaum, el arqueólogo que más tarde descubriría la tumba de San Pedro, fotografié cuanto me interesaba para estudiarlo después en mis horas de reclusión forzosa.

Dos hechos providenciales me permitieron continuar y completar, en lo que a los archivos romanos se refiere, la investigación que había decidido emprender: al declarar Cuba la guerra a Italia en diciembre de 1941, me vi obligado como había previsto a abandonar el territorio italiano donde, al igual que todos los diplomáticos acreditados ante la Santa Sede había residido hasta entonces.

De acuerdo con el impreciso artículo 11 del Concordato de 1929, los Representantes Diplomáticos acreditados ante la Santa Sede tienen derecho a residir en territorio italiano y a moverse libremente en él, lo mismo que los acreditados ante el Gobierno de Italia, pero el Gobierno fascista, interpretando unilateral y arbitrariamente el referido artículo, y no obstante las protestas del Vaticano, forzó a todos los Representantes Diplomáticos acreditados ante la Santa Sede de países que habían declarado guerra o roto relaciones con Italia a que abandonaran el territorio italiano. En virtud de lo cual, y porque mi Gobierno me cablegrafió instrucciones de permanecer en mi puesto, tuve que refugiarme con mi familia en el Estado Ciudad Vaticano, al igual que en ese momento se vieron obligados a hacerlo las Representaciones Diplomáticas de Colombia, Brasil, Bolivia, Ecuador, Estados Unidos, Perú y Venezuela, engrosando el número de los Diplomáticos que ya estaban allí desde el principio de la guerra por haberla declarado a Italia en aquellos momentos iniciales del conflicto. Refugio que ninguno abandonaríamos hasta la liberación de Roma por los ejércitos aliados en 1944. Eso me dio la oportunidad y el tiempo suficiente para buscar a mis anchas en el Archivo Secreto del Vaticano, a cuyas autoridades debo agradecer las facilidades que me ofrecieron, y las muchas amabilidades de que fui objeto.

Por otra parte mi cargo diplomático me permitió conocer prácticamente el mecanismo interno de la Secretaría de Estado de Su Santidad y de las Congregaciones de la Curia Romana, e interpretar a la luz de ese conocimiento y de mi experiencia diplomática los documentos que encontraba en los archivos romanos.

Gracias a este trabajo de investigación y a las gestiones que al mismo tiempo hacía para conseguir que Pío XII otorgara el Capelo Cardenalicio al Arzobispo de La Habana, entonces Monseñor Manuel Arteaga y Betanourt, fueron soportables y pasaran rápidamente los dos años de reclusión en el Vaticano, período que hoy constituye uno de los recuerdos más apreciados de mi vida.

MIGUEL FIGUEROA Y MIRANDA

I

GÉNESIS

Para cubrir la vacante del trono episcopal de La Habana, producida en el último año del siglo XVIII por la muerte de Felipe José Trespalacios, presentó Carlos IV, con Real Orden de 3 de mayo de 1800,[1] haciendo uso de las prerrogativas que el Real Patronato concedía a los Reyes de España sobre todas las iglesias de sus dominios, la candidatura del más extraordinario y contradictorio de los hombres que hasta entonces habían ceñido la mitra en la Isla de Cuba.

Durante la vida de Juan José Díaz de Espada y Landa se dijo de él cuanto de bueno y de malo se ha podido afirmar sobre la persona de un Obispo.

Amado y odiado con violencia, supo también corresponder con igual intensidad; excelente gobernante, fue un pésimo pastor; amante de la libertad, tiranizó a cuantos le rodeaban; rebelde, exigió la sumisión más absoluta; liberal apasionado, no cejó nunca en la obstinación de sus ideas, ni toleró las que le eran contrarias; débil en la ocasión en que debió mostrarse firme, afrontó con soberbia aquellas en que los más elementales deberes de su ministerio le ordenaban humillarse; y es tal vez el único aspecto de su vida en que tan singular carácter no se contradijo a sí mismo: el de su mecenazgo insigne y el de la ilustre protección que siempre concedió a las letras y a las ciencias, obedeciendo precisamente a esto último el que la posteridad haya olvidado los detalles de su vida tormentosa, para recordar sólo al gran Obispo que con tantas obras contribuyó al progreso y al bienestar de su diócesis.

Para sus contemporáneos Espada fue o un ángel o un demonio según el campo donde militasen o el punto de vista desde donde juzgaban sus acciones. "Venerable Pastor" lo llamaba José de la Luz

13

y Caballero en su carta a José Antonio Saco el 12 de noviembre de 1830,[2] mientras en Roma, Monseñor Pío Bighi,[3] Secretario de la Sacra Congregación de los Asuntos Eclesiásticos Extraordinarios,[4] no duda en calificarlo de lobo, que devasta su diócesis "en vez de gobernarla como un Padre, la enferma en vez de apacentarla convertido en seductor en lugar de ser ejemplo de obras virtuosas".[5] Unos y otros sin embargo están de acuerdo en convenir que lejos de ser un hombre mediocre, en una raza y en una época de potente individualismo y desarrollada personalidad, el carácter férreo de Espada descolló siempre sobre cuantos lo rodeaban imponiéndose a todos y dejando tras de sí una profunda huella en el recuerdo de la diócesis que gobernó durante treinta años.

No me propongo en esta obra ni tomar su partido ni ponerme frente a él, sino exponer, de acuerdo con los documentos de la época, y con aquella aproximación que es lo más que podemos pedir a los archivos, la verdad de una vida que pudiera resultar interesante para la mejor comprensión de nuestra historia en la primera mitad del siglo XIX.

Nació Espada a las dos de la tarde del 20 de abril de 1756 en el lugar de Arroyave, provincia de Álava, obispado de Calahorra.[6]

Fueron sus padres Andrés Díaz de Espada, y María Fernández de Landa, naturales respectivamente de Armentía y de Arroyave donde residían; sus abuelos paternos Eugenio Díaz de Espada, y María López de Ondategui, nacidos en Armentía y vecinos de Betonu; y los abuelos maternos Ignacio Fernández de Landa, y María Ignacia Ruiz de Azua, del lugar de Arroyave ella, y él de Olivarry Iamboa.

Se observa en este pequeño árbol genealógico la preponderante influencia de la rama femenina, que casándose con hombres de otras regiones, mantuvo a la familia durante tres generaciones en su pueblo de origen.

Esto, y el hecho de encontrar en la partida de bautismo de Espada (fue bautizado en la Iglesia Parroquial de Santa María, en Arroyave, el día siguiente de su nacimiento, siendo su padrino su abuelo paterno) que el párroco se llamaba Juan Ruiz de Azua, con toda seguridad de la familia de su abuela materna; y que el 4 de abril de 1800 expidiera una certificación de dicha partida otro párroco llamado José Fernández de Landa, posiblemente de la familia de su abuelo materno; hace pensar que, al menos por parte de madre, nació Espada en una familia acomodada y que gozaba de cierta influencia y prestigio en su pueblo natal.

Casi en la infancia todavía comenzó a sentir la influencia de la Enciclopedia, cuyas doctrinas gozaban a la sazón de gran boga en España, y sobre todo en las provincias Vascongadas de donde él procedía. Allí se había formado un nutrido grupo enciclopedista, que contaba con la flor de la nobleza y el clero, y fue precisamente en esa región donde la Enciclopedia tuvo más suscriptores en la Península, siendo consecuencia de ello que la Sociedad de Amigos del País allí establecida, se convirtiese en un club de libre pensadores y el Real Seminario de Vergara fundado por la Sociedad en 1776, el equivalente de entonces de lo que más tarde sería la Institución Libre de Enseñanza.

Esta influencia que informó constantemente sus estudios en la Universidad de Salamanca y más tarde en la de Valencia, donde se graduó en Sagrados cánones y mereció fama de "muy científico en teología", disciplina en la que, según parece en el proceso iniciado para su elevación al episcopado[7] junto con "otras ciencias literarias ha hecho muchos y buenos progresos", llegó a poseer de tal manera su espíritu que en el transcurso de los años formó en él una segunda naturaleza, sobre la que trabajaron, y esto lo veremos muy pronto, las mal llamadas doctrinas jansenistas para formar la fisonomía filosófica que había de distinguirlo hasta su muerte.

En esta disposición espiritual fue ordenado sacerdote en 1780, y bajo el mismo signo, aceptó y desempeñó sucesivamente, a partir de 1786,[8] los cargos de Fiscal Eclesiástico del Obispado de Palencia, Provisor y Vicario General de la Abadía y territorio de Villafranca del Vierzo y Promotor Fiscal del Santo Oficio en Mayorca,[9] sin que los años, ni las incidencias del bregar diario enfriaran el ardor de sus convicciones, que vigorizadas por la revolución francesa flameaban arrogantes y agresivas cuando, con la Real Orden de 3 de mayo de 1800 se enviaron al Embajador de España en Roma,[10] instrucciones para que impetrara del nuevo Pontífice Pío VII, las correspondientes Bulas Apostólicas en su favor.[11]

Sobre esta presentación hecha por Carlos IV, han de surgir más tarde insinuaciones malignas y andando el tiempo ataques concretos que la explican, presentándola como el resultado de la corrupción y de la intriga; sin tener en cuenta que el carácter de Espada, sus altas dotes intelectuales y la preeminencia a que había llegado en su rápida y brillante carrera eran explicaciones más que suficientes para esa candidatura.

D. Manuel Sobral y Bárcenas, Arcediano de la Catedral de La Habana,[12] y enemigo acérrimo de Espada, recoge en 1816 la versión que sobre el asunto circulaba en Madrid y la deja caer como una gota de veneno en el ánimo del Nuncio cuando escribe en el informe que le dirige: "No es del intento indagar si la entrada del R. Obispo de La Habana en el rebaño de J.C. fue como legítimo Pastor pasando por la Puerta, o saltando sus barreras como mercenario."[13]

15

Años después, en 1824, en la primera de dos acusaciones firmadas por el "Fidelísimo Pueblo de La Habana" [14] enviadas al Gobierno Español contra el Obispo Espada, se da otra versión distinta mucho más novelesca que la del simple cohecho apuntada por Sobral.

Según el anónimo, Espada en unión de Urquijo [15] y Picornely habían suscitado disturbios y alteraciones en ambas Castillas. Andando el tiempo Urquijo, que al momento de vacar el Obispado de La Habana lograba ocupar el Ministerio de Estado, se acordó de su antiguo cómplice, y abusando de la confianza del Rey obtuvo para él la presentación.

Esta historia, que tomada al pie de la letra debe ser falsa, encierra con toda probabilidad un fondo de verdad. Si estudiamos las ideas de Urquijo y su actuación mientras fue Ministro de Estado, descubrimos una serie de puntos de contacto con Espada, lo que unido al hecho de ser dicho Ministro quien intervino en el asunto de la presentación, nos hace creer que el origen de ella, si no viejas e hipotéticas revoluciones, fue una real y verdadera simpatía nacida de idénticas opiniones políticas, filosóficas y religiosas.

Mariano Luis de Urquijo, enciclopedista y defensor de las ideas que entonces en España se tenían por jansenistas, llegó al Ministerio con la resolución firme de establecer lo que los jansenistas sostenían ser la verdadera disciplina de la Iglesia: la reducción del poder pontificio a un mero primado de honor, dejando toda la jurisdicción a los obispos bajo la dependencia del Gobierno.

Era esta mal llamado jansenismo una mezcla de episcopalismo-hispanismo combinado con regalismo, es decir la teoría de la pretendida independencia de la Iglesia Española, cuyas libertades originales se suponían usurpadas por el Papa a título de reservas pontificias que se imaginaban introducidas, contra la verdadera tradición católica por las falsas decretales; teoría que sin embargo daba directa intervención al Rey en el gobierno de la Iglesia.

Ensalzábase la autoridad de los obispos a costa de la del papa, y se sostenía que la jurisdicción episcopal, como instituida por Cristo era absoluta e ilimitada en cada diócesis; que en la antigüedad los obispos eran los que establecían los impedimentos para el matrimonio; que durante siglos conservaron la prerrogativa de la dispensa, y sólo por costumbre o tolerancia pasó al romano Pontífice; que éste no es rey, sino Primado de la Iglesia, y tiene las reservas por consentimiento de los obispos, deduciéndose de aquí que si por cualquier causa, quedasen cortadas las comunicaciones con Roma, volvía a los prelados diocesanos la potestad que habían dimitido en el Papa.

En la práctica se reducía este jansenismo español, bien apartado de su fuente original, a poner en tela de juicio la autoridad de los

Papas cuando no les era favorable; a impedir el cumplimiento de sus apremiantes órdenes bajo el pretexto de que se informara mejor, y a tratar con Roma como de potencia a potencia siempre que se interponía el interés, el mal comprendido celo autoritario o el orgullo herido.[16]

Para conseguir su propósito ordenó Urquijo al Embajador don Pedro Gómez Labrador[17] que pidiese a Pío VI, a la sazón prisionero en Francia, la restitución a los obispos de todas las facultades que tenían en la primitiva disciplina. Eludió el Papa la cuestión con un pretexto, pero habiendo muerto al poco tiempo (29 de agosto de 1799), obtuvo Urquijo que el 5 de septiembre firmase Carlos IV un Real Decreto por el cual, en vista de que las circunstancias por las que en aquel momento atravesaba Europa no permitían esperar la pronta elección de un sucesor del Pontífice difunto, se ordenaba que hasta darles a conocer el nombramiento del nuevo Papa, usasen los arzobispos y obispos para las dispensas matrimoniales y demás que les competían, de toda la plenitud de sus facultades conforme a la antigua disciplina de la Iglesia; que el Tribunal de la inquisición siguiera como hasta entonces ejerciendo sus funciones, y que el de la Rota sentenciase las causas que le están sometidas en virtud de la comisión de los papas, y que quería el Rey "ahora que continúa por sí".[18]

Muchos eclesiásticos y aún obispos se declararon por estas doctrinas que tenían su foco en las tertulias de la Condesa de Montijo.[19] De éstos a juzgar por las inequívocas y repetidas pruebas que dio más tarde, debió ser Juan José Díaz de Espada, quien sin duda alguna, y ya tendremos ocasión de ver más adelante los documentos que lo confirman, compartía con Urquijo la ideología episcopalista-regalista mal llamada jansenista.

Este pseudo jansenismo de Espada, de antigua tradición hispánica, cuyas raíces más remotas se hundían en el arrianismo visigodo remozado por el enciclopedismo francés de sus años estudiantiles, dio forma sustancial a su pensamiento y trascendió siempre a todos sus actos, de aquí que al estudiarlos sea indispensable hacerlo a la luz de estas doctrinas, siendo este el único modo de comprenderlos plenamente y de lograr captar en su totalidad el sentido de su conducta.

Contertulio o no de la Condesa, en su casa, donde Urquijo era asiduo comensal, seguramente encontró Espada un fuerte apoyo a su candidatura. En todo esto estoy persuadido de que, aparte de los méritos que pudieran adornarlo, y de "la cabal satisfacción con que me hallo de la persona, letras vida y ejemplo del Dr. D. Juan José Díaz de España" según reza la Real Orden del 3 de mayo de 1800, fue la comunidad de ideas uno de los mayores motivos que determinaron al Ministro a proponer su nombre para la real presentación.

A los pocos días de haberse firmado la Real Orden, el 8 de mayo, el Nuncio en Madrid, Monseñor Felipe Casoni, Arzobispo de Perges[20] inició el expediente para "recibir la correspondiente información y averiguación acerca de las calidades, legitimidad, vida y costumbres de D. Juan José Díaz de Espada, y sobre el estado en que al presente se halla la mencionada Santa Iglesia y Obispado",[21] continuándolo don Anastasio Puyal y Poveda, Obispo de Cristo y Auxiliar del Obispado de Toledo[22] en quien delegó el Nuncio que abandonó Madrid por seguir a la Corte al Real Sitio de Aranjuez.[23]

Testificaron en el proceso: don Gabriel de Hevia y Noriega, del Consejo de S. M. en el Supremo de la Santa Inquisición; don José Espiga y Godea, del Consejo de S. M., su Predicador y Auditor del Tribunal de la Rota de la Nunciatura Apostólica; don José Ortiz de Solorzano Canónigo de la Catedral de Burgos y Secretario de Cámara del Excmo. e Ilma. Sr. Inquisidor General; y don Pedro Ponce, don Juan Bosmenien, Abogados de los Reales Consejos, y don Francisco Filomeno, naturales de la ciudad de La Habana los tres últimos, todos residentes en Madrid en ese momento.[24]

Don José Espiga defenderá más tarde en España los intereses del Obispo Espada, y don Francisco Filomeno será en Cuba uno de los mejores amigos y más tenaces sostenedores del Prelado.

Terminado satisfactoriamente el expediente el día 10 de mayo, fue enviado a Roma a la Sacra Congregación Consistorial.[25]

El 17 del mismo mes la Cámara de Indias puso en conocimiento del Rey que Espada aceptaba el nombramiento,[26] y el 11 de agosto Pío VII lo nombraba Obispo de San Cristóbal de La Habana.[27]

El primer anónimo del "Fidelísimo Pueblo de La Habana" continúa su narración diciendo que una vez nombrado Espada, Urquijo retuvo la bula y no consintió en dársela hasta que aquél no se juramentó "en las maquinadas agresiones del príncipe de la Paz" contra el de Asturias.

De haber sido cierta esta retención de la Bula, no hubiera dejado de surtir efectos en su ánimo ambicioso que se ve ya al borde de satisfacer sus aspiraciones, pues de acuerdo con la regalía del "regium exaquatur", tenía el Gobierno español el derecho de no dar curso en España a las disposiciones del Papa que fuesen juzgadas inconvenientes a la tranquilidad pública o privilegios de la corona.[28]

Sin embargo dado el conocido antagonismo entre Urquijo y Godoy, no es verosímil que aquél, casi en vísperas de su caída, trabajara en favor de quien no ocultaba sus manejos para perderlo.

Todo el año de 1801 lo pasó Espada en la Península. De este período el único acto que he encontrado del Obispo electo en relación con su diócesis, es el haber nombrado su Provisor al Lic. D. Nicolás

18

Taboada, clérigo, beneficiado simple de San Manuel, Obispado de Orense, nombramiento que aprobó el Rey el 13 de abril del mismo año.[29]

Terminada la guerra, con la Gran Bretaña, y no ofreciendo ya peligro la navegación, en los primeros días del año 1802 se embarcó Espada para La Habana, donde fue recibido el 25 de febrero[30] con la expectación y el regocijo que en aquella época despertaba un acontecimiento semejante.

Por el momento se instaló en una "grande y hermosa casa" [31] "magnífico palacio",[32] que habían alquilado los Obispos junto a la Catedral, "mediante a no tenerlo todavía propio de la mitra".[33]

Dos días después, la Catedral, adornada con sus mejores galas y acogiendo en sus naves al mundo oficial y a lo más granado de la nobleza cubana, desplegaba toda la pompa de la liturgia para celebrar la toma de posesión de su nuevo Obispo.

El recuerdo de aquella ceremonia debió de quedar grabado para siempre en el alma de Espada, tan sensible a cuanto fuese esplendor y magnificencia; especialmente cuando todo aquello se hacía en torno a su persona y exclusivamente en su honor.

Desde el trono episcopal su vista resbalaba complacida por la iglesia: sobre el altar mayor, resplandeciente en la penumbra del templo, centenares de cirios reflejaban su luz sobre los ornamentos de plata expuestos en el ara y arrancaban destellos de los oros que cubrían las casullas y dalmáticas de los oficiantes. Cuatro acólitos, dos vestidos de terciopelo rojo, y dos de damasco escarlata mecían acompasadamente enormes incesarios que velaban la escena con nubes que hacían luminosos los rayos de sol filtrados entre los batientes entreabiertos de una ventana. El órgano sonaba solemne y majestuoso. En la nave central, ponían una viva pincelada las casacas rojas y pelucas blancas de los ayudantes de Campo que rodeaban al Marqués de Someruelos, rígido dentro los bordados de su uniforme, con el pecho constelado de órdenes y condecoraciones.

Contrastando con ellos, en medio de la iglesia, sobre alfombras que habían extendido esclavos galoneados con los más nobles blasones de la Isla, oraban de rodillas las señoras: una masa uniforme de vestidos negros, mantillas de encaje y centellear de joyas.

Y entre las arcadas y detrás de los bancos de caoba con cojines de terciopelo escalarta, colocados paralelos al eje de la iglesia, reservados a las altas autoridades civiles, militares y eclesiásticas, se aglomeraba el pueblo mezclado con los uniformes azul y rojo o amarillo de los soldados, mientras de la plaza llegaban los gritos de los caleseros que se esforzaban por mantener en calma a los briosos caballos de las volantas.

Ebrio de vanidad satisfecha, pasó como en un sueño los primeros días de su estancia en La Habana ocupado en recibir y contestar las numerosas visitas de protocolo, que cuando al fin comenzaron a escasear y a dejarle más tiempo libre, le permitieron volver sus ojos a los asuntos de su diócesis.

En aquella época de conmociones y de inestabilidad política, un reflejo de la situación exterior llegaba hasta la Iglesia de La Habana, que habiendo sido erigida como sufragánea de la de Santo Domingo, encontrábase en una dudosa posición desde que los franceses habían ocupado la Isla.[34] Este estado de semi-independencia duró hasta noviembre de 1803 en que el Obispado de Santiago de Cuba fue elevado a Archidiócesis, y La Habana y Puerto Rico declarados sus sufragáneos.[35]

En un informe[36] del Obispo de Maynas,[37] encontramos un cuadro general del estado en que se encontraba la Diócesis entre los años 1802 y 1804. "El Obispado de La Habana" dice el Obispo "bien organizado en sus cuartos, Sacristanías mayores y Vicarías, con su dotación de diezmos algo más que regular (cien mil pesos fuertes)[38] aún siendo división de Cuba (capital de la Isla de su nombre)[39] por sus distancias, necesidades de los fieles, y negros Neófitos de infinitos ingenios de azúcar, y por lo mucho que producen aquellas tierras, necesita una subdivisión, poniendo otra Silla Episcopal, en Puerto Príncipe (Centro de la Isla) y quedaban a mi entender, las cosas espirituales en mejor arreglo, teniendo aquella Isla tres Obispos, Cuba y La Habana en los extremos, y Puerto Príncipe en el medio: con su sobrada renta todos los ministros de las tres Iglesias, y más facilidad para el socorro espiritual de aquellas almas. Sobre los eclesiásticos que yo vi, examiné y traté, se puede decir en justicia que por lo general hay bastante instrucción, y un fondo que se inclina más que a las doctrinas nuevas a las materias de religión, según y como la enseñaron nuestros padres".

"En lo interior de las poblaciones a proporción de la mayor o menor ilustración en materias religiosas, mayor o menor simplicidad en sus habitantes, es el entusiasmo de sus fieles; todos católicos en masa, aunque como siempre, hay bastantes pecadores, pero no herejes y libertinos."

Más tarde, contará Espada, que a su llegada encontró en la Diócesis 55 iglesias, 14 de ellas servidas por tenientes "amoviles ad nutum".[40]

Encontrábase dividida la ciudad de La Habana en cuatro parroquias, incluyendo la Catedral, que estaba "abundantemente provista de todo lo necesario para el servicio del Culto Divinio y celebrar actos Pontificiales con la mayor decencia y solemnidad[41] y "tenía una hermosa sacristía con muchas alhajas y vestuarios".[42] Había en la Catedral "tres dignidades que son el Dean, Arcediano y Maestro de Escuela, cuatro Canónigos, dos Racioneros, dos medios y tres Curas que llaman del Sagrario, e igualmente varios sirvientes. Las dignidades tienen de renta cinco mil pesos, los Canónigos cuatro mil, y los Racioneros, medios Racioneros y Curas mucho menor pero todos tienen la Congrua que se requiere para su manutención. Que dos de dichos Canónigos son de oficio y dos tienen la prebenda Teologal y Penitenciaría".[43]

Tenía La Habana en aquella época además de la Universidad dirigida por los padres dominicos, un seminario conciliar que mantenía veinticuatro estudiantes y un colegio de niñas educandas.[44]

La situación política de la Isla no podía ser más crítica, Someruelos había llegado en 1799 enviado por el temor de España de que la vejez y los achaques del Conde de Santa Clara no le permitiesen conjurar los peligros actuales que entrañaba la guerra con Inglaterra, ni los otros futuros, tal vez más preocupantes, de un posible conflicto con los Estados Unidos. Disipadas estas últimas aprensiones al quedar arregladas las diferencias entre Francia y la Unión americana, y aprovechando el Gobierno de Cuba de la situación anormal que le suministraba una excusa para hacerlo, abrió sus puertas a los buques norteamericanos que comenzaron a exportar los productos de la Isla y a suministrarle los suyos. Pero esta circunstancia, evidentemente beneficiosa para el país, fue de nuevo turbada por el renovado temor del rompimiento entre España y los Estados Unidos que incitaban a la rebelión a la Luisiana y a las Floridas. En estas circunstancias Someruelos dedicó todas sus actividades a la defensa militar de aquellas posesiones y a reorganizar y ampliar las de la Isla.

La noticia de la paz de Amiens trajo un momento de respiro, pero bien pronto la fuente de alegría se convirtió en origen de preocupaciones y dificultades sin cuento por la insolencia y las exigencias crecientes con que el General Leererc, desde Santo Domingo, trataba al Gobierno de Cuba, que agobiado financieramente con sus propias necesidades se veía imposibilitado de atender a los de tan peligroso vecino y aliado.

Para complicar aún más los problemas con que nacía el siglo XIX en la Isla, una multitud de familias españolas y francesas, procedentes de Santo Domingo y refugiadas en La Habana y Santiago de Cuba, venían a recargar el presupuesto, pues además de los sueldos a que tenían opción, según su rango y grado los empleados y militares españoles, fue preciso auxiliar a muchos individuos que por haber perdido todas sus propiedades carecían en lo absoluto de medios de subsistencia, de este modo lo que luego se convirtió en causa de grandes beneficios era en el momento carga pesadísima.

21

Por otra parte la concesión del comercio libre de esclavos africanos obtenida de España por Francisco de Arango y Parreño en los últimos años del siglo XVIII, cuyas ventajas materiales comenzaban a verse con el aumento de los ingenios y cafetales, también empezaba a mostrar sus desastrosas consecuencias morales, y entre ellas, la que más pronto se vio y la más patente en aquellos años, fue el miedo constante en que vivió la población blanca de ver repetirse en Cuba los sucesos de Haití.

Tales eran las condiciones del país donde había desembarcado Espada, quien no tardó en descender bruscamente desde aquel mundo delicioso de cumplidos y besamanos en que había entrado al llegar a La Habana; un apremiante llamamiento a sus deberes más elementales lo despertó de su sueño, y cuando todavía conservaba dentro de los ojos la visión de las doradas nubes de incienso que a los acordes majestuosos del órgano ascendían solemnes hacia las bóvedas de su Catedral, el humo acre y violento de todo un barrio que ardía, vino a ponerlo frente a frente a la más trágica de las realidades.

En la tarde del 25 de abril comenzó a quemarse una casa del barrio de Jesús María. Los esfuerzos de los vecinos para extinguir el incendio parecían que comenzaban a ser coronados por el éxito cuando se levantaron fuertes ráfagas del Este que lo encendieron de nuevo. Al rumor del viento se unió el silbido del humo y el rugir de las llamas jubilosas que se apoderaron del techo y estallaron en un estrepitoso volar de chispas y de carbones encendidos. Gritaron llenos de pánico los habitantes de las casas próximas, acudió la guarnición y la marinería con las bombas del arsenal, pero el fuego devoraba todo cuanto alcanzaba y el viento le daba alas para llegar hasta los edificios más lejanos. Dos días y dos noches duró el incendio sin que nadie pudiese contener el ímpetu de las llamas. Una cortina de humo, que al oscurecer se hacía rojiza y reflejaba su horror en las aguas de la bahía, sumió a La Habana en una consternación, que se convirtió en asombrado dolor al tercer día, cuando pudo saberse que ciento noventa y cuatro casas habían desaparecido.

Todos los habaneros con Someruelos a la cabeza contribuyeron a la suscripción abierta para socorrer a los varios miles de desgraciados que quedaban sin viviendas. El Capitán General mismo, de puerta en puerta, fue pidiendo limosnas para este objeto y Espada, pastor de tantas ovejas adoloridas, contribuyó con la generosidad que siempre mostró durante su pontificado.[45]

Comenzaron de allí a poco los calores del verano y cuando éstos arreciaron, el terrible vómito negro que hacía estragos en la Isla y escogía con preferencia sus víctimas entre los extranjeros se abatió sobre el Obispo que aún trabajaba en socorrer a los damnificados, llevándolo al borde del sepulcro. Su robusta constitución, y los esfuerzos del Dr. Romay, lograron devolverle a la vida, pero no sin que se resintiera todo su organismo, que habría de sufrir hasta el día de su muerte las consecuencias de aquel mal. Es interesante hacer notar que en la historia de Espada, donde tantas cosas extraordinarias sucedieron, cuanto le ocurrió en los seis primeros años de su pontificado tuvo un eco y una consecuencia en el período restante de su gobierno, siendo esta primera etapa como la obertura que encierra todos los motivos que han de repetirse y desarrollarse en la sinfonía de su vida.

Cuenta Pezuela,[46] como un rumor de la época, que en medio de la gravedad, Espada hizo el voto de construir un cementerio para La Habana. Semejante explicación para el origen de esa obra puede haber sido cierta en un resurgir de la religiosidad del Obispo ante el momento supremo que se disponía a afrontar, sin embargo no nos parece muy de acuerdo con su actitud posterior, y en todo caso, cuando años después él hablará de esa fundación dice explícitamente, que la hizo siguiendo instrucciones recibidas del Gobierno de Madrid.[47]

Ya casi del todo restablecido y tan pronto como aquel cúmulo de calamidades le permitieron ocuparse de nuevo de los asuntos de su Diócesis, empezó Espada a desplegar esa energía asombrosa y sin igual, que en treinta años de gobierno, según su propia frase, renovó "el semblante de esta tierra".[48]

Aprovechando las piedras de la demolida iglesia de Guadalupe, aquélla que había visto el terror y la angustia de los habaneros que impetraban la protección Divina antes de abandonar la ciudad a la invasión inglesa; empezó la reconstrucción de la ermita del Santo Cristo de la Salud erigiéndola en parroquia, y al mismo tiempo declaró auxiliares de la iglesia de Santiago de las Vegas las de Calabazar y la Salud; activando las obras, hasta hacerlas terminar en aquel año, de la Iglesia de San Salvador de Orta en Remedios.[49]

Estos trabajos sin embargo, fueron deslucidos desde el primer momento por su carácter soberbio y autoritario que enseguida comenzó a crearle una atmósfera hostil, sobre todo entre los miembros del clero. Cuenta el Arcediano Sobral que el esplendor de su instalación chocó al Concejo que lo reprendió por "el excesivo lujo de su mesa y el adorno de su casa" y que su mayor esmero lo puso "en el aumento y grandeza de una lujosa quinta, o Casa de Campo más propia de un gran señor, que de un Pastor".[50]

De esta represión no he podido encontrar rastros en ninguno de los documentos que he estudiado y me parece demasiado temprana la fecha para una medida de ese género.

Continúa exponiendo Sobral, al hablar de aquel período que "el

23

Ilmo. Obispo de La Habana, olvidándose desde el momento que tomó posición de aquella Iglesia, que aún el mismo Vicario de J.C. se titula Siervo de los Siervos de Dios, comenzó a tomar en sus operaciones y mandatos el tono, no de siervo, sino de Señor, no la dulce y caritativa palabra de hermano, sino la imperiosa y absoluta de Jefe único y principal, sin contar con su Cabildo Eclesiástico (que es su Consejo nato) para ninguna consulta".

Este retrato se asemeja mucho al otro que pintado al óleo nos ha quedado del Obispo. Ancho de espaldas; el porte erguido y recia la constitución, la cara grande sobre un cuello corto, amplia la frente, la mirada fija y penetrante bajo unas cejas pobladas que se alzan hacia las sienes, la nariz recta y carnosa, entre ella y el mentón cuadrado, una boca apretada con el labio inferior saliente en gesto de mal humor.

Fisonomía enérgica e inteligente y también áspera e intolerante tuvo el segundo Obispo de La Habana.

El tono de Señor a que se refiere el Arcediano pronto se nos hará familiar y ya se irán acostumbrando nuestros oídos a su palabra "imperiosa y absoluta de Jefe único y principal".

Lo extraño es que este hombre huraño y altanero encontró amigos que lo adornaron y le fueron fidelísimos a lo largo de su combatida existencia.

Al llegar a Cuba había conocido a un joven de veinte años, brillante estudiante de Sagrados Cánones en la Universidad de La Habana, con quien inmediatamente quedó ligado por estrechos lazos de mutua simpatía. Muy pronto esta amistad se fue convirtiendo, en el temperamento apasionado y absorbente del Obispo, en un substituto del amor paterno que tanta falta debía hacerle a un hombre como él. Para aquel muchacho tuvo todas las predilecciones, todas las complacencias, todas las arbitrariedades que el más amante de los padres puede tener con su unigénito. En él depositó su plena confianza y sus más bellas esperanzas e hizo cuanto estuvo en su poder para que a su muerte lo sucediese en la Cátedra que ocupaba.

Era este joven Juan Bernardo O'Gavan y Guerra, nacido en Santiago de Cuba el 8 de febrero de 1782 [51] hijo legítimo [52] de don Bernardo O'Gavan y Nadu, natural de Badajoz, Extremadura, y de doña María de las Nieves Guerra y Paz, perteneciente a familia distinguida y rica de Santiago.

De antigua nobleza irlandesa habían pasado sus antepasados a España huyendo de las persecuciones de Cromwell por haber sido uno de ellos elevado a la dignidad de la Orden del Baño por Carlos I de Inglaterra, y desde España su padre se había trasladado a Cuba.

Pensando aprovechar la amistad que tenían con el Ministro don Francisco Saavedra,[53] los padres de O'Gavan habían proyectado dedicarlo a la carrera diplomática, pero después desistieron de su intento y lo encaminaron hacia la eclesiástica a cuyo fin ingresó en el Seminario de San Basilio en Santiago de Cuba. Allí comenzó en 1792 los estudios de lógica y moral con precoz inteligencia, obteniendo dos años después una beca de número en dicho colegio.

Terminada la carrera de Artes, cursó allí mismo, la de Jurisprudencia Civil y Canónica, y a los 16 años ingresó en la Universidad de La Habana donde se graduó de Licenciado en Cánones en 1803.

Desde el año anterior había alcanzado letras dimisorias del Obispo de Santiago de Cuba para ser ordenado en La Habana, donde lo hizo al licenciarse, recibiendo la consagración de manos de su amigo Espada, quien a manera de regalo que celebrase el acontecimiento, lo nombró Fiscal de su Juzgado.

Aquel joven sacerdote, que con tan brillantes auspicios comenzaba la carrera eclesiástica, debería tener más tarde una influencia decisiva sobre el destino de su protector. Violento y ambicioso, fue el impulso y sostén de Espada por los escarpados y trabajosos derroteros de su vida. La única persona que pudo ser freno fue aguijón, y si bien es verdad que el carácter del Obispo era el más apto para todas las actitudes que después tomó, también lo es, que sobre los hombros de O'Gavan carga una pesada responsabilidad por ellas.

Pero no eran todos defectos en Espada, que muchas y muy grandes cualidades tuvo este hombre, dechado de contradicciones y verdadera paradoja viviente. Uno de sus aspectos más nobles, y de los que más pronto le ganaron la estima de las clases altas de La Habana, de aquella auténtica aristocracia donde se unían las del espíritu, la sangre y el dinero, para formar un grupo de elección realmente digno de representar al país, fue el empeño que puso siempre en difundir y mejorar las condiciones de la enseñanza. Su primer cuidado fue el llevar la ilustración a los más pobres, lo mismo en La Habana y demás ciudades de su Diócesis, que en los pueblos y feligresías que se iban fundando en los territorios recién poblados. Dice Pezuela[54] que: "No quedó apenas un solo notable, ni un pudiente que no se asociara a sus esfuerzos", siendo el Capitán General y Arango y Parreño sus más eficaces auxiliares en esta empresa.

Sin embargo, no faltaron espíritus estrechos y miopes que criticasen amargamente esta tarea y que pusiesen en juego todos los medios a su alcance para obstruccionar una labor que estimaban peligrosa en un país donde la población esclava iba creciendo tan rápidamente. El miedo, la desconfianza mezquina y la estúpida adversión a las innovaciones cuyo alcance no podían comprender, fueron las verdaderas causas del odio que el egoísmo y los prejuicios de la pequeña clase media española establecida en La Habana, mantuvo tenazmente contra Espada. En un principio no hubo choque de ideas, ni defensa de altos intereses como más tarde sucedió y alegaron ellos para justificar sus ataques, no hubo más que la agria reacción de quienes no comprenden ni pueden comprender los móviles de un espíritu colocado demasiado alto por encima de ellos.

La base a la oposición a Espada fue la eterna lucha entre la mediocridad y el mérito, luego sobre ella, el interés, la envidia, la venganza y también el convencimiento honrado de luchar contra ideales estimados erróneos, fueron tejiendo en torno al Obispo esa complicada red que se traduce hoy en una montaña de papeles en los archivos del Vaticano y de España.

Por su parte Espada tampoco era una víctima, y mucho hizo con su brusquedad para enajenarse el afecto de toda aquella gente por quien él no ocultaba su desprecio. Pero es de preguntarse, si en vez de tropezar Espada desde el principio con tan decidida resistencia hubiese encontrado una universal aprobación, ¿habría en el futuro dado motivo a tantas quejas? ¿No es a veces un hombre soberbio y tozudo es llevado por la oposición a extremos que de otro modo no hubiese alcanzado nunca?

Mientras en La Habana se luchaba en esta guerra sorda, a pesar de la cual la tenacidad de Espada lograba llevar la enseñanza pública a alturas que antes jamás se conocieron en la Isla, a la población española de Nueva Orleans se presentaban otros problemas más graves.

El desastre de Leclerc en Haití y la perspectiva de un conflicto con Inglaterra, habían decidido a Napoleón a abandonar su proyectado imperio colonial americano y contra lo estipulado en octubre de 1800 en el tratado de San Ildefonso, vendió a los Estados Unidos la Luisiana, cedida entonces a Francia, pero aún en el poder de España.

Este cambio de soberanía, nada acepto a la población española, determinó una nueva emigración hacia Cuba. Con ella vino a La Habana parte de las Ursulinas de Nueva Orleans, con su superiora la habanera Sor María de Santa Rosa Ramos, y ocho monjas cubanas, seis francesas y dos inglesas, que desembarcaron el 22 de junio. Con verdadero júbilo recibió Espada este nuevo refuerzo a su campaña en pro de la enseñanza, y mientras adaptaba para ellas la casa de recogidas llamada de San Juan Nepomuceno, que no habitarían hasta el 4 de abril del año próximo, las repartió entre los conventos de Santa Teresa, Santa Clara y Santa Catalina.

Al mismo tiempo que se ocupaba de estas cosas, siguiendo aquel impulso tan característico en él, que le hacía extralimitarse de lo que estrictamente pudieran parecer sus funciones episcopales, emprendió la obra de desecar los pantanos que hacían insalubre la región del

Campo de Marte. En el resto de su vasta Diócesis erige la Parroquia de Santa Ana de Guanabo, con Nuestra Señora de los Dolores de Bacuranao y Nuestra Señora de Guadalupe de Peñalver como auxiliares, apresura la edificación de la ermita de Aguacate y la declara auxiliar de Jibacoa, así como a la de Casiguas; incorpora la ermita de Madrugas a la Parroquia de Macuriges, designa a San Pablo de Caraballo auxiliar de San Antonio de Río Blanco del Norte y erige la Parroquia de Tapaste.[55]

Ya ha sido antes apuntado que a consecuencia de la cesión de la parte española de la Isla de Santo Domingo a la República Francesa, quedaron los obispados de La Habana, Caracas, Puerto Rico y Guayana sin Metropolitano y para obvíar este defecto y evitar que sus diocesanos no tuviesen donde apelar en sus causas eclesiásticas, mandó Carlos VI que la Cámara de Indias consultase, si sería conveniente agregar dichos sufragáneos al Arzobispado de Méjico o destinar algunos al de Santa Fe.

El 8 de noviembre de 1802 hizo presente la Cámara al Rey que atendida la situación, convenía erigir el Obispado de Cuba en Arzobispado, quedando por sufragáneos los de La Habana y Puerto Rico, y que también debía elevarse a Archidiócesis el de Caracas teniendo por sufragáneos el de Guayana y algún otro del distrito del Arzobispado de Santa Fe.

Conforme al Rey con este dictamen, y en respuesta a la consulta de 20 de junio de 1803,[56] erigió en Metropolitano el Obispado de Caracas con sufragáneos los de Guayana y Maracaibo; y al de Santiago de Cuba con La Habana y Puerto Rico. Para tomar esta última resolución tuvo en cuenta que Santiago de Cuba, situado en la parte Sur de la Isla, está entre La Habana y Puerto Rico, siendo de este modo fácil la comunicación con ambas diócesis, y que los tres Obispados estaban comprendidos en el territorio de la Audiencia de Puerto Príncipe (trasladada a Cuba después de la sesión de Santo Domingo) guardándose así la antigua disciplina de la Iglesia de poner los Metropolitanos donde el Gobierno Civil había puesto los Jefes y Tribunales.[57]

En consecuencia el día 30 de julio se redactó una detallada instrucción a la que debía ajustarse el Embajador de España para impetrar de la Silla Apostólica las Bulas necesarias. Esta instrucción no fue enviada hasta el 7 de septiembre,[58] y las Bulas se concedieron el 24 de noviembre.[59]

Semejante medida, que no podía menos de alagar el amor propio de los cubanos al ver éstos como de día en día aumentaba la importancia y el prestigio del país, a lo que, es preciso reconocerlo, contribuyeron en gran parte las calamidades de Santo Domingo, fue fuente de amargos disgustos para Espada.

Era el primer Arzobispo de Cuba[60] un hombre enrevesado, litigioso y difícil, tan terco y autoritario como Espada, pero sin la elevación de éste. En abierto contraste con todas las autoridades de la Isla, ya D. Luis de las Casas había querido separarlo de sus diócesis. En Santiago de Cuba le hacía la vida imposible a sus Gobernadores. Vaillant y Quintana habían sufrido sus hostilidades, y ahora Kindelán que se oponía a su empeño en modificar el proyecto de la nueva Catedral, aprobado por la Academia de Nobles Artes, era la última víctima de sus tiros.

Desaprobaba Osés la división de la Diócesis de Cuba hecha en 1787, cinco años antes de iniciarse su pontificado, por estimar que lesionaba los intereses económicos de la mitra de Santiago. Ésta reclamó ciertas cantidades que nunca fueron entregadas por La Habana, y de aquí nació una serie de quejas renovadas siempre por Osés, quien terminó por declarar una guerra sin cuartel a Espada.[61]

La elevación al Arzobispado y el aumento de dignidad y autoridad a ello inherente, dieron nuevas alas al Prelado quien cobró más ánimo para continuar su campaña contra Kindelán y el Obispo de La Habana.

Una disposición de este último fue el pretexto aprovechado por Osés para insubordinar al clero secular de La Habana contra su Superior.

El 4 de julio de 1804 dictó Espada una nueva planta al Curato de su Diócesis,[62] por ella las tenencias de los Curas quedaban suprimidas y convertidas en Vicarías perpetuas que debían proveerse por concurso, y se daba la cura simultánea a los Sacristanes Mayores y el 9 de agosto se dio cuenta de la innovación al Consejo pidiendo para ella la aprobación Soberana.[63]

Una estaca agitada dentro de un avispero no hubiese producido mayor efecto que el nuevo reglamento. Protestaron los interesados poniendo el grito en el cielo. Atizó el fuego desde lejos el Arzobispo. Cargóse la atmósfera presagiando tempestad, y la reclamación del Cura del Espíritu Santo fue el trueno que anunció su descadenamiento. Al instante todos los otros de La Habana solidarizados con el colega y protegidos por Osés se pusieron en franca rebelión contra su Obispo sostenido en este trance por Someruelos.[64]

Llovieron las apelaciones al Arzobispado, y contestó éste con una avalancha de ejecutorias, que Espada se negó a cumplir con el pretexto de defender su jurisdicción. Respondió Osés con multas impuestas al Obispo, su Provisor y Fiscal, rehusó La Habana pagar un céntimo, multiplicáronse las quejas, enconáronse los ánimos y creóse una situación verdaderamente insostenible.[65]

«La escandalosa insubordinación a la Metrópolis "del Obispo Espada, la explica el primer anónimo del Fidelísimo Pueblo de La

Habana", diciendo que éste, en obediencia a los juramentos prestados, de acuerdo con Godoy, y para consolidar el poder del favorito, introdujo en Cuba las logias masónicas. Con ese objeto el Diocesano, que siempre según el anónimo, era su Jefe Supremo, dispuso las innovaciones de los establecimientos eclesiásticos del Obispado reformándolos según el "sistema Pistoyano", para lo cual atropelló al clero secular y regular opuestos, rodeándose de personas idiotas e inmorales y malversando las rentas y los bienes de la Iglesia.

»Agrega el segundo anónimo del mismo nombre,[66] que también con ese fin el Obispo y sus "facciosos": O'Gavan, los curiales eclesiásticos y autoridades seculares de la Isla, hicieron progresar la Sociedad Patriótica y el Real Colegio Seminario, centro de la conspiración formada por Espada "con los empleados y protegidos de las vastas dependencias de su Ministerio".»

Es preciso tener en cuenta la época en que fueron escritos estos anónimos, uno en el año 1824 y otro en el 25, para poder jugzar serenamente estas acusaciones. Entonces el odio que engendraba la pasión política, no dudaba un instante en atacar el adversario con los cargos que más impresión pudieran hacer en los oídos a quienes se destinaba la diatriba, y para el partido reaccionario y absolutista eran masones no sólo aquellos que realmente estaban afiliados a las logias, sino también todos los que simpatizaban con las ideas liberales.

No hubiera sido Espada el único sacerdote ni tampoco el único Obispo que en aquel tiempo perteneció a la masonería, pero, a falta de mejores pruebas, creo, que si bien es verdad que muchas de las personas que le rodeaban pudieran haber estado inscriptas en sus filas, y que si a través de ellas pudo existir un tácito entendimiento entre las logias y el Diocesano, él no formó parte de ellas efectivamente.

Más adelante encontraremos repetidas veces y en distintas bocas la información de la masonería de Espada, pero siempre como un rumor, como un simple "se dice", sin estar unida a un hecho cierto que constituya una prueba perfectamente convincente.

Es muy probable que la decisión de introducir una nueva planta fuese uno de los resultados de la visita pastoral que hizo a su Diócesis a principio de 1804, y que el estado de las iglesias le hiciese juzgar "mala o defectuosa la antigua que tenía",[67] vigente desde 1522, juicio que en un hombre del temperamento de Espada se tradujo inmediatamente en acción reformadora.

En esta visita lo acompañó en calidad de convisitador y consultor, el franciscano Hipólito Antonio Sánchez Rangel, Reformador de la Provincia de San Francisco de La Habana, futuro Obispo de Maynas, que desde el 3 de julio de 1803 estaba en Cuba, y a quien Espada había cobrado gran afición.[68]

Aprovechando el Obispo de las oportunidades que le ofrecía este viaje hizo en el interior de su diócesis la propaganda de la vacuna que ya con el Dr. Tomás Romay había introducido en La Habana. Con este objeto llevó un facultativo a sus expensas[69] y dio instrucciones a su clero para que se hiciesen también ellos expositores de las excelencias de esta medida.

Este hecho de indiscutible utilidad pública, pero carente de significación religiosa, pone de manifiesto el sentido laico de las obras de Espada, quien aquí actuó en la misma forma que lo había hecho Urquijo en España al introducir allí la vacuna, cosa que en el caso del Ministro cae dentro de sus atribuciones, pero no en las del Obispo que por primera vez se pone en contacto con su diócesis para conocerla y remediar las deficiencias que pudieran encontrar en el terreno espiritual. En esto hay una coincidencia que pudiera ser fortuita, pero que también podría constituir una prueba de la comunidad de ideales existentes entre el Ministro que hizo la presentación y el Obispo que se benefició con ella.

En la misma visita pudo constatar, al pasar por Bejucal, las deficiencias del hospital fundado por el Obispo Valdés, y como Espada no era hombre que dejase ningún problema sin solución inmediata, lo hizo trasladar a las afueras de la población donde sus condiciones estarían más de acuerdo con los fines de la fundación. Y habiendo ya cobrado impulsos su facultad creadora dio las órdenes necesarias para que allí se comenzara a construir un cementerio.

El de La Habana venía proyectándolo desde su llegada a Cuba, y a pesar de las resistencias que se oponían a esta novedad, contra viento y marea, como hacía siempre que había adoptado una resolución, decidió emprender la labor verdaderamente gigantesca dadas las fuerzas contra quienes tenía que luchar.

En realidad nadie deseaba los cementerios. A pesar de hacer años que se habían introducido en España y de haber llegado las órdenes necesarias para construirlos en Cuba, la actitud del clero y de los fieles había logrado impedir la ejecución del proyecto.

Es muy comprensible aquella repugnancia a renunciar a una tradición antiquísima cuyas hondas raíces encajaban en las fibras más sensibles del alma popular.

La iglesia-edificio ha aspirado siempre, a más de satisfacer en sus distintas partes las necesidades del culto, a ser la imagen de la Iglesia-institución. Su arquitectura lleva esta analogía hasta sus últimas consecuencias y se puede decir que no hay piedra en ella que no represente un símbolo o pretenda exaltar su triple naturaleza: militante, purgante y triunfante. Las bóvedas, las cúpulas, los arcos, los altares, todo aquello que está sobre los fieles, tiene por objeto representar la Ciudad Suprema: la Iglesia triunfante. La militante la constituye la Asamblea del pueblo que se recoge en torno al ara para obedecer al reclamo de la liturgia y elevar los corazones al Señor. La Iglesia purgante falta en los templos modernos, y era entonces la otra asamblea de los fieles muertos, aquella que bajo el pavimento, continuaba tomando parte en la vida de la parroquia, asistiendo a las bodas de sus hijos, a los bautizos de sus nietos, recibiendo la visita diaria de parientes y amigos, cerca de su casa, en el mismo barrio donde nacieron y jugaron de pequeños, recogidos dentro del templo cuyos rincones conocían uno a uno, y no segregados en un campo extramuros expuestos a las inclemencias del tiempo y al olvido de los suyos.

A nosotros que estamos habituados a ver desfilar los entierros hacia los cementerios, la idea de que un día también seremos conducidos allí, no agrega más horror o repugnancia a la idea de la muerte, pero a nuestros abuelos de principios del siglo XIX, que a pesar de la Enciclopedia y del liberalismo, sentían en el fondo de sus almas más intensamente que nosotros el espíritu religioso y el respeto a la familia, aquella innovación debió haberles parecido el colmo de la impiedad y de la abominación.

Ahora bien, si consideramos que a la lesión inferida a los sentimientos tradicionales y religiosos de la población, se agregaba la que sufría el interés pecuniario de las parroquias, comprenderemos sin dificultad aquella tenaz resistencia y también veremos claramente donde estaba el origen de la hostilidad que animaba al clero secular en contra de Espada y el por qué de la facilidad con que se rebeló contra la nueva planta.

Sólo pasando sobre la opinión general y arrostrando todas las consecuencias, se podía llevar a cabo la introducción de los cementerios, y era Espada precisamente el hombre a propósito para hacerlo, quien nunca tuvo empacho en asumir cualquier responsabilidad cuando se trataba de implantar las innovaciones asumidas por su ánimo autoritario.

Dice el Arcediano Sobral en 1816, que las únicas dos veces que hasta entonces asistió Espada a las juntas del Cabildo de la Catedral "fue cuando se trató de la erección del cementerio, y para la fábrica de unos altares".[70]

Para comenzar destinó como sitio donde debía levantarse el futuro Campo Santo, la huerta o jardín de sus antecesores, que se extendía junto al litoral desde cerca de la batería de Santa Clara hasta la caleta de San Lázaro.

Según Pezuela[71] en la obra empleó veintidos mil doscientos doce

31

pesos de sus propias rentas, pero siendo exacta la cantidad invertida en la construcción, es exagerado atribuirla toda a la generosidad de Espada.

El Obispo en su carta (ya otras veces citada) de 9 de julio de 1824 le dice a Fernando VII que "el magnífico (cementerio) que hay en La Habana" costó cerca de 25.000 pesos, de los que "más de la mitad" fueron contribución de su bolsillo, y que "acordó con el Cabildo el suplemento de la otra, tomándola de los fondos de la fábrica de la Catedral con calidad de reintegro". Y he aquí el secreto de por qué aquel auténtico dictador eclesiástico asistió por primera vez a una junta del Cabildo.

El maligno Sobral, tratando de disminuir los méritos de Espada y de poner las cosas bajo una luz desfavorable, confirma las anteriores noticias cuando dice que "no se puede negar que el Ilmo. Obispo de La Habana concibió la idea de construir un público cementerio", "pero también se puede probar y es público y notorio que para realizarlo tomó del fondo de la Catedral, del Excusado, 10.000 pesos en calidad de reintegro" y agrega con la peor de las intenciones y sin mencionar la cantidad con que había contribuido Espada, "y aún cuando se han vendido algunos terrazgos de él para formar sepulcros particulares a muchas familias que los han pagado muy bien, no se ha percibido ni un real para reponer la suma y en cuyo descubierto aún (1816) se permanece".

Los diez mil pesos de la fábrica de la Catedral, a que se refiere el Arcediano más doce mil doscientos pesos ("más de la mitad" del costo total de la obra) que dice Espada salieron de su bolsillo, suman los veinte y dos mil doscientos doce pesos de que habla Pezuela, lo que está perfectamente de acuerdo con él "cerca de 25.000 pesos" a que hace mención la carta del Obispo, quien seguramente, en un documento de auto-defensa escrito veinte años después, de intento redondeó un poco la cifra invertida.

Personalmente dirigió la construcción. A diario se le veía entre la cal y los ladrillos, cubierta la cabeza por el enorme sombrero que se conserva en el museo de la Catedral, hablar a los albañiles, discutir con los maestros de obras, rectificar los planos, activar el trabajo y no dar reposo ni a sí ni a los demás hasta no ver acabada su empresa.

Cuando al fin pudo ser inaugurado, quedó Espada henchido de satisfacción. Con orgullo un tanto pueril no dudó en calificar su cementerio de "magnífico" y "majestuoso",[72] descripción que contrastaba de modo singular con la otra que leemos en "Pictures of Cuba"[73] un curioso libro dictado por la incomprensión y los prejuicios, que lo llama "lugar vil, donde los cadáveres son arrojados a un lado, como lo son en Italia, sin respeto y sin monumentos conmemorativos". Joaquín E. Weiss y Sánchez dice en su obra "La arquitectura cubana del siglo XIX" que "No fue una casualidad que tanto en la portada como las capillas de este cementerio se emplearan ya formas clásicas; pues que posteriormente Espada mostró de modo indubitable su simpatía por la "sencillez y líneas regulares" propias de este estilo."

Con justicia puede considerarse al Obispo como el propulsor del movimiento neoclásico en la arquitectura cubana. No sólo construye en ese estilo el Cementerio, sino que, como detestaba con toda la vehemencia de su temperamento apasionado al estilo barroco, reflejo demasiado vivo de la mentalidad y los sentimientos del antiguo régimen; y prefiriendo decididamente al neoclásico, más en armonía con los ideales, que profesaba, de la Ilustración y el liberalismo; años más tarde hizo sustituir los antiguos altares barrocos de la Catedral por los neoclásicos que todavía se conservan en ella; y no contento con esto, dejándose llevar por la saña con que persiguió al barroco en La Habana, algún tiempo después dispuso "reformar a nueva arquitectura" (Cabildo Catedral de 8 de enero de 1820) el cornisamento y las molduras interiores del templo.

Sin embargo, a pesar de estos esfuerzos, el auge del neoclacisismo no se produjo hasta el segundo cuarto del siglo XIX, después de la construcción del Templete, inaugurado por Espada en 1828.

Terminado el Campo Santo no faltaba más que convencer a los habaneros de las ventajas de enterrar allí a sus deudos. Para ello tampoco escaseaban las energías a Espada, quien nos cuenta[74] que "para realizar el que todos se enterraran en él sin distinción de clases, procuró con sus exhortaciones y por cuantos medios le dictaba la prudencia, destruir las preocupaciones arraigadas que se oponían a tan saludable institución y que enemistaron su paciencia, su constancia, y su celo Apostólico; y no duda que este tan majestuoso cementerio que mereció la aprobación de V. M. ha sido para su autor la fuente fecunda de enemigos que le han hecho y hacen una guerra encarnizada".

No obstante esta oposición y juzgando que la reforma debía ejecutarse en su totalidad y al mismo tiempo hasta en los más apartados rincones de su diócesis, ordenó que en todos sus pueblos se comenzase a construir cementerios, escogiéndose en cada uno locales adecuados lejos de la parte habitada: y como de costumbre, donde no bastaba la subscripción de los vecinos, ni los auxilios de la Hacienda pública, contribuyó generosamente con los fondos de su Mitra.

De este modo logró aquella energía extraordinaria implantar en la mitad de la Isla una innovación que cada vez se hacía más necesaria por el constante aumento de las poblaciones, y que sin embargo hasta treinta y seis años después no fue imitada en Santiago de Cuba.

En aquel año de 1804, O' Gavan fue admitido como miembro de número de la Sociedad Patriótica de Amigos del País, donde no tardó en ser elegido Vice-Secretario primero, y Secretario después. La decidida protección de Espada continuaba impulsándole rápidamente en una carrera que había de hacerse vertiginosa y a la que sus dotes personales darían gran brillo y lucimiento. En el año siguiente el Diocesano le encargaría la cátedra de Filosofía en el Real Seminario de San Carlos, y unos meses después, triunfante en las oposiciones, comenzó a explicarla en propiedad.

Desde hacía algún tiempo los religiosos de Cuba habían dado en impetrar directamente de Roma Breve de Secularización, saltando, tanto al pedirlos como al recibirlos, las leyes españolas que establecían para las relaciones entre la Santa Sede y el clero de España la vía gobernamental.

Como sacerdotes, católicos que eran, los religiosos no hacían más que usar de un derecho indiscutible. Sin embargo como súbditos españoles, quebrantaban las leyes en la materia.

Era un caso típico de lesión a los principios regalistas que mantenían a todo trance el derecho del poder civil de intervenir en el gobierno de la Iglesia, y al mismo tiempo constituían un reto a los sentimientos episcopalistas, que veían despreciadas sus pretendidas prerrogativas.

Habría sido necesario que Espada hubiese estado completamente limpio de tales doctrinas para que no saltase como lo hizo ante tamaña provocación.

Entre estos regulares estaba Fray Baltasar de Pozo-Antiguo, del Colegio de Capuchinos de La Habana, a quien después de formársele un expediente se le remitió a España sin más contemplaciones, no quedándole allí otro consuelo que elevar a Carlos IV una queja contra el Obispo y el Capitán General.[75]

Quejóse también Espada al Rey, de lo que él llamaba "los abusos de los regulares y de la Corte Romana",[76] y lo apoyó el Arzobispo de México[77] instando para que se dictaran disposiciones que los terminasen.

Asombra oír a un Obispo católico calificar tan duramente las disposiciones de la Santa Sede y salir en defensa de unos derechos que para él debían constituir el verdadero abuso con que se pretendía coartar la libertad de la Iglesia, pero era ese el lenguaje usado por los "Jansenistas" de la época.

Esta es la primera vez que en la historia de Espada tropezamos con una prueba que justifique la acusación de "jansenista" que se la hizo más tarde, y si es verdad que aquí se podría hablar con más rigor de regalismo y tal vez de episcopalismo, es preciso no olvidar que era la mezcla de estas dos doctrinas a la que entonces en España, llamaban "jansenismo", que se manifestaba indistintamente bajo uno u otro aspecto.

Es justo hacer notar que la carta en que Espada, aludiendo a su queja, habla de los "abusos de la Corte Romana" es de 1828 y que está escrita en plena explosión "jansenista" de su autor, pero en ella se refiere expresamente, y con la frase califica a los acontecimientos que estamos comentando. Aparte de esto la naturaleza de su queja al Rey constituye de por sí una prueba evidente de sus sentimientos, y es en este momento de su historia un antecedente de la actitud que en asuntos de mayor trascendencia adoptará en los años sucesivos.

Las reclamaciones de Espada y la instancia del Arzobispo de México, determinaron a Carlos IV a expedir una Real Cédula el 12 de agosto de 1805, en la que se insertaba la del 20 de julio de 1797 sobre los abusos de los religiosos en impetrar de Roma Breves de Secularización, y se reiteraban a los Arzobispos y Obispos las prevenciones más estrechas sobre la necesidad del Exequatur Regio en las letras de la Curia Romana; recordando al mismo tiempo que era indispensable que se impetren con permiso previo del Consejo de Indias y por medio del agente general de la Nación Española destinado en Roma para ese objeto.

Es curioso observar cómo medraban estas ideas escudándose con los privilegios reales y las prerrogativas de la Corona, y cómo lograban, el mismo Espada más tarde nos dará un ejemplo, que el Trono defendido, las pusiere a salvo de los anatemas del Pontifice empleando para ello todas las artes de su diplomacia.

En aquel año de 1805 las actividades del Obispo en relación con las parroquias del interior de su diócesis se reducen a declarar auxiliar de las Pozas a la Iglesia de San Diego de Núñez.

Mientras tanto el conflicto con los Curas de La Habana, lejos de calmarse, crecía y se complicaba sin cesar. Entre los que habían reclamado y después apelado al Arzobispo estaba D. Antonio Odoardo Balmaseda quien obtuvo una ejecutoria del Metropolitano el 11 de marzo de 1806,[78] y don Gaspar Font,[79] que recurrió en contra de la disposición que lo obligaba a ejercer la Cura simultánea con el Sacristán Mayor.

El Capitán General y el Obispo estimaban que las ejecutorias del Arzobispo eran otras tantas usurpaciones de la autoridad del Patronato y se negaron a acatarla, aduciendo Espada en el caso de Odoardo "motivos de conciencia".[80]

Llegado a este punto, y a pesar de que el Rey aún no había dado a la nueva planta la aprobación pedida dos años antes, estimó Espada que si no se establecía de una manera definitiva el proyecto y no se comenzaban a poner en ejecución inmediata sus disposiciones, no podría conseguir la paz y la disciplina indispensable para el buen gobierno de la diócesis. Así es que alegando "manifiesta utilidad pública y peligro en la tardanza",[81] trató de poner su plan en ejecución en concordia con el Capitán General en su calidad de Vice-Patrono, fundándose en la derogada ley número 40, título 6, libro 1 de la Recopilación de Indias, que los autorizaba para dividir, unir y suprimir beneficios y curatos.[82]

Titubeaba Someruelos, e instaba Odoardo para que se le repusiese en la tenencia y mientras más instaba, más espoleaba al Obispo la anuencia del Vice-Patrono, quien se decidió a aprobarla el 9 de agosto, poniéndose en vigor el 29 del mismo mes.[83]

Dice el Arzobispo Osés, en las tantas veces citadas "observaciones" que fue éste "el origen de las más espantosas papeladas, que en más de doce años han ocupado y ocupan los Tribunales de la Isla de Cuba y los Supremos de la Nación".

Estaban tan agriadas las relaciones entre ambas diócesis que ya antes de estos acontecimientos, habían pasado sus diferencias de los tribunales eclesiásticos a la Audiencia de Puerto Príncipe donde el triunfo de Espada fue un nuevo motivo de indignación para el Metropolitano, que también allí, y en ocasión de sus reclamaciones contra Kindelán, había recogido otras sentencias adversas.

Lleno Osés de despecho contra Someruelos, el Obispo y la Audiencia, y queriendo cortar todos los lazos que lo ataban a unas autoridades que creía confabuladas en su contra, no tuvo mejor ocurrencia que proponer al Consejo de Indias el traslado a Santiago de Cuba del Tribunal de Puerto Príncipe y la creación de una Capitanía General independiente de la de La Habana. Por fortuna para la unidad de la futura República de Cuba, el Consejo tuvo el buen sentido de no acceder a semejante proyecto.[84]

Cuenta el primer anónimo del "Fidelísimo Pueblo de La Habana", que mientras se enredaba la complicada madeja de estos litigios, ocupábase Espada de otras rebeliones de más envergadura, y que siguiendo las máximas masónicas "destructoras del altar y del trono", por medio de su viejo amigo Picornely, provocaba "las primeras ocurrencias de insurgencia", las había preparado en Caracas Picornely, agente de Miranda, en los años 1794 y 97. El nuevo intento de Miranda en 1806 le dio ocasión a la fantasía del autor del "Fidelísimo Pueblo de La Habana", para mezclar en el asunto a Espada y tener con esto un nuevo cargo que esgrimir en contra de él.

Es ésta la fecha más antigua que se atribuyen a las actividades separatistas del Obispo, sin embargo es preciso tener en cuenta que el anónimo no fue escrito hasta el 26 de junio de 1824. Desgraciadamente en relación con esa acusación no hemos podido encontrar ningún documento que la confirme y sólo tenemos la referencia anónima a que acabamos de aludir. De ser cierta, merecía Espada compartir la gloria de los más ilustres precursores de la independencia americana, pero mucho tememos que no sea más que una especia calumniosa.

Si los Curas no se conformaban con la aprobación hecha por Someruelos a la nueva planta tampoco se resignaba el clero regular a aceptar las disposiciones relativas a los cementerios. El provincial de los Franciscanos fue de los primeros en quejarse al Consejo de Indias de las órdenes del Obispo que mandaban enterrar a los religiosos "en el cementerio construido extramuros para toda clase de personas", y pedir que se extendiesen a La Habana las Reales Cédulas en que se mandó no se impidiese en Veracruz a los religiosos, eclesiásticos, ayuntamiento y demás personas que tuviesen sepulturas señaladas en las parroquias y conventos hacer uso de ellas.

Con gran satisfacción de Espada y con no menos despecho de los Franciscanos el Consejo denegó la petición,[85] pero tres meses después el mismo tribunal, que ya empezaba a cansarse de tantas quejas que le llegaban del autoritario Obispo, le envió una reprobación, que debía compartir con Someruelos, por estimar inútil y gravoso el nombramiento que habían hecho ambos en la persona del Presbítero don Francisco María Castañeda, de Agente Procurador para promover el despacho de las cuentas de fábricas de las Iglesias del Obispo, con una gratificación de 800 pesos cada globo anual de dichas cuentas que se presentasen.[86]

Como si todas estas disenciones no fuesen suficientes para alterar la vida normal de la colonia, las que surgieron entre el Capitán General y el Teniente General D. Juan María Villavicencio, Gobernador del Apostadero; mas el temor constante en que vivía la población a causa de las varias intentonas de desembarco de los ingleses en la Isla hicieron poco apacible el año de 1806.

En él Espada reconstruyó las Iglesias de Guatao y San Julián de Güines bendiciendo personalmente esta última en un acto solemne donde predicó el Prbo. José Agustín Caballero. Erigió la parroquia de Alquizar con San Antonio de las Vegas y Guara como auxiliares, declaró a Puerta de la Güira auxiliar de Guanajay, y a la Iglesia de Alacranes de la de Macuriges.[87]

El año siguiente, 1807, nos ofrece Espada una prueba evidente de su filiación filosófica en ocasión de haber la Sociedad Patriótica enviado a O'Gavan a Europa comisionado para estudiar el sistema de Pestalozzi. No es inverosímil que Espada haya influido en esta decisión y que tal vez de él partiese la idea, que favoreciendo a su protegido, al mismo tiempo le aportara a su campaña en pro de la educación pública los últimos adelantos en la materia, pero no es esta la decisión que esperaríamos de un Obispo Católico a no ser que ese Obispo fuese el que gobernaba la Diócesis de La Habana en aquella época y es que entre Espada y Pestalozzi hay de común la Enciclopedia y el liberalismo, Russeau sirve de puente entre Suiza y La Habana, para que el Obispo altanero y el suave educador se encuentren y aquel puente ideal construido a espaldas de Roma, es el exponente más claro de hasta qué punto fue Espada un hombre característico del tiempo en que vivió. A la época entregó todo su espíritu y esta lo plasmó a su imagen y semejanza, pudiendo colocársele, sin vacilaciones con los hombres típicos de ella, que entre toda la humanidad de entonces mejor la representan.

Desde luego que el primer anónimo del "Fidelísimo Pueblo de La Habana" que tan sensacionales explicaciones nos da de todos los actos del Obispo, no desperdicia esta oportunidad para decirnos que "de acuerdo con la Sociedad Patriótica y a costa del Diocesano, se envió a su familiar D. Juan Bernardo O'Gavan cerca del Príncipe de la Paz para informarlo y pedirle órdenes para los jefes de la conjuración", lo que demuestra hasta que punto perdía tiempo el autor del anónimo, quien hubiera podido, sin necesidad de caer en el género de la novela de capa y espada, descubrir en la realidad las verdaderas ideas revolucionarias del Obispo, el cual mientras tanto se ocupaba de sustituir a O'Gavan en la Fiscalía, nombrando a D. Esteban Manuel de Elossua,[88] Comisario del Santo Oficio e inquisidor honorario, quien según Osés[89] estaba proscripto de la Curia de La Habana por Real Orden, y su nombramiento se había hecho para que bajo su firma se impugnasen sus ejecutorias y se estampasen "proposiciones condenadas de Pistoya".

Mientras estas cosas sucedían en La Habana el 20 de agosto de aquel año finalmente dio señales de vida el Consejo de Indias, en el asunto de la nueva planta, ordenando al Obispo que repusiera al Curato en el estado anterior[90] y al Metropolitano "que informase sobre el conocimiento e intervención que había tenido en estas causas apeladas, a lo que dio cumplimiento con testimonio de sus procesos y otros análogos de atentados e inobediencias del Sufragáneo".[91]

Alentado con esto el Arzobispo envió una enérgica representación al Rey, quejándose del poco caso que hacía Espada de sus sentencias[92] y teniendo buen cuidado de hacer conocer la noticia a los curas de La Habana que revolviéronse de nuevo al saberla. Estableció demanda enseguida el de Villa Clara, D. Miguel Sánchez de la Balla; y aquel D. Gaspar Font, que no quería compartir la Cura con el Sacristán Mayor, se dirigió al Marqués de Someruelos para que le aplicase la disposición del Consejo.[93] Excusóse el Gobernador diciendo que no tenía facultades para ello, e insistió Font cada vez más envalentonado de la defensa de sus derechos; hasta que, harto Espada de tanto discutir, lo hizo llamar, y encerrándose con él en un cuarto, lo llenó de dicterios obligándolo a firmar una diligencia por la que se conformaba con sus disposiciones.

Lejos de atemorizarse Font con esto, y apoyándose en dos testigos, estableció una denuncia en contra del Obispo, quien ya en el camino de la violencia y en el colmo de la exasperación, dictó contra él un auto de prisión del que pudo escapar refugiándose bajo el amparo del Metropolitano, quien sin embargo no logró impedir, ni que fuesen embargados sus beneficios y capellanías, ni que Someruelos lo multase al igual que a sus testigos.[94]

Ya en ese pie Espada decidió resolver por sí y definitivamente la causa de los clérigos D. Diego y D. Patricio Pedraja, remitiéndole la sentencia al Metropolitano "con el arrogante oficio de que haría lo mismo en otras".[95]

Amedrentados los Pedrajas le hicieron presente a Osés, quien muy posiblemente los alentaba a la apelación, que no se atrevieron a recurrir por temor de sufrir igual suerte que Font y que además no encontraban a nadie que quisiese testificar en su favor por no ser multados como le habían sido los otros.[96]

Con lo que terminóse el enojoso asunto de los Curas, aunque no las diferencias entre ambos Prelados, que duraron como más tarde tendremos ocasión de ver hasta la muerte del de Santiago.

Este arranque de violencia es otro de los aspectos de aquel carácter dictatorial, a la base del cual estaba una soberbia desmedida: el no soportar contradicción y no poder tolerar ninguna autoridad sobre la suya son las manifestaciones de un defecto que si aún no lo había llevado, "a la guerra declarado contra él (Metropolitano), contra el Rey, su Consejo y contra el Papa",[97] no tardaría en ponerlo en una situación semejante.

En aquel año Espada ascendió a Parroquia la Iglesia de Quiebra Hacha, edificada por el Conde de Villanueva, y declaró la del Mariel auxiliar de Guanajay,[98] y fue el último de aquel período de seis donde hallamos los gérmnes de cuantos problemas luego se le han de presentar y el porqué de la manera cómo ha de ir resolviéndolos en el futuro. Todos los elementos que formaron su historia se encuentran en esta etapa, y los veinte y cinco años que ha de durar aún su pontificado no agregan a ellos ninguno nuevo.

Su temperamento, su educación y sus ideas son el origen de los acontecimientos de aquellos primeros años decisivos, ellos explican los otros que vendrán y el conjunto de ambos constituye la clave para interpretar al personaje más complejo que jamás empuñara el Báculo en La Habana.

Es preciso tener presente este primer período, para comprender el complicado juego de acción y reacción de su batallada vida. Él es la génesis de lo que, en los años que van de 1808 a 1823, se desarrollará impulsado por circunstancias favorables, y la causa remota de las consecuencias lógicas de este desarrollo, llevadas hasta sus últimos extremos desde 1824 a 1832.

2

LA CONSTANTE ASCENSIÓN

El 1808, aquel año que llevaba en su seno la independencia de América, comenzó en Cuba con los afanes de Someruelos por reanimar el espíritu de las poblaciones costeras para resistir a las agresiones inglesas.

En estas tareas y en aprestar la guarnición de la Isla estaba absorto, cuando el 17 de julio saltó a tierra el nuevo Intendente de Cuba, don Juan de Aguilar Amat, quien le informó, entregándole cartas, periódicos y documentos que lo confirmaban, de los graves acontecimientos que agitaban a España.

De una vez se enteró Someruelos, estupefacto y boquiabierto, de la abdicación de Fernando VII y de la cesión que Carlos IV hacía a Napoleón de la Corona de España, de la prisión de la Familia Real, de la formación de la Junta de Sevilla, del armisticio que ésta había firmado con Inglaterra y de la declaración de guerra a Francia.

Como en medio de una pesadilla atroz convocó inmediatamente el General Villavicencio, al Obispo Espada, a los asesores Gobierno y al Teniente Rey, brigadier D. Francisco Montalvo.[99]

En aquella junta, en que tal vez la sorpresa actuó de elemento unificador, se aprobó sin discusión proclamar a Fernando VII, iniciar las hostilidades contra los franceses y lanzar una proclama al pueblo excitando su generosidad para que se apresurase a socorrer con donativos a la Metrópoli invadida; acordándose avisar al mismo tiempo de las ocurrencias de España a los Virreinatos y Capitanías Generales de América.

Mientras tanto las noticias se propagaron veloces por La Habana, Corrió el pueblo a palacio rodeándolo ansioso de conocer las decisiones de la Junta, y como éstas no llegaban con la rapidez que su impaciencia deseaba invadió el patio, subió por las escaleras y se esparció por pasillos y salones, donde ya esperaban todos los que por su posición oficial o social tenían acceso a Palacio.

Cuando al fin se dio a conocer los acuerdos tomados, la ansiedad se convirtió en entusiasmo, y a las cábalas y discusiones, siguieron los gritos que aclamaban a Fernando VII y los vivas a la Junta de Sevilla y a Someruelos.

Tres días después fue proclamado solemnemente en La Habana Fernando VII, en medio de las más grandes manifestaciones de alegría popular que se recordaban en la ciudad.

Pero al mismo tiempo que se esparcieron los impresos de la Junta de Sevilla, circularon también las proclamas de otras Juntas formadas contemporáneamente a ella en las demás ciudades que habían logrado quedar en España libres de la ocupación Francesa.

Esto hizo pensar a Francisco Arango que sería conveniente crear en Cuba una Junta de Gobierno que uniformase los diferentes ramos que había en ella y reformase los crecidos gastos de la administración. Compartió Someruelos esta idea estimando que podría dicha Junta resolver las dudas que se presentasen en el Gobierno de la Isla, quedando al cuidado del Jefe de cada ramo, aquellas cuestiones de menor importancia que caían dentro de las atribuciones de su cargo.

Es muy posible que Espada fuese de la misma opinión. Además de concordar este proyecto con su carácter ejecutivo e independiente, provenía de Someruelos y Arango sus grandes amigos y fieles sostenedores.

Hasta ahora no he encontrado ningún documento que pruebe de un modo indiscutible este apoyo de Espada al proyecto de Arango, pero además de las razones de orden psicológico antes apuntadas pudiera tomarse como una prueba negativa el no aparecer su nombre en la lista que da Someruelos en su informe de 1 de noviembre de 1808 a la Junta de Sevilla,[100] donde estaban todas las autoridades que se opusieron a la constitución de la Junta de La Habana. Por otra parte cuando Someruelos en el citado informe dice: "Hubo algunas personas que creyeron sería conveniente en esta Isla una Junta de Gobierno", se refiere indudablemente al parecer de otros, además del de Arango, y entre esos consejeros es lícito pensar que se contaba el Obispo de La Habana.

El sesgo que después tomaron las Juntas en el Continente Americano es la explicación del silencio posterior de Espada sobre su participación en este acontecimiento.

Dice Someruelos en su citado informe que al proyecto se opusieron "todos aquellos que conocían que si se llegase a establecer la Junta, habían de reformarse desde luego los exhorbitantes gastos que hay en sus ramos" y agrega que fueron ellos "los que más hablaron contra el establecimiento de ella, suponiendo que esto era suscitado por algunos pocos que decían ellos querían mandar".

A pesar de esta oposición persistió el Capitán General en su propósito de continuar la Junta, intentando hacerlo en la conferencia celebrada en Palacio la noche del 27 de julio.

Los ánimos estaban prevenidos y la hostilidad de ambos partidos apenas se disimulaba bajo las fórmulas de cortesía con que se reunieron las autoridades que habían de decidir aquella noche el porvenir de la colonia.

Al iniciarse la conferencia comenzó Arango a leer su proyecto y apenas había pronunciado las primeras palabras, cuando el brigadier Montalvo, poniéndose violentamente en pie y descargando un golpe sobre la mesa que interrumpió en seco la lectura, dijo que no permitía que se instalase una Junta Suprema o Provincial mientras él ciñese la espada y estuviese vivo. Salió enseguida D. Nicolás Barreto,[101] en apoyo de Montalvo, y tras éste el superintendente de tabacos don Rafael Gómez Roubaud y el comandante general del apostadero de Marina don Juan Villavicencio, a quienes respaldaron los regidores y los militares presentes.

No pudo Arango terminar de exponer los motivos de su proposición rechazada por la mayoría de los asistentes, que no quisieron oír hablar más de ella, abortando así un proyecto que hubiese cambiado la dirección de la historia del país. Montalvo actuó aquella noche como un caballero y un oficial que defiende la fe jurada a su Soberano representado entonces para él por la Junta de Sevilla, pero sin saberlo, y esto no lo pudo adivinar tampoco ninguno de los presentes, con el golpe famoso que descargó sobre la mesa de conferencia, retrasó casi un siglo la independencia de Cuba.

Siguieron a esta conferencia ásperas recriminaciones a Someruelos y Arango, aparecieron pasquines contra ellos, y la población sobreexcitada por los acontecimientos, e irritada por la falta de noticias de España, comenzó a agitarse dividiéndose en pequeños bandos y partidos que se combatían mutuamente con la calumnia y la intriga.

Diariamente aglomerábase el pueblo en la Plaza de Armas, en el muelle y hasta en el mismo Palacio del Gobierno, murmurando, preguntándose noticias que no podían llegar de ninguna parte y haciendo circular los rumores y las hipótesis más extraordinarios.

En vano Someruelos publicó el 16 de agosto una proclama, que si es verdad que hizo desaparecer los pasquines, fue impotente para callar las críticas y para calmar la intranquilidad del pueblo. Por fortuna el 27 de septiembre el navío "San Justo" mandado por el Marqués del Real Tesoro[102] trajo órdenes de la Junta de Sevilla y la noticia de la derrota del ejército francés en los campos de Bailén.

Aquello sirvió por el momento para aflojar la tensión nerviosa de la población que se desahogó en fiestas y regocijos populares, pero éstos duraron bien poco, pues enseguida comenzaron de nuevo las críticas y los ataques de un partido al otro manifestándose cada vez con más fuerza la desunión y el malestar general.

Por fin el 9 de diciembre el bergantín "Nuevo Emperador" llegó a La Habana con la noticia de la constitución de la Junta Central con la Soberanía correspondiente al Rey, y con ejemplares de su primer manifiesto. De nuevo regocijo popular, salvas de artillería, colgaduras en los balcones, e iluminación general; que parecía el destino de La Habana en aquel año, pasar alternativamente y sin transición de la más negra incertidumbre al más alborotado de los regocijos, para recaer al poco tiempo en el pesimismo y la inquietud anterior, una especie de ducha escocesa que paralizó todas las actividades del país concentrando su capacidad en el esfuerzo estéril y agotador de seguir de lejos las fases del drama español.

Pero cuando todas las atenciones estaban completamente absorbidas por la política, la de Osés encontraba aún tiempo para en medio de la guerra general, continuar la suya privada contra Espada.

Dice Sobral en su informe al Nuncio, y lo confirma años después el Arzobispo mismo,[103] que en aquella época estuvo éste a punto de excomulgar a Espada, y que si no lo hizo fue por no provocar un incendio y evitar el cisma "en unos tiempos tan críticos".

Tengo que confesar que me asombra tanta prudencia de parte de Osés, pero el hecho de que más tarde el Rey, y luego la Santa Sede juzguen más conveniente no tomar medidas violentas en contra de Espada, precisamente para evitar aquél un movimiento de opinión capaz de provocar una verdadera revolución que pudiera terminar en la independencia del país, y ésta por temor a que la medida provocase un cisma, aprensiones ambas apuntadas por el Arzobispo, me induce a creer que era opinión general entre los contemporáneos de Espada que su carácter rebelde y decidido, y el arraigo y la influencia que tenía en las altas esferas de La Habana, fuesen capaces en momentos como aquellos, de ser la chispa que provocase la explosión revolucionaria. Opinión que, no hay razones para dudarlo, compartiría seguramente el Arzobispo de Cuba.

Mientras transcurrían estos acontecimientos O'Gavan continuaba en Europa estudiando el sistema de Pestalozzi. Cuenta el tantas veces citado primer anónimo del "Fidelísimo Pueblo de La Habana", en la aventurosa versión que nos ha dejado de este viaje, que habiéndole impedido los sucesos de aquel año a O'Gavan el entrevistarse con Gody y siendo después del cambio de Gobierno perfectamente inútil su traslado a España, buscó a aquél la manera de sacarle algún provecho y poniéndose al servicio del Rey José obtuvo de él "los más satisfactorios despachos respecto de la conveniente entrega de la Isla como la de Santo Domingo y Colonias".

Despachos ociosos si hubiesen sido ciertos, porque ya en La Habana el verdugo había quemado públicamente las cartas en que Ferrand,[104] Gobernador de Santo Domingo, excitaba a Someruelos a reconocer la soberanía de José Bonaparte; y aquella colonia después de la derrota de Ferrand por D. Juan Sánchez Ramírez,[105] sacudiría el poder francés reconociendo como único y legítimo soberano a Fernando VII.

Las preocupaciones y zozobras del tiempo ocupaban por completo el espíritu de Espada, quien no tuvo en aquel año otra actividad en relación con su Diócesis que declarar las Iglesias de Bolondrón y Unión de Reyes auxiliar de la de Alacranes erigida en Parroquia.[106]

La noticia de la rendición de Madrid, canalizó la inquietud y la agitación del pueblo hacia el odio a los franceses emigrados en la Isla. Desde Santiago de Cuba el Arzobispo Osés predicaba este sentimiento y casi todo su clero y algunos particulares seguían las directivas del Prelado pidiendo el exterminio de la entera colonia. Ya el 16 de septiembre de 1808 había publicado Osés una pastoral incendiaria y a ella siguieron los acostumbrados pasquines[107] y anónimos dirigidos a Someruelos y a las Autoridades de La Habana, quedándose de Kindelán que protegía a aquellos infelices de la furia popular.

En La Habana, la tarde del 21 de marzo de 1809, con motivo de un incidente sin importancia, el populacho se aglomeró en las calles dando mueras a los franceses y saqueando las casas donde vivían. Seis fueron invadidas y en una de ellas murió un platero que intentó defender su propiedad.

La pronta intervención de Someruelos logró contener el desorden que se repitió el día siguiente en mayores proporciones, siendo preciso esta vez para pacificar a la ciudad, que el Brigadier Montalvo al frente de la fuerza pública, obligase a los revoltosos a cesar en los saqueos y a abandonar la persecución a los franceses.

Ese mismo día Espada, en contraste con Osés que excitaba a los exaltados, envió una comunicación al Capitán General ofreciéndole la ayuda de la Iglesia para restablecer el orden y la tranquilidad pública.[108]

Repitiéronse en el interior de la Isla los tumultos, y para terminarlos Someruelos, secundando los deseos de la población, expulsó a 6.000 franceses que no se habían naturalizado, sin embargo, esto no impidió que continuasen contra Kindelán y el mismo Someruelos los ataques de Osés y la campaña de anónimos y pasquines.[109]

Las cosas llegaron a tal extremo que el Capitán General comisionó al Fiscal de la Audiencia D. José Tomás Zelaya para que averiguase quién era el autor de los anónimos. Trasladóse con este objeto Zelaya a Santiago de Cuba y a poco de comenzar las investigaciones regresó a La Habana para aconsejar a Someruelos el desistir del procedimiento, y evitar así un escándalo, ya que había llegado a sospechar que el autor fuese el mismo Osés.

Dice éste,[110] que no habiendo encontrado Zelaya las pruebas contra él que deseaban Someruelos y Kindelán, informó al Marqués "que le había sido sensible no haber logrado el designio".

Una muestra de estos anónimos nos la da "El Observador Cubano" en la parte donde narra los sucessos a que acabamos de referirnos. Según su autor, Someruelos, Espada, Kindelán y las demás autoridades de la Isla, convencidos del triunfo definitivo de Francia sobre España, alababan a los franceses, quienes los recomendaban a Napoleón. Así se explica, siempre según el anónimo, como el Capitán General dictara una proclama para calmar al pueblo, donde le decía que no había nada que temer de los franceses, y describía la guerra no como un acto de hostilidad contra ellos sino como una necesidad para conjurar el peligro napoleónico, afirmando que una vez derrotado éste, volverían aquéllos a ser amigos y hermanos de los españoles.

Para pacificar el país, pretendió Someruelos que hiciese el Arzobispo una pastoral en ese sentido, pero indignado Osés se negó alegando motivos del más acendrado patriotismo, sin retroceder ni un ápice en su actitud de hostilidad e intransigencia.

En tan críticos momentos, cuando la agitación intensa de Cuba reflejaba el drama que destrozaba a Europa, llegó a La Habana una invitación remota que de haber sido aceptada tal vez hubiese conducido a Cuba a la independencia en ese año o en el siguiente.

Desde el Brasil la Infanta Carlota Joaquina devorada por una ambición sin límites y alternativamente alentada o contenida por la Corte y por el representante de Inglaterra en Río, intrigaba, unas veces de acuerdo con el Gobierno brasileño y otras por cuenta propia y a espaldas de éste, para que las distintas colonias españolas la reconociesen como Regente durante la ausencia de Fernando VII, paso previo para proclamarse después Soberana independiente del territorio que la hubiese aceptado.

A punto estuvo dos veces de tener éxito en Río de la Plata, no le faltaron tampoco partidarios en Chile y en el Perú, pero fracasó en Montivideo, en Méjico y en La Habana donde Someruelos no hizo caso de sus pretensiones.

No faltaban entonces en Cuba quienes aspirasen a la independencia, pero su número era reducido y sus ideas no encontraban eco en el resto de la población, a quien refrenaba cualquier impulso de esta naturaleza el doble temor de la merma que en sus intereses hubiese representado la emancipación de los esclavos, lo que seguramente ocurría al primer trastorno; y el ejemplo de los acontecimientos sangrientos de Santo Domingo.

Semejantes temores se habrían podido superar, sólo por acontecimientos de enorme trascendencia, cuyas consecuencias posteriores, desligadas de la voluntad popular, hubiesen arrastrado irresistiblemente al país hacia la emancipación. Sucesos de esta clase hubieran sido por ejemplo, la constitución de la Junta Suprema de La Habana, o el reconocimiento de la regencia de la Infanta Carlota Joaquina, que tal vez habrían servido de punto de partida para alcanzar la independencia al mismo tiempo que las colonias del Continente.

El momento español era el más propicio por la incertidumbre que tanto en la Península, como en América, inspiraban las vicisitudes de la Junta Central, Refugiada ésta en la Isla de León, sus perplejidades y vacilaciones hicieron preciso su disolución, creándose para sustituirla el Supremo Consejo de Regencia que tomó posesión el 31 de enero de 1810.

Aprovechando estas circunstancias Espada se afianzó cada vez más en su actitud de autoritaria independencia, negándose abiertamente a respetar los vínculos que lo ligaban a su Metropolitano.

Dice el "Fidelísimo Pueblo de La Habana",[111] que Espada y O'Gavan, que ya había regresado, se entregaron a la "propagación de las ideas con que a un tiempo se atacaba el Imperio y el Altar", y que el Diocesano mantenía con las rentas del Obispado personas venales en todas las Corporaciones Representativas, y que con las mismas rentas se sofocaban las quejas y avisos oficiales. Continúa la narración contando cómo, enardecidos por los éxitos multiplicaron los atropellos y atentados contra los particulares y eclesiásticos cebándose su odio en la persona de Osés por ser adicto al Rey y defensor de su Soberanía.

Este par de energúmenos que nos pinta el anónimo no pueden haber sido en la realidad Espada y O'Gavan, sin embargo es preciso confesar que a través de la hiel con que estaban escritas estas líneas descubrimos la violencia de los dos eclesiásticos que especulaban sobre la debilidad del Gobierno para afianzar la propia autoridad.

A ésta se le presentaría ese mismo año otra oportunidad para robustecerse y aspirar más alto que a la independencia de su Metropolitano. La prisión de Pío VII, fue la ocasión que tomó Espada para sacudir al viento las ideas episcopalistas que habían originado a la muerte de Pío VI el famoso decreto de Urquijo, y valiéndose de la postración del Gobierno Español, incapaz de poner coto al desmán, comenzó por despojar al Comisario de la Santa Cruzada de todos sus privilegios y facultades atribuyéndoselas a sí mismo.[112]

Sobre esta actitud comenta Sobral[113] que Espada "no hubiera manifestado tan al público sus opiniones, y sus doctrinas si no hubiera aparecido entre nosotros, tanto en la Península como en la América aquella libertad en el pensar que se creyó establecida para siempre en medio de las convulsiones que sufrió, no toda, sino parte del Estado; siempre se hubiera dejado conocer por su poca prudencia, por su tono áspero, despreciados, que hubiera hecho sudrir a su Cabildo, clero y feligreses algunos disgustos, achacándolos a generalidades dispensables a la humanidad, mas el torrente de cosas, que aparecen en su persona, por la conducta que ha tenido en medio del trastorno político, no dejan la menor duda, que las opiniones del R. Obispo de La Habana, no son conforme a aquéllas, que quería el Apostol tuviesen Tito y Timoteo".

Si Espada extendía su autoridad, no dormía O'Gavan que acumulaba honor sobre honor.

Ya hemos dicho que había vuelto a Cuba en 1809 y si fuéramos a creer al "Fidelísimo Pueblo de La Habana" fue su viaje de regreso mucho más rico en movidas peripecias que el de ida, a pesar de sus tenebrosos propósitos y complicadas intrigas con el Rey José.

Según el anónimo al llegar O'Gavan a Cádiz, donde pensaba embarcar para La Habana, inspiró sospechas a las autoridades, que ordenaron se le hiciera un registro en el que aparecieron los famosos "despachos", siendo el resultado de la operación la prisión del joven eclesiástico en el Castillo de Santa Catalina, de donde logró escaparse al poco tiempo, y proseguir su viaje hacia La Habana.

Lo cierto es que O'Gavan, entusiasmado con el sistema de Pestalozzi, escribió sobre este tema una memoria que tuvo en La Habana un éxito extraordinario, pero que fue censurada por el Tribunal del Santo Oficio de Méjico.

Encantado Espada con el triunfo de su protegido, haciendo caso omiso de las censuras, lo nombró su Provisor y Vicario General,[114] a pesar de que O'Gavan en aquella época no contaba más que 27 años.

En 1810 fue recibido como Abogado por la Real Audiencia de Puerto Príncipe, y nombrado Gobernador sinodal de la Diócesis de La Habana, pero no contento con esto, presentó su candidatura por Santiago de Cuba para ocupar un escaño en las Cortes convocadas por la Regencia.

Las elecciones, como era de esperar en tales circunstancias fueron en extremo agitadas. Cuenta el primer anónimo del "Fidelísimo Pueblo de La Habana" que en la capital triunfó D. Luis de Peñalver y Cárdenas[115] a pesar de la oposición que le había hecho Espada, quien al saber el resultado protestó ásperamente aduciendo motivos denigrantes, que hicieron morir de pena a Peñalver. Agrega el anónimo que en su entierro el Obispo manifestó los "más negros sentimientos" afirmación que está en pugna con el Informe de Sobral que niega la presencia del Diocesano en los funerales de Peñalver.

Continúa el anónimo diciendo, que en Santiago de Cuba se violentó el resultado de las elecciones, declarándose arbitrariamente electo a O'Gavan, que la Comisión protestó al principio, pero que gracias al "soborno de costumbre" se le entregaron las credenciales necesarias.

Prosigue el "Fidelísimo Pueblo de La Habana" contando que, enardecidos por estos triunfos, activó Espada la instalación de las logias y la creación de juntas subversivas con el propósito de causar las insurgencias contra la Soberanía española, determinando estas "maquinaciones, asesinatos, y otros medios alevosos", cuyos directores "fueron los curiales del Diocesano en combinación de los insurgentes de Cartagena y Provincias Meridionales".

Consecutivamente (siempre según el anónimo) los constantes tumultos en La Habana y su distrito alteraron la tranquilidad pública, alteración que aumentó "por los desastres los robos, incendios, muertes, y todos los accesos de libertinage" provocados para producir la alarma y de este modo, aflojando los vínculos de la fidelidad, consumar la rebelión.

Como se ve, en esto como en tantas otras cosas, era Espada si fuera veraz el anónimo, un hombre sumamente moderno, capaz de poner en práctica métodos revolucionarios que aún hoy gozan de enorme crédito y prestigio.

Pero, y aquí llegamos a una de las incógnitas más interesantes de la vida de Espada, ¿pretendió el Obispo realmente la emancipación de la Isla de Cuba? ¿Conspiró para lograrla y estuvo en relaciones con los revolucionarios del Continente? Muchas y muy serias son las voces que nos lo aseguran, además de las de los numerosos anónimos que sin otra prueba es preciso no tomar en consideración; sin embargo, aún aquéllas voces aureoladas por el prestigio de quienes las emitieron, no apoyan sus afirmaciones en ninguna base tangible y, por autorizadas que sean, es preciso someterlas a una crítica rigurosa para conocer las fuentes de sus informaciones y el crédito que merezcan.

Desgraciadamente carecemos del documento irrefutable, y para emitir un juicio, tan difícil cuando se trata de una persona de la complejidad de Espada, no nos queda otro remedio que estudiar su carácter, las ideas que mantuvo, las personas de quienes se rodeó, los hechos históricos en que participó y todos los indicios que nos han llegado de él para, entonces, como con las infinitas piezas de un mosaico, ir componiendo el diseño de sus verdaderas intenciones.

Al ser nombrado O'Gavan Provisor de la Diócesis de La Habana, había enviado el Obispo una representación a la Junta Central pidiendo se aprobase su resolución. Al mismo tiempo seis individuos del Cabildo de la Catedral mandaron otra, suplicando todo lo contrario y pidiendo se le retirasen los títulos universitarios que poseía. Pasó el asunto al Consejo de Indias, que de acuerdo con el Fiscal, resolvió el 9 de febrero de 1811, "en atención a las calidades correspondientes que concurren en el expresado D. Juan O'Gavan aprobar el nombramiento".[116]

La protesta de los miembros del Cabildo no afectó en nada al Diocesano ni a su Provisor, y éste cada vez más deseoso de los beneficios y prebendas que a manos llenas le daba su protector, concurrió y ganó las oposiciones a la Canongía Doctoral de la Catedral de La Habana, para lo que, si es verdad cuanto dice el "Fidelísimo Pueblo de La Habana",[117] impidió Espada la concurrencia de los otros opositores. Sea o no cierto este acto arbitrario, el Consejo confirmó a O'Gavan el 11 de julio en su nuevo cargo.[118]

A poco, partió para Cádiz donde el horizonte de las Cortes, más vasto y rico en posibilidades, incitaba su ambición que ya comenzaba a encontrar estrecho el escenario cubano. Allí su oratoria fácil y aquella intrepidez que no conocía barreras ni obstáculos, lo llevaron a ocupar los puestos de Secretario, primero y Vice-Presidente después.

Mientras tanto, el Consejo dictaminaba el 18 de julio que habiendo debido el Obispo Espada cumplir la ejecutoria expedida por Osés en la causa de Odoardo, estaba obligado a indemnizarlo en los perjuicios que se le hubiesen seguido desde la fecha en que debió ser repuesto en la tenencia del Curato de la Catedral.[119]

Revolvióse furioso Espada y contestó con un escrito al Consejo lleno de "extravagancias, insultos, sarcasmos y dicterios, de los más imprudentes, sin perdonar las más altas Autoridades de que no se dará ejemplar en los anales de los Consejos".[120] Esta reacción de Espada, muy en consonancia con su carácter la veremos repetirse en el futuro con consecuencias peores para él que las que pudieran llegarle de España en aquellos momentos.

Cobró nuevo brío Osés con la sentencia y llegaron sus molestias al extremo, que las Autoridades de la Isla se vieron obligados a pedir su remoción.

Dejemos al mismo Arzobispo contarnos su versión de los sucesos: "Resentidas y furibundas las Autoridades de la Isla contra el Metropolitano, discurrían medios de incomodarlo y de removerlo de su silla. A la sazón se hallaba de Ministro don Nicolás María de Sierra apoderado del Rev. Obispo (Espada); tenía también en Cádiz a D. José Espiga,[121] a quien primero se le había ofrecido su Mitra por D. Luis Urquijo, y con quienes se hallaba su procurador D. José Benítez sorprendieron a la Regencia, arrancándole una orden por la cual, suponiendo, que deseando tener a su lado al Arzobispo por sus conocimientos, le habían nombrado para el Obispado de Segorve, cuya noticia llegada a La Habana produjo la voz que se hizo común en la Isla de que habían triunfado los 100.000 ganaderos: noticia que alegró tanto a Kindelán que corría por las calles gritando como un energúmeno a Segorve." [122]

Nombróse al mismo tiempo para sustituir a Osés a don Vicente Ruiz Alvillo,[123] cuyo embarque pospuso el Arzobispo de Orense.[124] Presidente del Consejo de Regencia, en tanto que no llegase la aceptación de su traslado por parte del de Santiago de Cuba.[125]

Renuente Osés a abandonar su Diócesis, rehusó la de Segorve, dando a entender con toda claridad que intentaba defender sus derechos y que si la candidatura de Ruiz Alvillo era mantenida hasta el extremo de hacerlo desembarcar en la Isla, se exponían las Autoridades a provocar un cisma "y otros fatales resultados que se dejan preveer y acaso ni poderse remediar".[126] Con lo que se colocó en una posición muy semejante a la de Espada cuando él pretendió excomulgarlo, mostrándonos con esto, y luego tendremos mejor ocasión de confirmarlo, que daba buen resultado en aquella época esta clase de "Chantage".

En abierto contraste con el Arzobispo publicó Espada aquel año una circular en la que aconsejaba al pueblo obedecer las órdenes del Gobierno y no aumentar sus dificultades con sus críticas y resistencias,[127] documento que desmiente las supuestas actividades separatistas narradas por el "Fidelísimo Pueblo de La Habana", y que se explica por la íntima amistad que unía al Obispo con Someruelos con quien quería cooperar correspondiendo así al incondicional apoyo que éste le había prestado siempre.

En medio de tantos quebraderos de cabeza una satisfacción tuvo su vanidad al ser halagada por el Consejo de Indias, quien dirimió una vieja disputa de etiqueta al disponer que cuando concurrieran de oficio a una junta el Obispo y el General de Marina ocupe el Obispo el puesto preferente.[128] Cosa nimia a la que el orgullo del Prelado daba una enorme importancia por ser intransigente en cuestiones de protocolo y precedencia, exigiendo siempre, no sólo las consideraciones debidas a su rango, sino también algunas veces otras excesivas que no le correspondían en algún modo, constituyendo todo esto una de las manifestaciones más constantes de su carácter exaltado y avasallador.

Disputas de etiqueta, disenciones políticas, diferencias religiosas, alarmas y temores, de todo había en La Habana para ahuyentar la paz, sembrar la discordia y crear una atmósfera tensa, donde nacieron al calor de la ley de imprenta, multitud de periódicos que aparecían y desaparecían con extraordinaria rapidez substituyéndose los unos a los otros y durando todos un brevísimo espacio de tiempo. Era, como si a cada cual le urgiera el prurito de ver sus ideas impresas, circular de mano en mano y con haberlo visto se calmasen dejando el puesto a la impaciencia de los otros. Pero esta nueva libertad a la que no se estaba acostumbrado, llevó muchas de las publicaciones al exceso, y aunque no con la acritud de los años posteriores, menudearon los ataques personales, contribuyendo con ello a acentuar la desazón de aquellos tiempos agitados.

Más aún que esto, la noticia de que en las Cortes se trataba la abolición de la esclavitud vino a alarmar la población, que se apresuró por medio de Someruelos y del Ayuntamiento de La Habana, a hacer llegar a Cádiz sus temores, pintando con los colores más vivos el desastre económico que representaría, y el peligro de que cundiese el ejemplo de Haití. La conspiración de Aponte alentada por la esperanza de la abolición, y los levantamientos de esclavos en toda la Isla que vinieron a confirmar cuanto se había expuesto a las Cortes, esparcieron el pánico en la población blanca que apenas comenzó a respirar otra vez cuando Someruelos logró pacificar a los revoltosos; siendo esta la última intervención del Marqués en los asuntos públicos de Cuba, porque el 14 de abril de 1812 fue reemplazado en el Gobierno por el Teniente General de Marina don Juan Ruiz de Apodaca.

Mucho debió haber lamentado Espada el cambio que le privaba de un amigo fiel y un aliado incondicional, pero Someruelos seguramente se sintió aliviado al abandonar un gobierno que le había producido tantas preocupaciones y disgustos y en el que su sistema de "saberlo todo, disimular mucho y castigar poco" [129] no pudo evitarle los ataques y persecuciones que sufrió en Cuba y en España.

Circuló en aquellos días por La Habana un folleto anónimo donde se pintaba de la manera menos halagüeña imaginable el carácter del Obispo. Enfurecióse éste, y por ciertos indicios, así como por estar sumamente resentido con su clero secular, lo que le hacía mirarlo con marcada prevención, dio en sospechar del Presbítero D. Francisco Sales Muñoz: y como ya careciese del apoyo de Someruelos que hubiera podido haber tomado algunas medidas para investigar y reparar en lo posible el hecho, contando sólo con sus propias fuerzas, suspendió al sacerdote de todas sus facultades, aún las de celebrar.

Cuenta el Arcediano Sobral,[130] que "mirando con la mayor indiferencia y con una frente serena, padecer mil necesidades al pobre eclesiástico, y sus padres, que aún clamando la misericordia por sí y otros sujetos de valimento, se ha mantenido inexorable".

Viendo Muñoz que era inútil intentar conmover al ofendido Obispo, recurrió al Rey repitiendo sus súplicas dos veces más, hasta que una Real Orden de 29 de junio de 1816 y otra de 27 de mayo de 1817 provocaron una Consulta del Consejo de Indias, cuya Sala Primera resolvió el 6 de agosto de ese año, de acuerdo con el dictamen del Fiscal, que el Rey encargase a Espada de levantar la suspensión impuesta.[131]

Ya hemos visto en el caso de Fray Baltasar de Pozo Antiguo, en los de regulares que pedían breves de secularización directamente a Roma y en la enmarañada madeja de pleitos de Curas (en la que todavía el 3 de agosto de 1812 debía recibir Espada un fallo adverso del Tribunal Supremo obligándolo a cumplir la providencia del Consejo que mandaba reponer a Odoardo) [132] que con su clero era el Obispo duro e intolerante hasta llegar a veces a la misma crueldad.

Las verdaderas razones de la adversión que los regulares y seculares sentían por Espada eran sencillamente la manera como fueron introducidas las novedades en la Diócesis en los años de 1808 a 1827. Al hacerlo el Obispo atropelló sin la menor consideración los derechos, las costumbres, las tradiciones y los intereses de ambos cleros. Estos, quizás desde una posición egoísta y sin detenerse a juzgar la justicia que pudiera asistir a los motivos del Diocesano, resistieron con todos los medios, aún aquellos menos aconsejables, pero en todo caso hicieron lo que hubiera hecho cualquier otro en su lugar, ya que si es divino el perdonar, desgraciadamente la corrupción de la naturaleza humana tiende a devolver la ofensa con la ofensa, de cualquier modo, no podrá imputársele a ellos la culpa de haber provocado aquella situación.

Por parte de Espada el problema presentaba, un aspecto enteramente distinto. Dotado de una rápida comprensión para darse cuenta inmediata de las grandes necesidades, de viva imaginación capaz de concebir las más atrevidas soluciones, de aguda inteligencia para saber estructurarlas y potentísima voluntad para llevarlas a cabo a pesar de todos los obstáculos; hombre de vasta cultura formada a la luz de la Enciclopedia y de la Revolución Francesa, rico, poderoso y de una soberbia ilimitada, despreciaba profundamente y sentía una marcada antipatía por todo el clero bajo. Para él eran los curas y frailes, sobre todo estos últimos, seres torpes, lentos e ignorantes incapaces de comprender el momento histórico en que vivían, refractarios a cuanto significara progreso, cultura y libertad, en ellos veía el baluarte más fuerte de los enemigos de sus ideas y el exponente más caracterizado de la reacción. Sin detenerse a comprobar la realidad de sus prejuicios, ignoró toda aquella labor humilde y silenciosa desarrollada en la oscuridad de la vida cotidiana por unos hombres que tantas veces al llenar las exigencias de su misión social, habían sabido llegar, sin darle la menor importancia y sin publicarlo a los cuatro vientos para recoger aprobaciones y homenajes, a las más sublimes alturas del heroísmo.

Esto, en general, en particular, no podía menos que ver con desconfianza y disgusto al clero regular que por privilegios propios de las órdenes religiosas escapaba de su jurisdicción ordinaria.

Al principio prescindió de su clero y cuando éste, vulnerado en sus derechos se defendió, su intolerancia le sirvió de puente para vadear el fácil paso que divide la antipatía de la hostilidad.

La fortuna de Espada estaba en constante ascenso y pronto los acontecimientos le iban a dar más de una oportunidad para combatir a sus opositores, no ya indirectamente al ejecutar un proyecto o al castigar algunas de sus faltas, sino de frente como se combate al enemigo en campo abierto.

La primera señal de los nuevos tiempos la trajo a La Habana el 13 de julio de aquel año de 1812, la goleta de guerra "Cantábrica", donde llegaron los ejemplares de la Constitución aprobada el 18 de marzo por las Cortes de Cádiz.

Alborozado recibió el Obispo sus artículos inspirados en los de la Constitución Francesa de 1791, y su alegría llegó al extremo cuando encontró entre los nombres de sus firmantes el de su protegido O'Gavan.

Este se había distinguido en las discusiones habidas durante la confección de la Carta Fundamental de la Nación. De sus actividades nos quedan dos narraciones idénticas tanto, que no se puede dudar que una sea copia de la otra. La primera se la debemos al propio O'Gavan en un artículo que apareció en el "Suplemento al indicador del Viernes" el 18 de agosto de 1820[133] y el segundo a nuestro viejo conocido, el primer anónimo del "Fidelísimo Pueblo de La Habana", cuyo autor al escribirlo tendría a la vista la publicación a que acabamos de referirnos.

Según O'Gavan, que es en definitiva el origen de ambas narraciones, concentró todos sus esfuerzos para destruir el poder absoluto, habló repetidas veces en el Congreso contra la Inquisición, y concurrió para su extinción, y la del voto de Santiago; votó nominalmente en favor del extrañamiento del Prelado de Orense quien se negó a jurar sin restricciones la Constitución y coadyuvó a derribar la Regencia cuyos miembros eran demasiados adictos al Rey.

No cabía en sí el Obispo al conocer las noticias que le llegaban de España. Su naturaleza violenta debió extremecerse de gozo, y al ver el triunfo arrollador de sus ideas, aquella soberbia que era la base de

54

su carácter, debió haber ascendido un escalón, para asentarse en él con toda la seguridad y la firmeza de un conquistador.

Así pasó el 1812, año de victoria para Espada, en que construyó la primera Iglesia de Sagua la Grande.[134]

Desde Cádiz soplaban vientos favorables para el Obispo, el 22 de febrero de 1813 las Cortes habían suprimido el Santo Oficio; y, roto el dique, saltó el torrente anticlerical reduciendo el número de los conventos, reteniendo las rentas de los beneficios vacantes, confiscando con pretexto de necesidad pública los bienes de las cofradías religiosas, de las obras pías y hasta la plata de las iglesias.

En medio de aquella tempestad que se abatía sobre las cabezas del clero, O'Gavan tronaba en el Congreso, atacando violentamente a la Regencia, y a su hechura el Capitán General Apodaca, con motivo de haber pretendido este demorar o eludir el decreto de las Cortes que establecía la libertad de montes y plantíos que tan favorable era a la prosperidad de Cuba.[135]

No sólo este decreto, sino también el de la libertad comercial que intensificó la producción agrícola e industrial y dio más vuelos al comercio; y otros factores como fueron las emigraciones de Santo Domingo, Haití y Luisiana que comenzaba a dar sus frutos en Guantánamo, Baracoa, Santiago de Cuba y toda la región de la Sierra Maestra; y la intensa labor de Espada al frente de la Sociedad Económica de Amigos del País, concurrieron a crear una época de bienestar económico y progreso que se iniciaba precisamente en aquellos meses, por otras razones tan inciertos y preocupantes para las autoridades de la Isla.

En julio propuso Espada al Consejo de Estado que los Obispos consagrados de Ultramar, que debido a las vicisitudes de la guerra de independencia habían abandonado sus diócesis, pasasen a servir en las de aquéllos que sólo estuviesen electos y aún no hubiesen recibido las bulas de Roma.

Este proyecto que quedó sin resolución,[136] obedece seguramente al deseo de Espada de desembarcarse de la presencia de una serie de Obispos emigrados, los que precisamente por mantener ideas diametralmente opuestas a las suyas, habían tenido que huir de sus diócesis y refugiarse en La Habana.

Dice Sobral que no los socorrió como debía, ni se dignó visitarlos, ni consolarlos en sus enfermedades ni honrarlos en su muerte, porque eran defensores acérrimos de la Religión del Rey y de la Patria. Aunque el Arcediano exagera de propósito, los acontecimientos futuros nos harán ver cuales eran en realidad estas relaciones, frías y tirantes, entre el Obispo de La Habana y sus molestos huéspedes.[137]

Desde su llegada a Cuba comenzó Espada a crear en su derredor un grupo de eclesiásticos adictos a su persona con quienes fue sustituyendo, a medida que se presentaron las oportunidades, a las dignidades de su Curia. Ya en 1813 había logrado cambiar en el Cabildo de su Catedral al Maestro Escuela, tres de los cuatro canónigos, los dos racioneros y los dos medios racioneros, con ellos, con subsecretarios y demás cargos eclesiásticos, con muchas de las autoridades civiles y con miembros de las más altas clases sociales de La Habana, se había logrado formar una especie de partido, que por el arraigo e influencia de sus miembros y por las ideas profesadas cada vez más en boga, obtenía de día a día mayor popularidad. Con su ayuda pudo O'Gavan alcanzar el triunfo de las elecciones de 1810, ahora el candidato para la Diputación a Cortes por la provincia de La Habana, era nada menos que el propio Espada, quien dice que manifestó su renuncia a aceptar, pero que a pesar de ello se lo eligió.[138]

En este caso yo me permito dudar de su palabra, y creo que más bien de él, jefe de partido, salió la idea de la candidatura, y la dirección de la campaña electoral, conviniéndole en sus descargos de 1824 presentar las cosas en un modo enteramente distinto.

Sea como fuese, el Obispo, que había proyectado su viaje para los primeros meses del año siguiente, enfermó de gravedad, viéndose obligado a posponerlo hasta haber superado la convalecencia, lo que no ocurrió antes del regreso a España de Fernando VII, y de la disolución de las Cortes, por lo que, siendo entonces inútil su traslado a España, permaneció en La Habana.

En el interior de su Diócesis, las actividades de Espada se redujeron en 1813 a la construcción de la Iglesia de Arcos de Canasí y a la ascención a Parroquia de la de Batabano.

El principio de 1814 pareció cerrar definitivamente el doloroso paréntesis abierto para España en 1808. El 22 de marzo regresó a su reino Fernando VII, el 4 de abril abdicaba Napoleón, a quien todos achacaban la culpa de cuanto sucedía; dos días después era proclamado Luis XVIII, prenda de la vuelta del orden y esperanza de tiempos más tranquilos: por último para completar la restauración general y volver la paz y la confianza a todos los ánimos, Pío VII entraba en Roma el 24 de mayo.

Juzgando el cuadro a la ligera podía decirse que una esponja piadosa había borrado de Europa toda la sangre derramada desde 1789; que se había hecho fuerza a la historia, y se le había obligado a dar un salto atrás de 25 años para anudar dos épocas sobre el vacío de aquel período tormentoso.

Muchos creyeron en esto, pero no Espada. Cuando el Cabildo le envió un oficio preguntándole qué pensaba hacer para festejar el regreso de Fernando VII, lo leyó detenidamente, quedóse luego absorto, el ceño fruncido, la mirada fija, los labios apretados y tirando con un gesto brusco el papel sobre la mesa, dijo por toda respuesta: "Está bien, quedo enterado",[139] no asistiendo a la función que por su cuenta celebró en la Catedral el desconcertado Cabildo.[140]

Ya estaba en camino el decreto de 4 de mayo por el que Fernando VII abolía la Constitución, cuando antes de recibirlo, llegó a Apodaca una carta confidencial, en que Villavicencio, uno de los miembros de la pasada Regencia, le avisaba del cariz que estaban tomando los acontecimientos. Esto permitió al Capitán adelantar en Cuba la medida aún antes de saberlo oficialmente, lo que le granjeó un elevado concepto en la Corte y no pocos honores y prebendas.[141] El pueblo recibió la noticia con la mayor tranquilidad, con indeferencia, como si el cambio de regimen no le afectara en lo más mínimo.

La reacción de Fernando VII, que serviría para acabar de trazar con toda nitidez la línea divisoria entre los españoles de una u otra tendencia, pudo bien poco cuando se trató de contener las ideas antirreligiosas cada vez más extendidas en España y América.

Sobre aquel jansenismo de que hemos hablado, que venía trabajando las conciencias españolas desde principios del siglo XVIII, asentaba ahora el liberalismo sus principios de orden religioso, propagándose con gran rapidez hasta cristalizar en fórmulas jurídicas, como hemos visto sucedió en las Cortes de Cádiz después de la sesión del 22 de febrero de 1813.

En efecto, nada más fácil de explicar, que este acoplamiento, pues el Jansenismo, que en su origen se reducía a ciertas proposiciones acerca de la gracia, del libre albedrío y del beneficio de la redención del género humano, se complicó en el Sínodo y Pistoya y terminó por erigir a los simples sacerdotes en Jueces de la Iglesia Universal, todo lo que corría paralelamente con el dogma político de la soberanía del pueblo, de la superioridad de los Congresos nacionales sobre los Reyes y de la depresión de la autoridad de estos. En una carta pastoral publicada en Madrid el 4 de abril de 1827 se lee: "Los jansenistas fueron los anarquistas de la Iglesia como los filósofos jacobinos los anarquistas del Estado."

Según el Arcediano Sobral [142] Espada "fue el primero de la América que procuró felicitarlas (las innovaciones que se pretendían hacer en la Iglesia de España) y el que más se esmeró en manifestar por sus obras aquella especie de independencia de la Corte Romana tan conforme a las ideas de los que en Pistoya la quisieron sostener".

Ya conocemos diversas manifestaciones del "jansenismo" de Espada y como con sus propias obras y su independencia frente a toda autoridad superior, así como ante las costumbres y tradiciones de su Diócesis y de la Iglesia, comprueba la veracidad de estas acusaciones.

Sus ideas políticas hijas de la Enciclopedia que ilustró sus primeros estudios, eran las más a propósito para sostener y vigorizar las religiosas, y ambas formando un bloque caían dentro de la más rígida y severa ortodoxia de la herejía entonces tan en boga.

Los sucesos de este año de 1814 proveerán elementos para formar un juicio sobre esta cuestión.

Durante la Regencia había recibido de la Santa Sede el Cardenal de Borbón[143] autorización para hacer la visita general de todas las Ordenes Regulares, reformando en ellas lo que advirtiera no se conformara con el espíritu de disciplina monástica.

Imposibilitado de hacerlo personalmente en todos los dominios españoles, subdelegó en los Obispos, haciéndolo en Espada por lo respectivo a La Habana.

Con aquella disposición ponía prácticamente el Cardenal a las Ordenes en manos de su más encarnizado enemigo.

El aumento de poder, subdelegado por una persona quien a su vez lo había recibido de la Santa Sede, fue como un incentivo para reanimar su episcopalismo, que robusteciéndose por el triunfo en la constitución de las ideas que en política le corrían paralelas le hizo llegar hasta el extremo de desechar todos los frenos, abrogándose la plenitud de las facultades para decidir de la suerte de los religiosos de su diócesis.

"Excediéndose de los límites que le imponía la subdelegación, fue a dar en todo lo contrario de cuanto se propusieron las letras Pontificias, y en vez de promover la reforma de los institutos, excitando en sus individuos el fervor primitivo de las reglas, guiado por la adversión que sentía hacia las órdenes religiosas, hizo cuanto pudo por aflojar los severos lazos con que aquéllos se habían atado, promoviendo la disolución de las comunidades." [144]

Algunos de los religiosos de la Orden de Betlemitas habían pedido y obtenido breves de secularización del Santo Padre. Por estos breves podían abandonar la Orden y continuar ejerciendo su ministerio en el clero secular.

Conoció Espada estos breves, y así mismo la solicitud de secularización hecha a él directamente por otros frailes de la misma orden.

Como Obispo Católico, debía dar curso a los primeros y rechazar las segundas reservadas exclusivamente a la autoridad del Papa.

Sin embargo, basándose en la famosa "Potestad nativa" de los jansenistas y episcopalistas españoles, no sólo secularizó el 4 de agosto a Fray Manuel de Belén, sino también a Fray Lucas de los Santos, a Fray Domingo del Rosario y a otros tres más, dando al primero autorización nada menos que para contraer matrimonio aduciendo como única razón "la casi imposibilidad" en que se encontraba el secularizado de poder observar los votos monásticos en el siglo, no teniendo órdenes, ni siguiendo la carrera eclesiástica".[145]

No es necesario decir que esta clase de autorizaciones es de la más absoluta y privativa competencia del Papa, quien la concedía rarísimas veces y sólo en casos de extrema gravedad o en los que están comprometidos los intereses de toda una nación, condiciones que están muy lejos de ajustarse a "la casi imposibilidad" alegada.

El Prefecto General de los Beltemitas, que evidentemente exagera al decir que en un solo año encontró Espada "en un rincón de Ultramar", más sujetos a quienes secularizar que en 1800 años todos los Papas juntos, descubre en la razón dada por el Obispo, la primera de las proposiciones condenadas de Jansenio con la sola modificación de haberse añadido el adverbio "casi", y así lo hace saber al Rey.

Su raciocinio es el siguiente: No se hizo nunca juicio sobre la nulidad de las profesiones, porque por la constitución del Orden Betlemítico lo hubiese sabido el Prefecto General.

El Obispo usa siempre en sus providencias la voz "dispensa" lo que presume que la ordenación era canónica y válida.

"Al decir que para ser secularizado, y por tanto ordenado válidamente, es casi imposible el guardar la castidad, implica que Dios negase las gracias necesarias para el fiel y exacto desempeño de las sagradas e imprescindibles obligaciones con que se había comprometido libremente, lo que cae de lleno dentro del Jansenismo."

"En todo caso" agrega el Prefecto General, "si el vivir en el siglo producía "la casi imposibilidad" de observar la castidad, el mal se evitaría no secularizándolo, sino dejando que la vida retirada del Claustro, reformara lo que el siglo echaba a perder". Con lo que se ve que no le faltaba lógica en sus apreciaciones.

El escándalo producido en La Habana fue de los mayúsculos. Se opuso al matrimonio el padre de la novia del regular secularizado (porque había novia como es de suponer) y recurrió a las autoridades civiles para impedir la unión: le dieron la razón el Capitán General y la Audiencia de Cuba quienes también se opusieron, pero a pesar de todo el Obispo lo aprueba, lo consiente y lo autoriza.[146] Los tiempos de Someruelos han pasado, pero Espada no necesita del apoyo de nadie para imponer su voluntad.

No contento con conceder la secularización a los religiosos, las repartió entre las monjas[147] contra las que dirigió también sus ataques, intentando por todos los medios echarlas de los conventos. Con este fin se les nombró "Capellán a las religiosas, y se dijo como cosa cierta que a una Prelada en la hora de la muerte no le concedió un confesor de su confianza".[148]

Ensañándose con ellas les envió "un Visitador tenido por miembro de las Logias, y fueron tales y tan grandes los errores cometidos por él en esa visita, que informado el Obispo, ordenó que fuese suspendida, y que se quemasen, como se dijo, todas las actas concernientes a la misma, calmándose de este modo la horrible tempestad que habían suscitado las nuevas opiniones extravagantes e impías de aquel Visitador".[149]

Más tarde ha de defenderse Espada diciendo que si había secularizado religiosos y monjas, lo hizo cumpliendo los Breves Pontificios o Letras auténticas del Ilmo. R. Nuncio, autorizado a este efecto en España, previo siempre el Pase o "Exquator Regio, como requisito esencial",[150] lo cual es verdad en parte, pero tendrá buen cuidado de no aludir a las secularizaciones concedidas espontáneamente por él y mucho menos al matrimonio del fraile Betlemita, hechos indudables, pues si pudiera ponerse en tela de juicio el Informe del Arcediano Sobral y atribuir a pasión o interés los del Obispo de Cartagena,[151] tenemos todas las razones para creer al pie de la letra cuanto dice, al Rey y al Nuncio, el Prefecto de los Betlemitas, con quien coinciden punto por punto los otros dos.

Esto, que la Santa Sede calificara "El más enorme acto de usurpación de Autoridad Eclesiástica",[152] será la base de todas sus dificultades con Roma y uno de los más grandes agravios que ella le echará en cara al haberle inferido. En medio de otros cargos que se le harán, veremos una y otra vez resurgir el de las secularizaciones y dispensa de votos, a ese se le irán agregando mil quejas de distinta índole, pero el motivo original de la futura actitud de la Santa Sede y España permanecerá siempre el mismo: la extralimitación de las facultades subdelegadas en él y el abuso de autoridad.

Ya en esta vía, arrojó Espada toda apariencia y no hizo el menor esfuerzo por ocultar su adversión a los religiosos, parecía que lo inspiraba un furor de locura, no encontrando demasiado grande ninguna vejación con que afligir a los miembros de las órdenes.

Cansados de soportarlo los Capuchinos, y aprovechando la restauración del absolutismo se quejaron por medio de su Provisor al Consejo, y éste dictaminó el 15 de octubre que se previniese al Capitán General, para que el Obispo informase acerca de lo expuesto.

Sostuvo en España la queja el Vicario General de la Orden, Fray Mariano de Bernardos, y el Consejo resolvió que se enviasen a la Península a Fray Tomás Berrón, Fray Manuel San Ramón y Fray Lucas Orduña para tomarles declaración.[153]

Al mismo tiempo que llegaban a la Península los documentos de los Capuchinos, Fray José de la Presilla, "por poder y encargo" del Prefecto General del Orden Monástico Hospitalario Betlemítico, residente en Lima, envió desde Madrid, el 12 de julio de 1815, una representación al Rey denunciando las secularizaciones que ya conocemos y pidiendo se ordenase, que sin la menor demora el R. Obispo de La Habana consignase al Rey los originales de todos los expedientes, y se abstuviese de conceder gracias de tal naturaleza mientras se informaba al Santo Padre.[154]

Tres días después el mismo Fray José de la Presilla entregaba al Nuncio, Cardenal Gravina,[155] copia de la representación que había hecho al Rey con el ruego de que apoyara su petición.[156]

No sabemos que suerte tuvo la primera de estas representaciones, pero la segunda no fue olvidada como pronto tendremos ocasión de ver.

Espada no debía ignorar estas gestiones pero no por ello amainó la persecución, y según el Arcediano Sobral "suspendió las licencias de confesar (con escándalo de toda la Población) a los sujetos de dichas comunidades más conocidos, por su ciencia, por su virtud y por sus ejemplos".[157]

Dice Sobral que el Obispo se servía con frecuencia de estas suspensiones, castigando con ellas "a todo aquél que en lo más mínimo se opone a su voluntad".[158] Así lo hizo con el Cabildo de la Catedral, a quien impuso la pena durante tres meses, por haber cumplido la Real Orden que le permitía no salir en comunidad a recibirlo en medio de la calle cuando él llegaba en su coche a la Catedral.[159]

En 1814 se terminó la reconstrucción de la Iglesia de la Salud en La Habana, bendecida por Espada y se reedificó la de Guara en su actual emplazamiento.[160]

Mientras tanto O'Gavan que preparaba su viaje de regreso a Cuba, logró que sus amistades influyentes le permitiesen ir vadeando los escollos de la restauración, y también consiguió su propósito, que no sólo pudo escapar incólume de la furia absolutista, sino que el 21 de enero de 1815 le concedió el Rey el nombramiento de Oidor de la Real Audiencia de Cuba,[161] jurando este cargo en el Consejo de Indias el 9 de febrero siguiente.

Tan pronto llegó a La Habana, donde Espada lo recibió con los brazos abiertos, se reintegró a su cargo de Provisor de la Diócesis y tomó posesión inmediatamente del de Oidor, sin dignarse notificarlo al Capitán General Apodaca, su viejo enemigo político, a quien atacaba desde tiempos de la Regencia.

Se quejó Apodaca, cruzándose con tal motivo varios oficios, puso O'Gavan en los suyos sólo media firma y estimó el Capitán General esto como un desacato, surgiendo con tal motivo un largo y ruidoso pleito entre ambas autoridades.[162]

Ansiaba Espada dar nuevas muestras de afecto a su amigo con que demostrar públicamente su censura al Capitán General, y para ello se ingenió de modo que se le nombrase Presidente de la Diputación de Primera Enseñanza de la Isla y más tarde le confió el Gobierno de la Diócesis mientras él hacía su segunda visita Pastoral.

Aquí también tendremos que recurrir al Arcediano para que nos diga cuales fueron los motivos que lo impulsaron a decidir el viaje y nos cuenta algo de él: "El Obispo de La Habana para no asistir a los oficios de la Semana Santa determinó abrir la visita de su Diócesis las vísperas de aquélla." [163] "Ninguno podrá eximirlo de la nota de irreligioso así como ninguno otro podrá libertarlo de la de aniquilador de los pobres Curas de la Diócesis en el tiempo que ejecutó la visita por los cuantiosos consumos que le causan sus comensales, principalmente el Cocinero, que siempre es el primero que se presenta, pidiendo sin consideración y a su placer." [164]

Esta descripción evidentemente exagerada que nos pinta la Visita Pastoral como el paso de un ejército invasor, es de todos modos bien distinta de aquella otra que nos dejó el Obispo de Maynas de la primera hecha en 1804, y es que el período creador de Espada ha pasado definitivamente, aún levantará templos, protegerá las artes y las ciencias y cooperará a todas las obras de beneficencia que se hagan en la Isla, pero al hacerlo seguirá un impulso que parte de años anteriores, no habrá en ello novedad alguna, ahora todas sus facultades están empeñadas en aquella avalancha de pasión en que se ha convertido el antiguo germen creador y la vieja energía constructiva, y que lo arrastra a combatir frenético contra los obstáculos que se presentan frente a su voluntad.

En esta visita declaró a Casiguas auxiliar de Tapaste, fue reconstruida la iglesia de los Palacios, se fundó la de los Arabos erigiéndola auxiliar a Palmillas. Candelaria fue declarada auxiliar de Santa Cruz de los Pinos, la Iglesia de Corral Nuevo incorporada a la Parroquia de San Carlos de Matanzas, la Nueva Paz que había sido construida en 1805 por el Conde de Mopox y de Jaruco,[165] fue elevada a auxiliar; la Iglesia de Limonar que acababa de ser edificada por la Condesa de Buenavista,[166] ascendió a auxiliar de San Carlos Matanzas, y la de el Jíbaro quedó asignada como auxiliar de la Parroquia Mayor de Sancti Spiritus.[167]

En el carácter de Espada no se puede hablar de transformación sino de evolución, pocas personas han sido siempre tan consecuentes con sigo mismas como lo fue este Obispo de La Habana. Mientras más lo conocemos, a medida que los documentos nos van mostrando sus distintas facetas vemos como era todo de una sola pieza, sin sorpresa, sin cambios bruscos, sin desniveles temperamentales, una vez conocido su punto de partida comprendemos sin dificultad, todos sus actos, se dijera a veces que se repite incesantemente aplicando una única fórmula a todos los problemas y aún donde existen aparentes contradicciones, esas mismas son constantes.

Su episcopalismo regalista es idéntico cuando seculariza frailes, cuando se lanza a ejercer ilegítimamente la jurisdicción episcopal en la Florida o cuando se niega a aceptar las disposiciones Pontificias. Un mismo resorte ha puesto en movimiento el mecanismo, y las ruedas y los engranajes de su espíritu han girado en los tres casos con igual regularidad y exactitud, produciendo, como en la máquina de un reloj, el resultado esperado con una precisión verdaderamente matemática.

El 25 de abril de 1793 Pío VI, accediendo a una instancia de S.M.C. presentado por el Ministro de España en Roma, el Caballero de Azara, desmembró de la Diócesis de La Habana a las Floridas, uniéndolas a la Luisiana. Promovido en mayo de 1801 el Obispo de Luisiana y Florida, don Luis de Peñalver y de Cárdenas al Arzobispado de Guatemala[168] fue sustituido por Fray Francisco Porro, ex-general de los Clérigos Menores, quien a su vez fue trasladado en diciembre de 1802 al Obispado de Tarragona.[169] Vacante la Diócesis, la Santa Sede concedió provisionalmente la jurisdicción ordinaria a Mons. Carroll, Arzobispo de Baltimore,[170] quien en 1812, en virtud de un Breve Apostólico de 3 de abril de 1808 nombró a Luis Guillermo Du Bourg administrador de la Diócesis de Nueva Orleans con los derechos de Ordinario. A pesar de esto, Espada sin autorización ni título alguno, tomó posesión y comenzó a ejercer la jurisdicción ordinaria en el Territorio de las Floridas.[171]

Conociendo la mentalidad de Espada es fácil comprender esta actitud violenta y desorbitada. Las Floridas habían sido unidas a la Diócesis de la Luisiana por Carlos IV, soberano legítimo de ambos territorios en virtud de un derecho indiscutible de la Corona de España. Separada de ésta la Luisiana, pero aún sujetas a su autoridad las Floridas, el regalismo de Espada, habituado al Patronato y a la Real Presentación, no podía más que rebelarse ante la idea de que un extranjero, nombrado a espaldas de las autoridades españolas gobernase parte del suelo patrio. Desde su punto de vista la usurpación no la hacía él, sino Monseñor Carroll y el Padre Bourg. Lo más que hubiese admitido es que en la reivindicación de aquel derecho Nacional sus métodos fuesen tal vez algo expéditos.

Las cosas se complicaron en 1815, cuando dejando al frente de la Diócesis a Luis Siboud, Du Bourg pasó a Roma, donde fue consagrado Obispo de Nueva Orleans en el mes de septiembre, y obtuvo para aclarar la situación un Breve Apostólico de la Sacra Congregación de Propaganda Fide por el que se le confirmaba su jurisdicción sobre las Floridas.[172]

Tan pronto regresó a su Diócesis participó Monseñor Du Bourg esta disposición al Obispo de La Habana quien le contestó lisa y llanamente que nunca le cedería la jurisdicción sobre las Floridas sin una orden de S. M. Católica.[173]

Monseñor Du Bourg que no era un espíritu combativo y que estaba abrumado por una serie de problemas de distinta índole, creyó que era más conveniente no entrar en discusión con Espada, y para evitar los conflictos de orden espiritual que pudieran surgir, autorizó a todo el clero de las Floridas a ejercitar las facultades que les confería el Obispo de La Habana, escribiendo sin embargo a Roma para salvar su responsabilidad, pidiendo que se procediese a convalidar los actos nulos ejecutados por Espada en las Floridas y proponiendo que aquellas partes de dicho territorio que permanecían sujetas a España sigan bajo la jurisdicción del Obispo de La Habana y las que se habían sustraído o se sustraigan al Dominio Español vuelvan a la del de Nueva Orleans.[174] En consecuencia la Congregación de Propaganda Fide escribió a Espada el 23 de diciembre del mismo año 1815, comunicándole que había convalidado todos los actos ejecutados por él en las Floridas y prohibiéndole terminantemente continuar inmiscuyéndose en los asuntos de aquella provincia que estaban bajo la jurisdicción del Obispo de Nueva Orleans, al mismo tiempo le prevenía que sus intervenciones futuras serían nulas y sin algún valor.[175]

Pero Espada no se molestó ni aún en acusar recibo de la carta y despreciando olímpicamente a Roma, como había despreciado a Monseñor Du Bourg, continuó gobernando las Floridas tal cual si nada hubiese sucedido.

Asombra la indiferencia con que tomaron este asunto, tanto España, tan celosa otras veces en defender sus prerrogativas, como la Santa Sede que nunca tomó otra medida más enérgica para resolverlo, que la carta a que acabo de referirme.

Es muy posible que España ignorase el problema, ya que ni Roma ni Espada, los únicos caminos por donde podía llegar a ella la noticia la pusieron al corriente. En cuanto a Propaganda Fide, pudo pensar que el Obispo de La Habana acataría sus disposiciones; y cuando, como vemos, se enteró más tarde de lo contrario, la lentitud de los trámites burocráticos y la sensación de que poco duraría el dominio español en aquellos territorios, hizo que las cosas fuesen tomadas con toda calma hasta que los acontecimientos posteriores le dieron la solución apetecida.

Una vez más Espada se salió con la suya, y a costa de la nulidad de un buen número de actos de orden espiritual y de la propia ortodoxia, contra viento y marea, como era su inveterada costumbre, continuó ejerciendo la jurisdicción episcopal en las Floridas. Con aquel "non-servian" echaba a rodar los principios del Catolicismo, pero mantenía bien en alto la bandera "jansenista", y por primera vez, de un modo abierto, contradiciendo las disposiciones expresas de Roma, se plantaba frente a ella y le lanzaba el guante de su reto.

3

ANUNCIOS DE TEMPESTAD

Mientras tanto, terminada la guerra en Europa, y puesto al seguro en Santa Elena el "odioso y excecrable Bonaparte" [176] renació la esperanza en los pueblos.

El bloqueo con que Inglaterra cerró todos los puertos del Continente Europeo había hecho que se agotaran sin posibilidad de reponerse los depósitos de azúcar y café, y en busca de estos productos, tan pronto lo permitieron las circunstancias, se acudió a Cuba quien de la noche a la mañana comenzó a ver aumentar sus entradas de un modo vertiginoso, expandiéndose por toda la Isla un extraordinario bienestar económico.

Con la nueva riqueza soplaron vientos de lujos y boatos en "La Habana que por su situación es una de las poblaciones más ricas y civilizadas de toda América,[177] y meciéndose en ellos dejóse llevar el Obispo por la corriente que era la de su propio gusto e inclinación.

Dice el incorregible chismoso de Sobral [178] que a pesar de tener "La Santa Iglesia Catedral de La Habana... como generalmente todas, una casa destinada para habitación de S. Ilmo. Prelado, contigua, como conviene, a la misma Iglesia, y afecta sólo de un pequeño Canon, que se paga a favor de una obra pía" el Obispo de La Habana, no pareciéndole suficiente a su alta dignidad, y queriendo otra donde pudiera con más amplitud manifestar un lujo extraordinario, tomó una de las mayores que hay en aquella Ciudad, muy distante de su Iglesia y pagando una suma considerable, a más de la pequeña cantidad que se debía dar por la otra, que cedió al dueño de aquélla, quedando la obra pía sin la cuota que debía tomar su fundación, sólo porque así lo ha querido S. I. sin que basten a conseguir este piadoso fin las más justas reconvenciones.

Pero no nos deja Sobral con la miel en los labios, su implacable maledicencia nos tomará de las manos para hacernos cruzar el portón señorial y atravesado el zaguán que desemboca bajo los arcos del patio, subir las escaleras, tan suave y reposada que más espacio perdía en descansos que ocupaba en escalones, y mostrarnos una a una las ricas salas de la episcopal mansión. "Los adornos lujosos con que ha decorado aquella morada, son tal vez dignos de censura, aún en un seglar opulento; y lo que más admiración causa, mejor diré escándalo, es que en ninguna de sus habitaciones se mira una efigie del Crucificado, cuyo lugar ocupan costosísimos espejos y exquisitas colgaduras, cuya vista anuncia, que se pisa en entrando en ella, no la habitación de un Obispo Católico, sino el Palacio de un alto personaje del siglo; todo allí es brillante y del mejor gusto, menos el oratorio que está colocado junto a la cocina.[179]

Parece que no bastaba a Espada su palacio ciudadano y que a pesar de los "costosísimos espejos y exquisitas colgaduras" que impresionaron al Arcediano en forma tal que habla de ellos varias veces, había puesto todas sus delicias en una quinta situada extramuros, donde a manera de aquellos cardenales de grandes Casas, Borghese o Aldobrandini, de la Roma barroca, pasaba las horas más calientes del día en medio de la amenidad de los jardines y del fresco murmurar del agua de las fuentes.

Por el Arcediano sabemos que "al romper el alba es el primero que en su coche sale por las puertas de la ciudad para ocupar todo el día en su Quinta", "estancia de lujo", "suntuosa y delicada" "donde todo inspira el más exquisito placer a los sentidos", que "para conseguirlo no se escasean medios mi facultades" y que es ese sitio el "que sin duda fomentando la concupiscencia de sus sentidos, da margen a la soberbia de su vida".[180]

Que la quinta existió no cabe la menor duda, otra referencia a ello la encontramos más tarde en el anónimo "Un humilde vasallo".[181] donde nos dice que la finca figuraba como propiedad de uno de los secretarios de Espada y que en ella y en sus jardines gastaba el Obispo toda su renta; sin embargo parece exagerada la descripción del lujo de ambas residencias episcopales. Es preciso tener en cuenta que Sobral nunca las visitó y que, aunque muy bien informado, no hace más que repetir lo que le han contado con lo que pierde mucho crédito el cuadro que nos pinta.

Desde luego que no podía Sobral quedar satisfecho con el retrato del palacio y la quinta sin dejarnos el de su dueño, antes por el contrario no son las pinturas de las residencias más que el "fondo para colocar a éste personaje de genio áspero y poco comunicativo" [182] brusco, vengativo, litigioso, arbitrario, dominante y despótico a quien sus feligreses (siempre es el Arcediano quien habla) lo tenían por un misántropo feroz y por consiguiente huían de acercársele para comunicarle sus cuitas y recibir el consuelo de ellas. En esto está de acuerdo con el Arcediano el Obispo de Cartagena. En su informe al Papa, el 12 de enero de 1828 escribe:[183] (Espada) "es de una condición áspera y dura en virtud de la cual llegó al extremo de suspender de las licencias de confesar y predicar a toda una comunidad entera de religiosos. En sus venganzas es inexorable, todas las conduce hasta el extremo y en sus empeños solía decir que no había más autoridad eclesiástica que la suya". Aquí de nuevo, otra concordancia que por otra parte no nos sorprende pues ya sabemos los puntos que calzaba Espada en cuanto a independencia de la Curia Romana. "Un Obispo, escribe Sobral, que se cree, que juzga, que gobierna, que es tan Pontífice en su Diócesis, como lo puede ser Pío VII en Roma", cuyo episcopalismo, cuando era menester, crecía y se desarrollaba aún a costa de su propio regalismo, "queriendo despóticamente gobernar aquella Iglesia, continúa el Arcediano, no contando con sus capitulares para nada, ha atropellado en sus mandatos, y disposiciones, por encima de todos los Estatutos, las reglas establecidas, y aprobadas por S. M. desde su fundación". "En sus hechos públicos con respecto a su autoridad se considera absoluto y con tanto poder como el inmediato sucesor de San Pedro, y en el modo de conducirse en su privada vida, está dando a entender aún al más ignorante que vive como el seglar más reprensible o como el más consumado Epicúreo."

Tampoco es parco Sobral en la descripción de la vida religiosa de este hombre curiosísimo, dice que en su Oratorio (aquél que estaba junto a la cocina) oye "la misa que le dice un Capellán en los días festivos; pero nunca la ha celebrado el mismo, es verdad que tampoco ninguno se la ha oído en otra Iglesia, ni aún en la Catedral a excepción de la Noche de Navidad, el Triduo de la Semana Santa, y el Corpus algunos años, sin que jamás haya cumplido con las que tiene señalado por los estatutos de la misma Iglesia; mas no es sola esta obligación de su Ministerio, que omite cumplir: ninguno de cuantos han ido a visitarle, ni aún cogiéndolo por sorpresa, lo han visto con el Breviario en la mano; ni tampoco nadie puede señalar donde es el sitio, donde coloca los libros para el desempeño de las horas Canónicas".

Jamás ha subido a la Catedral del Espíritu Santo para hablar a sus feligreses y esto lo confirma el anónimo citado de "Un humilde vasallo" donde dice "no asiste casi a la Catedral; y jamás se le ha visto predicar ni confesar". El primer anónimo del "Fidelísimo Pueblo de La Habana" hace notar también esta deficiencia. "Los vastos pueblos de la Diócesis desde el Principio de su Obispado no han oído una vez de su boca la misión evangélica, como el ejercicio de otros sacramentos que la confirmación cuando ha convenido para otras miras siniestras."

"Sólo, continúa Sobral, les ha dirgido (a sus diocesanos) una Pastoral, nunca ha amonestado al cumplimiento Pascual; con la división de los curatos, ha hecho aminorar el pasto espiritual; pues como éstos se dividieron, las funciones que antes se hacían por los tenientes que aquéllos ponían, ahora deben hacerlas sólo uno, que no puede; ha mandado que el viático no se suministre en dando las diez de la noche, y que en las demás horas del día sólo salgan con dos faroles; que no se canten en los Rosarios de noche las alabanzas de la Virgen, sino que se recen; todas cosas bastante extrañas para una población devota."

"No asiste ni visita los templos de la Ciudad sino alguna vez que ha hecho confirmaciones." "Para la elección de Curas señala los examinadores que quiere, sin contar con los de su Cabildo, que lo son natos."

Sobre la manera como proveyó los curatos dice el anónimo de "Un humilde Vasallo" que "Cuando los niños de la escuela encontraban al Obispo decían: Mira el Masón; pues es el abrigo de todos ellos: que no tiene en los curatos sino jóvenes de esta especie, todos libertinos de la comparsa de los Secretarios, y los sacerdotes virtuosos están arrinconados".

También sobre estos nombramientos habla el Obispo de Cartagena en su informe citado de 12 de enero de 1828. "Su Secretario Segundo (de Espada) don Francisco Castañeda se tenía públicamente por Masón y en el concepto del infrascrito éste es el que más daño ha hecho a la Iglesia y al buen nombre y fama de su Prelado, es hombre, muy inmoral que vive escandalosamente en un concubinato perpetuo y que protege a todos los que siguen la relajación de sus costumbres. Él ha hecho las promociones de Curatos en sujetos de su satisfacción, y el infrascrito conoce algunos que en sus conversaciones han manifestado ser unos ateos. Como estos delitos son difíciles de probar, y como los masones se sostienen unos a otros con mucha fuerza, y como tienen por desgracia abundancia de dinero, triunfan de la justicia, trastornan las leyes, engañan al Gobierno Supremo con falsos informes y consiguen cuanto se les antoja."

"Este mismo Secretario que por varios Reales Decretos debía estar en una clausura por haber cooperado tan de lleno a la propagación de las instituciones revolucionarias, ha conseguido una prebenda eclesiástica en aquella misma Iglesia que tanto ha perseguido y escandalizado."

Los cargos que el Arcediano imputa a Espada no tienen fin. A cuantos acabamos de ver, agrega: "Que (el Obispo) ha dejado de asistir a algunas funciones del Corpus con escándalo del Pueblo, que bueno, sano y robusto, el mismo día, lo ha visto salir para su Quinta."

"Que se excusa de asistir como Jefe a los besamanos de forzosa etiqueta" que "a su antojo y sin consultar con su Cabildo despide los Ministros de su Iglesia para colocar al que quiere[184] y que cuando asiste a la Catedral nunca es en el Coro, sino en el Dosel, y que éste no la baja aún cuando esté manifiesto el Sacramento".

Por su parte el Obispo de Cartagena informa al Papa[185] que "ha observado que se procura disminuir los confesores y predicadores. Las fiestas y el culto de las imágenes bajo pretexto de evitar la cuestación de limosnas, y adornar las iglesias al estilo moderno ha observado que en todas las que ha puesto la mano no ha dejado más que tres altares el mayor, y los colaterales, con tres cuadros y sin ninguna de las imágenes que veneraban los fieles en las respectivas Parroquias: ha observado que en ninguna torre de éstas hay Santísima Cruz, símbolo de nuestra redención, y admirado de esta novedad tan contraria a la práctica constante de todas las ciudades cristianas, le informaron algunos sacerdotes antiguos y virtuosos que el Obispo había mandado quitar todas cuantas había en las calles, y todas las imágenes y Santos de las paredes y ventanas de las casas y suspender en el tiempo de cuaresma los ejercicios piadosos del Vía Crucis, y de las estaciones que eran muy concurridas y edificantes".

Este retrato ejemplar de Sacerdote celoso y de Obispo apostólico, verdadero espejo de Pastores, lo completa Sobral diciéndonos que "todos se lamentan allí de la poca (caridad) que ejercita y si secretamente no extiende su mano al menesteroso, en público no se puede contar cual ha sido el particular socorrido, la hermandad, convento, hospital, ni obra pía favorecida por su liberalidad" esta afirmación contradecida por sus fundaciones y por el testimonio que años después darán Vives y otras autoridades, viene sin embargo corroborada por "El Fidelísimo Pueblo de La Habana".[186] "El Tesoro de los pobres ha servido para fomentar vicios públicos, malversándose las cuantiosas rentas del Obispado (Dice el Arcediano, quien amó los números, que en los 16 primeros años de su episcopado Espada percibió de rentas más de diez y seis millones de reales) en profanos lujos, propios de un sultán, siendo tan inmoral despreocupación el distintivo de sus operaciones religiosas."

Ante esta montaña de acusaciones arrojada sobre la cabeza de un Obispo Católico, no podemos menos que retroceder asustados como ante un ser diabólico que bajo la mitra y la capa magna escondiese los más negros propósitos, cuya perfidia, animada de un odio satánico a la Iglesia, le hubiese hecho llegar a su principado para desde allí, a golpes de báculo, destruir precisamente aquello que se le había puesto en las manos para que él lo conservase y defendiese.

Semejante monstruo no corresponde en absoluto a la figura tradicional que ha llegado hasta nosotros del Obispo Espada, pero tampoco debe haber correspondido a la otra, a la de caras y hueso que amó, vivió y murió en La Habana.

No hay el menor temor de ver un día al Obispo Espada canonizado por la Iglesia Católica, pero tampoco es preciso imaginarle tal cual nos lo presentan sus enemigos y detractores. Las fuentes que tenemos para estudiar a Espada provienen casi todas, desgraciadamente, de sus contrarios. Ya hemos visto cómo se había ido formando, primero en La Habana y luego en Madrid, un ambiente adverso al Obispo. Desde el mismo año de su consagración. Con aptitudes especialísimas, lo cual es preciso reconocerle, poco a poco había logrado captar la enemistad de buen número de sus ovejas. Sin hablar de su carácter, universalmente descrito como áspero, duro y autoritario que le buscó la antipatía de no pocos individuos, colectividades enteras se pusieron frente a él cuando lesionó sus intereses, sus ideales o sus prejuicios. Las órdenes religiosas, el clero secular, la clase media y muchos miembros también de la nobleza y el pueblo no dudaron en aceptar la guerra que él les proponía a cuantos le ofreciesen alguna resistencia. No importa que tuviera partidarios tan numerosos y decididos como sus opositores, fueron éstos los que hablaron primero y también los que hablaron más.

Sobral, que nunca estuvo en Cuba, recogió en Madrid la opinión que en los crículos cubanos de la Corte, predominaba entre seglares y religiosos, por su parte el Obispo de Cartagena que pasó varios años en La Habana, era posiblemente parte interesada en el asunto como veremos más adelante; en cuanto a los anónimos numerosísimos en esta historia, no son más que la expresión, en su forma más rastrera, de los sentimientos del partido antiespadista.

Tampoco debemos perder de vista que fueron aquellos años y los sucesivos de enconada lucha política donde la exaltación de las pasiones llegó a excesos increíbles, y que mezclada íntimamente hasta formar parte integrante y como un solo cuerpo con ella, estaba entonces la cuestión religiosa. Liberales y conservadores, constitucionales y absolutistas, avanzados y retrógrados, combatían en torno a la teología. Cualquier solución adoptada afectaba por igual el futuro del Estado y el de las almas de sus ciudadanos, la conciencia cívica y la religiosa estaban ambas a la alerta; por fuerza, las actitudes, como sucede en toda contienda sincera y apasionada, se hicieron intransigentes y no hay duda que nada en este mundo apasiona más cuando se es sincero, que la religión y la política.

Por eso es preciso tomar con mucha parsimonia cuanto acabamos de leer sobre Espada, nada de ello es sereno, imparcial ni objetivo, por lo tanto, no todo lo que dicen es rigurosamente exacto. Que Sobral estaba bien informado, no cabe la menor duda, a pesar de los dos o tres errores que comete en su largo informe; tampoco creemos que el Obispo de Cartagena le mintiese deliberadamente al Papa, pero ambos recogían rumores, uno de cerca y el otro de lejos, uno de primera y otro de segunda mano, ambos estaban ciegos por la pasión y los dos exageran, y retuercen las noticias, presentándolas, involuntariamente en el mejor de los casos, en la más desfavorable de las luces.

¿Y entonces? ¿Fue Espada un buen Obispo? ¿Fue óptimo sacerdote cumplidor fiel de los deberes de su sagrado ministerio? ¿Llevó a cabo la misión apostólica que le imponían sus órdenes? Examinándonos en el fondo de nuestra conciencia como si tuviésemos que responder por nosotros mismos tenemos que decir, juzgando por los documentos que conocemos, por sus propias cartas y por aquellos de sus hechos históricamente probados, que pueden arrojar luz sobre estas preguntas, que no.

Dejando aparte el lujo real o exagerado de su palacio y quinta; saltando sobre su carácter áspero, que a parte de lo desagradable que resulta para quienes le rodean poco tiene que ver con la santidad; olvidando la división de los curatos, que un error, si le fue, es fácil cometer; suponiendo que cuanto se refiere a los curas nombrados, proviene de rivales despechados; admitiendo que las novedades introducidas en las iglesias y costumbres del pueblo, obedecieran a un indiscreto deseo de modernizar el aspecto de la Diócesis, y aún, lo que es ya más grave y difícil de disculpar, aceptando que el estado delicado de su salud le impidiese cumplir asiduamente con sus más elementales deberes de sacerdote y de Obispo, su actitud ante la Santa Sede es tan nítida, tan clara, tan definida que sobre este punto no cabe la menor duda. De propósito no hablo de su persecución a las órdenes religiosas porque lo peor ha de venir aún, pero esto no deja de ser también un buen argumento en contra de un Obispo.

Al llegar aquí, casi a pesar de nuestra voluntad y por sí sola, se forma otra pregunta, ¿era Espada un hombre creyente? ¿Profesaba sinceramente los principios en cuyo nombre había sido elevado hasta el gobierno espiritual de sus semejantes? Luego tendremos oportunidad de leer en una de sus cartas, que como Obispo se consideraba un funcionario del Estado Español. Más allá es imposible penetrar. Aún admitiendo que cuanto Sobral, el Obispo de Cartagena y los anónimos dicen de Espada sea absolutamente cierto, la conciencia humana tiene tales repliegues y tan oscuros misterios que no podemos contestar ni formarnos una opinión definitiva.

El secreto de Espada está en la soberbia, una soberbia feroz sin trabas ni tapujos. Es su soberbia la clave que descifra todos sus actos, examinando cada uno de ellos a través de este prisma le vemos descomponerse en sus partes y comprendemos enseguida el mecanismo que le puso en movimiento.

En el fondo de cada herejía no hay sino un acto de soberbia, y tal vez de todas, donde ésta es más aparente, es en el episcopalismo, allí sin andarse por las ramas de sutilezas teológicas, se lanza sin escrúpulos ni disfraces, el "non serviam", y cada Obispo se encarama como puede sobre la cátedra de San Pedro, dejando intacto el resto del dogma porque aquello que le interesa es, no lo que se debe o no se debe creer, sino de gozar de iguales facultades y prerrogativas que el primero.

El regalismo, porque de ambos pies cojeaba nuestro Obispo, no es sometimiento servil al Rey, que ya pronto habría sabido sacudírsele, sino rebelión ante el Papado y exaltación de la Nación. Soberbia pura y simple que no reconoce a ninguna autoridad no-española, por alta que ella sea, el derecho de intervenir directamente en las cosas de España, aunque esa autoridad sea el Papa y en lo que pretenda intervenir sean cosas de orden puramente espiritual.

Pero volvamos a Sobral y a la pintura que nos hace del Obispo. Para colmo y remate de este cuadro delicioso, dice que se llevaban Espada y su Cabildo como perro y gato, que aquél no había asistido a las juntas de éste más que dos veces en los catorce años que gobernaba la Diócesis, y que no tenía más contacto con sus miembros "que en los actos públicos a los que asistía raramente y en los días de su Santo y Pascua en su casa, y en éstas dos últimas ocasiones jamás les daba asiento".

A pesar de esto parece que el Cabildo soportaba con paciencia, tal vez atemorizado ante aquel Obispo de armas tomar, las genialidades del prelado "conducta, dice Sobral, verdaderamente digna de elogio, si los males que de esto resultan se refundiesen sólo en aquellos individuos, pero pudiendo ser trascendentales al bien general de la Iglesia y del Estado, particularmente en las circunstancias del día, y en un País que tan inmediato tiene el fuego de la insurrección, yo lo juzgo represible por no haber clamado con aquella fuerza, libertad evangélica y energía que para un caso semejante debe tener un Cuerpo respetable, que toma la palabra por honor a Dios, amor al Rey y servicio de su Patria".

Es ésta la primera vez que encontramos una alusión a las ideas emancipadoras de España. Ya vemos que el primer anónimo del "Fidelísimo Pueblo de La Habana" atribuye al Obispo una intervención directa en la rebelión Venezolana, pero en 1816 todavía debían transcurrir ocho años para que apareciera el anónimo citado.

Sin embargo el rumor recogido en el anónimo debía circular ya en tiempos de Sobral, porque éste escribe: "que el Obispo de La Habana manifiesta una gran política, atención y generosidad a todos los extranjeros de otras Naciones, que llegan a aquel Puerto, y que en su obsequio no perdona gastos, ninguno de aquella Isla puede negarlo, pero todos conocen que S. I. se excede en estos obsequios, con una clase de personas, cuyo trato debía excusar" aludiendo tal vez a las veces que lo suponían en contacto con agentes revolucionarios del Continente.

No es de excluir que entre estos extranjeros estuviesen algunos que realmente fuesen de los famosos agentes, en cuyo caso, sería ese el origen de las voces que contaban como una verdad indiscutible la historia de las conspiraciones episcopales y de sus repercuciones en Caracas, México y Nueva Granada, y de sus maquinaciones para hacer estallar la revolución en Cuba.

Con el fin de obviar este peligro, pregunta isidiosamente el Arcediano al Nuncio, antes de terminar su informe: "Si un Pastor con semejantes sentimientos es a propósito para ocupar una silla, que está tan distante de quien pueda corregirle en la espiritual, y temporal, y tan próxima a un continente revolucionario, en cuyo territorio se ha esparcido la mala semilla, y aún no se ha podido exterminar", volviendo otra vez a insistir en la proximidad de la revolución emancipadora gran fuente de todos sus temores, integralistas.

La importancia que tienen estos párrafos del informe, es que son el eco de la opinión que sobre Espada en este punto concreto, tenía la colonia cubana de Madrid, y aquellos habitantes de la Corte que por un motivo u otro estaban o habían estado en estrecho contacto con La Habana, opinión que indudablemente provenía de la propia capital de la Isla de Cuba.

Gracias a Sobral tenemos dos puntos concretos donde apoyarnos cuando estudiemos este aspecto particular de la personalidad de Espada: que en La Habana y también en Madrid se atribuían a Espada ideas emancipadoras y tal vez connivencias con los agentes revolucionarios del Continente Americano; y que estos rumores eran anteriores al año 1816.

El mismo Sobral nos prueba que en este murmurar no había nada concreto y era todo una vaga reputación sin hechos conocidos, pues de no ser así, él, tan prolijo y amigo de detalles y de números, no habría podido resistir la tentación de poner al Cardenal Gravina al tanto de las reales o supuestas conspiraciones del Obispo.

Con esto se despide de nosotros el Arcediano, no sin antes correr "un velo sobre las demás fragilidades del Obispo". Pero veamos antes de abandonarlo quién era este señor.

El 11 de mayo de 1816 se cubrió la plaza de Arcediano de la Catedral de La Habana, vacante por el fallecimiento de D. Ignacio Granados, con el nombramiento de D. Manuel Sobral y Bárcenas.

Inmediatamente quiso enterarse del "estado en que se hallaba aquel Cabildo y de las circunstancias del Prelado que le presidía: esta operación me obligó a practicar con la mayor excrupulosidad varios informes hechos por personas sensatas de aquel vecindario, que pareciéndome exageradas, me hicieron dudar de la posibilidad de unos hechos que jamás hubiera comprobado con una multitud de expedientes, que existen en el Concejo de Indias".

Después de consultar y dejarse convencer por "los muchos habitantes de aquella Isla que existen en esta Corte", miembros con toda seguridad del partido absolutista y posiblemente los responsables de su nombramiento, hurgó en el archivo del Consejo de Indias donde encontró la confirmación de mucho de lo que le habían contado en los siguientes expedientes que cita sin más detalles en su informe:

1.º El del R. Arzobispo de Cuba, cuyas decisiones en apelación no obedece.

2.º El de los Curas del Sagrario sobre la división de dichos curatos.

3.º El de la secularización de Religiosos.

4.º El de el Comisario de la Cruzada ausente S. S. y se formó en tiempos de la Regencia.

5.º El que tuvo con los Generales Villavicencio y Álava sobre el entredicho de la Capilla del Arsenal.

6.º Los que siguió el Cabildo sobre el derecho que tiene a la elección de Secretario, sobre el no deber salir a la calle en comunidad para recibirlo de su coche; y sobre las banquetas, que quiso hubiera para las dignidades, que deben estar a su lado, cuando ocupa el Dosel, que es siempre, y jamás en el Coro.

7.º El de el Capitán General y Audiencia sobre el Matrimonio de un religioso.

8.º El que sostuvieron las monjas sobre enterramientos.

Con este material y a instancias, seguramente, de algún agraviado miembro de la colonia cubana, se decidió a componer el largo informe que tantas veces hemos citado, dividido en dos partes, "Vida Pública" y "Vida Privada", que dirigió al Nuncio con el pomposo título de: "Información reservada de los hechos públicos y privados del Ilmo. Sr. D. Juan José Díaz de Espada, Obispo actual de la Santa Iglesia de La Habana. Dirigida al Emmo, y Excmo. Sr. D. Pedro Graviana, Cardenal de la Santa Iglesia Romana, Gran Cruz de la Real y distinguida Orden de Carlos III, Grande de España, Nuncio de Su Santidad, etc., etc., etc."

Este informe será enviado más tarde, por el sucesor de Graviana a la Secretaría de Estado de Su Santidad, que lo trasladará al Secretario de la Sacra Congregación de los Asuntos Eclesiásticos Extraordinarios para enterar al Papa y comunicar luego el resultado al Cardenal Secretario de Estado;[187] y merecerá del Secretario de la Congregación el ser considerado como un "testimonio cualificado".[188]

No llegó a ir nunca Sobral a La Habana y el 14 de febrero de 1818 la Cámara de Indias dictaminó en el expediente formado sobre su conducta, que el Rey podía servirse declarar vacante la prebenda como se hizo inmediatamente[189] nombrándose para sustituirlo a don Julián José del Barrio el 12 de abril.[190]

Mientras tanto en La Habana, desde el año anterior, exaltábanse los ánimos discutiendo en torno a la cuestión llamada "de la media firma" cuyo inicio ya conocemos. Fue esta nimiedad de protocolo, un mero pretexto que encontraron O'Gavan y Apodaca para hacer estallar la vieja rivalidad que los dividía. Ya el 20 de noviembre de 1815 se había quejado el Capitán General a España porque O'Gavan, en sus oficios dirigidos a él, usaba la media firma.[191] Continuó el Previsor ejerciendo lo que estimaba una prerrogativa de su cargo, insistió de nuevo Apodaca en terminar con lo que llamaba un abuso y después de muchos dimes y diretes en los que intervino toda la población que tomaba partido por uno o por otro, bajo el manto del problema de etiqueta discutía política pura y simple, envió O'Gavan, el 20 de marzo de 1816, un oficio al Capitán General, donde atacaba, deprimía y ridiculizaba la Regencia Constitucional, llamada del Quintillo, por estimar que había traicionado los principios de la Constitución que debía mantener.

En este oficio se impugnaba las Providencias de la Regencia que concedían a Apodaca el privilegio que invocaba para faltar a las consideraciones debidas al empleo y al carácter del Previsor O'Gavan.[192]

Semejante documento, modelo de osadía en una época absolutista que consideraba la Constitución como un crimen de lesa patria, fue la gota que desbordó el vaso, sino de la paciencia, al menos de la ira, del Capitán General, quien después de consultar a los Ministros Chaves, Alba y Robledo, dispuso en el mes de abril que se remitiera al Previsor a España en la fragata "Sabina", que por una extraña ironía, más tarde había de cambiar de nombre y ser llamada "Constitución".[193]

Cuenta el primer anónimo de "El Fidelísimo Pueblo de La Habana" que la orden no se llevó a cabo, pues el Obispo amenazó con la Excomunión al Capitán General "siempre que mentara el acordado extrañamiento".

Sea o no cierto este "Chantage", y Espada nunca tuvo inconveniente en hacerlos de esta clase cuando lo estimaba necesario, el hecho es que O'Gavan permaneció en La Habana sin que nadie intentase llevarlo por la fuerza a España.

En Roma, donde aún no habían llegado las denuncias sobre Espada, Pío VII le concedió el 10 de mayo, al igual que a los demás Obispos de los países españoles de Ultramar por medio del Breve "In Supreme" las facultades extraordinarias sobre dispensas matrimoniales.[194]

La llegada de la fragata "Castilla" el 2 de julio puso punto final a la discusión de la media firma. En ella vino el nuevo Capitán General D. José Cienfuegos Jovellanos a quien sin demora entregó el mando Apodaca.

Inmediatamente y como una reacción lógica se dirigió a él O'Gavan en la forma más cordial, creándose al poco tiempo entre ambos una estrecha amistad que según el primer anónimo de "El Fidelísimo Pueblo de La Habana" permitió al Provisor, de acuerdo con el Obispo, "manejar a discreción las primeras autoridades".

Pasada la crisis Apodaca, regresaba Espada al favor de la más alta autoridad de la Isla. Su poder no sólo lo recobraba intacto, sino que aumentaba y se fortalecía con el apoyo de O'Gavan. De ahora en adelante se ganará cada vez más el ánimo de los Capitanes Generales, para llegar con Vives a gozar de una privanza como no tuvo ni aún en tiempos de Someruelos.

Para el Obispo se prepara el momento del triunfo, del dominio incontrastado, de la casi soberanía, cuando su voluntad se hará obedecer hasta en los últimos rincones del organismo colonial de Cuba.

El primer anónimo de "El Fidelísimo Pueblo de La Habana", siempre maldiciente y pronto a encontrar turbias razones en los actos del Prelado, explica este estado de cosas diciendo que Espada se valía para consolidar y aumentar su influencia, no sólo de la masonería, sino de personas venales que sostenía con las rentas del Obispado en todas las Corporaciones Representativas de manera de poder tener siempre el dominio y la dirección de ellas.

A pesar de esta revancha sobre los años de oposición de Apodaca, dice el anónimo, y aquí nos parece que cae de nuevo en el terreno de la novela de capa y espada, que Espada y su Provisor hervían de rabia mal disimulada contra el ex-Capitán General, ahora Virrey de Nueva España, y que para llevar a cabo su "implacable venganza" sostenían los partidarios de Minas "y otros cabecillas" de la revolución mejicana, para que se levantaran contra España y exterminaran la persona y la familia del Virrey.

No concuerdan en absoluto estas pretendidas subvenciones a los patriotas mejicanos con la Pastoral que publicó Espada a mediados de ese año.

Había el Papa exhortado, en un Breve, al clero americano a la paz y a la concordia,[195] por Real Orden del 6 de abril, dispuso el Rey que todos los Obispos escribiesen una Pastoral comentándola con el objeto de restablecer el sosiego turbado por la rebelión.[196]

En dicha Pastoral recomendaba Espada el "amor, respeto y sumisión" al Rey y a las autoridades y hacía la apología de "las doctrinas monárquicas y evangélicas, recomendando vivamente la paz, la concordia, la unión y caridad fraternal, aunque todas estas verdades se hallaban bien grabadas y eran innatas en el corazón de todos nuestros diocesanos" por lo que se encontraba plenamente satisfecho y "sólo para dar cumplimiento al precepto soberano renovaba aquellas máximas que jamás se habían desconocido ni olvidado en esta tierra clásica de la lealtad, y del honor y del buen orden".[197]

No podemos ocultar que esta explosión de lealtad nos desconcierta por completo, más tarde encontraremos otra aún más acentuada, pero las razones que la motivaron y las circunstancias en que apareció son bien distintas de las actuales.

Hemos visto y veremos repetidas veces como Espada, a pesar de su regalismo, sabía, cuando le convenía desoír las órdenes del Rey, así es que no se puede atribuir esta Pastoral a un acto de mera obediencia. Tampoco es su sumisión al Papa tan absoluta, y pronto tendremos pruebas de ello, que le haga publicar doctrinas contrarias a las que sustentaba. Por otra parte la influencia de que gozaba sobre los más altos miembros del Gobierno de Cuba le hubiera pemitido eludir la Real Orden con un pretexto cualquiera, como sucederá con otras disposiciones soberanas en tiempos de Vives. De modo que es preciso llegar a la conclusión que la Pastoral fue escrita libremente sin presiones que violentasen su voluntad, y que se puede creer a los comentarios que hizo de ella en la Circular al Cabildo y al Clero de La Habana en el año 1824.

Desde luego que se debe descontar mucho de lo que la prosa oficial de esta Pastoral afirma, pero en el fondo de su substancia permanece invariable.

Espada defendía, como lo hizo siempre, sus propios intereses. Liberal decidido, constitucionalista ardiente, rebelde a toda autoridad espiritual o temporal, sólo se detiene ante el temor de perder su Mitra, no por lo que representa en el terreno religioso, sino por el poder material que le proporciona, y en defensa de esa posición no vacilaría si fuese menester, en encender la chispa revolucionaria que produjese la emancipación o el cisma o ambas cosas, como tampoco vaciló en renegar públicamente sus ideas cuando le fue conveniente.

Por el momento, potente en Cuba a pesar de sus ideas opuestas al Gobierno de Madrid, Espada quiere estar en paz con él para que no se le moleste en el cacicazgo político-religioso que ejerce en su Diócesis. Sin mayores ambiciones que las de dominar en La Habana, aspira a no enemistarse con la Corte, y sólo pensará seriamente en la emancipación de la Isla, cuando fracasados sus deseos de mutua tolerancia, no le queda más remedio que esgrimir la amenaza de la independencia como última arma con que defender su trono episcopal.

Es esta la explicación de su Pastoral, conciliadora, la que desde otro punto de vista, constituye un exponente de la tregua de que gozaba el Obispo.

En estos raros paréntesis de paz, en que la oposición callaba y todas las fuerzas convergían hacia el Prelado para sometérsele y actuar en el mismo sentido de sus deseos, es cuando la serenidad desciende sobre Espada, permitiendo a su espíritu desarrollar libremente el más atractivo de sus aspectos. Entonces, que no está absorto en la política, e irritado por la resistencia, o excitado por su soberbia, o no debe, cual fiera acorralada defenderse con todos los medios a su alcance; como una crisálida que rompe el capullo que la aprisiona, surge del caos de las pasiones y los intereses, el gran organizador, el ilustre Mecenas, el generoso protector de todas las artes y las ciencias, el hombre superior de vastísima cultura, de amplios horizontes intelectuales, de férrea voluntad de excepcionales dotes de gobierno, que tan enorme contribución prestó a la elevación del nivel cultural de nuestra Patria.

Esta característica de la personalidad de Espada tuvo ocasión, en el período que estudiamos, de mostrarse en toda su pujanza, porque, cooperando con los elementos que acabamos de ver prestaba apoyo y fuerzas el factor económico.

En efecto la prosperidad de Cuba crecía de mes en mes, a las exportaciones de azúcar, café, cera, aguardiente de caña y otros productos que aumentaban rápidamente las recaudaciones, se agregaban una serie de medidas beneficiosas para la Isla con que España intentaba ligarse más a la colonia. Guantánamo, Mariel, Cienfuegos, fueron surgiendo mientras se activaba la agricultura en sus campos, y sus puertos se habrían al comercio extranjero, la riqueza se extendió por toda la Isla, situación que Espada con el Capitán General y el Intendente Alejandro Ramírez, aprovecharon para dedicarse activamente a la fundación o reforma de diversas instituciones científicas o de carácter benéfico. A la sombra de aquel triunvirato, surgió la Academia de San Alejandro, una escuela de química, el estudio de la física experimental, la primera Cátedra de Economía Política y de Botánica, se perfeccionaron las clases de Hidrostática, magnetismo, electricidad y astronomía, se fundó un museo anatómico y se encendió la primera luz que desde el Morro alumbró el Puerto de La Habana.

Al mismo tiempo se reformaban los establecimientos de beneficiencia y los hospitales, y en su pueblo nativo, en el lugar de Arroyave, el Obispo fundaba uno con doce camas.

En su Catedral había hecho de nuevo todos los altares y reconstruyó la Capilla del Sagrario, pero como no puede faltar una nube en todo bello paisaje no falta aquí tampoco una gota de hiel que el maldiciente Arcediano deja caer sobre estas obras. Dice que los altares sólo uno costeó Espada y que los otros se los hizo pagar al Cabildo para luego correr la voz en La Habana y en Madrid que eran todos obras de su piedad. En cuanto a la reconstrucción del Sagrario nos hace saber que "también ha levantado una Capilla para el Sagrario". Está la había en la Catedral dedicada a la Virgen de Loreto, y dotada con fiestas de obligación del Cabildo, enriquecida por la piedad de los fieles, con ricas y suntuosas alhajas; S. I. no se hallaba en ánimos de emprender la obra de su nueva Capilla, a costa de sus propias rentas, y sin consultar al Cabildo, ni a los patronos de la de Loreto (que no dejaron de oponerse) ni teniendo en consideración las últimas voluntades de los que habían donado aquellas preciosidades, las hizo vender para levantar la otra, quedando arruinada la que estaba en pie y por consiguiente sin poder cumplir las cargas de su fundación". Como si para fabricar una fuese necesario arruinar la otra.

En el resto de la Diócesis se erigió, aquel año de 1817, en Parroquia a la Iglesia de San Salvador del Cerro, con Mordazo de Puentes Crandes como auxiliar; Nuestra Señora del Pilar en La Habana fue declarada auxiliar del Sagrario de la Catedral y la primera Iglesia de Segua la Grande, construída en 1812 se agregó a San Francisco de Álvarez.[198]

En el colmo del poder, la figura de Espada brilla en el año 17 con todo el esplendor de sus mejores obras. Es en ese momento el Obispo Espada de la tradición, el magnánimo, el fundador, el de las luces, el progreso y las artes, el apoyo y consejo de los gobernantes de Cuba, el embellecedor de La Habana, el que la memoria agradecida de un pueblo ha hecho dulce, caritativo, casi santo.

Esa hubiese sido toda su vida si desde el primer momento gobernantes, clero y pueblo se hubiesen sometido a su voluntad. Sus peores épocas son las de lucha, cuando enfurece ante la oposición, pero en aquellos momentos en que vencidas las resistencias no encuentra más que el apoyo y el consentimiento de cuantos le rodean derrama a manos llenas los tesoros de su temperamento activo y de su inteligencia creadora.

Desgraciadamente para él, que había sembrado muchos vientos, comenzaba a formarse en Madrid la tempestad que una vez desencadenada había de soplar sobre su cabeza hasta su muerte.

Por Real Orden se enviaba al Consejo de Indias para su estudio una representación de don Juan Cruz del Junco y don Ignacio Fernández de Velazco, Cura y Sacristán Mayor de la Parroquia de Managua, en la que se quejaban de la miseria a que estaban reducidos los Curas por el desorden en el manejo de los diezmos.[199]

Aquel mismo organismo resolvía el 30 de mayo, en vista del expediente formado a consecuencia de las quejas dadas por el Vicario General de los Capuchinos contra Espada, por las vejaciones que había causado a los Religiosos del Convento de La Habana, y que don Manuel Martínez (ex-Fray Manuel de San Román) permanezca en Madrid hasta la decisión del punto de su secularización que está pendiente.[200]

Por su parte la Nunciatura no se dormía sobre las denuncias del Prefecto de los Betlemitas y del Arcediano Sobral.

Es lo más probable que el Cardenal Gravina, ya porque estaba a punto de terminar su Nunciatura, ya por otra razón desconocida, no hubiera realizado ninguna gestión en este asunto, pero antes de partir, le entregó a su sucesor, el futuro Cardenal Giustiniani,[201] los documentos recomendándole su importancia.

A fines del 17 comenzó Monseñor Giustiniani a insistir cerca del Duque de Montemar, Presidente del Consejo de Indias, para que tomase sin más retardo las medidas necesarias para que la competente autoridad eclesiástica pudiese juzgar la conducta del Obispo, suspendiéndolo mientras tanto del ejercicio de sus funciones episcopales, y designándole un administrador que le reemplazase, "necesitando dichas medidas, especialmente en el lugar de que se trata de la Fuerza Civil, para poder ejecutarse".[202]

A esta solución del problema encontrada desde el primer momento por Giustiniani, regresará constantemente la Santa Sede, siendo para ella, unas veces por un motivo y otras por otro, la manera ideal de terminar el asunto.

Sin embargo la elocuencia del Nuncio no producía efecto alguno en el Duque, viejo hombre de mundo, que entreteniéndolo con "inútiles lisonjas",[203] concluía siempre la conversación diciendo que por graves que fuesen las imputaciones, las pruebas eran tan pocas que no podían verificarse.

En vano contestaba el Nuncio que el hecho de la secularización era tan simple y decisivo por su propia naturaleza, que se habría reconocido inmediatamente la verdad, admitida la cual debía procederse contra el Obispo según Cánones.

Pero Montemar, sin dejar de sonreír ni de cumplimentar el Nuncio, no daba su brazo a torcer, exasperando a Giustiniani que no sabía cómo rendir aquella fortaleza.[204]

Es de notar que en aquella fecha el Nuncio, como antes el Arzobispo de Santiago de Cuba, desconfiara de la actitud que pudiera asumir Espada al verse atacado y que insistiera en la cooperación de la "Fuerza Civil", indispensable "especialmente en el lugar que se trata", pero es conveniente hacer constar aquí, para evitar después erróneas interpretaciones, que desde este momento, que es el primero que interviene la Santa Sede aunque es sólo su representante quien lo hace por no estar todavía ella enterada en su organismo central, que las razones de sus ataques a Espada no son de orden político, sino exclusivamente religiosos como es la abusiva secularización de los frailes Betlemitas hecha por el Obispo de La Habana, y los excesos denunciados por el Arcediano Sobral, y si insiste en la intervención de España, amedrentándola para lograrla con la perspectiva de la independencia, no es porque en Roma fuesen opuesta a ella, sino para conseguir por medio de la actuación de la Fuerza Civil la rápida ejecución de la medida y evitar así el peligro de que el Obispo atacado provocase un cisma, cosa que en aquella época se había producido en varias regiones de América.

Una pequeña satisfacción recibió Espada de España donde tantas cosas desagradables se le preparaban, una sentencia del Consejo de Indias de fecha 30 de julio contraria a la gracia concedida a las Religiosas del Convento de Santa Clara de La Habana que les permitía enterrar en el panteón que tenían dentro de su Monasterio.

A fines de 1817 o principios del 18 debió llegar a La Habana, huyendo de la revolución emancipadora, el Obispo de Cartagena de Indias, D. Gregorio Rodríguez, Monje Basiliano, nombrado en noviembre de 1815 [205] para ocupar la sede que ahora abandonaba después de fulminar a sus revolucionarias ovejas con una Pastoral cargada de terribles excomuniones. Vivió el Obispo Rodríguez en La Habana y sus inmediaciones, durante seis años y medio o siete, que ambos números da con grande imprecisión en dos de sus informes.[206] Esta falta de exactitud nos impide conocer la fecha de su llegada, pero como en 1827 estaba en Madrid se puede calcular que en estos años ya andaba por La Habana o estaba a punto de llegar a ella.

De un Obispo de Cartagena de Indias habla, sin dar el nombre, el Arcediano Sobral en su tantas veces citado informe. Cuenta que habiendo emigrado el Prelado "por la revolución de aquella ciudad, se acogió en La Habana implorando los socorros de aquel Diocesano, que no sólo no se los proporcionó como debía, sino que no lo visitó en vida, ni le consoló en su enfermedad, ni menos le honró en su muerte, no dignándose asistir a sus funerales como lo hicieron todas las corporaciones de aquella población, que en el fallecimiento del Obispo de Cartagena, lloraron la falta de un varón Apostólico, defensor acérrimo de la religión, del Rey y de la Patria, pero éste era el gran defecto que tenía el desgraciado Pastor para no haber merecido la conmiseración y hospitalidad del Ilmo. Obispo de La Habana, sí señor, el Obispo de Cartagena había visto con horror el decreto dado por las Cortes extinguiendo el Tribunal de la Inquisición, y desaprobaba cuantas innovaciones se pretendía hacer en la Iglesia de España por los nuevos reformadores".

El hecho de que Sobral en 1816 narre la muerte del Obispo cuando Gregorio Rodríguez había de vivir muchos años más y la alusión al horror del Prelado ante el decreto de las Cortes que extinguió el Tribunal de la Inquisición, de fecha muy anterior a la consagración episcopal de Rodríguez, nos hace pensar que se refiere a su predecesor el Dominico Custodio Díaz electo el 20 de agosto de 1806 y muerto en 1815.[207]

En todo caso es curiosa la identidad de ideologías entre ambos Obispos de Cartagena, porque Rodríguez era de los conservadores convencidos y absolutistas rabiosos; la semejanza de aventuras: a los dos la revolución los obligó a abandonar su Diócesis; el que tanto uno como otro escogiesen La Habana como lugar de refugio, sobre todo en el caso de Rodríguez después de la experiencia de Custodio Díaz; y el tratamiento de Espada igual para el primero como para el segundo.

Ya hemos visto como en 1813 quiso Espada desembarazarse de los Obispos emigrados, lo que es en cierta forma una confirmación de lo que cuenta Sobral y una prueba, amén de otras más categóricas que iremos examinando, de sus tirantes relaciones con ellos.

En 1818 Espada hizo la tercera y última visita Pastoral a su Diócesis. Antes de abandonar la Capital nombró a O'Gavan Gobernador del Obispado con uso de las facultades llamadas "solitas" y de la Jurisdicción Castrense.[208] Como resultado de esta inspección erigió la Parroquia de Quemado de Guines, agregándole la Iglesia de Sagua la Grande como auxiliar, que separó de Álvarez por quedar más lejos de este pueblo, y ascendió a Parroquia a Limonar con Cárdenas y Sabanilla del Encomendador como auxiliar.[209] Bien poco si se compara con las dos visitas anteriores.

En aquel año, como en el anterior seguían llegando al Obispo resoluciones contrarias del Consejo de Indias, gotas de lluvia presagios de futuras tempestades.

Habíase quejado Espada del Maestro-Escuela de la Catedral de La Habana, D. Pedro Gordillo, y pedido que se le trasladase a otra de la Península. Se dio conocimiento de éste por Real Orden al Consejo de Indias para que expusiese su dictamen, el que, para gran contrariedad del Obispo fue que "no exige providencia alguna este asunto".[210]

Si en éste no le quedó más remedio a Espada que disimular el golpe y transigir con Gordillo, en otro asunto más grave tomó la revancha haciendo caso omiso del Consejo de Indias y aún del mismo Rey.

Cuatro años antes, despojó O'Gavan de su beneficio a don Nicolás Abrantes, Cura de Ceiba Mecha, apeló éste al Arzobispo de Santiago de Cuba quien mandó reponerlo, pero el Previsor, ya fuese por evitar el reverdecer del pleito de los Curas, ya porque tanto en él como en Espada la violencia había vencido toda mesura, dictó un acto de prisión contra Abrantes, el que, menos afortunado que don Gaspar Font, fue encerrado en el Castillo del Príncipe.

Allí languidecía, cuando por Real Orden de 6 de febrero de 1818 se remitió al Consejo de Indias para su estudio una instancia documentada en que el prisionero pedía se le pusiera en libertad.

Se vio la causa en la Sala primera del Consejo el 30 de marzo y dictaminó que S. M. "se sirva mandar use su derecho con arreglo a las leyes".[211] Así ordenó el Rey, pero inútilmente, pues ni entonces pudo Abrantes hacerlo, ni en 1820 acogerse a una amnistía en la que estaba comprendido.[212] Hasta ese punto llegaba en La Habana el poder del Obispo y su Previsor.

Viento en popa navegaba la nave de la soberbia episcopal, al entrar el año 1819 no conocía Espada obstáculos a su voluntad y sus más fútiles caprichos los realizaba sin el menor inconveniente.

Por aquella época habían obtenido los Dominios del Convento de la Santísima Virgen de Atocha de Madrid que el Rey les concediese varios títulos de nobleza y una Gran Cruz de la Orden Americana de Isabel la Católica, para venderlos en provecho del Convento que había sido casi destruido en la guerra anterior, lo que sabido por Espada compró la Gran Cruz en quince mil escudos.[213]

"El Fidelísimo Pueblo de La Habana" que en este caso está perfectamente desencaminado y se va por los cerros de Úbeda dice que O'Gavan y el Obispo obtuvieron "la Gran Cruz de Isabel la Católica en premio de la desafección a V. M. y su Real Familia".[214]

El Nuncio, que tenía motivos para estar mejor enterado, informaba al Cardenal Secretario de Estado en la forma siguiente: "Un Pastor, que para satisfacer su ambición emplea de tal modo el patrimonio de la Iglesia, manifiesta bastante el propio carácter. Veo bien que él ha pretendido de tal modo cubrirse con una Égida inviolable, e imponerse a sus diocesanos, que ignorando como había obtenido semejante distinción, lo creerían en posesión del Favor Real, y no se atreverían a enviar otras reclamaciones en contra suya. Pero si precisamente por este motivo se puede temer que sean apagadas las voces de

85

la verdad y que una Grey infeliz se vea sin recursos expuesta a las depredaciones de un Lobo que la devasta, es absolutamente necesario volar en su socorro, y darle lo más pronto posible aquella protección que hasta ahora he pedido en vano." [215] (Al Duque de Montemar.)

La Gran Cruz vino a sacar de sus casillas a Giustiniani, quien harto de escuchar las alabanzas con que lo entretenía Montemar y juzgando que era "ya inútil esperar un remedio" (del Duque) creyó que su conciencia le exigía "que lo implore de Su Santidad".[216]

Indignado informó por primera vez al Cardenal Secretario de Estado de todo el asunto, desde las denuncias del Prefecto de los Betlemitas hasta la Gran Cruz de marras, insistiendo en su propósito primitivo de suspender al Obispo para juzgarlo y de mandarle un administrador, sin dejar de poner en relieve la necesidad absoluta de conseguir el apoyo de España, lo que a pesar de su triste experiencia con el Presidente del Consejo, no desesperaba de alcanzar, ya que si "es verdad que un Obispo que no duda en gastar grandes cantidades en la compra de una condecoración, encontrará fácilmente algún apoyo", "la religión de S. Majestad y la integridad de sus Ministros triunfará de todos los obstáculos".[217]

Para cubrir su fracaso dice que: "El Sr. Duque, persona piadosísima, y de excelentes principios, no pudiendo por su avanzada edad gravarse con él pese de todos los asuntos los abandona en gran parte a sus subalternos, y con mi mayor dolor he visto, aún éste, a pesar de mis esfuerzos, puesto, no sé cómo, en total olvido." [218]

Y con el ruego de hacer llegar los documentos a Su Santidad para que éste tomase las medidas que creyese conveniente y con el ofrecimiento de, si se le empleaba en el asunto, actuar con el mayor celo y empeño, para conducirlo a buen y solícito fin, envió su informe el 1.º de septiembre,[219] cuando estaba "al declinar el segundo año de su Nunciatura".[220]

Era a la sazón Secretario de Estado de Pío VII el Cardenal Consalvi,[221] quien al recibir la nota de Nuncio la trasladó inmediatamente a Su Santidad. Discutieron el Papa y el Cardenal el asunto, resolviendo aquél que éste la pasase al Cardenal de Pietro[222] para que después de estudiar detenidamente el caso le informase sobre él.[223]

Mientras tanto había llegado a La Habana el 28 de agosto el nuevo Capitán General, don Juan de Cagigal quien tomaba posesión al día siguiente, asociándose desde el primer momento "a sus fines los mismos auxiliares de Cienfuegos, el discreto Obispo Espada y el Intendente Ramírez, celosísimos promovedores de adelantos en todos los ramos".[224]

Continuaba la época de gran prosperidad bajo el mando de Cienfuegos a la que contribuyó la introducción de las máquinas de vapor, de aquel año, aumentando notablemente la producción del azúcar.

La población también crecía con rapidez, arrojando el censo de 1819 un total de 553.000 habitantes, 280.682 más que en 1795.

Espada, desde lo más alto de aquella ola de riqueza que inundaba la Isla de un extremo a otro, repartía el dinero a manos llenas, pues al placer del mecenazgo, uno de los más nobles que puede proporcionar el poder, se entregó siempre con la exhuberancia de su apasionada naturaleza. A Sancti Spiritus le regaló la torre de la Iglesia de la Caridad y de su peculio reedificó la Iglesia de la Divina Pastora en Santa Clara.

Sin cesar continúa el movimiento en las Parroquias de la Diócesis, reconstruyó la Iglesia de Manguito y la agregó como auxiliar a Hato Nuevo, la Esperanza fue asignada a Villa Clara, Santo Domingo agregada a Álvarez, Mayajigua erigida en Parroquia y también la Caridad de Sancti Spiritus que acababa de recibir el regalo de la torre.

Pero estas obras no eran bastante para convencer a los enemigos del Prelado y de su Provisor. Andaba la política de por medio, que es mala y apasionada consejera, de modo que los grupos más conservadores veían con desagrado estas cosas que aumentaban día por día la popularidad y la influencia de ambos eclesiásticos. Al acecho de oportunidades estaban muchos y una se le presentó al Ayuntamiento de Santiago de Cuba, que se quejó al Consejo de Indias de O'Gavan "por haber sentado en un papel, expresiones denigrativas para los habitantes de aquella Isla".

Mandó el Consejo archivar el expediente y prevenir al Gobernador que no permitiese la impresión de papeles de esta clase[225] y no tuvo consecuencias la denuncia, pero aumentaba en España el número de las quejas y expedientes iniciados contra Espada y O'Gavan, y formábase en torno de ambos nombres una aureola nada apetecible.

En Roma el Cardenal De Pietro, espíritu justo y mesurado, después de estudiar pausadamente el caso del Obispo de La Habana, cuyo expediente había recibido el 30 de abril de 1820,[226] desechó la proposición del Nuncio, "habiéndole parecido inconveniente proceder inmediatamente contra el Obispo sin admonición previa alguna, faltando una prueba física sobre la principal de sus faltas, y exigiéndose ulteriores verificaciones sobre las demás que le eran imputadas".[227]

De Pietro, temiendo obrar a la ligera, se prevenía de la posibilidad de que algunas acusaciones del Arcediano fuesen calumniosas, y de la pasión que pudiese haber en la del Prefecto de los Betlemitas, por lo tanto fue de opinión que el Santo Padre debía limitarse por el momento a dirigir una carta al Obispo en la que le reprobase en particular el hecho de las secularizaciones y dispensa de votos solemnes, y "per summa capita" las otras graves acusaciones llevadas a la Santa Sede en contra de él; y al mismo tiempo enviar un despacho al Nuncio encargándole que, con la mayor circunspección, por medio de cualquier Obispo vecino, y señaladamente del Metropolitano (en Roma no se conocían aún las diferencias entre ambos prelados), procurase de una manera positiva y cierta averiguar la realidad de todas las acusaciones presentadas en contra del Obispo, y trasmitiese a Roma el resultado.[228]

Quería el Cardenal ajustarse en todo a los Cánones que preveen la admonición como primera medida de tomarse contra un Obispo no pareciéndole suficiente motivo para pasarla por alto la sola denuncia de haber habilitado a unos religiosos a contraer matrimonio.[229]

Conocida la opinión de De Pietro la aceptó el Papa en todas sus partes[230] y preparó la redacción de un Breve dirigido al Obispo, que fue firmado en Roma, en Santa María la Mayor, el 30 de mayo de 1820.[231]

"Ciertamente en contra de nuestra voluntad …le dice en él Pío VII a Espada…, pero urgiéndonos el mandato del Señor y el deber de Nuestro Oficio nos vemos obligados a escribirte para usar contigo palabras de admonición" porque le han sido denunciadas "cosas de tu Fraternidad que han afectado nuestro ánimo con gran dolor".

"Porque sabemos en primer lugar que tu Fraternidad ha concedido a regulares nuevos indultos que llaman de secularización; indultos que pertenecen exclusivamente al Sumo Pontífice como le reconocen todos los regulares y los mismos Obispos todos. Porque si aún el pase de una orden regular a otro exige la intervención de la Autoridad Pontificia como claramente está expresado en la constitución que empieza «Licet Sacra» de Benedicte Papa Pío XIV predecesor nuestro de feliz recordación, cuanto más necesaria es la suprema potestad del mismo Pontífice para que un regular salga del Claustro al que se había llegado para siempre y pase a vivir en el siglo vida de clérigo secular. Pero lo que es mucho más grande hemos oído también que has llegado a dispensar con tu autoridad a algunos regulares de los solemnes votos hechos en su profesión al efecto de contraer matrimonio; siendo así que la dispensa de los votos solemnes y sobre todo la del voto de perpetua castidad es tan reservada a sola la Sede Apostólica que algunos de los teólogos y canonistas han avanzado hasta opinar que esta dispensa no puede concederla ni el mismo Romano Pontífice."

"Mientras que los demás autores aunque confiesan existir ese poder en la Potestad de la Sede Suprema niegan todavía que pueda esa Potestad dispensar relajando el solemne voto de castidad a no ser que intervenga una causa pública y muy urgente, v.g. la de propagar en una estirpe regia o principesca, o la de conservar y promover la paz y la religión. Por lo cual no existe ejemplo alguno de dispensa concedida a este voto para contraer matrimonio por mera utilidad privada.

Por lo tanto no podías tú, Venerable Hermano, como lo has hecho, conceder dispensa a los regulares para contraer matrimonio, sobre todo por causa no solamente privada, sino también falsa y no exenta de error: a saber que no podían guardar castidad, cuando el Concilio Tridentino en la sesión XXIV Canon IX enseña que: "Dios no niega el don de la castidad a quienes debidamente se lo piden, ni permite que seamos tentados por encima de nuestras fuerzas."

"Además de estos excesos de la Facultad Episcopal que consta haber sido cometidos por tu Fraternidad, tampoco ignoramos que las demás cosas que a ti pertenecen proceden menos rectamente de lo que convendría. Porque a todos sorprende tu mesa, tus objetos, toda tu casa huele a pompa y lujo del siglo, contra lo que preceptúan los Sagrados Cánones: a saber que el ajuar del Obispo sea modesto y que en su casa, vestidos y criados respiren todas las cosas modestia y piedad. Ven que desprecias muchísimas veces los deberes del Oficio Episcopal, tanto los que pertenecen a la jurisdicción como los que pertenecen al orden: te ven en el regimen pastoral lejos de aquella moderación y prudencia que debía mostrar un Obispo, procediendo precipitadamente y sin dirección, ven que las más de las veces no haces caso alguno de las obligaciones, no ya del orden episcopal, pero ni aún del orden eclesiástico."

"... permite Venerable Hermano que te propongamos repetidamente para tu consideración si este modo de vivir tuyo corresponde a tu oficio y obligaciones; permítenos pues, ya que inmerecidamente tenemos en la tierra las veces de Cristo Nuestro Señor y a quien en persona de San Pedro se ha encomendado el deber de confirmar a sus hermanos; permítenos que te amonestemos por las entrañas de Nuestro Señor Jesús Cristo con toda caridad y mansedumbre que teniendo ante tus ojos los tremendos juicios de Dios Omnipotente reformes y conformes tu modo de vida y administración a las prescripciones de los Sagrados Cánones; para que habiendo sido hasta este día objeto más bien de admiración que de utilidad para tu grey, en adelante brilles absolutamente por el ejemplo de una vida nueva, enseñando a esa misma grey el camino de la salvación por palabra, por ejemplo y por virtud de tu celo pastoral."

"Bien entenderás Venerable Hermano que al escribirte estas cosas con ánimo del todo triste únicamente atendemos a la Gloria de Dios y a su eterna salvación que vemos reducida a gran peligro; por lo mismo no queremos dudar que cuanto te escribimos lo echarás a mejor parte como conviene y harás con tu obra que nosotros sintamos no haberte escrito estas cosas en vano. Fundados en esta esperanza, a ti Venerable Hermano, y a la grey confiada a tu cuidado concedemos la Bendición Apostólica."

Este Breve calificado por el Cardenal Consalvi como "paternal y patética admonición",[232] creía Pío VII que bastaría para traer a Espada al redil, desgraciadamente el Obispo era difícil de lidiar, y los acontecimientos habían de darle aún más ala a su vuelo ya tan atrevido de antiguo.

Con la misma fecha del Breve, escribió el Cardenal Consalvi al Nuncio[233] contestándole su Nota N.º 1.015 de 1 de septiembre del año anterior. En ello le comunicaba la resolución, adoptada y las razones por las cuales se había preferido a la propuesta por él, terminando de este modo:

"Ud. bien ve que, si después de recogidas estas ulteriores pruebas, y persistiendo el Obispo (lo que el Santo Padre no quiere suponer) en su irregular conducta, se debiera proceder contra él mismo a paso fuerte, será necesario el disponer las cosas de modo que las medidas que se tomen no encuentren obstáculo en su ejecución."

Con lo que Monseñor Giustiniani recibió a la vez una buena lección de procedimiento eclesiástico y de diplomacia.

4

LA PLENITUD DEL PODER

En España donde desde el año anterior preparábase en las logias masónicas con la cooperación de los agentes de las nuevas repúblicas americanas, de los carbonarios italianos de Barcelona, y del mismo Rey de Cerdeña, la revolución contra el absolutismo, estalló al fin la insurreción que culminó el 7 de mayo de 1820 con la Jura de la Constitución por parte de Fernando VII.

En abril llegó a La Habana la noticia[234] e inmediatamente reunió Cagigal a las autoridades y después de consultar con ellas dictó una proclama anunciando que no habría cambios en el Gobierno mientras no recibiese órdenes del Rey. Pero el pueblo que pasivamente había visto derrocar la constitución en 1814, ahora se alborotó y comenzó a agitarse y hacer demostraciones. Corría la nueva del triunfo de la revolución encendiendo los ánimos. Se discutía en las casas y en las tiendas, en medio de la calle, en las fondas y hasta en los cuarteles, caldeábase por momentos la atmósfera y el pueblo de La Habana, tan excitable, pasó la noche en ascuas presintiendo y preparando los acontecimientos del día siguiente.

Reunido el batallón de Cataluña a las ocho de la mañana del 16 de abril en la Plaza de Armas, frente a los balcones de Palacio, para el acostumbrado pase de lista vitorearon los oficiales a la Constitución, respondieron los soldados, uniéronse a los vivas los del batallón de Málaga que salió del Castillo de la Fuerza para juntárseles, se agregó mucho público que acudió a los gritos y todos en tropel se entraron en Palacio sin encontrar resistencia, subieron las escaleras y obligaron a Cagigal, enfermo de asma en aquel momento, a salir al balcón casi desnudo y vitorear también a la Constitución.

Continuaron los desórdenes dos días con sus noches, resolviéndose felizmente en comilatas, comparsas y bailes callejeros.

Dice Espada, en su citada carta al Rey el 9 de julio de 1824, que "son bien conocidos y públicos los atropellos que sufrió el Capitán General y él mismo, al saberse el restablecimiento de la Constitución, que gentes desconocidas lo conminaron y forzaron a asistir al Te Deum cantando en la Catedral para celebrar el acontecimiento, y que como la resistencia hubiera sido temeraria, infructuosa y expuesta a venganza, desórdenes y asesinatos, asistió a ella con todos los Jefes y Corporaciones prestando una obediencia meramente pasiva".

No podemos creer las palabras de Espada porque hartas pruebas tenemos de su entusiasmo por la Constitución y no es difícil imaginar quienes pudieron haber sido aquella "gente desconocida" que lo forzó a asistir a un acto al que seguramente concurrió muy de su agrado.

Además sabemos por el primer anónimo del "Fidelísimo Pueblo de La Habana", que requerido el Obispo, como las demás Autoridades para jurar la Constitución "contestó al público que una vez jurado el código de la Libertad, sin hacerse reo de falta no podía reiterar lo que inviolablemente había jurado", pero, que asistió personalmente, y esto ya nos lo ha dicho el mismo Espada, a la "Solemnidad Eclesiástica".

Si mostró tanta firmeza para negarse a prestar de nuevo un juramento por estimar aún válido el que hiciera en 1812, hubiera podido también, y era hombre capaz de ello, haberse negado, si lo creía conveniente a asistir al Te Deum de la Catedral.

Por otra parte sus hechos posteriores durante el segundo período constitucional no dejan lugar a la menor duda sobre sus sentimientos. Por el contrario de cuanto dice debió entonar "paean" de victoria, mas de acuerdo con la sensación de lazos rotos y de libertad recuperada que sentía, que el litúrgico "Te Deum" a que asistió en la Catedral.

A la jura de la Constitución siguió un período de desorden y agitación. En nombre de la Carta Fundamental cada cual se creyó capacitado para dar rienda suelta a sus pasiones y apetitos. La intranquilidad y el descontento se generalizaron ante la impotencia de Cagigal para restablecer el orden, y mil periodicuchos que aparecieron de la noche a la mañana, para de igual modo caer en el olvido al poco tiempo, aumentaron la confusión atacando vulgarmente a los particulares y a los hombres de Gobierno con los insultos más groseros.

En aquel río revuelto, Espada se irguió como soberano espiritual de su Diócesis. Si el año 12 fue para él el año de la victoria, el 20 fue el de la revancha, el del triunfo definitivo sobre los enemigos que lo habían hostilizado al calor del absolutismo, el momento supremo de lanzar a los cuatro vientos el grito de su soberbia.

En este estado de ánimo se encontraba el sujeto del Breve de Pío VII, y, era a aquel Obispo rebelde a quien el Papa pensaba traer al buen camino con su "afectuosa carta de admonición". [235]

El 17 de junio el Nuncio acusó recibo al Cardenal Consalvi de su Despacho con el Breve anexo el que promete enviar con otra carta suya al Arzobispo de Cuba;[236] y el 18 de julio le informa haber enviado "por medio seguro", que desgraciadamente no nombra, el Breve al Obispo Espada acompañándolo de una carta suya, y que al mismo tiempo le había escrito al Arzobispo de Cuba, "Prelado de óptimas cualidades" pidiéndole reservadamente una fundada información sobre las acusaciones que se hacen contra su sufragáneo, prometiendo que según sean las respuestas que reciba, hará los pasos convenientes cerca del Gobierno.[237] Con lo que demuestra Giustiniani que no tenía gran fe en el efecto que producirían las palabras del Papa y la poca mella que había hecho en él la lección de Consalvi.

¿En qué tono le escribió Giustiniani al Obispo? Es fácil imaginarlo en un sujeto que como el Nuncio había ya tomado su partido y daba por juzgada la causa de Espada sin tantas dudas y escrúpulos como sentían en Roma.

También es fácil imaginar la explosión de ira y de soberbia ofendida con que Espada leyó el Breve y ambas cartas del Nuncio, porque es necesario saber que "por una fatal casualidad",[238] cuyo mecanismo se ignora en absoluto, el Obispo interceptó la carta dirigida al Metropolitano.

Fueron las frases del Nuncio las que determinaron a Espada a retener la carta dirigida al Arzobispo, o fue su episcopalismo el que se rebeló intolerante contra una reprimenda de quien estimaba su igual y no su superior jerárquico.

Instigado por un motivo o por otro, o por ambos, y aprovechando la situación de España y Cuba en aquel momento, el triunfo de la Constitución y de sus amigos, y la derrota de sus contrarios, entre ellos los que habían provocado el Breve con sus denuncias; se envalentonó el Obispo de tal modo que no sólo no dudó en interceptar la carta dirigida a su Metropolitano, sino que como antes había hecho con la Sacra Congregación de Propaganda Fide, llegó en su soberbia al punto de cometer el desacato, estúpido y grosero, de no contestar su carta al Papa.[239]

Con aquel desprecio al Jefe de la Iglesia, en quien él como católico estaba obligado a ver el representante de Cristo en la tierra, y como Obispo, no sólo acatar sus disposiciones, sino hacerlas acatar por sus súbditos, Espada perdía el único apoyo sólido al que hubiera podido asirse en medio de todas las tormentas.

Torpemente se enemistaba el único que estaba dispuesto a tratarlo con clemencia y rechazaba la sola mano que con sinceridad y nobleza se le ofrecía brindándole la paz y el olvido del pasado. En el Breve del Papa, un Obispo no podía encontrar nada ofensivo y a menos de no querer romper definitivamente con la Iglesia, no debía, como dirá de él más tarde León XII a Fernando XII, "haber tomado otro partido que defenderse de las acusaciones contra él hechas, o disculparse de las que no pudiese, asegurando la enmienda y cumpliendo su palabra".[240]

Como es natural, la Santa Sede tomó este silencio como un signo "del exceso de depravación a que había llegado su corazón",[241] y como una prueba de la verdad de las acusaciones dirigidas contra él. Y no constituyó esto sólo (su silencio ...escribirá el Cardenal Albani al Embajador de España... una prueba para que el Jefe de la Iglesia se haya convencido de la verdad de las imputaciones hechas contra el insolente Prelado, aún cuando aquí no hubiesen documentos irrefutables bien lejos de ser anónimos como los que suponen en España. ¿Por qué él en lugar del desprecio a la Autoridad Pontificia no ha usado de una digna disculpa de sí mismo purgándose ante los ojos de quien no deseaba otra cosa más ardientemente que reconocerlo inocente o arrepentido? [242]

Que recibió al Breve y las cartas no hay la menor duda de ello, pues en la correspondencia que tuvo con el Arzobispo de Santiago de Cuba en los años 1828 y 29 se defiende de todos los cargos que le hace la Santa Sede menos el de no haber contestado el Breve de Pío VII y de haber interceptado la carta del Nuncio, cosa que si no hubiese sucedido le habría sido sencillísimo decirlo. Además en la carta que él le escribe al Rey el 9 de julio de 1824 [243] se muestra al corriente de los ataques que se le dirigen en Madrid y en Roma, siendo entonces (9 de julio de 1824) el único medio de haber conocido estos últimos, el haber leído el Breve de Pío VII y las dos cartas del Nuncio.

Esta actitud imperdonable del Obispo, encuadra muy bien en la anarquía que la proclamación de la constitución provocó en Cuba. Todos los ramos de la administración sufrieron las consecuencias de aquella sacudida que parecía amenazar las instituciones más sólidas, pero las que más sintieron sus efectos fueron el ejército y el poder judicial. Al cambio de personal, desaparición de organismos, resurrección de otros suprimidos cuando fue restablecido el absolutismo, correspondió un aumento extraordinario de la criminalidad. A la luz del sol, a la visita de los vecinos consternados, se cometían en La Habana y en el campo toda clase de desmanes y tropelías que permanecían impunes gracias al desorden general.

Impotente Cagigal para poner coto a tanto desafuero, no pensaba más que ser dispensado de tan molesto cargo dejando a cada cual que, en nombre de la libertad hiciese su santa voluntad en toda la Isla.

El mismo Espada no se libró de las incomodidades que semejante período aportó a los habitantes de Cuba. Dice que habiendo un día prevenido a un sujeto que observara una conducta decente en la Iglesia, éste lo amenazó de muerte.[244]

En su carta al Rey, escrita el 9 de junio de 1824, se queja mucho el Obispo de las amarguras que sufrió en estos tres años, pero no es preciso tomar sus palabras al pie de la letra, pues no de otro modo podía él justificarse ante un soberano restablecido en el poder absoluto. Dice en ella que a cada paso pretendían las Autoridades Constitucionales usurpar la jurisdicción eclesiástica, deprimirla y aún hacerla nula, y que se vio varias veces en la necesidad de solicitar protección y auxilio del Gobierno Civil para remediarse y corregirse los desprecios e insultos, que de palabra, de obra y por escrito hacían los impíos, no sólo a su persona, sino a los actos y ceremonias más sagradas de la Religión.

Desde luego que no excluimos algún conflicto entre el Obispo y cualquier autoridad subalterna, como los hubo entre los Alcaldes Ordinarios y los Jueces. En aquel momento el ser atacado no significaba el ser tachado de conservador, sino aún dentro del liberalismo constitucional, el tener distinto matiz que el atacante, y en cuestión de matices surgieron en Cuba tantos cuantos eran sus pobladores.

A pesar de todo lo que diga Espada, no tenemos la menor duda sobre la naturaleza de su pensamiento político. Dice el Obispo de Cartagena, que pudo observar en aquellos tres años (1820-23) que el de La Habana "ha sido y es eminentemente constitucional y liberal y que asimismo lo son todos los individuos de su Curia: que hicieron todos los esfuerzos posibles por llevar adelante el plan infernal de las instituciones modernas".[245]

Pero si esto no bastara y encontráramos sospechoso el testimonio de Rodríguez, vamos a las obras de Espada que como dice el viejo refrán ellas "son amores y no buenas razones".

En la misma carta al Rey, volviendo la oración por pasiva, Espada se justifica diciendo que nunca habló en contra, ni ha desacreditado el Gobierno Constitucional de Fernando VII, ni las más mínimas de sus providencias, por el amor y veneración que siempre ha tenido a su Soberano y que si se plegó en todo el nuevo régimen fue por no abandonar su Ministerio e impedir que Cuba se declarase independiente de España. Disculpa peregrina a la que regresa en mayo de 1828 [246] en que dirá por boca de su apoderado en Madrid, que "las difíciles circunstancias del Reino en los años del 20 al 23 debieron ser necesariamente más complicadas, y arduas en aquellos dominios no sólo en razón de la distancia del Gobierno Supremo sino de la proximidad al fuego de la insurrección que abrasaba los demás continentes de la

América, y al decidido conato con que las Potencias Europeas atizaban este fuego con el objeto de realizar la emancipación de aquellos dominios todos". "Salvar la preciosa Isla de Cuba del contagio de la rebelión universal y conservarla en la dependencia de la Metrópoli; cualquiera que fue su suerte, fue objeto único de las autoridades encargadas de gobernarla", para lo que "se tuvieron por lícitos, al menos entonces, cuantos medios condujeron a este fin", o sea entregarse en cuerpo y alma aún contra sus convicciones, como pretende hacer creer Espada, a las doctrinas más avanzadas del partido dominante.

Entre todas estas razones sofísticas se descubre la verdad de los hechos: que Espada se conformó en todo al nuevo régimen y que no le hizo la menor oposición ni aún la más leve crítica. Por el contrario habló en su favor como veremos inmediatamente.

El 4 de mayo de aquel año se expidió una Real Orden mandando a los Obispos que publicasen una circular disponiendo que los Párrocos explicasen la Constitución.[247] Obedeció Espada el 11 de agosto, y en ella, además de dar las instrucciones debidas, "hablaba el lenguaje de las circunstancias y del Gobierno existente" [248] lo que quiere decir que hacía su propaganda lisa y llanamente.

Fue ésta la única vez que Espada se dirigió a su Diócesis en el segundo período constitucional,[249] más tarde ha de reimprimirla y veremos como sólo la decidida protección de Vives, pudo defenderlo de las consecuencias de aquella reimpresión.

Si los enemigos de Espada que militaban en el campo conservador creían más prudente suspender sus ataques por el momento, no eran del mismo parecer los que participan de ideas más radicales que él, "lo que hizo que ni aún en este período faltaron críticos al Obispo y que no fueron en él poco frecuentes los pasquines anónimos que lo señalaban como una de las autoridades que serían separadas de sus puestos.[250]

No sólo Espada sufrió estos ataques, también O'Gavan, que preparaba su candidatura para las Cortes, se vio agredido por el Licenciado don José Aguilar, quien desde su periódico "El Tío Bartolo", le imputó el ser contrario a la Constitución con el fin de impedir su triunfo.

Contestó duramente el Provisor en un suplemento al "Indicador del Viernes" el 18 de agosto[251] narrando como por haber él, en su Tribunal, negado la solicitud que contra el Párroco de San Miguel presentó Aguilar, se había conquistado la enemistad de éste y enumeraba, con toda jactancia de su espíritu altanero sus méritos liberales, en una serie de párrafos donde abundan frases tan poco eclesiásticas como: "Jamás me retracto de lo que una vez he dicho", "No soy capaz de reclamar indulgencia", etc.

Es este "Tío Bartolo" la flor y nata de los libelos de la época, tan abundantes y tan desvergonzados, y de él dice O'Gavan en su enérgica respuesta, que "en ninguno de los papeles públicos que vienen de España, aún de los pueblos más pequeños ya menos cultos, se encontrará un periódico tan infamante y concebido en los términos que ha adoptado el "Tío Bartolo".

Era la violencia de la prensa diaria una de las tantas plagas que afligían a la población. Igual fenómeno, pero en menor escala, había conocido Cuba en el período constitucional anterior, sin embargo nada era comparable a los ataques que, desde las columnas de los innumerables periódicos, llovían sobre las cabezas de las autoridades y privados.

Como un fuego atizado por el viento, creció la violencia de las diatribas con la proximidad de las elecciones, recibiendo, cada uno de los candidatos una buena rociada de insultos, que eran, en los más de los casos, devueltos en igual forma, contribuyendo todos de este modo a dar aquel edificante espectáculo.

Tampoco faltaron los anónimos, aunque estos han de aparecer en todo su esplendor en la época que siguió al restablecimiento del absolutismo.

Por uno de ellos, por el ya tan citado del "Fidelísimo Pueblo de La Habana",[252] podemos hacernos una idea de como veían y como la pintaban, los enemigos de Espada, de derecha e izquierda la campaña preparatoria y las elecciones de Diputados a Cortes.

Dice que las intrigas de O'Gavan, los Secretarios Curiales y los Eclesiásticos del Grupo del Diocesano, lograron obtener que recayese en ellos buen número de oficios y empleos pudiendo de este modo Espada, por su medio dirigir las corporaciones más importantes. Gracias a esta influencia fue fácil "confinar la libertad del pueblo con la fuerza armada" y obtener en una "mezquina votación", la elección de O'Gavan, que por las muchas protestas que suscitó fue anulada, así como la "De los otros diputados de la facción".

La verdad es que las elecciones fueron anuladas, por el escándalo de la prensa que con el pretexto de que habían tomado parte en ellas gente de color, denunció a todos los elegidos, creando tal confusión y desconcierto, que fue preciso recomenzar de nuevo.

Que el Obispo puso toda su influencia de parte de O'Gavan, no es necesario decirlo, y es más que probable que apoyase también a algunos de los otros elegidos, entre los cuales habían amigos suyos personales.

Continúa el anónimo diciendo que "como interesaba a los desafectos del poder Soberano y de V. M., cuyos nombres pudo conocerse al fin; el 22 de agosto. Triunfaron por La Habana el Teniente General

97

D. José de Zayas[253] y el Magistrado D. José Benítez,[254] por Puerto Príncipe, don Antonio Modesto del Valle,[255] y por Santiago don Juan Bernardo O'Gavan, quien se trasladó a España donde publicó un folleto titulado: "observaciones sobre la suerte de los negros de África, considerados en su patria y trasladados a las Antillas Españolas".

Agradecidos los Diputados al apoyo del Obispo propusieron su nombre en las Cortes para ocupar el cargo de Consejero de Estado, pero al saberlo Espada, les escribió diciéndoles que sus enfermedades y vida abstraída no le permitían pasar a la Península a ocupar tan elevado puesto, aún en el caso en que el Rey se sirviese elegirlo.[256] En su carta al Rey del 9 de junio de 1824, le dice el Obispo que fue siempre renuente a intervenir en los negocios públicos durante los períodos constitucionales y que por eso ni tuvo, ni quiso tener intervención en dicho régimen, ni en las innovaciones legislativas que introdujo.

En esto como en todo lo que Espada escribe en la citada carta, hay una serie de medias verdades, que en definitiva no son sino medias mentiras.

Es cierto lo de sus enfermedades y comenzaba a serlo lo de su "vida abstraída". Desde el año 1802 en que el vómito negro lo puso en peligro de muerte, su salud recia en otros tiempos, se había resentido, y si pasó sin grandes males los años en que aún conservaba el vigor de la juventud, ahora que había cumplido los 60, comenzaba a sufrir de una serie de achaques que crecían y se multiplicaban con el tiempo. Ésta, y el interés suyo que se cifraba en retener el poder en la Isla, pero que no aspiraba a nada que estuviese fuera de ella, le hicieron declinar un honor, que en la práctica representaba para él una disminución en el ejercicio del mando. Por lo demás le bastaban O'Gavan y los otros Diputados para mantener su posición e intervenir en aquellos asuntos que realmente le interesaban.

Mientras tanto en España se iniciaba la lucha entre el nuevo regimen y el clero. Era éste en general opuesto a aquél, y tendía el liberalismo a atacarlo sobre todo en las órdenes, más ricas que el clero secular y puntos de mayor resistencia por la cohesión y disciplina de sus miembros.

Por decretos sucesivos se fueron suprimiendo algunas prebendas eclesiásticas, la Compañía de Jesús, y todos los conventos que no albergasen permanentemente por lo menos 25 religiosos, además de imponer el servicio militar a todos los españoles entre los 18 y los 50 años, obligando por igual a seglares y religiosos.

Al aplicar el Capitán General estas leyes en Cuba desaparecieron enteramente algunas comunidades. Había en La Habana en aquel momento cuatro conventos de mujeres: Santa Clara, Santa Teresa,

Santa Catalina, y las Ursulinas que resistieron la tormenta. Los religiosos en cambio deberían sufrirla en todo su rigor. De los nueve conventos franciscanos que existían en toda la Isla (y habían llegado a tener veintitrés) quedó la orden reducida a casi el de San Francisco de La Habana. De los tres de Dominicos salvóse el de San Juan de Letran de La Habana; los otros dos de Betlemitas, dos Mercedarios, uno de Capuchinos, uno de Agustinos y dos de Religiosos de San Juan de Dios o se suprimieron o quedaron tan maltrechos que fue su vida en aquellos años más que precaria.

Como en la primera época constitucional, se lanzó Espada con ardor a la persecución de las órdenes religiosas. Espoleado por el Breve de Pío VII y por las cartas del Nuncio, herido en su soberbia, sediento de venganza arremetió contra cuanto representaba el poder que quería imponérsele y refrenar sus ímpetus y en lugar de defensor de los religiosos puestos a su cuidado fue espada destructora y antorcha incendiaria para exterminarlos. Los gérmenes plantados en los primeros años de su llegada a Cuba, después de haberse desarrollado, crecido ya el árbol, florecían con todo vigor, prometiendo una hermosa cosecha cuando llegase el tiempo de la recolección de los frutos.

En el voto particular formulado por Manuel Ximenes Guazo en la consulta del Consejo de Indias de 6 de julio de 1829,[257] leemos que "el esmero y eficacia de Espada por que se llevasen a efecto las órdenes para la supresión de conventos y facilitar las secularizaciones se manifiesta en "La Gaceta de La Habana" de 24 de junio, donde, no contento con hacer alarde de su puntualidad, se queja de los que oponen algún obstáculo o dificultad, hasta zaherirlos con la crítica de afectos al sistema failesco, "expresión verdaderamente ruborosa en la boca de un Príncipe de la Iglesia, y que solamente pudo escribirse y verse estampado en un periódico de La Habana por la inmoderación de su Obispo y de otros semejantes a él".

Nadie que haya seguido la conducta de Espada en los años 12, 13 y 14 puede mostrar la menor sorpresa al leer este documento, encuentra en él al mismo hombre de entonces con sus ideas y sus procedimientos, tal vez más amargado y posiblemente más violento, que el tiempo no sirvió para amansarlo, pero sustancialmente idéntico. En efecto este hombre que no cambió nunca, hilvanaba el año 14 con el 20 como si entre ellos dos no hubiese solución de continuidad, no habiéndole afectado ninguno de los acontecimientos que sucedieron en el período intermedio a no ser para reafirmarlo en sus principios y hacer aún más áspera su resolución.

Una confirmación de esto la encontramos en la denuncia de Manuel González de la Vega,[258] enviada a España el 15 de diciembre de 1823.

Refiere el denunciante la eficacia con que Espada dio cumplimiento

99

a la ley sobre extinción de monacales y reducción de conventos, llevando tan a cabo la intención de sus autores, que para evitar la permanencia en comunidad de los Franciscanos de Trinidad, se negó a acceder a la proposición de erigir en Parroquia la Iglesia del convento de San Francisco a pesar de las súplicas del Ayuntamiento y autoridades políticas del lugar. Como prueba de este hecho envió González de la Vega, anexo a la denuncia, un ejemplar de "La Gaceta del Gobierno Municipal de La Habana" del martes 24 de junio de 1823 número 167, donde resulta de un Oficio de don Sebastián Kindelán las discusiones habidas entre el Diocesano y el Ayuntamiento de Trinidad sobre este asunto.

También el Obispo de Cartagena se ocupa del caso de Trinidad que debió tener mucha resonancia por lo visto. Dice que Espada y los individuos de su Curia hicieron todos los esfuerzos posibles y "empeñaron todo su poder y valimiento para destruir los conventos de San Francisco de dicha ciudad de La Habana, de la Villa de Guanabacoa y de la ciudad de Trinidad de Cuba, cuyas justicias deseaban conservarlos por ser útiles a las feligresías".[259]

Otro testimonio nos lo da el Nuncio Giustiniani en un informe al Cardenal Secretario de Estado donde dice que el Obispo lejos de enmendarse con el Breve de Pío VII, durante el período constitucional, se abandona a nuevos y mayores excesos. Continuó a secularizar regulares, que persiguió con ensañamiento hasta que por fin llegó a extinguirlos enteramente.[260] Lo que era una gruesa exageración pues conventos, aunque poquísimos quedaron algunos en Cuba.

El tratamiento que sufrían los conventos desafectados nos los pinta González de la Vega con los más negros colores, después de hacer salir la comunidad, sin permitirles llevarse gran cosa de las que allí habían, se reducían a pasta los ornamentos y vasos sagrados (cosas que nos resistimos a creer pues algún provecho, aunque fuese sólo el de venderlos, se sacaría de ellos) y se quemaban los altares, "en una palabra que todos los actos de ese Prelado venían justificando las ideas antirreligiosas que lo animaban".[261]

Un eco de estos acontecimientos, todavía resuena en 1829, en unas instrucciones que envió el Cardenal della Somaglia[262] Secretario de Estado, al Nuncio en Madrid, Monseñor Tiberi, cuando le dice que Espada procuró "la ruina total de las órdenes religiosas".[263]

Las almas timoratas se preguntaban si habían llegado los tiempos del Anticristo al ver la desolación de los claustros y los cambios que también se operaban en el clero secular, porque, como es lógico, para llenar los huecos producidos por el vendaval revolucionario, Espada se iba rodeando de sacerdotes hechos a su imagen y semejanza.

La documentación sobre este extremo es más abundante. Ya hemos visto como desde antes de 1820 el Obispo había procurado cubrir las plazas que vacaban en el Cabildo y los Curatos con personas de su confianza. Ahora las oportunidades se le presentaban con mayor frecuencia y los cambios ocurridos en la política del país le permitían mayor libertad en la elección de los sujetos.

Dice el Nuncio[264] que "favoreció la pública corrupción, y el relajamiento del clero, en forma tal que no puede oírse sin horror. La voz general y la común fundada opinión lo denuncian además, como miembro de una logia masónica, cosa que toma todo carácter de verdad, cuando se considera que bajo sus ojos se han propagado en las iglesias y en las vestiduras sagradas los signos masónicos, abominación horrenda hasta ahora nunca oída".

Para lograr sus fines, dice el Cardenal della Somaglia[265] que promovió "a las parroquias los eclesiásticos más incorrectos y conocidos como adeptos a la secta de los «libres Albañiles», haciendo casi una persecución a las sagradas imágenes, quitándolas tanto de las calles, públicas como de las iglesias y permitiendo que se propagasen en las iglesias y en sus sagradas vestiduras los emblemas sectarios".

Es justo reconocer que el Cardenal repite cuanto ha dicho el Nuncio en el párrafo antes citado y lo que había informado el Obispo de Cartagena sobre las imágenes, así como su denuncia relativa al procedimiento usado para proveer los curatos: "la mayor, parte de los curas que se han instituido en esta última época de la revolución, o desde el año veinte, han sido de los conocidos y tenidos por individuos de las sociedades secretas y a propósito para seguir el sistema de la inmoralidad universal de los pueblos".[266]

Pero la mejor prueba de la autenticidad de estos nombramientos, es la defensa que de sí mismo hará más tarde el Obispo, quien al referirse a este extremo dirá que no es él quien debe responder de estos cargos sino el Capitán General, Vice-Patrono Real, que es a quien corresponde la provisión de curatos. Con razón Manuel Ximénez Guazo rebate este argumento en su voto particular formulado en la Consulta del Consejo de Indias del 6 de julio de 1829,[267] diciendo que no "debe calificarse de otra cosa que de una sutileza con que se propone evadir la fuerza y convencimiento de esta corrección tan justa (la de León XII a Espada) porque ¿cómo es posible probar que por corresponder al Vice-Patrono la provisión, esté exento el Prelado de la responsabilidad de adquirir el conocimiento debido de la idoneidad de los examinadores y exámenes y oposiciones y satisfacerse así del desempeño de unos y de otros?

Fueron mortificadas también las monjas, como lo habían sido en el otro período constitucional y en una palabra atravesó la Iglesia de La Habana una de las crisis más violentas de su Historia.

Junto con estas tareas dedicóse en aquel año el Obispo a otras más edificantes de reconstruir las Iglesias de Alacranes y de Catalina de Güines erigiendo esta última en Parroquia, así como a la del Mariel, dándole como auxiliar a Santa Ana de Ciba, y agregando Artemisa a Guanajay y Bahía Honda a los Pozas.[268]

A pesar del Breve de Pío VII y de la carta también sin respuesta de Monseñor Secretario de la Sacra Congregación de Propaganda Fide, la mala fama de Espada no se había generalizado en Roma, a las demás congregaciones, y una prueba de ello la tenemos en la carta que le dirigió el Prelado de la Congregación del Concilio[269] sobre la anulación del matrimonio de D. Juan María Montero y D.ª María de la Concepción García, carta que transmitió el Embajador de España al Ministro de Estado[270] para que este la hiciese llegar al Obispo.

Mientras la Congregación del Concilio se ocupaba de esta anulación, llegaba a la de Propaganda otra queja sobre la ya vieja cuestión, de la Jurisdicción de la Florida. Habían cristalizado los esfuerzos, ya diplomáticos, ya violentos, de los Estados Unidos, en la cesión a ellos de la Florida por parte de España. Mientras los enviados norteamericanos gestionaban en Madrid, Wilkinson y Jackson en distintas épocas y con diferentes pretextos, a España neutral o aliada, habían ido arrebatándole pedazos, hasta lograr que se abandonara aquel territorio tanto tiempo ambicionado.

Firmada la cesión, Espada no tenía ya más pretextos para continuar ejerciendo una jurisdicción que siempre fue ilegal y que ahora era un verdadero obstáculo para el bien espiritual de aquellas almas. En una carta de Monseñor England Obispo de la Carolina, vemos el estado deplorable en que se encontraba la religión católica en la Florida. Dice Monseñor England "que tanto los católicos, y aún los protestantes están escandalizados, sobre todo por lo que se refiere a la ciudad de San Agustín, donde el único sacerdote católico que ha permanecido no está dotado de suficiente doctrina, celo y probidad de costumbres; que más de una vez ha escrito al Obispo de La Habana sin obtener respuesta" (costumbre inveterada como hemos podido ver) además de no estar en su poder "el remediar el mal por carecer de sacerdotes peritos en la lengua inglesa", lo que hará que si la Florida continúa "bajo la jurisdicción del Obispo de La Habana no podrán tener sus fieles jamás el cuidado que necesitan, porque el Obispo vive fuera de los confines de dichos Estados, y como aquellos habitantes parecen estar de mala gana sujetos a la autoridad de la Santa Sede, mucho más lo serán de un Obispo que consideran ciudadano de otra nación".[271]

A pesar de saber estas cosas, cuando el Arzobispo de Baltimore le propone para solucionarles (e igual proposición le hace a Propaganda

Fide Monseñor England) crear una nueva Diócesis con las Floridas, Alabama y Mississipi, Espada contesta que "no reconoce ninguna otra orden que no viniese de la Real Autoridad", lo que decidió el Arzobispo a exponerle los hechos a Propaganda Fide[272] el 25 de abril de 1821 y otra vez en 1822[273] pidiendo entonces que se escribiese a Espada para decirle que no dependiendo más las Floridas de España no se inmiscuya en su jurisdicción.

Terminado el dominio español en las Floridas el Regalismo de Espada no basta para explicar su resistencia, a no ser que creyese, que un territorio que había entrado bajo su jurisdicción no podía salir de ella sin su consentimiento, ya que la autorización del Rey de España había dejado de tener que ver con este asunto.

Otras hipótesis serían que, Espada, disgustado con los procedimientos norteamericanos para adquirir las Floridas, territorios que tal vez él preferiría independientes a verlos formando parte integrante de la Unión, formulaba su protesta manteniendo el poder español en el terreno espiritual y resistiendo tenazmente a todos los intentos de sustraerlas a su gobierno; encontrando así una razón que empataba muy bien con los motivos regalistas que le decidieron a ejercer su autoridad abusiva (ahora desaparecidos con la posesión de España) y que le permitía continuar en el ejercicio de su jurisdicción; a no ser que todo obedeciese a su sed insaciable de poder a la que repugnaba renunciar a la más mínima parte de él.

Al mismo tiempo que esto sucedía fuera de Cuba continuaba la Prensa de La Habana entregada a aquella orgía desenfrenada de ataques y de insultos de los que no se libró ni aún una figura como la del intendente Ramírez, su víctima en el más literal de los sentidos, pues acusado por el "Tío Bartolo" de conclusión, enfermó de fiebre cerebral y murió de ella.

Cagigal, impotente para contener aquellos desmanes, resignó interinamente en el Segundo Cabo don Juan Echevarri, pero la situación no mejoraría gran cosa hasta la llegada del nuevo Capitán don Nicolás de Mahy que tomó posesión el 3 de marzo.

Empezó éste enseguida a combatir el caos que le entregara Cagigal y comenzando por reformar la indisciplina de la milicia y combatir la criminalidad, terminó por imponer un poco de orden a la prensa, determinando que entendiesen de los delitos de imprenta, como de los comunes, los jueces ordinarios.

Esta última medida logró contener los ataques personales y fue la causa de que el más exaltado y extremista de los periodistas de la época el presbítero D. Tomás Gutiérrez de Piñeras, fuese recluido un año en un convento.

Impaciente en Madrid Monseñor Giustiniani al ver pasar los meses y no obtenía respuesta ni del Arzobispo Osés, ni de Espada, y sospechando que éste hubiese interceptado la carta dirigida a aquél, escribió el 4 de septiembre al Metropolitano participándole sus temores y adjuntando una copia de la carta que le dirigiera el 7 de julio del año anterior, enviándole ambas ahora "por otra vía más segura".[274] que desgraciadamente desconocemos, pero que debe haber sido la de algún religioso que de Madrid se dirigía a Cuba.[275]

Recibió esta vez la carta el Arzobispo y la contestó el 31 de diciembre diciendo que era la única que había llegado a su poder "por la vía de La Habana" junto con las copias del Breve de Pío VII y de la carta del 7 de julio de 1820 "interceptada como dice V. E. en dicha ciudad.[276]

A continuación escribe el Arzobispo que "cuanto le dice (a Espada) Su Santidad en su secreta admonición, en virtud de testimonios fidedignísimos ha corrido de público notorio en toda la Isla, y aunque prevenido ya el R. Obispo por aquélla, y acaso por la interceptada, será difícil, sino imposible, poder comprobar los hechos, he confiado comisión secreta a Persona de satisfacción de cuyos resultados daré cuenta a V. E. oportunamente".

Pero no son las secularizaciones ni el tenor de vida de Espada lo que más interesa a Osés, con el Obispo de La Habana tiene él otras cuestiones pendientes y la ocasión que pintan calva, se le presenta ahora de hirsuta cabellera para que él la deje escapar. "Por lo que respecta a lo jurisdiccional —comienza el Prelado tomando un largo respiro— de lo que he tenido conocimiento a virtud de apelaciones otorgadas por dicho R. Obispo, de que han resultado grandes desavenencias, resistiendo a dar cumplimiento a las ejecutorias, es historia muy larga, en que se han escrito resmas, elevadas al Antiguo Consejo de Indias donde se había todo estancado, si no ha pasado últimamente al Tribunal Supremo de Justicia. Se empeñaría V. E. en el más improbo trabajo si le fuese preciso imponerse de tanto papel, o del más necesario, en cuyo caso podrían servir de guía los adjuntos indicadores núm. 1.º y 2.º que me anticipo a acompañar a V. E. por lo que puedan importar a su conocimiento, y poder orientar el piadoso ánimo de Su Santidad".

A pesar de que el apasionado Giustiniani escribe al Cardenal Secretario de Estado[277] diciéndole que la respuesta del Arzobispo confirma plenamente sus dudas sobre la primera correspondencia interceptada, y que le da, como podía esperarse, las informaciones más desventajosas sobre la conducta de su culpable sufragáneo, la Santa Sede, serena y objetiva, cuando lee la carta de Osés dice que: "poco o nada concluía, asegurando solamente en general que la pésima conducta de aquel Prelado era conocida en toda la Isla".[278]

En cuanto a las piezas enviadas anexas, fueron juzgadas como "poco conducentes al propósito"[279] por el Secretario de la Sacra Congregación de Asuntos Eclesiásticos Extraordinarios, quien lo único que saca de ellas es una idea, en verdad nada halagüeña, del carácter de Espada: "insubordinado al Metropolitano, intrigante, dominante y embebido en las máximas del Sínodo de Pistoya", pero nada en concreto sobre las acusaciones que interesaban a la Santa Sede.

Eran las mencionadas piezas de gruesos expedientes titulada la primera: "Puntos Pendientes de las apelaciones en materia jurisdiccional entre el Arzobispo de Cuba y el Obispo de La Habana" compuesta de 35 artículos; y la segunda: "Observaciones sobre las ocurrencias ofrecidas con motivo de la nueva forma o planta dada por el Rev. Obispo de La Habana, al Curato de aquella Catedral en 4 de julio de 1804" constando de 27 artículos y un apéndice al número uno. Los "Puntos Pendientes" están fechados en 21 de diciembre de 1821, pudiendo atribuirse la misma fecha a las "Observaciones" ya que fueron enviadas al mismo tiempo al Nuncio y no hay diferencia alguna en el papel ni en la caligrafía de ambos documentos.[280]

Tratan estas piezas, de la institución de la nueva planta en la Diócesis de La Habana, de las apelaciones de los curas, de las contiendas de Osés con Kindelán, del mal trato que recibió de Someruelos, Espada y la Audiencia de Puerto Príncipe, cosas que las más de las veces sólo atañen al Arzobispo y poco o nada tienen que ver con su sufragáneo.

Analizando cuidadosamente estos documentos encontramos una singularísima analogía entre ellos y el Anónimo "El Observador Cubano", enviado a Madrid en aquella misma época, contemporáneamente o tal vez en el mes de enero de 1822.

Es este anónimo[281] un largo documento escrito en un estilo curialesco, pesado y a veces nebuloso que comienza contando con gran lujo de detalles las desavenencias de Osés con el Mayordomo de los bienes de la Catedral, con el contratista de las obras y su pariente el Gobernador de Santiago de Cuba, Kindelán.

Se queja después de la división de la Isla en dos Obispados, lo que perjudicó en sus rentas al de Santiago de Cuba, habla de las dificultades que surgieron al hacer las divisiones de caudales y de rentas, y de las cantidades que debía pagarle el Obispo de La Habana y que nunca le hizo efectivas. A renglón seguido narra las reclamaciones de los Curas de La Habana y de las apelaciones que dieron lugar.

De aquí pasa a contar la situación de la Isla durante la invasión Francesa en España, acusa a Someruelos y a las Autoridades de Cuba de Afrancesados y dice que pasado aquel período, el Capitán General y las demás Autoridades no pensaron más que en desembarazarse de

Osés y cuenta todos los malos tratos que sufrió de parte de ellas, achacando "el origen de los males de América" no a los "fieles docilísimos y humildes, sino al abuso de las autoridades por sus fines particulares, que habiendo quedado impunes se multiplicaron hasta lo infinito.

El sujeto principal del anónimo es el Arzobispo Osés, y el propósito de su autor, el que se le haga justicia en los muchos agravios que ha sufrido. Espada como Someruelos, Kindelan, O'Gavan, el cuñado de éste, don Prudencia Echeverría,[282] apoderado en Santiago de Cuba del Fiscal Elozúa, los Magistrados de la Audiencia, el Mayordomo de la Fábrica del a Catedral, etc., no son más que meros personajes en la tragedia del Metropolitano. El anónimo no está dirigido especialmente contra Espada, como no lo están los "Puntos Pendientes" ni las "Observaciones", es sencillamente una defensa del Arzobispo donde se presentan las cosas de modo que aparezca éste como una víctima de todos los demás.

Esto, el tono en que está escrito, las citas de las Sagradas Escrituras, la identidad de temas y hasta la casi identidad de distribución de los distintos aspectos del problema en el anónimo y en las piezas enviadas por Osés, así como el hecho de que en los tres documentos encontramos siempre los mismos cargos y que en ninguno de ellos exista uno desconocido a los otros, como también cierta analogía de términos: en el anónimo se habla de "puntos pendientes" y mientras se titula "El Observador Cubano" uno de los expedientes enviados por el Arzobispo lleva el nombre de "Observaciones", hace pensar que sean todos de un mismo autor.

Que hayan sido de Osés, escritos de su mano o dictados por él, más bien lo segundo, no cabe la menor duda ya que, de al menos dos de los documentos, asume él la responsabilidad al enviarlos al Nuncio. En el mejor de los casos pudieron haber sido escritos por uno de sus secretarios en cumplimiento de sus órdenes y siguiendo sus indicaciones, pero aún así, puede muy bien en rigor atribuirse su paternidad al Arzobispo.

Es más que posible que al presentarsele la oportunidad y hacer llegar sus quejas a la Santa Sede, se le ocurriese completar la gestión lamentándose también en España, para lo cual escogió la vía anónima por las circunstancias reinantes, constituyendo "El Observador Cubano" una refundición de "Puntos Pendientes y "Observaciones", aumentada con una serie de detalles más a propósito, para un tribunal civil que para uno religioso. La redacción del anónimo debe haber seguido inmediatamente la de los otros dos documentos que fueron enviados a Monseñor Giustiniani el 31 de diciembre.

Algo trascendió de estos pasos del Arzobispo porque el 15 de diciembre de 1823, dice Manuel González de la Vega[283] que Osés informó al Gobierno de Madrid de las ideas antireligiosas de Espada y lo denunció a la Curia Romana por sectario de las máximas del Conciliábulo de Pistoya; y en 1824, "El Fidelísimo Pueblo de La Habana" [284] cuenta que "se dirigieron justificadas acusaciones al Tribunal de la Inquisición, y de éste elevada a Su Santidad habiendo encargado a dos Obispos de esa Corte el conocimiento de las causas aunque tal vez esto último se refiere más bien a las denuncias del Prefecto de los Betlemitas y del Arcediano, cuyas existencias podían conocerse en la Curia de Santiago de Cuba informada por el Nuncio.

En cuanto la denuncia que hizo Osés a la Santa Sede de las teorías heréticas de Espada, está González de la Vega perfectamente bien informado, y se encuentra en el artículo 4.º de "Puntos Pendientes", donde dice expresamente que el Obispo de La Habana profesa "proposiciones condenadas del Sínodo de Pistoya por la bula Autorem Fidel del S. P. Pío VI mandaba observar por Real Decreto del Concejo como consta de Autos elevados".

Antes del Arzobispo ya lo había denunciado a la Santa Sede, por esa misma causa, el Prefecto General de los Betlemitas,[285] quien concretó el cargo en dos de las proposiciones condenadas del Concilio de Pistoya, a saber:

1.º Que es lícito al Obispo por su propio juicio y arbitrio establecer y decretar en contrario de las costumbres, exenciones, reservaciones que se observan ya sea en la Iglesia Universal o ya en cada una de las Provincias sin el permiso o la intervención de la potestad jerárquica superior por la que se introdujeron o reprobaron o tienen fuerza de la ley.

2.º El ejercicio de los derechos Episcopales no puede ser estorbado o coartado por ninguna autoridad superior, mientras que el Obispo por su propio juicio tenga esto por menos conveniente al mayor bien de su Iglesia.

Por lo que Pío VII en su Breve, advirtió a Espada que tomaba un camino peligroso, cuando le dice que concedió las secularizaciones por causas "falsa y no exenta de error".

Otra prueba de que el "Observador Cubano" es obra de Osés, es su parecido moral, no sólo con las piezas enviadas, sino con las cartas del Arzobispo al Nuncio.

A pesar de que las secularizaciones y la vida desordenada de Espada es lo que interesa al Nuncio y al mismo Papa, y que sobre ellas se piden informaciones concretas a Osés, éste se limita en decir que todo aquello era "público y notorio" y a prometer vagamente averiguar los hechos y dar cuenta al Nuncio, cosa que no hizo nunca, no como pensara luego Giustiniani porque Espada interceptase la información, sino porque eran cosas que realmente no le preocupaban. Sin embargo, no pierde la ocasión de tratar extensamente sus problemas personales que dejan a la Santa Sede perfectamente indiferente.

Idéntica actitud se encuentra en el anónimo. Pudiera objetarse que el autor del anónimo no quiso denunciar al Gobierno Español que Espada se había extralimitado en las secularizaciones o que había perseguido las órdenes religiosas, porque como estos hechos sucedían a la sombra y amparo de la Constitución entonces vigente, hablar de ella era condenar al fracaso la denuncia.

¿Pero qué le impedía al Arzobispo decírselo al Nuncio, que le preguntaba expresamente por las secularizaciones?

No es el caso tampoco de afirmar que Osés ignorase estas cosas pues él mismo dice que eran "público y notorio en toda la Isla".

Pero hay más, recordemos que en 1809 el Fiscal don Tomás Zelaya, aconsejó al Marqués de Someruelos, el desistir de la investigación sobre el autor de los anónimos de Santiago de Cuba, por sospechar que fuese el mismo Arzobispo Osés. Confirmaron más tarde los hechos estos temores. Cuenta Pezuela en su "historia de la Isla de Cuba" [286] que "como lo violento y breve de su última enfermedad (de Osés) no le dio lugar a muchas precauciones, si hemos de dar crédito a una reseña histórica de los prelados de Cuba trazada por un autor coetáneo, se hallaron en sus cofres los borradores con su propia letra, de los mismos anónimos sediciosos que en 1809 habían circulado por aquel pueblo y tanto preocupado a Kindelán, a la Audiencia y al Marqués de Someruelos". Por lo que no tendría nada de particular que entre aquellos borradores estuviese también el del anónimo que nos ocupa.

Dice Espada que aquel año se trató nuevamente de presentar su candidatura para Diputado, pero que él se opuso, logrando desconcertar el proyecto de su elección.[287] En cambio leamos en el "Fidelísimo Pueblo de La Habana" [288] que hubiera sido elegido de no haberse suprimido antes al régimen constitucional. Creemos más bien al Obispo, pues nada hubiera impedido en aquel momento la presentación de su candidatura ni aún su triunfo en las elecciones que se celebraron en 1822.

Por aquellos días, el 23 de noviembre, llegó a Cádiz la noticia de que la Isla de Cuba se había declarado independiente. Enseguida se esparció la voz, y se supo en Madrid, donde por un momento dominó la alarma. Bajo sus efectos escribió el Nuncio al Cardenal Secretario de Estado el día 30 informándolo de la novedad y de la entrada de San Martín en Lima,[289] pero pronto otros barcos llegados de América tranquilizaron a las Autoridades Españolas sobre los rumores de Cuba.

En 1821 erigió Espada la Parroquia de Cimarrones y la de la Esperanza y agregó la Iglesia de Lagunillas como auxiliar de Limonar.

El año siguiente comenzó con la noticia de la independencia de Santo Domingo. Ya México y la América Central se habían separado de España y de los nuevos estados, así como de distintos puertos de Sur América, llegaban constantemente a La Habana tropas desmoralizadas, contagiadas de las nuevas ideas y prontas a participar en cualquier desorden. Éstos no se hicieron esperar y en Santiago, Puerto Príncipe y Bayamo fueron frecuentes las refriegas en las calles. La administración caída en la anarquía, agravaba el problema con las constantes desavenencias entre las autoridades militares. los municipios, y la justicia ordinaria. El vómito negro hacía estragos en la población, prefiriendo sus víctimas entre los refugiados, militares y funcionarios que con sus familias habían emigrado del Continente. La prensa desbocóse de nuevo, prodigando insultos a diestra y siniestra. Atacaban los corsarios de Bolívar e Iturbide las costas, y sus agentes aprovechaban de la confusión y el malestar general para propagar la idea de la independencia, comenzaron, de acuerdo con ellos, a agitarse las logias y las sociedades patrióticas. Protestaba el clero y los espíritus religiosos por las supresiones de conventos y los ataques a la Iglesia. Abundaban las denuncias y las acusaciones y completaba el cuadro una grave crisis económica ante la que se veía impotente el Gobierno de la Isla que sólo podía afrontarla con la ayuda de Espada y de los hacendados y comerciantes más ricos, que generosamente, más de una vez, anticiparon gruesas sumas con que cubrir el déficit de las cajas.

Viajaba hacia España tan agitada entonces como Cuba, la carta del Arzobispo Osés, y llegando a Madrid, enviola el Nuncio, con los documentos anexos, al Cardenal Secretario de Estado para que "juzgara que valor merecen y si bastan para proceder más adelante".[290]

En el despacho con que acompaña los documentos,[291] no deja Giustiniani de hacer observar que dadas las circunstancias sería sumamente difícil tomar una medida de rigor porque el Obispo de La Habana goza del favor del Gobierno, hasta el punto de haber sido propuesto para Consejero de Estado. A pesar de esto, dice, que, si el Cardenal lo creyese conveniente, estaría dispuesto a hablar del asunto con los Ministros de Estado y de Gracia y Justicia.

La Secretaría de Estado de Su Santidad, que no procede jamás apresuradamente, hizo reunir la carta del Arzobispo con el Breve del Papa y los despachos del Cardenal Secretario de Estado al Nuncio y lo pasó, para su estudio, al Tribunal competente, que en aquel entonces era la Sacra Congregación de Obispos y Regulares,[292] con el encargo de ilustrarla con su opinión.[293]

Mientras tanto, víctima de la epidemia del vómito negro, que había llevado a la tumba a su cuñado, murió en La Habana el General Mahy el 21 de julio, sucediéndole interinamente D. Sebastián de Kindelán, quien inició su gestión combatiendo en Bahía Honda un desembarco de "insurgentes" y pacificando en Bayamo un conato sedicioso, pero sin lograr por esto el restaurar en la Isla la tranquilidad tan profundamente alterada.

El cerebro de Espada, siempre en ebullición, después de haber producido ideas como la erección de los cementerios, la propagación de la vacuna, la difusión de la enseñanza, tuvo ahora un parte, como aquel famoso de los montes.

Arrebatado de entusiasmo constitucionalista se le ocurrió nada menos que depositar junto a los restos de Colón un ejemplar de la Constitución.

Manuel González de la Vega,[294] y ambos anónimos del "Fidelísimo Pueblo de La Habana", nos contarán como convocó a sus Capitulares Eclesiásticos, y en solemnidad pública, "asistido de los masones de su doctrina" "violó el sepulcro del Almirante Colón", pero mejor que ellos, el acta misma de la ceremonia nos dará todos los detalles que pudiéramos desear.[295]

Sabemos por ella que Espada, para mayor decoro de los restos de Colón, con la aprobación del Cabildo, amplió el nicho donde se encontraban, en la pared que divide el Presbítero, de la Capilla de Loreto. En el mismo espacio, junto a la caja de plomo que guardaba las cenizas del Almirante y para eterna memoria del "sistema benéfico" que en la constitución se halla sancionado, se colocó en otra caja de caoba con el exterior de plomo, un ejemplar de la edición grande de la Constitución Política de la Monarquía Española, promulgada en Cádiz el 19 de marzo de 1812, y con ella la gran medalla de oro acuñada en Cádiz al mismo tiempo, con el busto e inscripción en el enverso de Fernando VII Rey constitucional de España, y en el reverso el libro abierto de la misma constitución; así como otras medallas de plata de Carlos III, Carlos IV "con algunas otras", y tres guías del año 1822, la civil y la eclesiástica impresas en Madrid y la de forasteros impresa en La Habana.

Preparado lo necesario el 5 de octubre estando presente el Jefe Supremo Político, con dos individuos de la Excma. Diputación Provincial, y otras dos del Excmo. Ayuntamiento comisionados por sus respectivas Corporaciones y el Excmo. e Ilmo. Obispo Diocesano con su V. Cabildo, se abrió la caja de las cenizas en cuya tapa estaba escrito: "Aquí yacen los huesos de D. Cristóbal Colón Primer Almirante y Descubridor de las Américas", e inspeccionados los restos, fueron cerradas las cajas y las llaves quedaron dentro de la urna, la que fue herméticamente cerrada con una lápida del mejor mármol que había podido conseguirse, donde estaba de bajo relieve el busto de Colón con diferentes atributos marítimos "trabajados con delicadeza y perfección en esta ciudad por un español estatuario instruido en la Italia". Bajo el busto se grabó en letras de oro la siguiente inscripción:

"O restos e imagen del grande Colón:
Mil siglos durad unidos en la urna
Al Código Santo de nuestra Nación."

Hay cosas que si no se ven no se pueden creer, y es una de ellas esta orgía de mal gusto, que si no leyésemos al pie del acta la firma de Espada y la de seis miembros del Cabildo, nos resistiríamos a aceptar como verídica esta ensalada irrespetuosa.

Dice el primer anónimo del "Fidelísimo Pueblo de La Habana" que costeó el Obispo de su peculio particular la famosa lápida. Si fue así, gastó dos veces en ella, pues tan pronto supo la abolición de la Constitución, se apresuró a hacer quitarla porque "se mencionaba el Gobierno existente entonces" [296] y ordenó de motu propio, según le dice en una carta al Rey, que se pusiera otra en su lugar "con mera referencia al Almirante Colón y a sus despojos mortales".

Además de las obras en la tumba de Colón en aquel año se reconstruyó la Iglesia de Batabano, se erigió en Parroquia la de Bacuranao cambiándole el nombre de San Hipólito por el de Nuestra Señora de los Dolores, y se dió como auxiliar a Matanzas la Hermita recién construida de Camarioca, y a la de Hato Nuevo la Iglesia del Roque.[297]

En España donde quisieron proponer a O'Gavan para un Obispado vacante en la Península, cosa que no se llevó a cabo por no aceptarlo éste, aumentaban los desórdenes y se deslizaba el Gobierno hacia las tendencias más extremistas. Ya el 1 de julio, cuarenta diputados propusieron en las Cortes el nombramiento de una Regencia; en octubre se tomaban nuevas disposiciones contra prelados, párrocos y órdenes religiosas afectos al régimen absoluto y se terminó por prescindir de los derechos individuales, de la seguridad personal y de la inviolabilidad del domicilio.

Alarmadas las Potencias europeas reuniéronse en Verona a mediados de octubre, asistieron los Emperadores de Austria y Rusia, los Reyes de las dos Sicilias, de Prusia y de Cerdeña, el Gran Duque de

Toscana, el Duque de Módena y la Duquesa de Parma. El Cardenal Spina representaba al Papa, Wellington a Inglaterra y Montmorency y Chateaubriand a Francia. En el Congreso se trató principalmente de la intervención francesa en España y se ensayó encontrar una solución al problema americano proponiendo Chateaubriand la creación de monarquías en las ex-colonias españolas.

Al saberse en Madrid estas noticias, expulsó el Gobierno del territorio del Reino a los Embajadores de Rusia, Austria y Prusia. Ávidamente buscó Espada en los periódicos que llegaban de la Península detalles sobre esta decisión y su despecho fue grande al no encontrar en la lista de los diplomáticos que abandonaban a España el nombre del Monseñor Giustiniani contra quien el Gobierno no se atrevió a tomar ninguna medida y a quien el Obispo creía tan digno de expulsión como "los otros por haber participado el Papa por medio de su representante a las discusiones del Congreso".

Después veremos las consecuencias que este despecho le aportaron. Por el momento los acontecimientos de España pasaban a un segundo plano ante las elecciones que se acercaban, para cubrir los escaños de las Cortes Extraordinarias convocados el 7 de octubre.

Dice el segundo anónimo del "Fidelísimo Pueblo de La Habana" que en aquella campaña electoral, Espada "convirtió su Ministerio Pastoral en Logias" y haciendo prosélitos para la masonería logró por medio de ella dominar en todos los "establecimientos públicos" y asegurar así el triunfo a sus candidatos.

Aquellas elecciones, que habían de ser más agitadas aún que las de 1820, empezaron el 1 de diciembre con relativa calma y ya comenzaba a esperarse que así terminarían cuando el día 5 a causa de una discusión que acabó a golpes entre un Dragón y uno de los electores, agitáronse los extremistas que aprovecharon el incidente para echar a rodar la voz de que iba a proclamarse la independencia y, obstaculizar así la buena marcha de las votaciones, vino en su ayuda la milicia y defendiéronse en el convento de San Agustín, donde se efectuaban las votaciones, un grupo de electores, la mayor parte cubanos. Logrose calmar los ánimos por el momento, mas, apasionada la población se dividió en dos bandos dando lugar a que corriesen las más infundadas voces sobre la inmediata proclamación de la independencia.

De nada sirvieron las gestiones de Kindelán y de las más altas autoridades, la madrugada del 6 se amotinó el batallón de milicias y encerrándose en el convento de San Felipe permaneció sobre las armas todo el día y la noche siguiente, dando tiempo a que se amotinaran también otros batallones que formaron en las plazas del Cristo, de la Constitución, Plaza Vieja, de la Merced y de San Francisco. Consternados los habaneros comenzaron a evacuar la ciudad mientras algunos vecinos armados, tomaron el día 7 algunas casas de la Calzada del Monte y de Jesús María para contrarrestar la sedición. A ellos se unió un batallón de extramuros engrosado con agentes del campo, y de los partidos más vecinos.

Ambos bandos llamaban a su lado a Kindelán, quien temeroso y desconfiado igualmente de los dos, y perfectamente impotente para reducirlos al orden, veía que de un momento a otro iba a estallar la guerra bajo los mismos balcones de su residencia.

Por fin y antes de que sonase el primer disparo, se llegó a una solución pacífica en una reunión celebrada en Palacio, a la que concurrieron junto con las más altas autoridades, comisionarios de los bandos opuestos.

En aquellas elecciones fueron elegidos "por influencia poderosa del Diocesano" [298] O'Gavan, que había permanecido en España, Benítez, Zayas, Tomas Gener y Félix Varela a quien llama "perfido" el anónimo integralista y dice que gracias a sus "altos crímines" logró el apoyo de Espada, quien lo habilitó con dos mil pesos para su transporte, los que extrajo de "los caudales de las alhajas de los conventos suprimidos según lo participó y consta probado en las actas de la Diputación Provincial, suministrándole también las rentas de la Cátedra de Constitución del Colegio". [299]

En la de Filosofía le sustituye Saco. En esto le dio Espada a Varela una prueba de estimación y de respeto mayor aún que el haberle apoyado en su candidatura. Cuenta el propio Varela en una carta dirigida a José Antonio Saco [300] cómo tuvo lugar la sustitución: "Honrome el Ilmo. Sr. Obispo de La Habana dejando a mi elección la de mi sustituto, y yo lo hice en usted sin más motivo, que la persuación en que estaba y estoy de que le hacía un bien a la juventud y a mi Patria. Manifesté a usted mi determinación, aceptó usted el encargo y quedó terminado el asunto."

Dice el segundo anónimo del "Fidelísimo Pueblo de La Habana" que mientras duró el período de esta diputación, se organizaron sus sostenedores en Cuba para preparar la independencia de la Isla. Es preciso desconfiar de estas noticias demasiado sensacionales de ambos anónimos del mismo nombre, sin embargo aparte del valor que tienen en la vida de Espada como una de tantas acusaciones que se le hicieron, resultan siempre interesantes, pues dan el índice de un estado de ánimo de la época. Cuenta el anónimo que para dirigir la conspiración nombróse en la Diputación Provincial a D. Prudencio Hechevarría y en Puerto Príncipe, al Regente de la Audiencia D. Joaquín Bernardó Campuzano (domiciliado allí desde el 27 de abril de 1815) [301] fecha en que había sido trasladado desde la Audiencia de Guatemala, se le encargó de la administración de los caudales de la población de Nuevitas, donde se constituyó por principal empleado al revolucionario Piconely (el viejo cómplice de Espada en sus correrías españolas de fin de siglo), quienes en combinación con "el secretario médico del Diocesano" D. Tomás Romay, "dilapidaron las considerables sumas del erario público", "para fomento de las gavillas insurgentes".

El centro de esta conspiración era el Seminario "donde se han instruido y siguen leccionándose los exaltados liberales", allí al igual que en la Sociedad Patriótica había introducido Espada "como de los principales Demagogos, para facilitar la propagación de su sistema", todos los adelantos y progresos imaginables.

"Del propio Seminario es alumno don Prudencio Hechevarría, sobrino de O'Gavan (realmente era cuñado) el más exaltado masón que en sus hechos, opiniones y proclamas, no ha cesado de provocar la rebelión de la Isla (es de notar que el autor del anónimo heredó de Osés, la antipatía por Hechevarría), lo mismo que el Vice-Secretario del Diocesano don Francisco Castañeda, maestro de latinidad en dicho Seminario del cual ninguna expresión será suficiente a manifestar sus atrocidades durante el fatal período del Obispado."

Que era el Seminario de San Carlos un foco de liberalismo y aún de ideas emancipadoras, donde se formaba la más valiosa juventud cubana de la época, es un hecho harto conocido para que sea necesario detenerse sobre él. Que Espada lo dirigía atento y vigilante dándole todos los cuidados y predilecciones de su corazón, lo prueban sus deferencias con Félix Varela, con José Antonio Saco y con José de la Luz, a cuya orden, autoriza en 1823, se depositasen en París dos mil duros para comprar aparatos para la clase de física.[302] Que de allí salieron la inmensa mayoría de los que conspiraron en pro de la independencia es también un hecho que no necesita más prueba que la lista de sus alumnos y profesores. Que Espada conociera todas estas cosas y si no participaba directamente en ellas las toleraba con perfecta conciencia de lo que hacía, es más que posible. Pero que allí se hubiese urdido la trama de una conspiración admirablemente organizada con el Obispo a la cabeza, nos parece, mientras no encontremos otros documentos más dignos de crédito que los anónimos del "Fidelísimo Pueblo de La Habana", el producto de la fantasía febril de un apasionado absolutista, quien tal vez para eliminar la causa, le atribuía a ella misma todas las características de los efectos.

Sin embargo es interesante anotar esta actitud de Espada que ,es a falta de pruebas definitivas, la que más hace creer en sus simpatías por la causa emancipadora.

Resume el poco de fiar "Fidelísimo Pueblo de La Habana" en su primer anónimo, los trabajos de la conspiración diciendo que el

Diocesano con sus "jurados" no han dejado resortes a sus alcances para activar las anárquicas rebeliones contra los inviolables derechos de la Iglesia, de la Soberanía y de V. M. en que se han malversado las rentas eclesiásticas, las de los pobres y otros caudales de difícil reposición" sin contarnos cómo ni por qué abortó un complot tan bien ideado.

El 13 de febrero de 1823 murió en Santiago de Cuba el Arzobispo Osés y sólo entonces, en treinta y dos años de gobierno que fueron otros tantos de enconada lucha, pudo descansar aquel temperamento intolerante y violento. Un año después hubiese visto a Espada amenazado de las más completas de las ruinas, pero parece que estaba condenado aquel Prelado a llevarse a la tumba la amargura de todas sus contiendas sin la satisfacción del triunfo.

Para sustituirlo quisieron nombrar a O'Gaván sus amigos de España, pero éste, engolfado de lleno en la política, y tal vez con ambiciones más amplias que la Mitra de Santiago, rehusó como había rehusado el año anterior el obispado peninsular.

Era la situación de Cuba entonces de las más críticas que recordaba su historia colonial. Desorganizada la administración, en anarquía las ideas divididas en mil direcciones hostiles entre sí, deshechos los frenos que por otra parte no encontraban manos capaces de empuñarlos, bullendo al máximo todas las pasiones; el caos se había enseñoreado de la Isla, y fue aquella braza ardiente, la que le tocó empuñar a Vives el 2 de mayo, aniversario de una revolución, que podía muy bien ser presagio de la que todos esperaban o temían estallase de un momento a otro.

Desde el primer instante apoyóse Vives en Espada, como se habían apoyado sus antecesores.

Entre el hombre ecuánime y el violento, el militar frío y el prelado exaltado, el gobernante contemporizador que prefería la habilidad y entendía el liberalismo como un dejar hacer mientras no se lesionaran los principios fundamentales y el otro intransigente, amante de las medidas drásticas, que interpretaba el liberalismo como una fe que es preciso imponer a sangre y fuego sin tolerar la menor herejía ya sea ésta de derechas o de izquierdas, surgió a pesar de cuantas oposiciones debían distanciarlos, una sólida amistad que dio pruebas de la más acrisolada lealtad.

Pero esta relación, que serviría tanto a Espada, para protegerlo de las iras de España, no influyó para nada en su carácter. Sangraba aún la herida que el Breve de Pío VII infligiera a su soberbia. Revolvíase frenéticamente en su impotencia contra el Papa a quien no podía alcanzar sino muy indirectamente con sus persecuciones a los

115

conventos, y aún esto dentro de ciertos límites si no quería ver rodar por tierra todo su aparato episcopal, por eso bufaba ahora su indignación contra las Potencias que reunidas en Verona tramaban la ruina del régimen que era su sostén y garantía.

Furioso, tomó la pluma el 22 de marzo para escribirle a un "querido amigo",[303] cuyo nombre ignoramos por haberse negado a revelarlo Fernando VII, para después de acusar recibo de varias cartas a su corresponsal que se encontraba en Madrid y que aparentemente era también un sacerdote, comentar el estado de cosas posteriores al 7 de julio del año anterior y los modos diferentes con que ambos las ven, y le dice que "así me abstendría aún de contestar ni hablar de estas cosas, si no fuese ocasión de incluirte esa letra de 4.000 pesos por la mucha necesidad que he entendido hay de ellos, y aún de más, (que más adelante podré) si la insolencia romana, a quien todavía respetas fuera de los justos límites, en medio de la depravación de todos géneros, no cesa de hacerte una infame guerra como a otros muchos. En esto veo mucha debilidad de ese Gobierno.

Debió haber sido el corresponsal pariente o amigo muy íntimo del Obispo, para que no obstante ciertas diferencias ideológicas, éste pasase sobre ellas para socorrerlo generosamente. El tono entre malhumorado y cariñoso de la carta corrobora esta hipótesis. Debió también ser sacerdote y de los sospechosos de heterodoxia, a quien Roma tendría seguramente en un prudente alejamiento de todo cargo de responsabilidad, a pesar de lo cual él no se decidía a romper abiertamente con ella.

Abandonando las penas del amigo, a las que tan abundantemente acababa de proveer, pasa Espada a las suyas, y tomando pie de la debilidad del Gobierno demasiado respetuoso de Roma, muestra su herida, llagada por la falta de venganza: "Porque no hace con el Nuncio lo mismo que con los Ministros de Prusia, Rusia y de Austria, y aliados reunidos en Verona?" es éste un amarguísimo —por qué no toma mi partido? —por qué no me defiende contra los que se han atrevido a alzar la voz para reprenderme? —por qué prefiere sus propios intereses a los míos?

"Por lo que a mí toca —continúa a renglón seguido— me es indiferente que haya o no haya hecho Cabrera el informe sobre el ultraje que aquel monstruo se atrevió a hacerme, pero no quisiera que el Gobierno dejase impune tal atentado que repetirá y con quien se le antojase si no se le pusiese freno o por mejor decir si no se sacude su afrentoso yugo."

El monstruo no es otro que Pío VII; el ultraje que se atrevió a

116

hacerle, el Breve que le envió; y Cabrera debe haber sido un agente o apoderado de Espada en Madrid, a quien el Obispo encargó de informar al Gobierno Constitucional de que el Papa había comunicado con él directamente, saltando las regalías de la Corona, que establecían el exequatur regio; para criticar medidas tomadas de acuerdo con las leyes vigentes en el anterior período constitucional.

Habla enseguida de un tal Osés recomendado de la persona a quien se escribe la carta, y dice: "le vi asomar su uña moderada que cortó mi conversación por no exaltarme con daño de mi salud como me ha sucedido muchas veces".

Aquí un retrato de cuerpo entero, físico y moral de Espada, el soberbio de ideas avanzadas, que no soporta contradicción y prefiere desdeñosamente desviar la conversación que continuar un cambio de ideas que puede desembocar en un exabrupto de violencia capaz de conmover su naturaleza biliosa.

Continúa diciendo que creo que no habrá otro 7 de julio "a pesar de tantos temores y de los deseos de muchos; pero si se renueva, o las bárbaras potencias declarasen la guerra (lo que estaba ya a punto de suceder) voy a suscribirme aquí entre otros muchos con seis mil pesos para su tiempo, y con toda mi renta, en el caso reservándome sólo para un puchero de vaca y una olla podrida".

Cosa que hizo en efecto, con la única diferencia que en vez de subscribirse con 6.000 pesos entregar sólo 5.015, como lo prueba el "Diario del Gobierno Constitucional de La Habana" del viernes 1.º de agosto y 9 de diciembre de 1823" donde aparece la lista de los donantes para "sostener la gloriosa lucha en que se ve empeñada la Madre Patria por la injusta agresión del Gobierno francés que intenta desconocer el sagrado Código de nuestras libertades",[304] encabezando todos los nombres, el del Excmo. e Ilmo. Sr. Obispo Diocesano, con la cantidad que arriba hemos indicado. Los miembros de su curia siguieron su ejemplo contribuyendo entre todos con 510 pesos.[305]

Manuel González de la Vega, siempre bien informado, cuando denuncia este hecho de la cantidad exacta. No así el primer anónimo del "Fidelísimo Pueblo de La Habana", quien en cambio insiste en "que luego se reintegró con la venta de alhajas de los conventos suprimidos".

Al poner Espada su rúbrica a la carta, porque no la firmó sino simplemente la rubricó, dejó caer la gota que desbordaba el vaso de la paciencia española. Fue ella, como el sello impuesto a su destino y la provocadora del ¡Basta! que ha de resonar en sus oídos mientras viva.

Prescindiendo de las denuncias, del acta de traslado de los restos de Colón y aún de los artículos de periódico (de 24 de junio, 1.º de agosto y de 9 de diciembre de 1823) que obran en el expediente formado sobre la remisión de Espada a España,[306] parece esta carta suficiente para probar su acendrado Constitucionalismo. Que participó en las ideas más liberales de la época, que estuvo rodeado de los que compartían con él esas doctrinas, que empeñó todo su poder en cumplir y hacer cumplir las leyes inspiradas en los principios que mantenía, que persiguió con la medida de sus fuerzas a cuantas se opusieron al desarrollo de sus tendencias, no hay la menor duda. Es esto uno de los hechos fundamentales de la vida de Espada, uno de los puntos sólidos donde podemos apoyarnos para el estudio de su personalidad.

Pero esto abarca otros problemas más hondos. La sinceridad del liberalismo de Espada no es posible ponerla en tela de juicio. Por temperamento, por educación y por el medio donde fue trasplantado, evidentemente el más favorable para hacer progresar esas ideas, Espada era uno de sus productos más acabados. Pero, al ser sincero ¿lo era con los ojos abiertos? Calculaba el Obispo las consecuencias de sus actos? Parece que sí, si damos crédito a la carta que escribió al Rey el 9 de julio de 1824 [307] donde dice que "bien veía que el tal sistema (constitucional) atacaba las facultades de los Diocesanos, destruía el patrimonio e inmunidades del clero y tenía una tendencia esencial y rápida a minar los fundamentos del Altar y del Trono; y sabía también de antemano que faltando el Gobierno paternal de V. M. y degradada su dignidad quedaba en lamentable orfandad la Iglesia y sus Ministros, y aún amenazado todo el sistema social".

Si todas estas cosas sabía Espada y a sabiendas las continuaba manteniendo aquel régimen, como hombre podemos considerarlo entre los enemigos de la Iglesia que conscientemente trabajaron para conseguir su destrucción, como Obispo, el juicio que sería preciso emitir resultaría infinitamente más duro en la calificación.

Pero ¿fue sincero Espada cuando escribió al Rey en el año 24? Cuando hablaba de su devoción a la monarquía absoluta, desde luego que no. El tono general de la carta es falso —y es esto un aspecto desagradable de la personalidad de Espada de la que nos ocuparemos más adelante.

Pudiera ser el párrafo que hemos transcrito una mera disculpa. Es posible que el conocimiento de todas esas cosas no fuera absolutamente claro y que no persiguiera como un fin último la destrucción de la Iglesia Católica, porque en el alma agitada por las pasiones hay zonas de penumbra donde la oscuridad y la luz se entremezclan de manera tal que es imposible descubrir el perfil de las cosas.

Sin más elementos no nos atrevemos a juzgarlo contentándonos con exponer sus distintos aspectos.

Por aquellos días precisamente el 30 de junio, se publicó en La Habana en el periódico "El Revisor", un artículo del Abate Pradt donde se comentaban las gestiones de Inglaterra para ocupar a Cuba como garantía del pago de indemnizaciones debidas a súbditos ingleses en ocasión de la guerra. Pradt, que tantos puntos de contacto tiene con Espada y a quien éste debía conocer a través de sus numerosísimas publicaciones, entre las cuales una "De la revolution actuelle de l'Espagne et de ses suites", se publicó traducida al español en La Habana en 1821, causó con su artículo una enorme impresión en la población de la capital. Aprovecharon esta circunstancia y la inminente caída del régimen constitucional de España, los dirigentes de la conspiración llamada de "Los Soles y Rayos de Bolívar" para preparar el golpe que debía dar la independencia a Cuba y a cuya idea se habían ido sumando numerosas adhesiones.

Mientras aparezcan los documentos que comprueben la participación del Obispo en las conspiraciones de la época, de una intervención en ésta, modesta, y del todo indirecta, tenemos la más absoluta certeza por el testimonio del mismo Obispo y del Capitán General Vives.

Cuenta Vives[308] que en "el momento en que se descubría la conspiración que se tramaba en La Habana, y que ya había logrado tener en su poder las proclamas de convocatoria suscritas por don José Francisco Lemus, que se titulaba General de los rebeldes, recibió oficio, del Alcalde de Guanabacoa (D. Ignacio García de Osuna) una de las poblaciones que sabía estaban más contagiadas, reducido a que no explicándose la Constitución en dicha Villa, se excitase el celo del Diocesano, para que se llevase a efecto lo mandado en el particular".

Sabía Vives que Osuna se encontraba complicado en la conspiración y que "el objeto de tal oficio era comprometerlo con la facción dominante entonces para deshacerse de él de cualquier modo, o debilitar la autoridad que necesitaba para observar a los conspiradores". Esta argumentación de Vives no es de las más claras y parece más bien una disculpa para justificarse y justificar a Espada.

Y "para evitar todo pretexto que pudiese entorpecer la marcha que debía seguir para asegurar la tranquilidad y conservación de La Habana, ofició en 31 de julio al R. Obispo insertándole el del Alcalde para que se sirviese disponer que por parte de los Párrocos tuviese debido cumplimiento el decreto de explicar la constitución, a lo que contestó el Obispo incluyendo un ejemplar de la circular que había expedido en 11 de agosto de 1820, manifestándole que expedida entonces en virtud de lo que se le previno en R. O. de 4 de mayo de aquel año, en cumplimiento de lo que se le recordaba ahora la repetiría gustoso al Párroco de Guanabacoa y haría lo mismo a los demás del interior de la Diócesis con los ejemplares que habían quedado, y que por su parte podría recordar su obligación a los Ayuntamientos y aún disponer se publicase por el Diario del Gobierno la misma circular para que produjese más efecto", lo que se hizo poco después.

Mientras Vives desbarataba los planes de los conspiradores moría en Roma Pío VII y lo sustituía León XII, elegido el 28 de septiembre en un Cónclave que no fue ni breve ni fácil. Los cincuenta y tres Cardenales reunidos en el Palacio del Quirinal, estaban profundamente divididos en dos tendencias la "Liberal y la de los Zelanti". Reflejábanse las luchas del momento en el Sacro Colegio y pretendíase enscoger un Papa que poniendo a tono con las circunstancias aquellos elementos de gobierno susceptibles de ser variados, salvara los escollos que se presentaban a la marcha del Estado Pontificio. La dificultad estribaba en que en el 1823 ambas tendencias opuestas luchaban todavía sin saberse cual de ellas se sobrepondría a la otra. En el Quirinal querían los unos que se mantuviese intacto el Motu Propio de 1816 con el que Pío VII, aceptando las sugerencias del Cardenal Consalvi, concedía reformas de acuerdo con el espíritu nuevo. Los otros pretendían llevar las cosas al estado en que estaban antes de 1789. Finalmente, y después del veto del Emperador de Austria al Cardenal Severoli, fue elegido el Cardenal Annibale della Genga.

De antigua nobleza guerrera y educado en los principios y en las ideas de su clase, al ser elegido Papa llevó al Vaticano sus hábitos señoriales y su espíritu intransigente. Fue a la vez fastuoso en todo el aparato cortesano de su vida externa y modesto en la privada. Administrador rigidísimo no toleraba desperdicios ni malversaciones. Sumamente activo fue inflexible contra quien faltase a su deber. Un gran señor del antiguo régimen, quien a pesar de encarnar la reacción conservadora tuvo amplísimos puntos de vista en lo que toca a la educación y abordó los problemas sociales de su reino temporal, dedicando gran parte de sus esfuerzos a sanar la moral y las condiciones de la vida del pueblo.

León XII liquidaba una época y representaba otra, que aunque de corta duración, iba a ser el opuesto de la anterior a la que miraría como la expresión más acabada del desorden.

Su figura corresponde en Francia a la de Carlos X y en España a la de Fernando VII que estaba ya en vías, ayudado por los Cien Mil Hijos de San Luis, de restaurar el poder absoluto.

Por todas estas razones era el reverso de la medalla del Obispo de La Habana.

El Sol se ponía en los horizontes de Espada. No sólo en Roma con el nuevo Papa daba el Gobierno Pontificio una vuelta a la derecha, sino que en España triunfaba el absolutismo y se derogaba la Constitución, cayendo todas las barreras que garantizaban la impunidad del Prelado.

La noticia del cambio de régimen se supo extraoficialmente en La

Habana el 19 de noviembre. Produjo la nueva gran efervescencia y aprovecharon las logias la situación falsa en que se encontraba Vives, para comenzar a agitarse con el fin de impedir que se proclamase en Cuba el nuevo estado de cosas. El peligro era grave por el gran incremento que habían tomado en la Isla las sociedades secretas y por el número, cada día mayor de adeptos al ideal de la independencia, hecho al que iba insensiblemente a desembocar el movimiento, por lo que la prudencia, del Capitán General le aconsejó dar largas al asunto e impedir la protesta que el ardor del primer momento podía provocar, dejando, bajo el pretexto de que no había recibido ninguna disposición en propósito, las cosas en el mismo estado en que estaban. Mientras tanto, avisado ya, preparaba las medidas necesarias para, en su oportunidad, efectuar el cambio sin que se alterase el orden.

No era éste el único peligro que tuvo Vives que evadir en aquel período. Opuestas gestiones a las de las logias y más amenazadoras que ellas, hacía el Gobernador de la Martinica que contaba con un discreto número de barcos de guerra para apoyar sus instancias.

Esgrimió de nuevo Vives la falta de órdenes logrando de este modo mantener aquel equilibrio inestable, hasta que por fin, el 8 de diciembre, trajo oficialmente el Coronel Isidro Barradas los decretos de 3 y de 20 de octubre por lo que el Rey anulaba los actos del Gobierno Constitucional.

Nos es difícil creer la palabra de Espada cuando escribe al Rey contándole "la buena volntad" [309] con que recibió el decreto aboliendo la Constitución. De todos modos es cierto que no asistió él al "Te Deum" celebrado en la Catedral en acción de gracias por el restablecimiento del absolutismo aunque él alegó que no lo hizo por habérselo impedido sus enfermedades, como sucedió también con los Oficios de Noche Buena. Es más que probable que estuviese delicado en aquella época, pero no llegamos a persuadirnos que fuese sólo su salud delicada la que no le permitió asistir a una ceremonia relativamente corta como fue aquélla.

Sin embargo, tal vez alarmado ante la polvareda que levantó su ausencia, o porque no se decidió a desobedecer una orden terminante, o porque realmente estaba mejor, cuando recibió la Real Célula de 25 de diciembre que ordenaba celebrar funciones públicas en acción de gracias, asistió a ellas y mandó a los Párrocos que las hicieran celebrar en sus Parroquias.

Con todo esto cuando llegó el momento en que él, como todas las altas autoridades, debió felicitar al Rey "por tan próspero suceso" [310] lo hizo sólo "por mano del Capitán General",[311] quien envió la felicitación a España aprovechando el viaje de regreso de D. Isidro Barradas. Éste, que probablemente era un absolutista furioso, no quedó satisfecho con la manera de felicitar del Obispo creyendo que debió haberlo hecho de su puño y letra y así lo hizo saber al Ministro de Estado a quien puso al corriente de la conducta de Espada con informes apasionados",[312] a pesar de lo cual el Ministro contestó al Prelado diciéndole que el Rey quedaba satisfecho de sus sentimientos de fidelidad y esperaba que continuase dando pruebas de ellos, e inspirándolos a su clero.[313]

Más recio que Espada a plegarse ante los acontecimientos y lleno aún de los bríos de su campaña parlamentaria llegó a La Habana O'Gavan.

La restauración del absolutismo, como un viento de tempestad, había barrido de España los diputados cubanos. Perseguidos por el nuevo Gobierno por haber suscrito la moción donde se pedía el destronamiento de Fernando VII, Varela, Gener y Santos Suárez buscaron refugio en los Estados Unidos, donde, si vamos a creer a ambos anónimos del "Fidelísimo Pueblo de La Habana" "los sostiene el Diocesano como puntos de un principio destinados a las reuniones de los exaltados facciosos contra los derechos del Altar, el Trono y Vuestra Majestad", especie que debe haber surgido de las posibles ayudas de Espada a Félix Varela, y que desde luego el autor de los anónimos asegura que salieron de las inagotables rentas de la Mitra.

Cuenta el segundo anónimo del "Fidelísimo Pueblo de La Habana", que trasladado por el Obispo, Picornely de sus labores revolucionarias en Nuevitas, a la dirección de la Gran Logia de Baltimore, fue al poco tiempo destituido por el propio Espada que lo sustituyó con don Justo Vélez Catedrático y Director de Seminario.

Con motivo de Vélez aparece la única alusión que hemos podido encontrar sobre la moral sexual de Espada en la inmensa montaña de papeles formada por los muchos expedientes que sobre él se conservan en distintos archivos.

Al nombrar a Vélez agrega el anónimo "hijo que se dice del Diocesano". El autor que no ha dudado en acusar franca y explícitamente al Obispo de hereje, cismático, revolucionario, malversador de rentas y capitales ajenos, perturbador de la tranquilidad pública, corruptor de la moral y de la juventud de la época, violento, vengativo y hasta sacrílego, al llegar a este punto intercala tímidamente y por única vez en los dos largos anónimos repletos de hiel y de veneno un incierto "se dice". Su pluma avezada a la denuncia anónima, calumniosa las más de las veces, renuncia a su habitual afirmación rotunda. "Se dice" y pasa de largo rápidamente pensando tal vez que aquello es como una gota de ponzoña que puede ir infiltrándose en la reputación de su enemigo.

Es esta la única vez que encontramos una acusación semejante y no sólo en los anónimos del "Fidelísimo Pueblo de La Habana", sino en toda la documentación que se refiere a Espada; lo que prueba que su vida, vigilada por millares de ojos eclesiásticos, jueces tan severos en este aspecto, y por no menos seglares, que aunque laxos consigo mismos exigen la más estricta continencia del religioso para concederle su respecto, fue absolutamente irreprochable en cuanto toca a la moral sexual, y que él, tan fácil para dispensar la castidad de los otros, conservó la suya con la más austera rigidez.

Pudiera objetarse que un hombre que sentía tan flojos los frenos del sacerdocio y del episcopado, y que había saltado tantas barreras, hubiera podido fácilmente pasar por alto ésta.

Pero estamos persuadidos de que si lo hubiese hecho serían muchas las personas que lo atestiguaran, además de que en Espada hombre indiscutiblemente superior, dominaba el orgullo y la soberbia a toda otra pasión, y sierva de aquellas su voluntad inquebrantable lo hubiera detenido ante cualquier tentación, que tal vez no se presentó nunca por haber sustituido en él a la concupiscencia de la carne la sed del dominio y el deseo de poder.

Continúa el anónimo diciendo que cuando llegó a Baltimore el "pérfido" Varela, tomó el puesto de D. Justo Vélez, quien regresó a La Habana donde publicó "los trabajos que había realizado en su encargo con relación a la independencia de la Isla como de las Américas, proclamando su reconocimiento por los Estados Unidos, y la Gran Bretaña".

Mientras tanto (sigue el anónimo) Varela al frente de la Gran Logia de Baltimore, sostenida con las rentas del Obispado, hacía circular en La Habana "con detestación pública los impresos incendiarios y alarmantes" "provocando el último golpe de la (palabra ilegible) de la Isla con tal descaro que impedido el Gobierno ha dispuesto simuladas inquisitorias sobre el particular" al mismo tiempo que el Obispo desde su trono episcopal, mantenía la agitación del pueblo contra el Gobierno absoluto "desconociendo otra ley que la de su voracidad, siempre cruel e impío sin algún rasgo de humanidad".[314]

A ayudarlos llegó O'Gavan recuperando inmediatamente cuantos puestos y prebendas había abandonado al dirigirse a España y agregando a todos los demás el nuevo título de Gobernador de la Diócesis que le concedió su protector.

Su primera hazaña la encontramos relatada en una denuncia de la Comunidad de la Merced,[315] ya restablecida en su convento. Con ella se pinta un buen retrato del Provisor quien "conducido del orgullo que lo caracteriza siempre ha procurado llamar la atención y señalarse con hechos extraordinarios en vana ostentación de su poder".[316]

Terminado el 18 de mayo de 183 el Provincialato de Fray José

Taboadela, lo mismo que la Prelacía local de Fray Joaquín Morales, y habiendo renunciado a la Presidencia de la Comunidad de la Merced, de La Habana, el Rmo. Palomo antes de haber terminado su período, de acuerdo con la constitución de la Orden, que indica en estos casos para la sustitución al más digno, se nombra al efecto a Fray Joaquín Morales.

Resentido Taboadela se sometió a la autoridad del Gobernador de la Diócesis, su pretexto de que por no deber computársele el tiempo que duró la exclaustración continuaba su Provincialato, lo que le fue negado por O'Gavan de acuerdo con el Capitán General.

Sin embargo, más tarde, dice la denuncia, que cediendo a las intrigas prevaricaron ambas autoridades mandando su proposición para cumplir la Real Orden que disponía restablecer las cosas en el estado en que se encontraban en 1820. (Lo que debe haber sucedido es que la citada Real Orden llegó después de la primera resolución de O'Gavan y Vives.)

Se resistió la comunidad a aceptar esta segunda disposición, apeló de nuevo Taboadela, alegaron los de la Merced una serie de derechos y privilegios, insistió el fraile en que se cumpliera la Real Orden, hasta que por fin O'Gavan, que ya debía estar harto de esta discusión tan poco edificante, dejándose llevar por el impulso con que no hacía tanto tiempo, desde las Cortes persiguiera las comunidades, acompañado de setenta hombres armados pertenecientes a la tropa se presentó en el convento de la Merced, y al frente de sus soldados, como un general victorioso entró en la celda de Morales donde reunió toda la comunidad "para en medio de carabinas, trabucos y pistolas" poner a los frailes en la alternativa de reconocer por Prelado Local y Provincial a Taboadela, a quien entregó el manejo de todos los intereses del convento o de ser arrestados en masa y de ser conducidos a la cárcel de Belén. Optó por esto último la comunidad que en la discusión estaba resuelta a no cejar y fue llevada a la prisión "sin la más leve oposición cual víctimas al sacrificio" y con el consiguiente escándalo de los buenos habaneros que ya comenzaban a acostumbrarse a verlas de todos colores.

Dice el segundo anónimo del "Fidelísimo Pueblo de La Habana" que tan pronto O'Gavan tomó posesión de sus cargos, aprovechando los restos de la conspiración tramada por Espada durante su ausencia aplicó todos sus esfuerzos a reanimarla. Como Vives trataba de neutralizar las logias, ya introduciendo en ellas personas de su confianza, ya disolviéndolas, ya tratando de averiguar sus planes para desbaratarlos, el Obispo "y sus secuaces" formaron asociaciones para sustituirlas que tenían sus reuniones en las casas de O'Gavan, del Regente Campuzano y del Alcalde, Juez de Letras don Francisco Filomeno, aquél que figuró en el proceso del nombramiento de Espada, "criminalista de sagacidad probada en muchas causas",[317] viejo amigo del Obispo e íntimo de O'Gavan.

Según el anónimo el propósito específico y concreto de estas reuniones no era otro que el de "alcanzar la independencia de la Isla". Lástima que no podamos tomar al pie de la letra sus afirmaciones, pero es tanta la fantasía que corre entre sus páginas que sólo cuando lo que nos dice viene corroborado por otros documentos podemos aceptarlo.

Junto con el decreto que restablecía las comunidades a sus conventos, se ordenó devolverle los bienes muebles e inmuebles que les habían sido confiscados, pero como sucede siempre después de todas las revoluciones en que la Iglesia ha perdido algo, nunca la restauración fue completa.

No sólo no se recuperaron todos los conventos, sino que gran parte de los bienes, sobre todo de los muebles, se disolvieron en el terreno de la pasada persecución.

Ya nos lo cuenta el primer anónimo del "Fidelísimo Pueblo de La Habana", y lo confirma la denuncia de la Comunidad de la Merced que se queja de que no se le restituyan las alhajas, ni ornamentos ni la ampolla del óleo, ni las navetas para el incienso. En igual sentido reclamaron otros conventos y las voces de todos ellos llegó al Consejo de Indias donde se formó un expediente sobre el asunto, a lo que contestó Espada diciendo que vendió parte de dichas alhajas para reintegrar a la Catedral del suplemento de unos veinte y tres mil pesos que había hecho a las parroquias con motivo de la construcción del cementerio y para otras obras, así como para comprar objetos, del culto, y que los restantes cálices y ornamentos sagrados los repartió a las iglesias pobres de su Obispado que la necesitaban[318] y que por ello y por no existir alguno de estos efectos no pudo devolverlos. A lo que objetó Manuel Ximénez Guazo en su voto particular formulado el 6 de julio de 1829 (en otro expediente que habrá de provocar más tarde la conducta de Espada,[319] que no comprendía que este Prelado tuviese que llegar a estos extremos forzado por la miseria de las Parroquias de su Diócesis, cuando con tanta facilidad se desprendía de cuantiosas sumas para objetos que no debían ser preferidos, aludiendo a la cantidad enviada a España para socorrer el ejército constitucional.

Ya terminado el año, el 15 de diciembre, envió a España su denuncia Manuel González de la Vega. No conocemos de este señor más que el nombre, pero por la preferencia que da a los asuntos religiosos sobre los políticos, nos inclinamos a creer que fuese un miembro del clero. Está siempre bien informado y acompaña cada vez que le es posible una prueba documental que sostenga sus acusaciones, las que, por otra parte, corresponden siempre a la realidad.

Ya hemos visto los distintos términos de su denuncia. Como conclusión dice que la conducta moral y política de Espada tiene escandalizados a los amantes del Trono y del Altar, que "ni los pobres participan de sus rentas, ni el clero secular y regular, ni los fieles están dirigidos por un digno Pastor" por lo que considera indispensable su remoción.

A la vez que sucedían estas cosas Espada designaba a la Iglesia de Cabañas auxiliar de Guanajay, la Divina Pastora de Santa Clara (ya terminada de edificar después de haber servido largo tiempo de cementerio) fue dada como auxiliar a la Parroquia. Destinó una cantidad para comenzar a reedificar la iglesia de Jesús Nazareno de "Sancti Spiritus", declarándola auxiliar de la Parroquia Mayor y erigió la Parroquia del Buen Viaje de Remedios.

En el poblado de Arroyo Blanco fundado aquel año se construyó una modesta ermita de grano dedicada a San José.[320]

Y con esto termina el segundo período del Pontificado de Espada. El período de los triunfos, de la fuerza del poder, de la plena madurez de su personalidad imperiosa. En él cristalizaron en forma definitiva sus ideas, que de la entusiasta e imprecisa convicción de los tiempos de la enciclopedia y la revolución francesa, habían ido cada vez adquiriendo perfiles más concretos hasta encajar dentro de los moldes del liberalismo constitucional.

Es la época del desarrollo vigoroso, no hay en toda ella ningún elemento nuevo, pero cuantos hemos visto en los primeros seis años de su Obispado los encontramos otra vez aquí pujantes, desmesurados, avasalladores, creciendo a impulsos de las circunstancias favorables, como crecen y se agigantan las plantas en una tierra rica y bien abonada, y es también la de la formación en Europa de la tempestad que se abatirá bien pronto sobre su cabeza.

El carácter de Espada eminentemente consecuente consigo mismo es como un hilo que ensarta los dos primeros períodos de su vida y los relaciona íntimamente uno con otro, así como también con el que comenzará inmediatamente, aquél en que el Obispo terrible no será más que un viejo enfermo, acorralado en su habitación y tantas veces en su lecho, durante meses y meses, por las miserias de su cuerpo y las tormentas que desencadenó su espíritu; sufriendo las consecuencias de los más insignificantes de sus actos anteriores y pidiendo sólo a los hombres que se le deje en paz para gozar con calma los restos del poder que tanto amó cuando tenía las fuerzas para ejercerlo y a los que se asirá con la desesperación de un náufrago.

Como una fiera herida, aún dará zarpazos el viejo Obispo, y todavía antes de morir acudirá su soberbia la melena encanecida, pero son gestos de agonizante, de aquella larga y dolorosa agonía que comenzó con el último tiro disparado en España por las fuerzas francesas en 1825; y terminó en La Habana una tarde de agosto nueve años después.

5

EL ATAQUE DE ESPAÑA

Para Cuba comenzó el año 1824 con auspicios poco tranquiliza-dores. De una parte, los absolutistas, oprimidos durante los tres años anteriores, pedían venganza y represalias de todas las penas sufridas, y como aquellas no llegaban, gruñían y protestaban de un Gobierno que acusaban de liberal y masón, mientras que en el bando contrario, mal resignados a la pérdida del poder, tramaban en secreto los medios de recuperarlo.

Los ultra conservadores, a quienes se les antojaban los dedos huéspedes, abrumaban al Rey con denuncias de las que no se salvaban más que ellos mismos. De esta clase es la que el 12 de enero envió Julián Maza[321] a España. En ella lamenta el auge que ha cobrado la masonería en toda la Isla y especialmente en La Habana, acusa a Vives de no haber seguido los procesos que contra la masonería habían iniciado Someruelos y Apodaca, de donde deduce que el Capi-tán General estaba afiliado a ella. Dice que la causa formada para juzgar a los miembros de la conspiración que pretendieron la inde-pendencia de Cuba arrojaban mucha luz sobre los masones, tanto que por ella se descubrió que el Conde de O'Relly[322] era el Presidente de una Logia. Que Claudio Martínez de Pinillos[323] debe a las logias el nombramiento que se le ha hecho, para que con el pretexto de ir a la Corte a felicitar al Rey negocie con gruesas sumas, empleos y hono-res para los que lo envían y asegure la permanencia de Vives en el mando. Pide que se investigue todo esto, que no se concedan las cruces y distinciones recomendadas por Vives y envía un folleto publicado por don Agustín Ferreti[324] a quien acusa de haber abrazado el partido de los Masones.

El 31 del mismo mes el Comisario del Santo Oficio e Inquisidor

129

Honorario don Manuel Elozúa, a quien ya conocemos por su intervención en los pleitos que suscitó la Nueva Planta, a pesar de pertenecer al grupo de Espada, al darse cuenta que los vientos cambiaban de dirección, mandó a España una larga exposición[325] donde detallaba los progresos que en La Habana hacían los malos libros, los francomasones y las juntas secretas, acompañaba varios documentos impresos sobre la materia y pedía se crease allí un Tribunal de la Inquisición, en el que, desde luego, él haría de Inquisidor.

Entre estos documentos había un manifiesto publicado por Vives el 2 de diciembre de 1823 donde hablaba del estrago que había causado en La Habana la corrupción de costumbres y decía que el contagio estaba tan difundido que alcanzaba a personas de todos los estados, clases, y condiciones y hasta los niños.[326]

Otra denuncia, que debió haber sido mandada a España, en los últimos meses del año anterior llegó a Madrid en esos días, estaba escrita por un conservador contrario a Espada e inconforme con Vives que aprovechó la oportunidad para matar dos pájaros de un tiro. Conocemos esta denuncia sólo por referencias, y sabemos de ella que era un "oficio reservado" donde se informaba al Rey que en la Isla de Cuba y especialmente en La Habana "existen reuniones secretas que protegidas o al menos toleradas por algunas autoridades aumentan sus sectarios y pueden hacer peligrar la seguridad del altar y del trono,[327] y que en esas circunstancias tan críticas para la tranquilidad pública se había publicado allí "una Pastoral dirigida por el Obispo en la que se vertían principios contrarios a la doctrina de Jesucristo y sagrados intereses del Rey, acusando al mismo tiempo a don Juan Bernardo O'Gavan como uno de los mayores responsables.[328]

Era esta Pastoral, la Circular a que hemos hecho referencia, publicada por el Obispo en 1820 y reproducida en 1823, y fue el oficio reservado donde se denunciaba su segunda aparición, el pretexto que determinó el inicio de la persecución contra el Prelado, pues por una de esas ironías que tanto gustan al destino, Espada debía sufrir el castigo de sus faltas con motivo de un acto que ejecutó dentro de la más estricta legalidad y obedeciendo las órdenes de la autoridad legítimamente constituida.

Cuando se recibió la denuncia en España se juzgó que la circular contenía "mala doctrina" y se resolvió ordenar al Capitán General, por medio de la Secretaría del Despacho de Estado, que tomase las precauciones necesarias para conservar el orden y la tranquilidad y que informase sobre los extremos a que se referían la denuncia, así como también sobre el Provisor O'Gavan y el orden público en la Isla. informase sobre los extremos a que se refería la denuncia, así como

Al mismo tiempo se resolvió estudiar la hipótesis de que en caso de llamar a Espada a España "con cualquier pretexto honroso" sería muy conveniente la acertada elección de un Obispo Coadjuntor a Gobernador.

Es este el núcleo del proceso gigantesco y complicadísimo que se ha de formar. Como se ve no eran muy graves las premisas, una aclaración hecha por el Capitán General, como la hizo en su oportunidad, podría haber desvanecido la mala atmósfera creada en torno a Espada y terminar la cuestión sin necesidad de ir más adelante, pero desgraciadamente para el Obispo aquel momento psicológico fue aprovechado por sus enemigos quienes lograron provocar un cambio brusco en la actitud del Gobierno Español. ¿Fue entonces cuando se presentó al Rey la famosa carta de 22 de mayo de 1823 dirigida a un "Querido amigo"? Fernando VII no quiso nunca decir quien se la había entregado ni cuando esto había sucedido, sólo sabemos que el documento causó una impresión decisiva en su ánimo y pudiera haber sido eso la causa de sus determinaciones posteriores.

Por otra parte las gestiones del Nuncio, espontáneas u obedeciendo a incitaciones del partido madrileño contrario al Obispo, pudieron haber sido la sola causa del paso rápido y sin transición de la consulta al Capitán General a la decisión de hacer mandar Espada a la Península. Nosotros sin poder apoyarnos en ninguna prueba documental nos inclinamos a creer concurrieron ambos factores. Al conocimiento de la carta citada por parte del Rey siguió su indignación, momento que aprovechó el Nuncio, posiblemente avisado por quien había entregado el documento, para insistir en la ejecución de su proyecto primitivo, ya que "durante la revolución fue imposible aplicar el oportuno remedio porque se oponía el Gobierno que favorecía abiertamente al Obispo de La Habana".[329]

La Secretaría de Estado de Su Santidad aceptaba como un hecho indiscutible que la llamada de Espada a la Península se debía a las gestiones del Nuncio Giustiniani[330] hechas "con la inteligencia de la Santa Sede"[331] y el mismo Giustiniani, hablando del asunto dice explícitamente al Cardenal Secretario de Estado, el día 2 de marzo de 1824:[332] "He creído mi deber provocar la orden del Gobierno, para que el Obispo de La Habana sea llamado aquí, y puesto en un convento a la disposición de la Santa Sede para los efectos convenientes, quedando entre tanto el Gobierno de su infeliz Diócesis a un Vicario General, que se le ha designado de antemano entre los Eclesiásticos que merecen confianza."

Giustiniani no había recibido nuevas instrucciones de la Secretaría de Estado de Su Santidad donde el asunto dormía desde el episodio del Breve de Pío VII. Se puede decir que en la primera parte de este asunto, en vez de actuar el Nuncio obedeciendo las instrucciones del

Cardenal Secretario de Estado, era éste quien seguía las indicaciones de aquél, y como tanto celo no puede menos que ser sospechoso, nos hace pensar que era provocado por las constantes sugestiones de aquel grupo de cubanos y españoles en contacto íntimo con Cuba, que vivía en Madrid y era contrario a Espada, grupo que como ya hemos tenido la oportunidad de ver fue la fuente de las informaciones del Arcediano, y del que pronto conoceremos algunos de sus miembros.

Frente a este grupo y en pugna con él, había otro en Madrid que trabajaba en pro del Obispo. La existencia en la Corte de dos partidos opuestos, uno contrario y otro favorable a Espada explica las altas y bajas de este proceso extraordinario.

Variando radicalmente de actitud y sin esperar la respuesta a la consulta que se le había hecho a Vives, consulta que posiblemente aún estaba en España, dictó Fernando VII, el 19 de febrero, una Real Orden al Presidente del Concejo de Indias,[333] diciendo que por justas razones (no se daban al Consejo ni las causas ni los antecedentes del asunto) había resuelto el Rey que el Obispo Espada se trasladase inmediatamente a la Península y se mandaba al Concejo que consultase con la mayor reserva y brevedad posibles los medios de llevar a efecto el traslado, y para que el Obispo de Guamanga emigrado en La Habana supliera en cuanto sea posible su falta.

Es de notar que los términos de esta Real Orden concuerdan con los del despacho citado de Giustiniani. Aquí nos falta para completar el cuadro, conocer la gestión de un personaje X, del grupo contrario a Espada, gestión que por haber sido verbal no ha dejado rastros, y que arrojaría mucha luz sobre algunos particulares oscuros de este momento.

Dice Pezuela[334] que: "No pocos ataques sufrió por ese tiempo en la Corte el anciano Obispo Espada, afectándose achacar a liberalismo del pasado tiempo la ilustración que le inducía a promover la instrucción pública en el pueblo como si la hubiese mostrado solamente en la época constitucional y no en las anteriores. Opinaban sus adeptos, que eran muchos y de lo más escogido de La Habana que, habían partido los tiros contra aquel Prelado por inducción del Obispo de Cartagena que codiciaba su vacante, y a la sazón vivía en aquella capital como emigrado de su Diócesis; pero ningún dato fehaciente nos lo ha confirmado".

De la misma opinión de sus adeptos era Espada, quien sin nombrar al Obispo de Cartagena alude a él en su carta de 9 de junio de 1824 a Fernando VII:[335] "No faltan prelados que aspirando a su Silla se valen de resortes para difamarlo, y como a La Habana han ocurrido tantos emigrados, de América, de todas clases y dignidades, a quienes no todas las veces ha podido franquear los socorros que le pedían, ha resultado que tenga muchas quejas y enemigos, que se vengan, desacreditándolo y despedazando en la Corte su opinión con nuevas acriminaciones. A éstos los tenía Espada "por incansables, sin embargo de que habían ocurrido varias veces valiéndose de papeles anónimos y falsificados, o de otros medios reprobados, para calumniarlo en el Consejo, en el Ministerio y aún en la Corte de Roma, siempre ha triunfado la verdad y la justicia". Triunfo que estaba sólo en la imaginación de Espada quien interpretaba el silencio de Roma y Madrid como falta de crédito a las acusaciones.

Nosotros que conocemos a través de Pezuela la opinión de los habaneros de la época y por el mismo Espada la suya propia y que hemos encontrado los "datos fehacientes" en los despachos, posteriores a esta fecha, del Nuncio de Madrid, y en los documentos originales en que el Obispo de Cartagena acusa a Espada ante el Papa, no dudamos que el personaje X sea un agente de dicho Prelado y es más, nos atrevemos a darle un nombre, el de "don Calixto Borja, caballero americano" [336] al que encontraremos, años más tarde acompañando en Madrid a Monseñor Rodríguez y quien es posible que para llegar al Rey se valiera de otro personaje colocado mucho más alto que él, el que conoceremos dentro de poco.

La introducción del nombre del Obispo de Cartagena como segundo suplente, en la respuesta del Consejo a la Real Orden confirma nuestra hipótesis y nos hace pensar que esta modificación se debe a las gestiones del agente.

El 20 de febrero contestó el Consejo de Indias sugiriendo que se enviase una Real Orden a Espada mandándole ir a España con el pretexto de que el Rey quería usar sus luces y conocimientos, y que para suplir su ausencia nombrase Gobernador de la Diócesis al Obispo de Guamanga y en su defecto al de Cartagena. Sugería al mismo tiempo el Consejo que se enviase otra Real Orden al Capitán General para ponerlo al corriente del asunto y mandarle, si no daban resultado los medios suaves, usar los violentos para efectuar el embarque.

Los únicos elementos nuevos en esta respuesta son: el nombre del Obispo de Cartagena que hasta este momento no había aparecido y la idea de atribuir la causa del llamamiento el deseo del Rey de servirse de las luces y conocimientos de Espada, quien sabemos por el citado despacho del Nuncio, de 2 de marzo y por otro de 8 de septiembre,[337] que a su llegada a España hubiera sido encerrado en un convento a disposición de la Santa Sede.

Como antecede de esta última determinación es de recordar que cuando se resolvió, como consecuencia del mal efecto causado por la Circular de 1820, estudiar la hipótesis de si sería o no conveniente llamar a Espada a España, se pensó siempre hacerlo "con cualquier pretexto honroso", lo que se hizo, no con el objeto de engañar al Prelado y hacerlo caer en una trampa, sino para salvar el prestigio de su dignidad ante los ojos de sus diocesanos.

En virtud de lo que contestó el Consejo se envió al Obispo de La Habana la Real Orden de 21 de febrero de 1824.[338] (Es interesante observar la prisa que tenían en Madrid por resolver este asunto lo que muestra la gran importancia que se le daba.) En ella se ordenaba al Obispo embarcar para España "en el primer buque que salga de ese puerto" pues el Rey "necesita de las luces y conocimientos de V. E. cerca de su persona para su mejor Real Servicio y el de la Iglesia". Se le ordenaba nombrar durante su ausencia Gobernador de la Diócesis al Obispo de Guamanga, don Pedro Gutiérrez de Cos, y en caso de su fallecimiento al de Cartagena. El clavo lo remachaba la última frase: "S. M. que conoce los sentimientos de V. E. no duda que serán cumplidas exactamente sus soberanas intenciones".

Don Pedro Gutiérrez de Cos había sido nombrado Obispo de Guamanga el 16 de marzo de 1818, "obligado por la revolución a huir del Continente americano, ha buscado un asilo en la Isla de Cuba donde hoy se encuentra".[339] Era un excelente sacerdote y un perfecto caballero, universalmente estimado y al margen de toda la intriga que nos ocupa. Desde su llegada a La Habana vivía "separado del comercio de las gentes" [340] y en 1824 hacía más de un año que no veía a Espada quien lo describe: "De edad muy avanzada, constitución débil y depurada por las persecuciones que ha sufrido".[341]

En cuanto al de Cartagena que debía sustituir a Gutiérrez de Cos en el Gobierno de la Diócesis de La Habana, si éste moría, Espada lo pinta "retirado en Guanabacoa, habitualmente enfermo y actualmente asmático".[342]

Con igual fecha que la Real Orden anterior, se expidió otra "muy reservada" al Capitán General de la Isla de Cuba mandándole que una vez que tenga dispuesto un medio para trasladar el Obispo a España, se lo comunique a éste entregándole la Real Orden dirigida a él y que le fue enviada a Vives y no a Espada directamente. Al mismo tiempo se le daban instrucciones para que hiciese entender al Obispo que por su dignidad y el ejemplo, debía ir por las buenas, pues de "cualquier modo debe ir a la Península" y que si se opusiera el Prelado, que deseche los medios suaves y se valga "de la fuerza para hacer cumplir la voluntad de S. M.".[343]

Según esta orden, a pesar del "pretexto honroso", a Espada no debía quedarle la menor duda sobre "las Soberanas intenciones", y efectivamente, jamás creyó en la historia de las "luces y conocimientos".

Enviadas las dos Reales Ordenes, Monseñor Giustiniani pudo

cantar victoria y así lo hizo el 2 de marzo[334] en que escribía al Cardenal Secretario de Estado: "no queda más que esperar la ejecución".

El 30 de marzo le contestó Su Eminencia[345] diciéndole que habían llegado a la Santa Sede muchas pruebas de los delitos de Espada, por lo que el Santo Padre consideraba oportuna la Orden del Gobierno provocada por el Nuncio "por la que él (Espada) ha sido llamado y puesto en un convento a disposición de la Santa Sede.

Muy grande era el optimismo del Nuncio y muy rápida la imaginación del Cardenal della Somaglia quienes no contaban con la huéspeda.

Mientras tanto en Madrid, continuaba girando lentamente la enorme maquinaria burocrática y el 15 de marzo enteró el Ministro de Gracia y Justicia al Rey, que el Secretario del Despacho de Estado[346] le había comunicado el haber ordenado al Capitán General de la Isla de Cuba informar sobre el asunto de la circular de Espada, y tomar las precauciones necesarias para conservar el orden y la tranquilidad, y por lo tanto si se resuelve llamar a Europa con cualquier pretexto al Obispo será muy conveniente la acertada elección de un Obispo Gobernador o Coadjuntor.

A pesar de que estas disposiciones habían sido anuladas por las Reales Ordenes posteriores y que podían originando una confusión, y entorpecer el procedimiento, se mandó unir al oficio del Ministerio de Gracia y Justicia, las Reales Órdenes de 19 y 21 de febrero y las denuncias de Manuel González de la Vega, Julián Maza y Manuel Elozúa, lo que dio origen a que formara un expediente sobre Espada en el mencionado Ministerio.

El Nuncio, que no era hombre que dejase que en Roma olvidaran su triunfo, para recordarlo, escribe al Cardenal Secretario de Estado el 29 de abril [347] y le dice que a causa de la "enorme distancia" no había tenido más noticias sobre el asunto del Obispo de La Habana. Sin embargo allá, los acontecimientos sensacionales se sucedían con una rapidez que hubiese hecho palidecer a Su Excelencia Reverendísima.

En efecto, cuenta Remigio Quintana de Trujillo, en una denuncia que en "papel común", con nota de "reservadísima" envió al Ministerio de Gracia y Justicia el 10 de junio de 1824 [348] que en los últimos días de abril llegó a La Habana un buque procedente de Cádiz con noticias de que el día anterior a su salida se dió a la vela con dirección a la Isla de Cuba un correo con la correspondencia oficial ordinaria.

En aquel buque Espada recibió una carta donde le avisaban de lo que se sucedía en Madrid y de la Real Orden que traía el correo que estaba en camino.

La versión de Remigio Quintana de Trujillo tiene todo el aspecto de corresponder a la verdad; por otro conducto llegó también al Nuncio, quien escribe el 8 de septiembre: "Parece que la noticia de tal arresto haya llegado a los oídos de aquel Prelado antes que las Autoridades de La Habana recibiesen las instrucciones oportunas."[349] En la Santa Sede se aceptaba como un hecho indiscutible[350] y allí se asegura que Espada se previno a tiempo y evitó el golpe gracias a que con su renta de 800.000 escudos tenía medios para mantener correspondencia en el Consejo de Indias y en el Ministerio de España.[351]

En la minuta de las instrucciones que mandó el Cardenal Secretario de Estado al Nuncio en Madrid, el 26 de junio de 1826[352] escribió que Espada mantenía informadores en el Ministerio y en el Consejo, luego, se ve que esto le pareció demasiado fuerte, tachó la frase anterior desde la palabra informadores y la sustituyó por "personas de mucha influencia". Opinión que repite el Cardenal Secretario de Estado en su Despacho de 15 de julio de 1828 [353] dirigido a Monseñor Luigi Lambruschini, Nuncio en París, en que le dice: "Él (Espada) fuerte en el partido que tiene en la Diócesis, en Madrid y aún en la Corte, se ríe de los esfuerzos del Jefe de la Iglesia. La opulencia de sus rentas aumentada por el comercio que hace de cuanto tiene de sagrado, le da medios de crearse protectores y partidarios donde quiera."

En 1830 el Nuncio en Madrid, Monseñor Tiberi confirma esta opinión diciendo:[354] "El audacísimo Prelado (Espada) se jacta de superar todos los obstáculos con argumentos a los que no siempre se resiste, o sea con el dinero.

Tiene aquí (Madrid) un depósito permanente de veinte mil escudos, que llama su ejército de veinte mil soldados."

La historia no era nueva y ya hemos visto que Osés en sus "Puntos Pendientes" aludía a ella cuando hablaba del triunfo de "los 100.000 granaderos de Espada" en 1811.

Dice Quintana de Trujillo que "es cierto que se ha abatido el Obispo con el llamamiento", y víctima de esta depresión, cuenta el primer anónimo del "Fidelísimo Pueblo de La Habana" que se conformó a la Real Orden y la hubiera obedecido en todas sus partes, si no hubiese sido por O'Gavan, y el Secretario D. Francisco Castañeda que lo hicieron reaccionar y lo convencieron de la necesidad de resistir.

Ya resuelto a esto comenzó a tomar sus precauciones para parar el golpe que estaba a punto de recibir, y el 30 de abril nombró Gobernador de la Diócesis a O'Gavan, expidiendo en su favor el título correspondiente y participándolo enseguida al Capitán General y a las Corporaciones competentes.

Esta noticia de Quintana de Trujillo, la confirma el propio Espada en su carta de 31 de mayo de 1824 dirigida a Fernando VII,[355] donde dice que por su avanzada edad, sus enfermedades y al mismo tiempo por la necesidad y utilidad de su Iglesia se había visto obligado a entregar el Gobierno de la Diócesis desde el 30 de abril anterior a su Provisor y Vicario General D. Juan Bernardo O'Gavan.

En Madrid el 7 de mayo se enteró el Rey del Expediente formado en el Ministerio de Gracia y Justicia sobre el asunto de Espada, cuyos elementos ya conocemos. De ellos, las denuncias de Julián Maza y de Manuel Elozúa fueron pasados al Ministerio de la Guerra el 28 de dicho mes, por no tratar del Obispo.[356]

Mientras tanto Espada dejó transcurrir todo mayo en la angustiosa espera del correo, hasta que el último día del mes se decidió a escribir al Rey participándole el nombramiento hecho en favor de O'Gavan.

Es esta carta la mejor prueba de que Espada conocía el tenor de las Reales Órdenes del 21 de febrero. En ella no sólo trata de parar el golpe con el nombramiento de O'Gavan, sino que prepara ya su futura defensa pintándose viejo y enfermo y hace el panegírico de sus obras para desvirtuar los ataques que se le han hecho.

Después de informar al Rey del nombramiento le ruega que se digne concederle un Obispo Coadjuntor o Auxiliar para cuyo efecto propone a O'Gavan a quien presenta adornado de las circunstancias que exigen los Cánones y las Leyes.

Continúa diciendo que él, Espada, entrado ya en los 59 años[357] tiene desde hace tiempo, muy deteriorada su salud y ha contraído enfermedades habituales, que si presentan alguna intermitencia, vuelven con más fuerza, y abreviarán sus cortos días, como acredita con una certificación (es de notar este detalle) de su facultativo, consta al Capitán General y demás Jefes y es un hecho público. Este estado deplorable lo atribuye él a lo mucho que ha trabajado en 22 años, reformando la disciplina eclesiástica de su clero, erigiendo numerosas iglesias, proyectándolos de curas, haciendo construir cementerios y cooperando directa y eficazmente a la paz, unión y dependencia de Cuba a la Metrópoli, todo lo cual le ha ocasionado disgustos y aún persecuciones.

Para hacer ver que su determinación es también fundada en la necesidad y utilidad de la Iglesia, refiere lo mucho que se ha aumentado la población de su Diócesis por el gran número de extranjeros, españoles y emigrados de América, como también familias de Canarias que se han establecido en ella.

Hace enseguida una corta biografía de O'Gavan enumerando todos sus méritos y cargos por lo que concluye suplicando al Rey que se digne acceder al nombramiento de auxiliar o coadjuntor de aquella Diócesis con la asignación perpetua de seis mil pesos fuertes anuales sobre la Mitra para su decente subsistencia, y proponer para este efecto a Su Santidad la persona de O'Gavan para que se le expidan las bulas de institución.

En los primeros días de junio llegó a La Habana el esperado correo, traía las dos Reales Órdenes de 21 de febrero y la otra en que se mandaba a Vives informar sobre el asunto de la circular de Espada.

Dice el propio Capitán General [358] que el momento no podía ser más crítico para la conservación de la Colonia, rodeada de enemigos exteriores, cuyos agentes aprovechaban la menor ocasión de disgusto general para desacreditar al Gobierno, esparcir desconfianza y ganar prosélitos, que todavía habían odios y partidos que sólo el tiempo y la prudencia podrán extinguir, calmando las pasiones sin exasperarlas.

Según Espada [359] estaba en esos días "abierto y para sentenciarse en La Habana un voluminoso proceso de resultas de lo mucho que por medio de las sociedades secretas han adelantado los planes de la revolución para establecer la independencia de Cuba". Proceso que era el de los Soles y Rayos de Bolívar.

Para hacer aún más complicada la situación acababa Vives de enterarse de una nueva conspiración en la que estaban comprometidos parte de las tropas de La Habana.

No es difícil imaginar el efecto que causarían al Capitán General las Reales Órdenes, y las pestes que in mente o a voz en cuello diría del Rey y del Consejo, quienes de aquel modo venían a enredar las cosas y a lanzar imprudentemente la chispa capaz de provocar el incendio que él, a duras penas, había logrado evitar.

Dice que "conoció desde luego lo expuesto que sería llevar a efecto la orden, pero que a pesar de esto", consultó con las personas de más influjo y concepto en La Habana pidiendo informe separadamente al Consejero de Indias don Francisco de Arango y al Regente de la Audiencia don Joaquín Bernardo Campuzano, siendo el de ambos que pasase con oficio a el Obispo el pliego que se la había dirigido. [360]

Eran Arango y Campuzano amigos de Espada, seguramente ignoraban que el Obispo estaba al tanto del asunto, y con su consejo a Vives, desobedeciendo expresamente la Real Orden dirigida al Capitán General que mandaba entregar la otra a Espada sólo cuando estuviesen dispuestos los medios para embarcarlo, pretendieron ellos que se advirtiese al Prelado del riesgo, que corría, confiando en que tendría recursos suficientes para evadirlos.

Vives, que por las razones apuntadas, y por propio temperamento era enemigo de las medidas violentas, y por su amistad con Espada, estaba muy lejos de desear obedecer las instrucciones recibidas, encontró de perlas el consejo y sin más esperar, comunicó oficialmente al

Obispo, el 4 de junio,[361] la Real Orden en que se le mandaba pasar a España; y es muy probable que de modo extraoficial le hiciese conocer también la otra dirigida a él y aquella en que se le preguntaban informes sobre la circular de 1820, lo que explicaría un largo párrafo que a esta circular dedicó Espada en su carta al Rey el 9 de junio.[362]

Esta actitud de Vives le valió ásperas censuras en el seno del Consejo de Indias, donde se le acusó de "falta de celo y de vigor". "Si el Capitán General —dice Morant en su voto particular[363]— hubiese sido exacto en el cumplimiento de su deber, no nos veríamos en este caso. Él es el causante de estos disgustos y tamaños perjuicios: violó el sigilo que se le recomendó en la Real Orden; pidió informes contra su expreso tenor que ya marcaba el camino; y provocó con tan imprudente medida las representaciones que acumuló a su contestación para cubrir su responsabilidad; o más bien para dejar ilusoria aquella soberana determinación."

Dice Espada que "descansaba tranquilo en el testimonio de su conciencia" [364] cuando recibió la comunicación de Vives. Inmediatamente reuniéronse en consejo los íntimos del Prelado y sin perder un instante comenzaron a ejecutar el plan que posiblemente ya había sido preparado con anterioridad.

Consistía éste en alegar que la enfermedad del Obispo y su avanzada edad le impedían hacer el viaje, y justificar dichos extremos con certificados médicos; obtener representaciones de distintas Corporaciones y personalidades pidiendo al Rey la permanencia de Espada en La Habana; conservar el estado de cosas en el Obispado con O'Gavan como Gobernador de la Diócesis y los demás eclesiásticos en los cargos que tenían; concediendo a la Real Orden sólo el que Espada "durante sus indisposiciones" [365] se valdría del Obispo de Guanamanga para que ordenase, confirmase y ejercitase otras funciones que dependían esencialmente del carácter episcopal.

De este modo Espada descargaba en el Obispo de Guanamanga sus obligaciones de orden puramente espiritual, que para él eran un engorro y a las que atendía, como ya hemos visto, muy sumariamente conservaba su influencia, y dejando el trabajo material a O'Gavan, ganaba una libertad de la que no había gozado en muchos años, lo que todo sumado, venía a resultar la Real Orden en provecho y beneficio suyo.

En el plan entraba también divulgar el contenido de la Real Orden[366] y crear un movimiento de opinión favorable al Obispo.

Sin perder un momento se pusieron en acción los amigos de Espada y es preciso reconocer que trabajaron rápida y eficazmente, porque antes del día 9 ya habían obtenido tres certificaciones del Protomedicato de La Habana[367] y representaciones de los Curas Párrocos y Tenientes de La Habana, Priores y Superiores de los Conventos, Director y Catedráticos del Colegio Seminario, Cabildo y Ayuntamiento de La Habana (el alcalde lo era D. Francisco Filomeno a quien ya conocemos) de Jaruco y San Juan de los Remedios, Universidad de La Habana, Real Sociedad Económica, Junta de Beneficencia de La Habana, Curas Párrocos de la Villa de Sancti Spiritus, Ayuntamiento de la de Santa Clara[368] y de la Audiencia de Puerto Príncipe. (Aquí vemos la mano de Campuzano), esta última de fecha de 9 de junio; todos pidiendo al Rey la suspensión de la Real Orden y la permanencia en su Silla del Obispo Espada.

Es difícil no creer a una manifestación que como ésta, por su número y calidad, tiene un valor casi plebiscitario, y si no fuera por los muchos testimonios que la contradicen la hubiéramos adoptado sin la menor discusión.

Aún negándole toda fuerza probatoria al primer anónimo del "Fidelísimo Pueblo de La Habana", que dice que O'Gavan, el Secretario D. Francisco Castañeda, el Regente de la Audiencia de Puerto Príncipe, D. Bernardo Campuzano, y el Primer Alcalde Ordinario, D. Francisco Filomeno, indujeron por la "fuerza irresistible" al Protomedicato, autoridades, particulares, corporaciones y aún al mismo Capitán General a certificar las supuestas enfermedades del Diocesano que estaba sano, robusto, "y en aptitud de desempeñar mayores funciones de las del Ministerio", y que califica las representaciones de "falsísimos, contradictorios, y comprometidos informes que por bajeza han rendido las corporaciones y otros impulsados por un terror pánico o bien de la fuerza moral que infiere el respeto de los individuos que se han interesado en hacer firmar a otros contra lo mismo que deseaban"; tenemos la deposición de Remigio Quintana de Trujillo que asegura que O'Gavan es quien más ha trabajado en esto, que dichas representaciones se hicieron por compromiso y temor y que si los que representaron hubiesen tenido libertad habrían aprobado sin vacilar la Real Orden. El 16 de julio, el Conde de O'Reilly aquel a quien Julián Maza denunció como Presidente de una logia, escribió desde La Habana una carta al Marqués de Cárdenas de Monte Hermoso[369] que se encontraba en Madrid, en ella, hablando de las representaciones le dice: "Éste, ha sido manejado por aquellos que sacan su fortuna de la presencia del Cantabro; y es menester haber perdido toda vergüenza y pudor para mentir tan descaradamente diciendo que conviene un hombre como éste, que retirado de todo trato no se ocupa de nada de su ministerio, desprecia su estado y que no ha podido vivir en concordia con ningún Jefe." [370]

El 23 del mismo mes, con el anónimo de "Un humilde vasallo"

leemos que "el Provisor O'Gavan y los Secretarios Castañeda y Fuentes han trabajado con el Protomedicado para que informen la imposibilidad de pasar el Obispo a España por sus enferemedades y con las corporaciones para que pidan se quede allí manifestando las virtudes del Prelado: que todo es falso".[371]

El testimonio del Marqués de Cárdenas de Monte-Hermoso no es más que la repetición de cuanto le decían las cartas de La Habana. "Que este O'Gavan es el promovedor de las representaciones a favor del Obispo" [372] y que D. Francisco Filomeno, amigo íntimo de aquél, lo había ayudado a conseguirlos.

El escándalo debió haber sido de los grandes, pues la noticia llegó a Inglaterra y de allí al Nuncio Giustiniani, quien se apresuró a trasladarla a la Santa Sede: "Para evitar el cumplirlas (las Reales Órdenes) se ha fingido enfermo (Espada) y ha sabido predisponer y mover de tal modo los ánimos de esa población, donde reina la mayor licencia y corrupción, que ha estado a punto de estallar una revolución a su favor." [373]

El Obispo de Cartagena que en aquella época estaba en La Habana acepta también la historia de la enfermedad fingida y así se lo comunica al Papa en su citado informe del 12 de enero de 1828; Espada "se fingía enfermo, y con varias maniobras se pedían informes a todas las corporaciones para que representasen por él; y se observó que en muchas los que hacían las mociones eran hombres, según el concepto público, que pertenecían a las logias secretas".

Verbalmente el Obispo de Cartagena y D. Calixto Borja participaron al Nuncio Monseñor Tiberi en 1828 que Espada "para parar el golpe pretextó enfermedad, y repartió sumas de dinero".[374]

Mucho se discutió aquel año y los siguientes en Cuba y en Europa sobre la autenticidad de las enfermedades de Espada. Sus amigos lo pintaban casi en la agonía y él mismo corrobora la noticia cada vez que puede. Sus adversarios, en cambio, lo describen sano y robusto, gozando de una envidiable salud. Ya hemos visto cómo en los últimos años ésta no era tan buena, y como su naturaleza sentía cada vez, más el peso de la edad. Es más que probable que al recibir la Real Orden de 21 de febrero hubiese estado realmente enfermo, no de gravedad, sino con uno de aquellos achaques que habitualmente lo molestaban. Posiblemente la verdad está entre ambos extremos, ni al borde del sepulcro, ni bueno y sano.

Cuando el 22 de mayo de 1823, el Obispo escribió al "Querido amigo", estaba muy lejos de pensar que la carta caería en manos de sus enemigos y que figuraría en el expediente que habría de formarse el año siguiente, así es que se puede creer en su sinceridad cuando dice que evitó una discusión "por no exaltarme con daño de mi salud como me ha sucedido muchas veces". Es éste tal vez, entre los muchos testimonios que él da sobre este asunto, el menos sospechoso de todos. Más lo son sus afirmaciones sobre sus enfermedades en 1813 que le impidió pasar a la Península a tomar posesión de su cargo de Diputado a Cortes, y de 1823 que no le permitió asistir al Te Deum celebrado en la Catedral en acción de gracias por la restauración del absolutismo, ni a los oficios de Noche Buena; pues sabemos de ambos por su carta al Rey, donde le pide la derogación de la Real Orden de 21 de febrero.

El 9 de junio Vives escribe a Fernando VII y le dice que "según los informes que he podido adquirir hace cerca de un año (Espada) da pocas esperanzas de restablecerse de las enfermedades y achaques, cuenta 69 años de edad" y que se sabe "públicamente que se mantiene sin salir de su cuarto". Por muy partidario que fuese Vives del Obispo, no creemos que se atreviese a mentir descaradamente al Rey, permitiéndose a lo sumo alguna exageración en favor de su amigo.

Nos inclinamos a creer y es ésta la opinión de los médicos a quienes hemos consultado el caso y hecho examinar los certificados expedidos por el Protomedicato de La Habana, que Espada, a pesar de los achaques crónicos que padecía, hubiera podido haber hecho sin ningún peligro el viaje a España.

Ignoramos la fecha exacta de la respuesta oficial de Espada a Vives, pero la más probable es el 8 de junio, en ella el Obispo después de acusar recibo del oficio en que el Capitán General le trasladaba la Real Orden de 21 de febrero, le "manifestaba el triste estado de su salud, comprobado con tres certificados de los primeros facultativos de La Habana" [375] y le participaba que en cuanto a nombrar Gobernador de la Mitra a uno de los Obispos señalados, estimaba la medida innecesaria por estar limitada a la hipótesis de la ausencia que no podría tener lugar por su imposibilidad física de trasladarse a España, mucho más estando nombrado O'Gavan, que desempeñaba dignamente el Gobierno a satisfacción del Obispado, además de no estar ambos prelados designados por sus condiciones de edad y salud en las mejores aptitudes para desempeñar el cargo. Sin embargo podría valerse del de Guanamanga para que durante sus indisposiciones le sustituyera en las funciones que dependían esencialmente del carácter episcopal, y por último que si el Capitán General, en su carácter de Vice-Patrono creía que era absolutamente necesario revocar el nombramiento de O'Gavan y encomendar este encargo a personas que difícilmente podrían desempeñarlo, se lo indicase que él lo ejecutaría sin demora.[376]

Con esta respuesta, que seguramente esperaba, Vives convocó para consultarles el espinoso asunto a los Regentes y Ministros que formaban el Real Acuerdo entonces en comisión en La Habana, alegando para hacer esto la Ley 45 Título 73 de las Leyes de Indias.[377] Probablemente por falta de tiempo, el Real Acuerdo no pudo reunirse inmediatamente y a Vives no le quedó más remedio que contestar al Rey sin su dictamen, ofreciendo dar cuenta en la primera ocasión.[378]

Acusó recibo el Capitán General a la Real Orden de 21 de febrero el 9 de junio. Comenzaba informando al Rey de los momentos críticos en que se encontraba Cuba cuando llegó la Orden referida, pasó a decir que en medio de los disgustos, cuidados y vigilias que ha tenido desde que gobierna la Isla y por un efecto de amor al Rey y de su resolución de mantenerla unida a la península, ha estudiado el corazón de los cubanos para dirigirles a ambos objetos y ha encontrado en ellos "una educación general, gusto a las ciencias y a todo género de literatura, que perfeccionan por su roce con todas las Naciones del Mundo y sus viajes a los países más cultos, lo que les hace despreciar la ignorancia y amar decididamente a los que se distinguen por su sabiduría".

Observa que aquel R. Obispo, por sus talentos, y generosos y distinguido empeño de proteger las ciencias y las artes, ha ganado la estima general, y que difícilmente se encontrará otro prelado tan a propósito para gobernar aquella Diócesis; que ve el público que sus rentas se emplean en obras de utilidad, y acaso, se sabe, aunque con el mayor secreto, que infinitas familias no cuentan para su subsistencia y educación de sus hijos sino con la beneficiencia del Pastor, que la introducción de la vacuna desde 1804, el cementerio general, la majestad del culto, la severidad con que corrige a los sacerdotes que se apartan de su deber, son otras tantas cosas que le han granjeado el amor y respeto de todos los habitantes de la Isla y que por estas consideraciones conoció desde luego lo expuesto que sería llevar a efecto la orden de remitirlo a España.

Continúa informando como sin embargo consultó a las personas de más influjo y concepto de La Habana y como, de acuerdo con ellas, envió un Oficio al Obispo con el pliego que se le había dirigido.

Habla a continuación de la respuesta de Espada, certifica sus enfermedades y dice que el 30 de abril anterior el Obispo le había dado traslado del nombramiento de Gobernador de la Diócesis hecho a favor de O'Gavan, en cuyas circunstancias le ha parecido más conveniente consultar al Real Acuerdo de cuyo dictamen ofrece dar cuenta en la primera ocasión.

Además de esta generosa defensa del Obispo el mismo día, escribió Vives la respuesta a la Real Orden donde se le pedía informaciones sobre la Circular de Espada. Después de explicar porque ésta había sido publicada, asumiendo toda la responsabilidad en el asunto, dice que del Provisor O'Gavan nada había oído que pudiese perjudicar el buen consejo de que gozaba y que procuraría tomar informes para corresponder a la confianza del Rey. Envió adjunto un ejemplar de la circular y pasó por alto cuanto se refería a la hipótesis del llamamiento de Espada y nombramiento de un Obispo Auxiliar, cosas éstas sobre las que ya había dado su opinión en la carta anterior.[379]

También con fecha 9 de junio, que ese día se escribió mucho en La Habana, envió Espada una carta al Rey. En ella, después de protestar la más sincera y profunda obediencia a Sus mandatos, le dice que se ve en la urgente y absoluta necesidad de dar amplias explicaciones.

Comienza manifestando que en los 22 años que ha gobernado el Obispado ha dado siempre las mayores pruebas de su ilimitada obediencia a los preceptos y a las insinuaciones del Gobierno y ha hecho que se cumplan en su Diócesis, de lo que pone por testigos oculares a los ocho Capitanes Generales que han gobernado a Cuba en ese período, entre ellos, el Conde de Venadito y D. José Cienfuegos, residentes en la Corte quienes podrían aclarar muchas de las partes de su exposición. Que en sus Cartas Pastorales ha inculcado las máximas evangélicas concernientes a la obediencia, fidelidad y amor al Rey y a la defensa de sus sagrados derechos; acompaña un ejemplar de la que publicó en 1811 con motivo de la invasión francesa y otra de la expedida en 1816 en las cuales, dice que está demostrada su inalterable profesión de fe religiosa y política, sin que para desmentir estas verdades se pueda oponer la Circular a la que gratuitamente se ha dado el nombre de Pastoral, de 1820, aquí aprovecha la coyuntura para justificarse en lo que toca a este extremo y manifiesta que no duda que al informar el Capitán General al Ministerio confirma cuanto él dice, indicio indiscutible todo esto de que Vives le había hecho conocer la Real Orden donde se le pedían las informaciones.

Después de afirmar que siempre ha observado la mejor inteligencia, paz y armonía, con la Audiencia del Distrito y con todos los Capitanes Generales (lo que no es exacto en el caso de Apodaca), presenta a la consideración del Rey sus principales tareas en el Episcopado, a saber: que sobre las 55 iglesias parroquiales que encontró en la Diócesis, 14 de ellas servidas por tenientes amoviles ad mutum, ha erigido otras 55 más, y se hallan las 110 que existen con curas beneficiados de presentación del Real Patronato, y después de haber organizado sus ministerios haciendo formar matrículas de sus feligresías y marcar límites ciertos que no tenían, ha aumentado el número de Ministros útiles y hecho otras reformas con aumento del Real Patronato cuyas prerrogativas ha respetado y defendido siempre, que ha erigido muchos hospitales en diferentes pueblos, asignándoles su respectiva cuota decimal, ha establecido casi todas las Mayordomías de fábrica de las Parroquias de su Diócesis, ha hecho dos visitas generales, restableciendo en ellas la disciplina eclesiástica, corrigiendo las costumbres, reformando abusos, amonestando a los Párrocos, dictando medidas y arbitrando medios para la reparación y decencia de los templos, difundiendo la vacuna por medio de un facultativo que llevó a sus expensas, y administrando la Confirmación hasta en pueblos donde jamás se había realizado por lo fragoso de los caminos. Que a su celo se debe la construcción de los cementerios decentes y sólidos fuera de las poblaciones, y el magnífico que hay en La Habana. Dice que "preocupaciones arraigadas que se oponían a tan saludable institución" ha sido para él fuente fecunda de enemigos que le han hecho y hacen una guerra encarnizada. Expresa haber reedificado y hermoseado la Catedral, las Parroquias de la Capital, y de las principales poblaciones, que se hallan en estado lastimoso, haber conseguido la construcción de algunas iglesias en varios pueblos de campo, y que en aquel momento se estuvieran construyendo otras, haber fundado las cátedras de Matemáticas, dos de Derecho Patrio (eufemismo por Derecho Constitucional) en el Colegio Seminario; el haber cooperado a la erección de la de Economía Política dotada por la Real Sociedad Económica; y que siempre que se ha visto el Estado en grave urgencia y exhausto de fondos ha sido el primero de los que han ocurrido con donativos cuantiosos en prueba de su amor el Soberano.

Después de este auto-elogio, rigurosamente exacto en todas sus partes excepto en cuanto pretende pintarle como un modelo de fidelidad al Rey, pasa a examinar las causas que pueden haber influido en su llamamiento a la Península.

Dice que desde hace 16 años el Imperio Español es el teatro de guerras extranjeras y de disensiones domésticas, que las opiniones políticas chocan ruidosamente unas contra otras y se suceden los Gobiernos, que él, en todas las épocas ha obedecido las órdenes que le han comunicado en nombre del Rey y ha creído de buena fe que ésta es una obligación sagrada de todo Prelado Evangélico y de todo Vasallo fiel y por lo mismo ha cumplido y ejecutado las leyes que se han promulgado solemnemente, sin que pueda señalarse algún acto suyo dirigido a quebrantarlas directa ni indirectamente.

Cuenta los atropellos que sufrió cuando en abril de 1882 llegó a La Habana la noticia "del restablecimiento de la Constitución y de haberla jurado espontáneamente V. M.", (ironía ésta que debió haber sentado muy mal a Fernando VII, y bien poco a propósito por cierto en quien se defiende ingenuamente) y narra sus amarguras "en los tres años de revolución".

Después de hablar al pasar de que su amor y veneración al Rey le valió el que éste le condecorase en 1819 con la Gran Cruz de Isabel la Católica, afirmación que hubiera hecho morir de indignación al Nuncio y de sorpresa a los dominicos de Madrid; expresa que en las dos épocas constitucionales se le ha pretendido introducir "en el laberinto de los negocios públicos" cosa a la que él, desde luego, se opuso enérgicamente, por lo que pudo verse que no tuvo ni ha querido tener parte, ni intervención alguna en el régimen e innovaciones legislativas que acababa de anular el Rey, limitándose a exortar la paz y la concordia con la Madre Patria y que no podía hacer frente al Partido Constitucional sin ser su víctima estéril; y que si no asistió al Te Deum celebrado para dar gracias por el restablecimiento del absolutismo fue por impedírselo sus enfermedades. Como sobre ascuas para sobre la lápida colocada en la tumba de Colón. Dice que "durante el sistema constitucional" "se puso" en la lápida "una inscripción en la que se mencionaba al Gobierno existente entonces, y que luego que se supo su abolición, ordenó de motu proprio, que desapareciese dicha inscripción y se pusiese otra en su lugar con mera referencia al Almirante Colón y sus despojos mortales".

Vadeado este paso resbaladizo escribe que no se persuade que su llamada sea motivada para imputarle algún acto contrario a las leyes, a la Religión ni a las Regalías y prerrogativas Soberanas, por no haber ejecutado ninguno de esta especie; tampoco cree que se trate de hacerle cargos contra su conducta política en un juicio regular y público: mas que en este caso siempre que sea del agrado del Rey enviará un eclesiástico de su confianza constituido plenamente conforme a derecho, para que siga por todos sus trámites el proceso, en el Tribunal que compete con arreglo a las leyes Reales y Canónicas, hasta oír el último fallo definitivo cuyo juicio jurídico se tome, y desearía para que se tranquilizase S. M. si se hallase prevenido por informes oscuros y calumniosos, y aún se presentaría personalmente si su edad de 69 años y sus enfermedades habituales no fueran un obstáculo insuperable. Todo lo que resultaría muy extraño e inexplicable si Espada, de acuerdo con lo que mandaba la Real Orden dirigida a Vives, ignorase lo que se ocultaba bajo el "pretexto honroso", único motivo que aparecía en la que le fue enviada. A continuación examina este "pretexto honroso", en el que estaba muy lejos de creer, y es de observar que lo considera en aquella parte de su carta en que terminadas las escaramuzas, la defensa se hace violenta y la resistencia se endurece.

Dice que en el caso de ser llamado meramente para ocuparse en el mejor servicio del Rey repite que las enfermedades que padece son notorias en La Habana, donde podría ir prolongando un tanto su vida, cuando en la Península no podría esperar sino una muerte pronta y segura por los efectos del clima tan contrario a los ancianos y enfermos como acredita con certificaciones que acompaña del Protomedicato y de otros dos facultativos y no puede concebir "que un tan grande e infructuoso sacrificio sea compatible con el servicio del Rey ni de la Iglesia, ni con los sentimientos de su paternal corazón". Que en ese momento estaba para sentenciarse en La Habana un voluminoso proceso sobre lo mucho que por medio de las sociedades secretas han adelantado los planes de la revolución para establecer la independencia (éste era como una especie de "memento omo") y de hacerlo ahora comparecer en la Península "arrancándolo de su Silla Episcopal con sistemas misteriosos", resultaría su difamación universal y la maledicencia vería abierta una ancha puerta para tenerlo complicado con "los planes subversivos", lo que además de envilecer su Dignidad, desolaría a sus ovejas quienes quizás tendrían por engañosas las sanas doctrinas con que las había sustentado y conservado fieles a S. M.

Si Fernando sabía leer entre líneas debe haber dado un salto al enterarse de este párrafo envenenado, donde suavemente se le insinúa, nada menos que la perspectiva de una revolución. Aquí Espada, como cuando habla del proceso a que dice que se sometería, hace un chantage, contando con el interés del Gobierno Español en evitar un escándalo, peligrosísimo dadas las circunstancias que atravesaba Cuba.

Pero el Obispo no era hombre que se anduviese por las ramas, y el clavo, una vez plantado, sabía remacharlo hasta el final, en este caso lo enterraba, chorreando ponzoña, en el mismo corazón del Rey, dice que si bien conoce que tiene émulos y desafectos, también son en más números sus amigos, entre quienes cuenta las corporaciones civiles y eclesiásticas, los sensatos de las familias distinguidas, y todos los que son fieles y adictos al Rey para quienes sería sensible una medida violenta en el reinado de la paz, de la concordia y de la justicia. El chantage no podía ser más claro ni amenazador.

Pasa a hablar después del nombramiento de un Obispo Gobernador, repitiendo cuanto escribió a Vives y termina con numerosas protestas de fidelidad, esperando que el Rey mande quedar sin efecto la Real Orden de 21 de febrero por serle "moral y físicamente imposible" su comparecencia personal.[380]

Tanto aquí como cuando escribe el Capitán General, Espada hace ver con toda claridad que está firmemente decidido a permanecer en La Habana. En ambas cartas usa de una manera terminante la palabra "imposible". Al despedirse del Rey y cuando le habla a Vives del nombramiento de un Obispo Gobernador y le dice que no lo cree necesario "por estar limitada esta circunstancia a la hipótesis de ausencia que no podría tener lugar por su imposibilidad física de trasladarse a España", no discute, simplemente enuncia un hecho.

La carta al Rey, con todos sus ruegos y protestas, más que una súplica parece una proposición de paz.

El Obispo de La Habana trata de potencia a potencia al Rey de España, le expone sus condiciones y lo amenaza si éstas no son aceptadas.

Por su parte Espada abjura y reniega de sus principios Constitucionales a cambio de que el Rey lo deje en paz; si no, le hará la guerra con el escándalo y la abierta rebelión del grupo de sus amigos. En aquel momento crítico la amenaza está muy lejos de ser una fanfarronada, el Obispo conoce sus fuerzas y está resuelto a lanzarlas a la lucha para permanecer en su Silla aunque para ello, tenga que independizar de España la Isla de Cuba; pero también está dispuesto, si el Rey le permite quedarse y no lo molesta en el futuro, a no inmiscuirse más en los asuntos políticos. Es ahora y no antes como dice el "fidelísimo Pueblo de La Habana" cuando Espada piensa seriamente en la independencia de Cuba. Después del fracaso de sus ideales liberales y constitucionalistas, el Obispo no veía otro medio de salvar en Cuba los principios que había mantenido, que independizándola de España, esta convicción era por el momento perfectamente platónica y aceptada sólo en el terreno teórico, pero estaba dispuesto a renunciar a esto (que en todo caso, de llevarlo a la práctica era una aventura difícil de realizar y de éxito dudoso) siempre que se le asegurase el mantenimiento de su posición y el poder, que tanto amaba y del que gozaba en el momento.

La verdad de la cuestión no está en la proposición que hace el Obispo al Rey sino, precisamente en todo lo contrario. No se trata de un súbito fiel que amenaza con la emancipación si no se le deja en paz; sino de un separatista que está listo a renunciar a sus ideales a cambio de la tranquilidad.

Vives comprendió esto desde el primer instante, y como en el caso presente, a la defensa de los intereses de España, se unía la de los de su amigo, no vaciló en tomar con la mayor energía la parte del Obispo, dándose la paradoja curiosísima de servir al Rey oponiéndose por todos los medios a sus deseos.

España no tardó en darse cuenta de la situación y lo mismo la Santa Sede que vio inmediatamente el peligro de que la independencia de Cuba, a la que ella en principios no hubiera presentado la menor objeción, si era patrocinada por Espada, trajese aparejado el cisma.

Sobre las intenciones del Obispo no había dudas en Roma. En el acta de la reunión celebrada el 11 de mayo de 1828 por los miembros de la Sacra Congregación de Asuntos Eclesiásticos Extraordinarios, leemos que Espada amenazó con "una revolución del Pueblo, que ya había dispuesto a su favor, si se hubiese intentado su arresto"; [381] y el Secretario de la misma Congregación en la exposición que hizo días después, dice: "Los ánimos de la Población de La Habana, a quien

(Espada) con su ejemplo y neglicencia de Ministerio Pastoral había abierto el camino a la mayor licencia y corrupción, estaban talmente preocupados a su favor que se creyó que su arresto pudiera ser causa de una revolución." [382]

En el párrafo que ya hemos citado del Despacho n.º 2462 de 8 de septiembre de 1824 del Nuncio al Cardenal Secretario de Estado encontramos el origen de esta convicción de la Santa Sede: Espada "ha sabido predisponer y mover de tal modo los ánimos de esa población, donde reina la mayor licencia y corrupción que ha estado a punto de estallar una revolución a su favor".

La publicidad dada a la Real Orden de 21 de febrero tuvo la virtud de crear un movimiento de opinión favorable al Obispo, pero también puso en guardia a sus enemigos, y mientras aquéllos escribían al Rey pidiendo la derogación de lo dispuesto, éstos no permanecían ociosos. Es verdad que la calidad y aún el número de los que escribieron en sentido favorable es superior a la de los contrarios, las más de las veces personas desconocidas o que se ocultaban bajo el velo cobarde del anónimo, sin embargo, dadas las circunstancias, más crédito y mejor acojida se dispensaba a los últimos que a los primeros, aunque a decir verdad, poco influjo tuvo toda esta literatura en la decisión del Gobierno Español, y más nos interesa a nosotros para el estudio de la figura del Obispo, que a aquél para decidir sobre su suerte futura.

El 10 de junio escribió su denuncia Remigio Quintana de Trujillo. Debió haber sido éste un clérigo despechado, su interés por el aspecto eclesiástico del problema y su queja contra D. Francisco Castañeda, que según él proveía los destinos eclesiásticos a su placer, hacen muy verosímil esta suposición. Su mayor preocupación parece consistir en que queden vacante algunos de los puestos a que aspira y que cree poder obtener fácilmente bajo el Gobierno del Obispo de Guanamanga o de Cartagena. Por lo demás está bien informado, tanto que su denuncia está destinada a servir de contrapeso a la carta del Obispo al Rey, escrita el día anterior.

Después de contar como Espada se enteró del contenido de la Real Orden antes de que ésta llegase a Cuba y de las medidas que tomó para defenderse de ella, habla de la escandalosa incontinencia que reina entre los eclesiásticos y particularmente entre los Secretarios del Obispo, de los desórdenes de éste, que no cumple con su Ministerio, y que los destinos eclesiásticos se proveen a merced del Secretario y favorito de Espada, D. Francisco Castañeda.

Pide que se prevenga al Capitán General que cumpla sin contemplación con lo que se le encarga, pues el Obispo no está imposibilitado de embarcarse, y que en caso de que quieran dispensarle de esta mortificación (Quintana de Trujillo es el único de los enemigos de

Espada que tiene la piedad de conceder que éste permanezca en Cuba y la razón debe ser que estaba convencido de sus enfermedades) se le puede confinar en Santiago de Cuba u otro puesto, estrechándolo a que deposite sus facultades en uno de los Obispos que están allí emigrados, con facultades de nombrar Provisor y Secretario, pues si quedan estas hechuras de Espada nunca podrá el encargado de gobernar la Iglesia desempeñar su comisión con la debida libertad.

El 23 escribió su anónimo "Un humilde Vasallo", Ministro del Altar, según se califica el mismo, nacido en España y que oculta su nombre por no caer, si esto se descubriese, "en manos de un Obispo tan soberbio".

Cuenta las gestiones de O'Gavan, Castañeda y Fuentes para obtener los certificados médicos y las representaciones favorables al Obispo, a quien, según él, hasta los niños de las escuelas cuando lo encuentran dicen: "Mira el masón" pues es el abrigo de todos ellos. Dice que no tiene en los curatos sino jóvenes de esta especie, todos libertinos de la comparsa de los Secretarios y que los sacerdotes virtuosos están arrinconados (con toda seguridad el Humilde Vasallo era uno de ellos) que el Obispo casi no asiste a la Catedral, jamás se le ha visto predicar ni confesar, gasta sus rentas en quintas y jardines que tiene a nombre de sus Secretarios, que da todas las capellanías y administraciones de la Mitra a sus familiares (dejando como es natural fuera del reparto al Humilde Vasallo) y por último que está bueno y sano y en las mejores condiciones para hacer el viaje a España.

El tantas veces citado, primer anónimo de "El Fidelísimo Pueblo de la Habana" fue escrito el 24 de junio. Este seguirse de fechas en tan corto espacio de tiempo son una prueba de la efervescencia que había en La Habana con motivo de la llamada del Obispo a España. Se ve que los ánimos siempre apasionados de los habaneros se habían enardecido en torno a esta cuestión y todo otro asunto había pasado a un segundo término eclipsado por el escándalo más sensacional que había conmovido a la colonia en muchos años.

Este anónimo, cuyo contenido ya conocemos, por las tantas veces que lo hemos citado, es un largo documento, escrito con una letra excelente y un estilo detestable, su construcción a veces es casi inteligible, apareciendo con frecuencia palabras curiosas y del uso exclusivo del autor. En él se pinta a Espada, como un hombre violento, soberbio, intrigante, sin escrúpulos, capaz de usar los medios más reprobables para satisfacer sus venganzas y alcanzar los fines que se propone. Indisciplinado y autoritario rechaza toda autoridad superior y se revuelve furioso contra ella cada vez que ésta quiere llamarle al cumplimiento de sus deberes. Junto a él pone a O'Gavan, en quien, a estos defectos se unen una audacia inaudita y un carácter más firme y que hace el papel de consejero y de espíritu del mal de Espada. Estas dos figuras centrales están rodeadas por el coro de los "facciosos" una jauría de curas ávidos y facionerosos que azuzados por sus jefes pretenden independizar a Cuba.

El pobre amanuense que tuvo que hacer el resumen de este anónimo para el expediente formado en el Ministerio de Gracia y Justicia escribe desesperado "y en resumen dice de ambos (Espada y O'Gavan) tantas cosas que difícilmente pueden reducirse a estracto" [383] y el fiscal en su informe que: "está tan a ojos vistos atestado de falsedades que parece hecho a propósito, por los partidarios del Obispo, para hacer sospechoso cuanto pudiera decirse contra él y contra su Provisor". [384]

Indudablemente el anónimo está escrito con mucha fantasía y demuestra una imaginación asombrosa, pero la verdad, como en tantas otras cosas, no está ni en el sentido literal de cuanto dice ni en la opinión del Fiscal, es preciso buscarla en un justo término medio, que por desfiguradas que sean las historias que cuenta cada una de ellas tiene una conexión, aunque sea remota, con la realidad.

La intención del autor y el resumen de todo el largo documento están en su último párrafo, donde se pide la "inmediata remoción del Diocesano, su Previsor O'Gavan, Secretarios, curiales y demás miembros de su facción en el concepto de que su permanencia en la Ciudad e Isla serán perentorio motivo de su pérdida, toda vez que las combinaciones de los insurgentados de las Américas se protegen, fomentan, y sostienen por el Diocesano y sus coaligados". [385]

El Conde de O'Reilly debió haber llegado a La Habana entre el 9 y el 15 del mes siguiente, precisamente cuando la ciudad era presa de la mayor efervescencia, es entonces el 16 de julio, cuando escribió el Marqués de Cárdenas de Monte Hermoso la carta que conocemos en que le cuenta "el grande escándalo" que apasionaba a los habaneros. Las acusaciones de O'Reilly que no estaban destinadas a influir sobre los que debían decidir la suerte de Espada y que si llegó a manos de ellos, fue sin que el Conde tuviese noticias de lo que sucedía, parecen ser ciertas o al menos eran creídas así por quien las hacía. En todo caso la del abandono por parte de Espada de su Ministerio la encontramos repetida exactamente en cuantos documentos atacan al Obispo, y el mismo en su carta al Rey lo confirma dando distintas razones para explicarlo.

También al Marqués de Cárdenas de Monte Hermoso escribió el 19 de julio, D. José Flores Innunza (muy adicto al Rey según el Marqués) informando a su amigo de las cosas de La Habana. Protestaba Flores del exhorbitante poder de Ferreti, antes Alcalde y ahora Intendente de Policía, y de las "volutariedades y vista ciega de Vives", quien a pesar de las Ordenes del Rey, permitía a Espada quedarse tranquilamente y a O'Gavan gobernar el Obispado en lugar del Obispo de Guanamanga que era un sujeto ejemplar.[386]

Es curioso observar el parecido que hay entre esta carta y la denuncia de Julián Maza y ver cómo en ambos documentos coinciden las quejas contra Vives y Ferreti.

6

LA DEFENSA DEL PODER

En aquellos días llegaron a La Habana los periódicos de Madrid donde aparecía el Real Indulto de 10 de mayo anterior y la alocución del Rey a los españoles exhortándolos a la unión, paz y reconciliación fraternal, olvidando los resentimientos producidos por la revolución.

Sabiendo Espada que había de recibir la Orden de exhortar al clero a predicar estos sentimientos, creyó descubrir una magnífica oportunidad para hacer un movimiento habilísimo y reforzar la defensa de la Mitra adelantándose a la Orden y haciendo la exhortación antes que ésta llegara.[387]

Aquélla se terminó de imprimir el 31 de julio, bajo la forma de un folleto, en la Imprenta de la Curia Eclesiástica, propiedad de la viuda de Boloña, situada en la calle Sol número 55, en La Habana. El folleto se titulaba pomposamente: "Circular que dirige el Excelentísimo e Ilmo. Sr. D. Juan José Díaz de Espada y Landa, del Consejo de S. M. Caballero Gran-Cruz de la Real y distinguida Orden Americana de Isabel la Católica, y Obispo de La Habana."

"Al venerable Cabildo de su Santa Iglesia Catedral y el Clero Secular y Regular de su Diócesis, para que exhorten y prediquen la paz, la concordia y unión, entre todos los fieles de este Obispado y el olvido y remisión de las ofensas inferidas en la época de la revolución pasada, en los términos que ordena S. M. en su alocución dirigida a los españoles en 10 de mayo de 1824." [388]

Como tema de la Circular, escogió el Obispo una frase del Génesis, en el capítulo 50 que era todo un programa: "Ruego que te olvides de la maldad de sus hermanos y del pecado y la malicia que ejecutaron contra ti."

Nada más sorprendente en un hombre como Espada que este documento en verdad desconcertante. Es preciso conocer su carta escrita al Rey el 9 de junio y las circunstancias que habían determinado en él la presente actitud, para poder darse cuenta de las razones que impulsaron al Obispo a expresarse de aquella manera.

La carta de 9 de junio estaba destinada a ser un documento secreto, un acuerdo entre el Obispo y el Rey que no debía trascender al público: la Circular al Clero era el comienzo de la actuación por parte de Espada de las promesas que él había hecho a cambio de que se le dejase en paz, cosa que entonces él no dudaba que haría el Rey. Al imprimir la circular él empezaba a cumplir su palabra adoptando públicamente la actitud que había ofrecido, y al mismo tiempo hacía fuerza con ello sobre la decisión del Rey para que aceptara su proposición. Por eso en ella no hay más que sometimiento sin el contrapeso de las amenazas que aparecen en la carta.

Antes de haberse decidido a escribir la Circular Espada debe haber tenido sus escrúpulos y tal vez hasta un violento combate interior entre sus ideales y su soberbia hambrienta de poder.

En otra época es muy posible que soberbia e ideales se hubiesen aliado para hacer la guerra a España, pero ahora debilitadas sus fuerzas por la desilusión producida por el fracaso del régimen constitucional; viejo, enfermo, quizás escéptico en cuanto al éxito de una revolución, abatido por el llamamiento a España, veía en aquel compromiso una tabla de salvación a la que se asía desesperadamente. Sus ansias de poder y de paz son tales, que una vez decidido a claudicar se lanza por esa vía con toda la fogosidad y la energía de otras épocas, tomada la resolución su espíritu pierde un lastre pesado al que no vuelve a dirigir la vista, de aquí el tono casi jubiloso de la circular.

Comienza ésta recordando su Pastoral de agosto de 1816 donde predicó la paz, concordia, unión y caridad fraternal, aunque todas estas verdades, en aquella época "se hallaban bien grabadas y eran innatas en el corazón de todos nuestros diocesanos por lo que se encontraba entonces plenamente satisfecho y sólo para dar cumplimiento al precepto soberano renovaba aquellas máximas que jamás se habían desconocido ni olvidado en esta tierra clásica de la lealtad, y del honor y del buen orden".

Después de esta descripción arcádica del buen tiempo pasado, que sirve de introducción y de advertencia de cuál es en la actualidad su posición política; y al mismo tiempo de prueba amañada de una falsa actitud anterior, pasa a condenar con la mayor aspereza el período constitucional y sus hombres a quienes se refiere como a "esos demagogos que se convirtieron en déspotas monstruosos".

"Nuestra Nación" leemos asombrados, y más que nosotros debió haberlo estado su clero, "presentaba la triste imagen del caos: todo era desorden, oscuridad y confusión; y los excesos y los crímenes se cometían en todos los ángulos de la Península con encarnizamiento y con impunidad".

De allí pasa a describir el mismo período en la Isla de Cuba.

Si Espada no hubiese hecho ninguna de las grandes obras que realizó en nuestra Patria, si hubiese sido un Obispo gris y anodino, que hubiera dejado escapar silenciosamente los años pasados en el trono episcopal de La Habana, tendría aún un título para nuestro recuerdo deferente, y es el amor sin límites que sentía por Cuba. Cada vez que se refiere a ella o a sus cosas, lo hace con ternura. De su boca oímos siempre los adjetivos más halagüeños, las frases más bellas, los pensamientos más delicados, en relación con nuestro país a quien él invariablemente, también llama "nuestro". Si debe condenar por la línea de conducta que se ha trazado, lo hace como el padre que se ve forzado a hablar de los defectos de sus hijos, rápidamente, sin acritud y haciendo recaer todo el peso de la culpa en los malos ejemplos de los otros, y sin perder ninguna oportunidad de poner en plena luz aquellas cualidades que pueden redimir o hacer olvidar las faltas que él quisiera ocultar. Hay algo patético en este párrafo que es la parte de su claudicación que más dolor y remordimiento debe haberle producido.

Habla de los planes que algunos díscolos "en nuestro suelo, en este suelo de la lealtad" habían formado para sacudir el yugo legítimo de la Metrópoli.

¿Verdad que es curiosa la palabra "yugo" aún cuando venga seguida inmediatamente del adjetivo legítimo? ¿Será una broma pesada que le jugó a Espada su subconsciente o un efecto del uso habitual de ella en discursos de otra índole? A continuación disculpa a aquellos "díscolos" que ingenuos e inexpertos querían "imitar la conducta pérfida del Continente americano", "Sin advertir el abismo de males y calamidades a que precipitaban este hermoso país". Y como la disculpa no le parece de bastante fuerza, quiere presentar la falta en un aspecto más noble: "Deslumbrado con los nombres pomposos y seductores de libertad e independencia no preveían ni pensaban los desastrosos efectos que las guerras civiles han producido en esos reinos." "No comparaban en medio de su delirio ese cuadro horrible y lastimoso con la perspectiva risueña y encantadora que ofrece la Isla de Cuba." Y aquí el padre orgulloso que no termina nunca de elogiar a sus hijos: "su agricultura floreciente, su comercio activo con todas las naciones, todas las fuentes de la prosperidad y de la riqueza pública abiertas y protegidas con mano generosa por la sabiduría y magnanimidad de nuestro Soberano: todos los bienes reales y positivos de que disfrutan los habitantes de este nuevo Edén, que es el asombro y la envidia de los extranjeros".

Pasado el tema escabroso del separatismo cubano, apurado el trago amargo, continúa narrando con más libertad el "cúmulo de males que amenazaba sumergir a la Europa en el profundo abismo a que la Península había sido arrastrada" hasta que después del congreso de Verona "Luis XVIII se encargó de ejecutar aquella noble y generosa empresa que apenas se encontrará otro ejemplar en la historia". Olvidaba el Obispo que un año antes había colocado a Francia entre las "bárbaras potencias", pero ésta era cosa de poca monta junto a las renuncias más gruesas que había hecho.

Como se ve la conversión no podía ser más completa y Espada se esforzaba en hacerla parecer auténtica entonando las alabanzas de Fernando VII, a quien tributaba los elogios más ditirámbicos que pudo imaginar su alarmada fantasía. El haber concedido la amnistía (y he aquí el punto que más interesa a nuestro Obispo) lo coloca sin duda sobre Tito y Trajano y ya en la vía resbaladiza de la adulación no tiene reparos en establecer un paralelo de mal gusto entre Jesús, predicando Misericordia en la montaña y Fernando VII, proclamando la amnistía desde su trono; todo esto salpicado de citas de San Mateo, San Lucas y Santiago.

Inmediatamente entra de lleno en el verdadero tema de la Circular, es esta segunda parte como el núcleo que encierra todas su tristezas, sus amarguras, sus desfallecimientos, su secreta imploración y sus más ávidas esperanzas.

Es toda ella una glorificación exaltada del perdón y el olvido, un canto a la misericordia, un hurgar a través de la historia, desde la más remota antigüedad, en busca de los más insignes ejemplos, una casi morbosa disección de los diversos sentidos que han tenido en las distintas épocas estas virtudes, una carrera a lo largo de las Sagradas Escrituras en que se ven pasar a José, sus hermanos Saúl, David y Salomón como astros refulgentes de la constelación del perdón; un atisbo apenas a los filósofos antiguos; una pequeña pausa para tomar respiro en la historia clásica con César y Alejandro, servidos a manera de refrigerio, y luego de nuevo una carrera loca por los campos del Evangelio y la Patrística, donde saltan como chispas los nombres de San Mateo, San Lucas, San Ambrosio, Santo Tomás y San Juan Crisóstomo... para caer extenuado al fin en un elogio al Rey y al Capitán General D. Francisco Dionisio Vives.

A renglón seguido condena discretamente "las sociedades clandestinas y tenebrosas, proscritas por nuestras leyes civiles, anatemizadas por las canónicas y detestadas por toda buena legislación", para terminar exhortando al Cabildo, al Clero y a los superiores de las Órdenes (¿tendría presente el Obispo algunos nombres propios cuando escribió este párrafo?) para que con la palabra y el ejemplo, prediquen

156

desde el púlpito, en sus conversaciones privadas y en el tribunal de la penitencia, la paz, el perdón y el olvido.

El esfuerzo fue completamente infructuoso pues la Circular no causó el menor efecto, a pesar de las buenas intenciones de Vives que escribía "no puede menos de producir los mejores resultados en las actuales circunstancias de la Isla".[389]

El 8 de agosto llegaron a la Secretaría del Despacho de Gracia y Justicia las dos cartas del Obispo al Rey, de fecha 31 de mayo y 9 de junio.[390]

Unos días después, el 24, desde La Habana, Vives envió a España varios despachos sobre el asunto del Obispo: Un pliego reservado número 4 al que acompaña las representaciones que hacen a S. M. los curas párrocos de la Villa de Sancti-Spíritus y el Ayuntamiento de Santa Clara para que permanezca Espada en La Habana (incluyendo además copia del oficio del Alcalde 1.ro de aquella Villa con el mismo fin.[391]

De igual fecha era el oficio núm. 34 enviando la Circular al Clero y una segunda copia del primer anónimo del "Fidelísimo Pueblo de La Habana". También el 24 mandó Vives su informe núm. 95 sobre la solicitud que había hecho el Obispo para que se le nombrase un auxiliar o coadjuntor.[392]

Estos últimos documentos los conocemos sólo por referencias. En esa forma también sabemos que envió Vives una exposición al Rey presentándole sus motivos para suprimir la Real Orden de 21 de febrero y dándole cuenta al mismo tiempo de lo decidido en la Reunión del Real Acuerdo, reunión convocada por el Capitán General probablemente el 8 de junio y que debe haber tenido lugar pocos días después del 9. En ella se decidió elevar a la Soberana consideración los obstáculos e inconvenientes que se presentaban para el traslado del Obispo a España. Esta decisión provocó la exposición a que nos referimos y cuya fecha exacta no podemos determinar.

El 8 de septiembre escribió el Nuncio Giustiniani al Cardenal della Somaglia, Secretario de Estado de su Santidad, el despacho núm. 2.462. En él después de informarlo de cómo habían sucedido las cosas en Cuba le dice que "las autoridades (de Cuba) que desgraciadamente son las mismas que fueron nombradas por el Gobierno Constitucional, no se sabe si por debilidad o por conveniencia, no han desplegado, como lo requieren semejantes circunstancias, la necesaria energía y viceversa, han enviado aquí representaciones en contrario, de las que todavía ignoro el tenor".

Después informa de las ulteriores determinaciones del Gobierno, quien, no duda, salvo las naturales precauciones para no alarmar la tranquilidad pública, sostendrá con firmeza la determinación de hacer ir el Obispo a España.

Este despacho lo contestó el Cardenal della Somaglia el 30 del mismo mes[393] lamentando que las representaciones hechas a favor de Espada pudieran surtir efecto e impedir su arresto, y pidiendo al Nuncio nuevas noticias sobre el asunto.

Mientras tanto en Madrid el Marqués de Cárdenas de Monte-Hermoso, vecino de La Habana, y residente en aquella época en la Corte, donde gozaba del favor de Fernando VII, escribía el día 13 una carta al Secretario del Despacho de Gracia y Justicia enviándole copia de dos párrafos de cartas recibidas de La Habana (del Conde de O'Reilly y de D. José Flores Inzuazu) y agregándoles un comentario suyo. Conocemos ya los párrafos aludidos, en cuanto al comentario del Marqués se limita a repetir lo que los otros han dicho, se queja de Espada, de O'Gavan "que ha conseguido de la Corte de Roma dos buletas para no asistir a Coro como Canónigo de La Habana, y para no vestir hábitos clericales" y es un constitucional rabioso; de Ferreti quien, comisionado por el Capitán General "para la averiguación de la Conspiración confundió y embrolló la causa de modo que los reos quedaron sin castigo"; y de Vives "a cuya vista y conocimiento" pasa esto y otras cosas peores.

¿Sería el Marqués, amigo íntimo del Rey, quien hizo llegar al Soberano la carta dirigida al "Querido amigo?" ¿Sería él el resorte de que se valían los enemigos de Espada para provocar las decisiones reales contrarias al Obispo? ¿O era su propósito al escribir la carta que estudiamos no atacar directamente a Espada, sino sólo señalar a los que él consideraba como cabecillas del partido liberal y promovedores de los desórdenes de La Habana?

El 26 de septiembre el Ministro de Estado envió al de Gracia y Justicia la respuesta de Vives de 9 de junio, sobre la Circular de Espada de 1820.

El despacho de Vives en que exponía los motivos que tenía para suspender la Real Orden de 21 de febrero de 1824, estaba aún en camino, cuando pidió el Rey examinar el expediente de Espada, notando que a pesar de haber transcurrido más de siete meses no había sido cumplida aún su Orden.

No creemos que estuviese Fernando VII tan interesado en este asunto, como para ocurrírsele espontáneamente el seguir de cerca su desenvolvimiento, imaginamos más bien que fueron las gestiones de alguien (¿Tal vez el Marqués de Cárdenas de Monte-Hermoso?) lo que mantenía la atención real fija en este punto.

El resultado de este examen fueron las Reales Ordenes de 3 de octubre mandadas a Vives una por el Ministro de Gracia y Justicia y otra por el de Guerra y Marina por las que se le comunicaba que el Rey había observado que no se había obedecido la Real Orden de 21 de febrero, y que al paso que quería saber la causa, le mandaba que sin excusa alguna cumpla en todas sus partes lo ordenado y que también haga embarcar con el Obispo a O'Gavan. Al mismo tiempo el Ministro de la Guerra y Marina prevenía al Comandante del Apostadero para que auxiliase en la operación al Capitán General.[394] Esta era la respuesta a las cartas de Espada al Rey, de 31 de mayo y 9 de junio. La aparición del Ministro de la Guerra y Marina en escena la explican las amenazas del Obispo contra quien se toman precauciones que parecerían superfluas si se tratase sólo de un anciano enfermo y desvalido.

La respuesta de Vives a la Real Orden de 21 de febrero, no obstante tener fecha de 9 de junio, llegó a Madrid sólo el 8 de octubre, cinco días después de haber sido expedida las dos Reales Órdenes que acabamos de ver. Esta demora (la carta del Obispo de igual fecha había sido recibida un mes antes) fue notada y comentada en Madrid.[395] Sin embargo aunque hubiese hecho el viaje con mayor rapidez no hubiese evitado nada, como no logró evitar Órdenes semejantes en el futuro.

Junto con la contestación de Vives llegaron a Madrid el Oficio que éste había pasado a Espada comunicándole la Real Orden de 21 de febrero, lo que resolvió el Real Acuerdo sobre el particular (resolución de fecha desconocida pero evidentemente posterior al 9 de junio) y varias de las representaciones hechas en favor de Espada.

Estos documentos provocaron otra Real Orden, de 19 de octubre al Consejo de Indias. Se enviaban anexos aquellos para su estudio y se mandaba consultar sobre ellos con la brevedad posible, encargando la mayor reserva ya que resultaba del expediente "que no la ha habido".[396]

Antes de que el Consejo hubiese tenido tiempo de responder, recibió una nueva Real Orden de fecha 21, mandándole los documentos, acabados de llegar que enviara Vives el 24 de agosto y la famosa carta dirigida al "Querido amigo" de mayo de 1923 y de la que hasta ahora el Rey no había hecho mención.[397]

El Consejo de Indias dio traslado al Fiscal de todos los documentos, y éste, después de estudiarlos contestó el 24 de octubre que para dictaminar con acierto en materia tan delicada, dadas las circunstancias en que se hallaba la Isla de Cuba, necesitaba tener presentes los antecedentes que dieron lugar a la Real Orden de 21 de febrero, así como los de las Reales Órdenes enviadas al Consejo por la Secretaría del Despacho de Estado el 19 y 21 de octubre, y sobre todo tener conocimiento de cómo llegó al Gobierno la carta que empieza "Querido amigo".[398]

Todo esto lo pidió el Secretario del Consejo D. Silvestre Collara el 28 del mismo mes,[399] obteniendo como respuesta una Real Orden de 6 de noviembre donde Su Majestad expresaba extrañar mucho que el Fiscal pidiese un antecedente que no había tenido ni tenía por conveniente el remitirle, ni facilitarle el conocimiento del conducto por donde había llegado a sus manos la expresada carta, pero que se remitirían cuando se verificase la venida del Obispo a la Península, y expresaba ser su voluntad que en el término de ocho días fijos evacuase la consulta que se tiene pedida.

En tales condiciones no quedó más remedio al Fiscal que emitir su dictamen prescindiendo de los antecedentes pedidos. Es este dictamen uno de los tantos documentos curiosos con que tropezamos, en esta historia.

Está lleno de contradicciones, sofismas y aún de afirmaciones falsas, parece como si hubiese sido el Fiscal amigo de O'Gavan, de Vives y del Obispo, lo que no es extraño dado el fuerte partido que tenía Espada en el seno del Consejo, y hubiera querido tomar la defensa de los tres, tratando de explicar sus actuaciones del modo más satisfactorio, confundir sus acusadores, exaltar los que salieron a su defensa; para de repente y sin transición dejar caer al Obispo, ensañándose con quien había defendido unos minutos antes.

Solamente es explicable este dictamen suponiendo que fue escrito en dos tiempos distintos, la primera parte cuando pidió los antecedentes, dejándose llevar en ella o por lo que estimaba que era la justicia o por la simpatía de partido; y la segunda después de recibir la negativa y de darse cuenta de la irrevocable decisión de Fernando VII a la que se pliega con la más cortesana de las reverencias.

Comienza diciendo que el Capitán General ha tenido razones bastantes para suspender el cumplimiento de la orden de embarcar al Obispo, dadas las condiciones en que se hallaba Cuba, y que ha cumplido con la ritualidades que en semejantes casos prescriben las leyes con lo que quedaba cubierta su responsabilidad. Lo disculpa diciendo que como la Real Orden decía que el Obispo debía ir a España a prestar sus servicios junto al Rey en bien del Estado y de la Iglesia, Vives pensó que para eso no valía la pena arrostrar a la Opinión Pública embarcando por la fuerza a un enfermo, además de que, seguramente, el Capitán General había creído que, ya que el único antecedente a la Orden era la petición de informes sobre la Circular de 1820, informes que él había dado desvaneciendo todos los rumores imaginables, no era necesario proceder al embarque.

Continúa examinando las acusaciones a las que niega valor por ser anónimas o proceder de personas desconocidas siendo la única persona conocida que informa contra los dos (Espada y O'Gavan) el

Marqués de Cárdenas de Monte-Hermoso, sin más documentos que párrafos de cartas particulares de personas a quienes él recomienda; y también en lo que añade de suyo comete gravísimos errores, diciendo que O'Gavan fue uno de los que compusieron en Cádiz la comisión para formar la Constitución y que dejó humeando la Silla de Diputados en las últimas Cortes, en donde se dictaron tantas leyes opresivas contra S. M. siendo así que es demasiado público y notorio que ni fue de la Comisión de Constitución (en realidad fue uno de sus firmantes) ni perteneció a las últimas Cortes (la afirmación es errónea pues O'Gavan perteneció a ellas) antes bien que en el corto tiempo que asistió a las del año 1820, fue de lo que votaban constantemente con los buenos y amantes de S. M. y sus derechos, y acabada dicha legislación anduvo por Francia e Italia y volvió a España con el ejército libertador y con la Junta de Gobierno.[400]

Sigue diciendo que en contraposición de los anónimos que presentan al Obispo de carácter feroz, aborrecido y que jamás se ha llevado bien con ningún jefe, están en el expediente las representaciones del Capitán General, del Real Acuerdo y otras corporaciones y personas de carácter de cuya lealtad y acendrado amor al Rey no se puede dudar sin agraviarlas; y que es de notar que hasta las comunidades religiosas con quienes el Obispo ha tenido graves disgustos y altercados, y algunos individuos que se habían quejado de los agravios que les había inferido, se han agregado a pedir la suspensión del llamamiento, ponderando la lealtad, virtudes y servicios del Prelado, y que por más que se diga que todo esto son efectos de la intriga de sus partidarios, siempre será verdad que un hombre que los tiene tales y en tan gran número, no puede ser tan generalmente aborrecido.

Dice que no se ha hecho el nombramiento de Gobernador de la Diócesis por estar subordinado a la ausencia del Obsipo (tesis de Espada) y no por "oposición decidida" de éste, de quien es de esperar que acceda en vista de la sumisión que manifiesta a la voluntad soberana en sus representaciones, por lo cual queda por ahora sin lugar la pretensión del Obispo Auxiliar (a favor de O'Gavan) que apoyan el Gobernador y el Real Acuerdo".

Esta última conclusión es sorprendente por lo ilógica, pero mayor sorpresa nos causará el resto del dictamen.

Se opera repentinamente, un cambio radical de dirección en el pensamiento del Fiscal, después de juzgar por todos los documentos presentados que el Obispo es inocente y digno de todo encomio, toma en la mano la carta que comienza "Querido amigo" y sin los antecedentes que antes estimaba necesario, por este solo documento no firmado confiando sólo en la palabra del Rey, lo considera culpable y atribuye las representaciones de las Autoridades de Cuba y su oposición al embarque a la ignorancia de los sentimientos expresados en dicha carta.

Cree que si se contrariaba esa oposición podría producirse un movimiento capaz de hacer peligrar la conservación de la Isla (las amenazas de Espada comenzaban a surtir efectos en España), pero está persuadido que cuando se comunicase a dichas Autoridades el contenido de la carta cesaría la oposición y no habría más inconvenientes para hacer ir el Obispo a España, aconsejando el difundirla lo antes posible para contrarrestar durante el tiempo que aún tendría que permanecer Espada en Cuba, el que aprovechase su influencia para provocar la "temida independencia".

Juzga que este documento basta "para que se lleve con todo rigor a efecto la Real Orden de 21 de febrero sin dar oídos a reclamaciones", "con lo que es de esperar se calmará la agitación en que se hallan aquellos leales habitantes, sobre lo cual se hará a aquel jefe particular encargo; en inteligencia de que toda consideración debe ceder a la conservación de la Isla de Cuba".

Lo que impulsa a proponer que se reitere al Capitán General la Real Orden en los términos que expresó al Consejo, sin decir que es para emplear las luces del Obispo en el servicio del Rey, sino que su llamamiento es en bien de la Iglesia y del Estado.

Las representaciones en favor de Espada no habían sido tomadas en consideración encontrando al Rey perfectamente decidido a hacerlo ir a España. El Consejo no había sido nunca consultado si convenía o no esto. Al principio se le preguntó simplemente cuáles eran los medios para llevar a efecto el embarque, y después, cuando se le enviaron los documentos llegados con posterioridad, no era para que decidiese si bastaban o no para suspender lo anteriormente mandado, pues el viaje a España está resuelto definitivamente, sino para insistir sobre la Real Orden de 21 de febrero. Así lo comprendió el Fiscal después de la Real Orden de 6 de noviembre y en conformidad dictaminó.

En vista de todo esto, el 16 de noviembre el Consejo de Indias fue del parecer "que V. M. se sirva mandar nuevamente al Capitán General de la Isla de Cuba que cumpla en todas sus partes la Real Orden de 21 de febrero último, esperando de su prudencia, celo y conocimientos que tomará todas las medidas que estime conducentes para hacer compatible el puntual cumplimiento de ella con la tranquilidad de la Isla; como igualmente que conviniendo, salga por ahora de La Habana el Doctoral de aquella Santa Iglesia D. Juan Bernardo O'Gavan le haga venir a la Península, comunicando a éste la Real Orden por mano del mismo Capitán General para que se le entregue y cuide de que tenga su puntual observancia".[401]

Ya aquí el Gobierno Español se separa por completo de los motivos de orden religioso que inspiraron las gestiones de Nuncio y las primeras Reales Órdenes para tratar el asunto en el terreno político al que lo lleva la carta al "Querido amigo" y la que Espada mandó al Rey.

D. Ignacio Omulayan, D. Antonio Gamiz, D. Francisco de Leyba y D. Manuel Jiménez Guazo, conservadores extremistas y enemigos declarados de Espada como tendremos oportunidad de ver en distintas ocasiones, emitieron voto particular en el sentido de hacer más enérgica la orden de mandar a España al Obispo y a O'Gavan y de expresar al Capitán General, a los miembros de la Audiencia de Puerto Príncipe, a las Corporaciones y particulares que enviaron las representaciones en favor del Obispo, el desagrado del Rey, y que se le hiciera responsable de cualquier oposición que se haga a la Real Orden de 21 de febrero.[402]

En otro voto particular, el Duque de Montemar, D. Antonio Gamiz y D. Manuel Jiménez Guazo, en vista de que "en la Isla de Cuba se han difundido impresos y periódicos subversivos, se han establecido Logias y ha cundido de un modo escandaloso la relajación de la moral; todo esto desde la abolición del Santo Oficio y restablecimiento de la 'Constitución', pedían la restauración de la Inquisición".[403]

El Nuncio se hace la ilusión de que era el motor que aceleraba la marcha de estas gestiones y la causa de aquella prisa, aquella lluvia de Reales Órdenes, aquella firmeza, aquella impaciencia que se nota en la marcha del expediente, y que estaban tan lejos del ritmo sereno y apacible de la burocracia de la época.

Él mismo nos dice en un despacho al Cardenal Secretario de Estado[404] que no dejó de insistir acerca del Ministerio de Gracia y Justicia para que: "fuesen ejecutadas las justas medidas de rigor decretadas contra el Obispo de La Habana", y que allí se le aseguró que no tardarían en expedirse las órdenes oportunas.

En el mismo despacho nos enteramos que estuvo el Rey enfermo desde mediados de noviembre hasta principios de diciembre y que esta enfermedad había suspendido momentáneamente el curso de muchísimos negocios, siendo ella la causa de que aún no hubiesen partido las nuevas órdenes para hacer embarcar al Obispo.

Todo esto explica el lapso de tiempo transcurrido entre la Consulta del Consejo de Indias y la Real Orden correspondiente.

En los primeros días de diciembre mejoró el Rey disipándose los temores que había creado la enfermedad, temores a los que alude el Cardenal Secretario de Estado en su respuesta al Nuncio[405] y el 7 de ese mes se expidió al Capitán General Vives una Real Orden[406] para que cumpliese en todas sus partes la de 21 de febrero, esperando de su prudencia celo y conocimientos que tomaría todas las medidas conducentes para hacer compatible su puntual cumplimiento con la tranquilidad de la Isla; y que conviniendo también saliese, por ahora, de la Isla el Doctoral D. Juan Bernardo O'Gavan, le hiciese venir a la Península, y encargándole de entregar a éste la Orden y cuidando de que tuviese su puntual observancia.

Como se puede ver la Real Orden se ajustaba exactamente a la Consulta del Consejo de Indias, haciendo caso omiso de los votos particulares.

El 30 de diciembre comunicó el Nuncio la noticia al Cardenal Secretario de Estado[407] agregando que se hacía venir el Obispo a España para depositarlo allí en un convento para ser juzgado en la forma canónica por la Santa Sede.

El mismo día en Roma el Cardenal Secretario de Estado escribió al Nuncio[408] que esperaba hubiese sido ejecutada "la implorada expedición de las órdenes oportunas".

Mientras tanto en La Habana continuaban Espada y O'Gavan, si no tranquilamente, al menos de un modo efectivo en el Gobierno de la Diócesis, elevando el Obispo aquel año tormentoso la Ermita de Pipian a Auxiliar de Macuriges y la de San Francisco de Paula de Trinidad a Auxiliar de la Parroquia.[409]

En los primeros días de febrero de 1825 debió recibir Vives la Real Orden de 7 de diciembre anterior por lo que emitió un decreto el 8 de febrero pidiendo a los Asesores del Gobierno su parecer sobre las medidas que debían tomarse en el caso del Obispo.[410]

Diez días después y sin haber recibido aún la respuesta, ordenó el Capitán General al Protomédico Regente que nombrase dos facultativos de toda su confianza "por su probidad, buen juicio y amor al Rey", que no fuesen de los que en aquel momento asistían a Espada para que con ellos pasase inmediatamente a la casa del Obispo y luego de hacerle saber que llevaban orden suya reconozcan el estado de su salud y expongan bajo la más estrecha responsabilidad si puede embarcarse ahora para la Península sin peligro de vida y en caso que lo haya, cuando podrá verificarle, expresando clara y terminantemente su dictamen".[411]

Es muy posible que a pesar del rigor de los términos oficiales estas consultas de Vives estuvieran movidas por los mismos resortes que puso en marcha la intriga de las representaciones y los certificados médicos el año anterior, y que el único objeto que el Capitán General se propusiera con ellas era ganar tiempo y encontrar un pretexto para, salvando su responsabilidad, impedir el embarque de España.

El día siguiente, obedeciendo las instrucciones de Vives, a las diez de la mañana visitaron al Obispo (que posiblemente los esperaba) en su casa el Protomédico Regente Dr. D. Lorenzo Hernández y los médicos Dr. D. Juan Angel Pérez y Carrillo y Dr. D. Simón Vicente Hevia.[412] Según el dictamen que emitieron ese mismo día, lo encontraron en cama, "entre sábanas", le hicieron un escrupuloso examen y después de haber conferenciado fueron de opinión que padece de una gastroenteritis crónica o inflamación de la membrana mucosa del estómago e intestinos, acompañada de diarrea biliosa, torminos (?), pulso tardo y un principio de infarto u obstrucción en las glándulas mesentéricas, todo lo que reconoce por causa principal una diatesis escorbútica en la masa de sus líquidos", por lo que estimaron "que mientras permanezca en este estado no puede pasar a la Península sin riesgo de su vida, necesitando para evitar los progresos de su enfermedad, y procurar su curación radical, si fuere posible, continuar usando como único alimento de la leche bien demagrada, como lo está observando con algún alivio, de algunos remedios farmacéuticos oportunamente aplicados, de abrigo moderado y de respirar un aire puro, cuyos auxilios no puede proporcionarse en una navegación dilatada en que las exhalaciones mofíticas que se inspiran fomentarían su enfermedad. Mas si su naturaleza sobrellevase bien aquel orden dietético, por el espacio de tres o cuatro meses, y fuera actuando y digiriendo bien otros alimentos más aptos para reparar y sustentar las fuerzas vitales, entonces podría ponerse en aptitud para hacer el tránsito a la Península, no siendo posible de acuerdo con los conocimientos humanos, determinar el tiempo que necesita para que pueda verificarlo, pues aún dudamos de su curación en razón de ser una enfermedad crónica, el paciente de una edad septuagenaria, lo que unido a su temperamento sanguíneo y bilioso (aquí el carácter áspero y violento) y vicio escorbútico, aumentan aquellas". [413]

El 21 envió Vives un Oficio muy reservado al Arzobispo electo de Santiago de Cuba, D. Mariano Rodríguez de Olmo[414] que se encontraba en La Habana, desde el 3 de diciembre último, pidiéndole que informase sobre la salud de Espada,[415] y otro, también reservado al intendente en comisión pidiéndole la avisa si había algún buque español mercante de bastante fuerza que salga para España en que pudiera transportarse el Obispo con toda seguridad, sin aventurar su persona a ser cogido por los corsarios insurgentes.[416]

Sabía Vives cuando hizo esta pregunta, la respuesta que obtendría, y el tiempo que tardaría en recibirla. Así las numerosas pérdidas de buques sufridas en los últimos meses, dejaba al Gobierno de Cuba en una debilidad tal ante los "Corsarios" colombianos y mejicanos que precisamente una de las grandes preocupaciones del Capitán General en aquel momento era subsanar rápidamente esta deficiencia.

El Arzobispo electo de Santiago de Cuba se había detenido en La Habana, para prestar en manos de Vives el correspondiente juramento antes de tomar posesión, y esperando de un momento a otro la llegada del Palio y de las Bulas del Arzobispado de Cuba, para continuar el viaje, permanecía allí, ignorante de que las cosas iban despacio y de que no ocuparía su silla hasta el 19 de febrero del año próximo.

Desde su llegada había visitado varias veces a Espada "por atención, buen ejemplo y consuelo suyo" [417] y sólo por su debilidad y extenuación "me abstengo de frecuentar algunas visitas y por lo mismo las que le he hecho han sido de muy poca duración".[418] Siempre lo había encontrado "en el estado lamentable de postración en que ha permanecido, obligado forzosamente a guardar cama, y observar una rigurosa dieta láctea, para ocurrir de alguna manera a las prolijas complicadas enfermedades que lo atormentan, siendo tan extremada su debilidad y aún inanición que hasta articular algunas palabras le ocasionan demasiada fatiga".[419] Así lo informó al Capitán General el día 22, y como no tenemos fundamento para dudar de su palabra, cuando por el contrario sabemos que fue un hombre recto y honrado y no creemos tampoco que Espada hiciese una comedia para engañarlo, podemos deducir que el Obispo estaba realmente enfermo, quizás no tan grave como lo pintan los médicos y como lo cree el Arzobispo pero tampoco bueno y sano como lo presentan sus detractores.

Con este documento y con el dictamen médico, sin esperar la respuesta de los Asesores ni del Intendente en Comisión, escribió Vives un Oficio el 23 de febrero, explicando al Gobierno de Madrid las razones que tenía para no cumplir la Real Orden.

Comienza diciendo que "ni antes; ni después del restablecimiento del Gobierno de S. M., he tenido amistad con el Obispo, ni más relaciones que las de pura política y etiqueta que debe reinar para guardar la armonía e inteligencia entre las autoridades".

Las principales razones de Vives son "las representaciones que hicieron a favor del Obispo las Corporaciones de la Isla" y "la compasión que inspiran sus desgracias a este cristiano vecindario".

De esto último hace su caballo de batalla tocando todas las cuerdas sentimentales para excitar la piedad del Gobierno. "Todo el público está enterado de la gravedad de los males que tienen postrado al Obispo, y sujeto a una dieta láctea (se ve que lo de la dieta láctea causaba a todos gran impresión) para ir prolongando su débil existencia; nadie tiene esperanzas de verlo restablecido porque debilitado con la edad de setenta años, no alcanzan los auxilios de las medicinas para animar una naturaleza destruida".

Insinúa el peligro que podría entrañar una medida tan rigurosa, nombrando la palabra que entonces hacía palidecer a las Autoridades tan preocupadas en conservar los estados del Imperio: "El escándalo que sería para este público y para la Europa entera, arrancar a un anciano moribundo de su lecho para conducirlo a bordo de un buque donde no podría sobrellevar ni las fatigas de la navegación, ni las demás privaciones que son consiguientes". Viaje que representaría "la muerte infalible de un Pastor que por tanto tiempo ha gobernado esta Diócesis y a quien miran con veneración y respecto muchos de sus habitantes", sus mismos enemigos, por más encarnizados que se les quisiera suponer, se compadecerían al ver arrancar de su lecho para conducirlo a bordo a un anciano postrado y casi moribundo".[420]

¿Por qué prefiere Vives dar largas al asunto y exponer todas estas razones en lugar de decir claramente su opinión y hacer ver al Gobierno Español que obedecer aquella Real Orden era cometer una imprudencia que podría costar la pérdida de las últimas colonias de América? Tal vez pensando que de este modo evitaría el peligro, mientras que si daba las verdaderas razones, en España podrían no tomarlas en consideración y repetir la Orden en términos más enérgicos aún, con lo que no le quedaría otro remedio que obedecer poniendo, él mismo, fuego a la mecha que haría saltar al polvorín.

Ante la insistencia del Gobierno, el grupo de Espada decidió que era preciso enviar a alguien a Madrid para que se ocupara allí directamente del asunto. Ninguno más de fiar que el mismo O'Gavan quien contaba en España con amistades influyentes para obtener la revocación de la Real Orden, así es que aprovechando la coyuntura que le ofrecía la Orden de ir a la Península se decidió que embarcara en la primera oportunidad, intentándose con esto al mismo tiempo apaciguar los ánimos irritados de los enemigos de Espada.

Sabemos por Vives[421] que cuando éste le comunicó la Real Orden de 7 de diciembre de 1824, O'Gavan le manifestó su pronta obediencia y su deseo de ir a España por la vía de Francia en buque extranjero por mayor seguridad y no haberlo español, rogándole al mismo tiempo que instruyese al Rey sobre su conducta pública y privada.

Vives accedió a todo esto, le expidió pasaporte y envió al Rey los informes más favorables alabando su actuación durante el tiempo en que gobernó la Diócesis.

Todo lo que contradice al segundo anónimo del "Fidelísimo Pueblo de La Habana" cuando dice que casi a la fuerza dejó el Provisorato a D. Justo Vélez.

Al mismo tiempo que Vives comunicaba a O'Gavan la Orden de ir a España le pasó un Oficio al Obispo manifestándole que era preciso nombrar un Gobernador de la Diócesis con arreglo a lo mandado en las Reales Órdenes.[422]

Convinieron los consejeros de Espada en que el camino más prudente era obedecer, y después de nombrar Provisor de la Diócesis a D. Justo Vélez, acordaron elegir al Obispo Guamanga más inofensivo que el de Cartagena cuidando de ponerlo en condiciones tales que bien poco pudiera hacer. Vivía el Obispo de Guamanga, "separado del comercio de las gentes" y según su propia declaración hacía dos años que no veía a Espada, cuando recibió el nombramiento.

Este Prelado, nada ambicioso ni amigo de discusiones, creyó, no obstante, necesario el salvar su responsabilidad y cuando el 3 de mayo siguiente dio cuenta a Vives de que el Obispo Espada le había expedido el 9 de abril el título de Gobernador de la Diócesis (título donde se hablaba vagamente de una Real Orden sin dar su contenido ni fecha) hace constar que ha comenzado a desempeñar los asuntos que se le presenta, que son sólo los de Gobierno, pues los contenciosos la siguió desempeñando Juan Bernardo O'Gavan como Provisor y Vicario General del Obispado, hasta el 30 de abril en que se despidió de la Curia, y que el lugar que dejó lo va a ocupar D. Justo Vélez Presbítero Director del Seminario en fuerza del nombramiento que tiene de Provisor Auxiliarmente del Dr. O'Gavan sobre cuya división de poderes y sucesión o regreso al Provisorato, si bien nada ha articulado por su parte, lo hace presente para que no se atribuya su silencio a falta de aplicación al trabajo o a otras causas que quieran figurar los que toman interés en el asunto".[424]

Noticias que confirma en 1828 el Obispo de Cartagena cuando dice que fue aquel "un nombramiento caprichoso para callar y adormecer al Gobierno que instaba por su venida (de Espada) a la Península. Dicho Señor (el Obispo de Guamanga) hoy Obispo de Puerto Rico no pudo remediar nada porque el Gobierno quedó montado en los mismos términos en que estaba antes y no le concedió más que la potestad de jurisdicción para los asuntos contenciosos y estos dependían de todos los oficiales antiguos.[425]

El segundo anónimo del "Fidelísimo Pueblo de La Habana" tiene también algo que decir al respecto, y es que al Obispo de Guamanga se le nombró Gobernador de la Diócesis "en lo puramente graciable, con dependencia del Diocesano".

Con motivo de este nombramiento D. Pedro Gutiérrez de Cos visitó a Espada y lo encontró: "En cama, flaco, pálido y desfallecido y su voz lánguida y pausada" y "por la conversación" advirtió "que estaba poseído de melancolía profunda".[426] Con lo que tenemos la clave de los males de Espada, más de orden espiritual que físico. El abatimiento en que cayó cuando se enteró de la Real Orden de 21 de febrero se había agravado al ver lo infructuoso de sus esfuerzos y claudicaciones y ahora la esperanza del buen éxito de la embajada de O'Gavan podía reanimarlo. Al momento de la visita del Obispo de Guamanga, el dolor de haberse visto obligado a ceder, aunque fuese en parte, a la orden de Madrid que humillaba su soberbia, aumenta sin duda alguna aquella "melancolía profunda" a la que la edad y la debilidad física impedían convertirse en rebeldía declarada.

El 19 del mismo mes se decidieron finalmente los Sres. Asesores a contestar a la consulta que les hiciera el Capitán General el 8 de febrero. La respuesta no era favorable al Obispo ni mucho menos, es más, echaba a rodar la tesis de Vives diciendo que: "por no ser la influencia del Prelado de tal naturaleza que pueda causar esos recelos" (que se turbe la tranquilidad pública si se le embarca a la fuerza) eran de dictamen que se enviare al Obispo a España en términos compatibles con la humanidad, en un buque que ofreciese toda clase de garantías" y agregaban como si todo aquello no fuese bastante terminante: "faltaríamos a nuestro más sagrado deber si no le manifestáramos la necesidad en que se halla V. E. de mandar guardar, cumplir y ejecutar la Real Orden de 21 de febrero".[427]

Con esta respuesta Vives acusó recibo de la Real Orden de 7 de diciembre anterior diciendo que de acuerdo con los Asesores del Gobierno había dispuesto se cumpliese y ejecutase la citada Real Orden, en vista de lo cual había enviado un Oficio al Intendente si había buque mercante español de bastante fuerza para no aventurar la persona del Reverendo Obispo a caer en manos de los insurgentes que mantienen constantemente sus cruceros sobre las costas de la Isla. No siendo posible separar en aquel momento del Apostadero de La Habana ninguno de los buques de guerra a causa de su corto número ya que se veía precisado para proteger el comercio a conservar la "Corbeta Aretusa", mientras duraba la carena de la "Fragata Sabina" que se estaba reparando de las averías que había recibido al vararse cuando regresaba de San Juan de Ullua.[428]

Sin contradecir el dictamen de los Asesores, antes bien, ajustándose aparentemente en él, Vives dejaba las cosas en suspenso entreteniendo el Gobierno con una vaga promesa. Es de notar que el Capitán General daba gran importancia al factor tiempo, mucho más ahora que O'Gavan se dirigía a Madrid, por lo que enviaba siempre sus acuses de recibo antes de recibir las respuestas pedidas a los distintos organismos, de este modo no concluía jamás el asunto, y tenía siempre un pretexto para posponer temporalmente el envío de Espada mientras prodigaba las promesas de mandarlo.

Para poner esto más de relieve, justamente el día siguiente de haberse enviado la nota a que acabamos de referirnos, el Intendente, don Francisco de Arango, contestó a Vives su oficio de 21 de enero reproduciendo (después de tres meses y dos días) una comunicación de la Administración General de Rentas con una lista de buques mercantes en condiciones de ir a la Península "de los que no se tienen noticias de su calidad y fuerza" y "van a su riesgo y aventura".[429]

Con esta respuesta Vives cubría por el momento su responsabilidad, sin embargo, el 22 de mayo vuelve sobre el asunto enviándole una comunicación al Comandante General de Marina D. Miguel Gastón,[430] dándole la orden de transportar a España, bajo partida, a un sujeto que se le indicaría.[431]

Mientras tanto los enemigos de Espada, de La Habana, que veían con despecho que las cosas no tomaban el cariz que ellos deseaban, continuaban intrigando para hacer precipitar los acontecimientos. El 24 de mayo, el autor del primer anónimo de "El Fidelísimo Pueblo de La Habana" escribió un segundo del mismo título, como confirmación y ampliación del anterior. Es éste un documento bien empapado en hiel y transpira odio y violencia en todas sus partes. Está aún peor escrito que el anterior, en un estilo pesado, confuso y a veces del todo ininteligible. Las frases están tan arbitrariamente construidas que muchas de ellas flotan en el aire sin conexión visible con el resto del párrafo. Esto hace que las dos acusaciones principales hechas contra el Obispo y sus "facciosos"; las de conspirar por la independencia de Cuba y la de ser afectos al régimen constitucional (las cuales indudablemente eran las dos peores que podía hacerse en España contra un individuo en el año 1825), corren paralelas, se entrelazan, se separan, se unen y confunden en una sola, diseñando así un complicado arabesco que hace a veces dificilísimo el determinar la parte que corresponde a cada una de ellas.

En resumen se acusa a Espada y a sus "facciosos" de liberales exaltados que para mejor llevar a cabo sus fines introdujeron y propagaron la masonería en Cuba; que conspiraron activamente por la independencia de la Isla; y que gracias a la enorme influencia política del Obispo, al ascendiente que tenía en las logias y al soborno, logró en repetidas ocasiones que fuesen elegidos Diputados a Cortes O'Gavan, Benítez, Zayas, Valle, Santos Suárez, Félix Varela y Gener, todos ellos "facciosos" de Espada, masones y partidarios de la independencia de Cuba.

Que el Seminario de La Habana (institución que con la Sociedad Patriótica reconoce que hizo progresar el Obispo) era el centro de la conspiración, formado por Espada con los "empleados y protegidos de las vastas dependencias de su Ministerio" y que los Catedráticos y alumnos del Seminario, con los Curiales eclesiásticos eran los más activos conspiradores.

Que cuando Varela y sus compañeros fueron proscritos y se refugiaron en Baltimore, Espada los mantenía con las rentas del Obispado.

En fin, niega las enfermedades del Obispo, califica de "siniestros los informes" las representaciones hechas en su favor y pide se envíe a España al Diocesano si no quiere que se consumen las rebeliones con que se ataca la siempre fiel Isla de Cuba".

El 25 de mayo el Comandante de Marina contestó a Vives su comunicación del 22 informándole que por su corto andar que la hace poco a propósito para el servicio ordinario del Apostadero de La Habana y porque es el peor buque de los de su clase que hay en él, ha elegido la Corbeta "Zafiro" para escoltar hasta la Península el convoy que se prepara.[432]

Es muy posible que Espada estuviese al tanto de todas estas tramitaciones oficiales y que Vives actuara de acuerdo con él, pues de otro modo carecería de significado el proceder del Capitán General, quien en vez de perseguir un propósito fijo, apoyado en meditadas razones y en un plan inteligentemente trazado, aparecía como un carácter débil capaz de pasar inmediatamente de la orden enérgica al consentimiento de su desobediencia y viceversa, juguete de las opiniones encontradas de las personas que lo rodeaban.

El 26 de mayor, Vives comunicó oficialmente a Espada la Real Orden de 7 de diciembre anterior y le avisaba que se dispusiese a hacer el viaje a la Península en la Corbeta del Rey, "Zafiro", que se preparaba a salir para el puerto de Cádiz a la mayor posible brevedad.[433] Con la misma fecha envió un oficio reservado al Comandante General de Marina comunicándole que la persona a quien se refería en su oficio del pasado 22 y que por Real Orden debía ir a España bajo partida de Registro, era el Obispo Espada a quien se le había comunicado la orden para que estuviese pronto a hacer el viaje en la Corbeta "Zafiro".[434]

Con estos dos documentos Vives salvaba las apariencias y su responsabilidad. Su lectura no podía menos de convencer a las Autoridades Españolas del celo del Capitán General quien no había dejado de disponer nada para que se cumpliesen los augustos deseos del Soberano. Ahora no quedaba más que esperar que el Obispo hiciese su equipaje y que una mañana de viento favorable emprendiera el viaje en la Corbeta "Zafiro" saludada por las salvas de los Cánones de la fortaleza de la Cabaña.

Desde luego que Vives no creía en una solución tan sencilla, así es que no mostró la menor sorpresa cuando el día siguiente recibió una carta, que seguramente esperaba, del Obispo.

En ella le decía Espada que era su deseo obedecer al Rey y que ya lo hubiera hecho en cumplimiento de la Real Orden de 21 de febrero del año anterior si su enfermedad que "ha ido agravándose de día en día" no fuese un estorbo insuperable.

171

"De cualquier naturaleza que fuese mi llamamiento a la Península mi actual enfermedad no me permite regresar, ni ahora, ni por desgracia, mas que probablemente, en el resto de mis días."

"Me hallo postrado en la cama del dolor hace muchos meses y tres facultativos agotan los recursos de su arte, aunque infructuosamente, para aliviarme."

"En esta angustiosa situación, bien notorio a V. E. y a todos los habitantes de esta Capital que están vivamente penetrados de mis dolencias y de mis desgracias" no le era posible soportar, "los sufrimientos de una larga y penosa navegación en la que debía indudablemente perecer, tal vez a principios de ella, o quizás al trasladarse de la cama al buque."

Por último después de prometer embarcarse si mejora, toma en mano el incensario de la adulación para decir a "S. M. si fuese posible que presenciara mis males sería el primero que suspendería mi embarque, el creer otra cosa sería una injuria a los sentimientos paternales de Nuestro Soberano", pide a Vives que haga lo mismo y que para dictaminar ordene un nuevo reconocimiento médico a lo que mejor estime conveniente.[435]

En esta carta Espada cambia de táctica y de tono. Apenas hace una velada alusión a las antiguas que tan poco efecto han surtido. Ahora su propósito es excitar la piedad del Rey. Se ve que sus energías decrecían rápidamente cuando es capaz de una mudanza tan repentina, tal vez con la ausencia de O'Gavan se sentía incapaz de mantener aquella actitud de traducirla en hechos si las circunstancias lo obligaran a ello, y por eso, en vez de alzar la voz, suplica humildemente, pintándose como el más desgraciado de los enfermos.

Era esta respuesta justamente la que deseaba Vives quien tal vez no es enteramente ajeno a ella. Al menos la sugerencia con que termina se ajusta como anillo al dedo, a los procedimientos del Capitán General en este asunto.

Él mismo nos dice lo que hizo con ella: "esta contestación con los antecedentes la pasé a consulta de los Sres. Asesores del Gobierno (Excmo. Sr. D. Rafael Rodríguez y D. José Antonio Verdaguer) para oír su dictamen en asunto de tanta gravedad".[436]

El 1 de junio contestaron los Asesores aconsejando a Vives que hiciera reconocer al Obispo por facultativos que no tengan la menor relación con el Obispo y en presencia de "una persona de carácter"; que supuesto que el Obispo de Guamanga, Gobernador de la Diócesis, ve frecuentemente al Obispo, se le pide un informe sobre su salud; y que el mismo Vives le haga una visita, para así poder informar a Su Majestad "en inteligencia de que la imposibilidad absoluta que pueda ofrecerse no toca a nosotros guardarla". El día 3 envió

Vives un Oficio al Obispo de Guamanga, ordenándole visitar a Espada e informar con la menor brevedad sobre su salud y si creía que podría hacer el viaje a España,[438] y otro al Alcalde Ordinario Coronel don José María de Cárdenas, por reunir las circunstancias de "carácter, amor al Rey y celo infatigable en su Real Servicio", para que acompañado de los Dres. José Viera, Andrés Ferriles y Bernardo del Riezgo, oficiados el mismo día, pasesen al Palacio del Obispo para practicar su reconocimiento, atestando en honor y conciencia si se halla en estado de trasladarse a bordo de la Corbeta "Zafiro" para hacer un viaje a España y si según su estado de salud corre inminente riesgo su vida: y dieran cuenta del resultado a la mayor brevedad.[439]

El día 4 contestó el Obispo de Guamanga diciendo que encontraba a Espada "en el mismo estado de enfermedad (que en abril); calcular el grado hasta donde pueda agravarse y el tiempo de su duración es a lo que no alcanzan mis conocimientos, pero por los síntomas que he observado y por la noticias que tengo de sus padecimientos anteriores, he formado juicio de que si en el estado de debilidad, tristeza y abatimiento a que se halla reducido el Sr. Obispo, se le embarca está muy expuesto a morir aún en el principio de la navegación".[440]

El Obispo de Guamanga que es un testigo imparcial y veraz, y un observador agudo que por su ministerio ha tenido ocasión de adquirir una buena práctica de los hombres y de la naturaleza humana no le escapa la "tristeza y abatimiento" de Espada y habla de ellos cada vez que se refiere a sus enfermedades.

Los médicos, sin embargo, pasan por alto esta circunstancia perdiéndose en una multitud de particulares. Dicen que: "habiendo hecho un prolijo examen de S. E. Ilma., tactado el vientre y observado su pulso, lo encontraron muy extenuado, con un pulso abatido, el vientre meteorizado y con infarto en las glándulas del mesenterio, por cuyos síntomas convinieron en que la enfermedad es una diarrea biliosa escorbútica, que la padece hace muchos meses, porque está sostenida de una gastroenteritis crónica, o sea, inflamación lenta de la membrana mucosa del estómago e intestino.

El cronicismo de esta enfermedad, la resistencia que ofrece a los remedios que oportunamente se le han aplicado, los deliquios y teneranos (?) de que con frecuencia es atacado, la consunción en que se halla y lo que es más que todo, su edad que se acerca a septuagenaria, les sirven de antecedente para deducir que la enfermedad es peligrosa y de difícil curación, y que para conservarse debe usar con frecuencia el método curativo que los facultativos de su asistencia le tienen impuesto, consistiendo éste, en el uso de las leches de vaca, cabra y yegua, alimentos farináceos, vegetales frescos y medios corroborantes cuando hay necesidad de ellos, y un moderado abrigo a proporción de la estación".

Para concluir que: como esta clase de remedios es la más apropósito, y con la que debe continuar por mucho tiempo S. E. Ilma. no está en disposición por ahora de pasar a la Península sin que exponga su vida a un eminente peligro".[441]

D. José María de Cárdenas envió a Vives el dictamen al día siguiente informando a S. E. "en verdad y justicia que el aspecto del venerable enfermo indica su gravedad, postración de sus fuerzas y que difícil o milagrosamente podrá restablecerse".[442]

Realmente las cosas marchaban a pedir de boca. No deseaba el Capitán General nada mejor y sin esperar más, el 22 de junio envió un Oficio al Secretario de Estado y del Despacho de Gracia y Justicia donde le informaba que "la deplorable situación en que se halla éste (el Obispo es tan pública y notoria" y "la progresiva gravedad de sus males que le han postrado hace mucho tiempo" lo determina a mirar el asunto con la prudencia que corresponde en materia tan delicada y asegurar mi resolución en el parecer de los dos Tenientes Gobernadores Asesores y Generales del Gobierno". Narraba a continuación cuanto había sucedido, lo que calificaba de "fundados y justos motivos que ha tenido para no remitir a España en esta ocasión al Reverendo Obispo" y terminaba "rogando a V. E. al mismo tiempo le manifestase al Rey Nuestro Señor el verdadero estado de gravedad en que se halla ese desgraciado anciano, sin esperanzas de alivio y postrado en el lecho del dolor; para que el piadoso y paternal corazón de S. M. se dignase aprobar mi prudente determinación".[443]

Vives no daba su brazo a torcer, Espada permanecía en La Habana, gracias a la defensa del Capitán General, quien a su vez se protegía a sí mismo enviando adjuntos a su comunicación trece documentos que justificaban su actitud.

En los primeros días de julio se recibió en Madrid el oficio de Vives y sin pérdida de tiempo se dio traslado de los documentos al Consejo de Ministros para discutir lo que convenía resolver.

O'Gavan, que libre y considerado, circulaba por Madrid teniendo, gracias a sus buenas relaciones, acceso a las más altas esferas del poder, no había desperdiciado ninguna oportunidad de justificar al Obispo y a sí mismo, preparando el terreno para que se considerase de nuevo el asunto con ojos más benévolos que en los meses anteriores.

En efecto, el Consejo de Ministros acordó, y el Rey lo aprobó, que si el Capitán General Vives encontraba algún inconveniente en la remisión a España del Obispo Espada, suspendiera esa providencia.

Al margen del Oficio núm. 178 de 22 de junio de 1825 en que Vives da las razones por las que no mandó a Espada a España se lee:

"Cea me vino de parte de S. M. diciéndome comunicase para que por el mal estado de salud del Obispo se suspenda su venida".

El Secretario de Estado y del Despacho dè Gracia y Justicia obedeció estas instrucciones comunicando a Vives, en Real Orden de 6 de julio, lo decidido sobre el particular.[444]

A fines de septiembre llegó a La Habana de la Martinica, la Fragata francesa "Lecurrier" procedente de Burdeos, en ella venía la suspensión del envío de Espada a España.

Dice Vives, y nosotros no lo creemos, que la disposición llegó "precisamente en el momento en que pensaba llevar a efecto las Reales Órdenes sobre el asunto" [445] y agrega que: "apenas se supo en esta ciudad esa soberana resolución (de suspender la remisión del Obispo a España) cuando todo este pueblo naturalmente sensible y compasivo ha manifestado todo su regocijo y agradecimiento a la piedad de S. M.".[446]

Aparentemente la noticia fue la mejor medicina que pudiera suministrársele al Obispo, pues si hemos de creer a Ximénez Guazo en su voto particular de 6 de julio de 1829 opuesto a un dictamen del Consejo de Indias, desde que llegó a La Habana la Real Orden se vio a Espada "pasear cual si no hubiese estado enfermo y postrado según se había supuesto".[447]

El 30 de septiembre Vives acusó recibo al Secretario de Estado y del Despacho de Gracia y Justicia de la Real Orden de 6 de julio, haciendo notar "el disgusto general y escándalo de aquel cristiano vecindario en ver arrancar de su Silla a un anciano de setenta años, lo que no dejarían de aprovechar los enemigos de España en el Continente Americano", y manifestando que son éstos los inconvenientes que encuentra en la remisión del R. Obispo a España, pareciéndole sería muy ventajoso al mayor servicio de la Iglesia y del Estado, que S. M. revocase las Órdenes anteriores, como una nueva prueba de aprecio a los fieles habitantes de La Habana.[448]

Cada vez más claramente exponía Vives su criterio y ahora que cree haber obtenido una victoria sobre el grupo reaccionario que clamaba venganza en Madrid, se atreve a dejar comprender su deseo de que no se le creen más inconvenientes ni complicaciones, que vengan a aumentar el número bastante crecido de los quebraderos de cabeza que le produce su Gobierno.

Mientras tanto ¿qué hacía Espada? Posiblemente ya restablecido del todo había reanudado su vida cotidiana, seguro de que no se le molestaría más en el futuro.

El Obispo había interpretado la Real Orden de 6 de julio como una revocación de las anteriores, de aquí que hubiesen desaparecido sus temores; sin embargo, como hombre de experiencia encargó a sus agentes de Madrid "que pidiese algunas declaratorias convenientes acerca de mi persona y gobierno", pero por un motivo o por otro esta petición no se hizo hasta el 1 de septiembre de 1826.[449]

En 1826 escribirá al Capitán General diciéndole que en el año 1825 "todos me vieron al borde del Sepulcro"[450] pero cuando en 1829 le escribe al Arzobispo de Santiago de Cuba pintando el cuadro de su vida en esta época, no hablará de sus enfermedades.

"Yo tuve la satisfacción (le dice) de que usted permaneciese por más de un año en esta capital después de ser elegido Arzobispo de Cuba usted ha sido testigo ocular de mi absoluta abstracción de los negocios civiles, y de mi vida solitaria, sin visitas más que la de los Jefes y algunas personas de distinción. Mi casa, situada en un barrio de extramuros, nada presenta de ostentación, ni de lujo; mi mesa es parca y frugal, aún podría decir es pobre en todos sentidos: ninguno de los curiales de Roma se contentaría con platos tan sencillos y tan escasos. Mis comensales son mis propios familiares, y algunos Canónigos, Párrocos o Catedráticos del Seminario Conciliar. Mi vestido es modesto y decente sin nada de superfluidad ni de lujos".[451]

Aunque el Arzobispo de Santiago de Cuba califique las afirmaciones de Espada de "fábulas científicas" hay mucho de verdad en cuanto él afirma.

Después de descartar lo que pueda haber de exagerado en la sencillez y modestia de su vida, sabemos ya, que siempre fue esta retirada y hosca, por otra parte no vemos cómo un hombre de su edad y salud pudiera no ajustarse a una dieta "parca y frugal". Lo que parece cierto es que en la segunda mitad de 1825 curó de sus males a pesar de los pesimistas pronósticos de los médicos que lo visitaron oficialmente.

En Madrid, el 11 de octubre, se comunicó de nuevo a Vives que se aprobaba su conducta, sin perjuicio de lo mandado, en cuanto había informado en su Oficio núm. 178 de 22 de junio.[452] Parece ser que hasta entonces, esta aprobación, que ya había sido hecha el 6 de julio, no fue conocida del público, pues sólo el 12 de octubre entera el Nuncio de ella al Cardenal Secretario de Estado.

En su despacho[453] informa Mons. Giustiniani que el Obispo de La Habana "había eludido las órdenes que el Gobierno le había enviado repetidas veces para obligarlo a regresar a España" y que "las autoridades de la Isla temerosas realmente o fingiendo temer un amotinamiento, han rehusado proceder con métodos coactivos y violentos".

Continúa narrando que "mientras tanto se ha obtenido que dicho Prelado abandone casi del todo la administración de su Diócesis, asignado al Gobierno al dignísimo Obispo de Guamanga" y pasa a contar que "el Vicario General del Obispado de La Habana ha venido aquí para justificar su propia conducta y la de su Prelado, empresa demasiado ardua, mejor aún imposible". Convicción que sacó el Nuncio de la lectura de una larga exposición que le envió O'Gavan tratando de justificar a su Obispo y del que escribe al Cardenal Secretariado de Estado que "los escritos que me ha hecho tener en propósito y que estoy examinando confirman la culpa de quienes pretenden absolver".

Desgraciadamente no hemos encontrado en el Archivo de la Nunciatura de Madrid estos escritos que allí debieron quedarse y extraviarse, pues el Nuncio no los mandó nunca a Roma.

El 12 de octubre, el Nuncio no se había encontrado aún con O'Gavan quien seguramente le había pedido audiencia pues en el despacho que estamos citando se lee: "Comunicará a V. E. cuanto se refiera a este asunto cuando haya hablado con este sujeto" cosa que probablemente nunca sucedió, pues el Nuncio no vuelve a tratar de ello.

Lo que podía hacer ya estaba hecho el 12 de octubre, y por esto posiblemente pocos días después, O'Gavan abandonó a Madrid, cosa que explicaría el silencio que en adelante guarda Mons. Gustiniani sobre él.

Después de esta fecha y por un largo período de tiempo, tanto el Nuncio como el Cardenal Secretario de Estado no vuelven a hablar del famoso embarque, en vista de la resistencia que se opone a la ejecución del proyecto, parecen resignados a que permanezca en La Habana, siempre que sea otro quien gobierne la Diócesis en su nombre.

El único comentario del Cardenal Secrtario de Estado a este despacho del Nuncio, es de orden estrictamente canónico: "no haciendo V. S. Ilma. ningún lamento sobre el modo como se ha operado este cambio (entrega del Gobierno de la Diócesis al Obispo de Guamanga), debo suponer que se haya efectuado en la forma aprobada por los Sagrados Cánones".[454]

A Monseñor Giustiniani le picó esta observación y el 30 de diciembre tranquiliza al Cardenal Secretario de Estado en sus "justos temores" y después de decirle que: "el Obispo de La Habana se ha prestado a las insinuaciones que se le hicieron, delegando su jurisdicción y todas sus facultades en el mencionado Prelado" (lo que no es del todo exacto), cae en la tentación, tan traicionera, de dar una pequeña lección a su superior: "He aquí salvada la Autoridad Episcopal a la que no habría permitido recibir la más mínima ofensa, y salvas las prescripciones canónicas sin las cuales no habría podido menos que considerar nulo cuanto se hubiese hecho".[455]

La debilidad de la naturaleza humana es la misma en todos los siglos y en todas las esferas.

Mientras tanto el 23 de diciembre se recibió en Madrid el Oficio núm. 186 de 30 de septiembre de Vives donde éste acusaba recibo de "la Real Orden de 6 de julio y pedía se derogase la orden de hacer ir al Obispo a España". Al margen del Oficio se escribió: "Esperase el resultado de la disposición del Obispo y cuando bueno venga", lo que indicaba que después de una corta tregua las cosas comenzaban a tomar otra vez mal cariz.

¿Qué pudo producir este cambio? No nos parece suficiente explicación la llegada a Madrid el 21 de septiembre de un ejemplar del primer anónimo del "Fidelísimo Pueblo de La Habana" que por no hacer fe no se remitió al Consejo; ni la carta del Obispo de Guamanga, ni el Suplemento al indicador del viernes y el Acta de la colocación de la lápida en la tumba de Colón recibidos en la misma fecha.

Más bien pudiera ser un resultado de nuevas gestiones del grupo contrario a Espada, quien para contrarrestar las gestiones de O'Gavan hubiera redoblado sus esfuerzos.

Aquel año se reconstruyó la Iglesia de Artemisa, que fue eregida en Parroquia,[456] y Espada concedió la administración de la Casa Cuna al Presbítero D. Mariano Arango con el encargo de corregir la mala administración que la había empobrecido. También lo hizo éste, que a su muerte, las propiedades de la institución ascendían a 321.000$.

Como la mejor atención de este asilo exigía un local más amplio y adecuado del que tenía, y como los franciscanos, a partir de la persecución de 1820 no ocupaban el Hospicio de San Isidro, aunque les había sido devuelto en 1824, el Patronato dispuso, no sin las protestas de los religiosos de San Francisco, que los asilados que la Casa Cuna ocupasen el edificio vacío.[457]

Comenzó el año 1826 con los mejores indicios de una nueva época de prosperidad para Cuba, prosperidad que ya Espada no estaba en condiciones de aprovechar como la pasada, cuando su actividad y su dinero corrían a la par a subsanar cuantas necesidades públicas se presentaban.

El primer acto del Obispo en este año es publicar en el Diario de La Habana, el viernes 7 de enero, una Pastoral donde anunciaba la proclamación por León XII del Jubileo del Año Santo.

En esta pastoral se leen ciertas frases sobre las indulgencias, que alarmaron a algunos, quienes con "todo lo demás ocurrido en tal grave negocio", lo enviaron a la Santa Sede. Posiblemente este asunto pasó inmediatamente a la Suprema Sacra Congregación del Santo Oficio [458] lo que explica que no haya dejado rastros en el Archivo Secreto del Vaticano. El sigilo del Santo Oficio es tan riguroso, que no es posible saber, no ya el contenido de los expedientes que se conservan en su archivo, sino, ni aún si estos expedientes están o no allí, lo que hace absolutamente imposible cualquier búsqueda de esa dirección. Sin embargo, como veremos más adelante, el 27 de agosto de 1832, a instancia de D. Francisco Delgado y Correa, el Nuncio en Madrid envió un despacho sobre esta cuestión a la Secretaría de Estado de Su Santidad, la minuta del despacho quedó en el Archivo de la Nunciatura en Madrid, y gracias a ello hemos podido enterarnos que se formuló contra Espada esta denuncia de herejía.[459]

El 16 de enero el Rey nombró al Obispo de Guamanga, D. Pedro Gutiérrez de Cos, entonces Gobernador más o menos nominal de la Diócesis de La Habana, Obispo de Puerto Rico, para cubrir la vacante de D. Mariano Rodríguez de Olmedo ascendido al Arzobispado de Cuba.

Inmediatamente se le comunicó el nombramiento al Nuncio para su conocimiento y para que recibiese en la Nunciatura las informaciones de estilo.

El 28 del mismo mes el Nuncio envió a la Secretaría de Estado de Su Santidad el proceso informativo del nuevo Obispo. Lo acompañaba con un despacho donde expresa sus temores de que la "importante Diócesis de La Habana" dé nuevas y graves preocupaciones al regresar su gobierno a manos de su Obispo.

Ya había comunicado su Excelencia Reverendísima sus aprensiones al Ministro de Gracia y Justicia y promete hacer cuanto de él dependa para obtener que el Obispo de La Habana delegue todas sus facultades en otro eclesiástico "merecedor de nuestra confianza".[460]

Tal vez estas gestiones del Nuncio no fueron del todo ajenas a la Real Orden de 29 de enero, donde se mandaba al Capitán General Vives "Que si el R. Obispo está en disposición de hacer viaje lleve V. E. lo dispuesto en Real Orden de 21 de febrero de 1824, y repetido en otra de 7 de diciembre del mismo año sobre su venida a España sin excusa alguna", lo que se participaba "para su inteligencia y exacto cumplimiento", pero la ocasión que determinó esta medida fue el haberse recibido la correspondencia que había enviado Vives con el índice de 10 de diciembre anterior, donde no daba parte alguno relativo a Espada. En vista de esto, el Rey, ya excitado por las gestiones de Monseñor Giustiniani o de cualquiera, dictó la disposición a que acabamos de referirnos.[461]

Esta era la respuesta a la carta núm. 186 de 30 de septiembre de 1826 de Vives al Ministro de Gracia y Justicia.[462]

En aquellos días en La Habana, ignorante de la nueva tempestad que se estaba formando en España, Espada investía solemnemente en la Catedral el Palio y la Gran Cruz de la Orden de Isabel la Católia al Arzobispo de Santiago de Cuba, quien tomaría posesión de su Archidiócesis el 19 del mes próximo. En esta ceremonia sólo excusó Espada, pretextando sus cortas fuerzas, el ir al Palacio de Gobierno

179

para desde allí, con las altas autoridades civiles y militares de la Isla, ir en procesión hasta la Catedral.[463]

Aunque todavía se sintiese débil y aún no le permitiese su salud hacer grandes esfuerzos, tan pronto se ordenó hacerse cargo de su nueva Diócesis a Monseñor Gutiérrez de Cos "a quien" dice Espada en el colmo de la desenvoltura "había nombrado Gobernador de ella",[464] tomó las riendas del Gobierno que con tanto temor había visto escapársele de entre las manos y comenzó a dirigir los asuntos con la misma energía de antes. Dice en su carta a Vives el 29 de abril que "trabajosamente administró Órdenes en el oratorio de su casa y que en la Catedral consagró los Óleos en su día propio, sin solemnidad y sin asistir a los divinos oficios de Semana Santa como antes lo hacía". Entre líneas y a pesar de los lamentos y la triste descripción de su vejez achacosa, vemos a Espada en camino del restablecimiento, bien distinto del moribundo de los certificados médicos de los años anteriores.

Ni por un momento se pensó en sustituir al Obispo de Guamanga por el de Cartagena, el Nunció hará en Madrid gestiones para lograrlo pero sin éxito alguno. La razón debe ser, que estando O'Gavan a punto de embarcarse para Cuba, y habiendo logrado antes de dejar a Madrid, aclarar completamente su situación (el Nuncio escribirá más adelante que "no sólo había obtenido por inconcebible prodigio, purgarse, sino que regresaba triunfante a su puesto" [465] se le esperaba para que volviese a gobernar la diócesis como lo había hecho en el pasado.

El oportuno nombramiento de Monseñor Gutiérrez de Cos que lo alejaba de La Habana y daba un pretexto legítimo a Espada para recuperar sin violencia el poder, y el triunfo de O'Gavan en Madrid, hacían pensar al Obispo que se restablecería el antiguo estado de cosas y que aquellos dos años de angustias podrían considerarse como una pesadilla desvanecida con las primeras luces del día. Él mismo dice que "iba restableciéndome en lo posible del lastimoso estado en que me pusieron mis males de la mayor gravedad padecidos en años atrás, y especialmente en el pasado en que todos me vieron al borde del sepulcro".[466]

En este estado de euforia que sincronizaba a la perfección con la primavera, recibió Espada el 27 de abril un golpe que no esperaba.

Con esa fecha Vives le daba traslado de la Real Orden de 27 de enero y le preguntaba si se encontraba en estado de hacer el viaje.[467]

Espada contestó el 29 comunicando al Capitán General que la noticia "ha hecho mucha impresión en mi corazón y que probablemente atrasaré lo que había adelantado en mi restablecimiento".

Dice que la recibió "cuando finalmente mis primeros pasos al salir de aquel peligro de mis días se consagraban, como es debido, al mejor servicio del Rey y utilidad de la Iglesia y mi Diócesis, dando cumplimiento a sus reales disposiciones en varios asuntos", aludiendo a las Reales Órdenes de 7 y 15 de enero de aquel año en que se le previno, inculcase en el ánimo de sus diocesanos que no era lícito en conciencia continuar el tráfico de negros y que procurase por los medios que estuviesen a su alcance destruir las sociedades secretas sobre ambos puntos publicó el Obispo respectivas pastorales, que entre paréntesis, no hicieron efecto alguno, pues precisamente en esa época se intensificó el comercio de esclavos y las conspiraciones se multiplicaban a la sombra de las sociedades secretas.

"Ojalá" continúa el Obispo "que yo pudiera emprenderlo (el viaje) sin riesgo de mi vida. Me sería satisfactorio besar la mano de S. M. y desimpresionar, si pudiera, su Real Ánimo, de cualquier que he procurado hacer al Rey, al Estado, a la Iglesia y al Público". hayan elevado al Trono para mancillar mi reputación y los servicios que he procurado hacer al Rey, al Estado, a la Iglesia y al Público.

Es este uno de los párrafos que más llaman la atención en toda la correspondencia de Espada y el que nos permite con mayor facilidad penetrar dentro del misterio de sus pensamientos más recónditos. Un Obispo, católico llegado al grado más elevado del sacerdocio por la sinceridad de su fe, de su vocación religiosa y de sus deseos apostólicos, nunca se calificaría a sí mismo de "empleado público", jamás vendería la primogenitura del episcopado, por el plato de lentejas que le pudiera ofrecer la organización burocrática de una nación, ni tampoco antepondría los servicios prestados al Rey y al Estado, a los de la Iglesia. Su "Sagrado Ministerio", tantas veces invocado en esta carta para esconderse tras él, si hubiese sido sentido como debía serlo, le hubiera inspirado palabras bien distintas.

Como un "empleo público" aceptó y defendió Espada su dignidad episcopal. Como "empleado público" se consideró siempre, y es justo decir que en la parte puramente civil del "empleo", lo desempeñó como ningún otro lo había hecho hasta entonces. De haber seguido otra carrera, hubiera sido tal vez el mejor Capitán General que gobernara en Cuba en toda su historia colonial, aunque seguramente habría aplicado las máximas liberales con demasiada intolerancia no del todo exenta de despotismo; pero como pastor episcopal, es también preciso decir, que fue menos que mediocre, y que nunca tomó en consideración ese aspecto, primordial, de su Ministerio.

Concluye la carta Espada hablando de sus enfermedades de los últimos años, de la debilidad en que todavía se encuentra dice que su "ánimo a la par del cuerpo ha padecido también lo que no es decible en estos últimos años" todo lo que le impide "hacer un viaje largo, penoso y a un clima que aún los que gozan de perfecta salud, no puede causarles en tal edad sino la muerte segura e irremediable".

Como la situación de O'Gavan ha cambiado por completo, no desperdicia la oportunidad para dedicarle un párrafo y volver a la carga en su pretensión de que lo nombren Coadjuntor o Auxiliar con lo que lograría satisfacer sus deseos y dar al mismo tiempo una solución muy de su gusto al enojoso asunto de su llamamiento a la Península.[468]

Esta carta la envió Vives a España acompañada de otra suya de fecha 2 de mayo donde escribe comentándola: "Constándome cuanto en ella se expresa, por ser público y notorio, lo que aviso a V. E. para que tenga la bondad de elevarlo a la soberana inteligencia de S. M. la imposibilidad en que se encuentra dicho anciano, de emprender tan penosa marcha." [469]

La negativa de obedecer las Reales Órdenes no podía ser más rotunda ni más valiente. La decisión de Vives era inquebrantable y Espada debía saberlo pues el tono de su carta de 29 de abril es mucho más sosegado que en las anteriores.

En definitiva era el Capitán General la causa de la permanencia de Espada en La Habana. Arriesgando su posición y exponiéndose a persecuciones y molestias en una época de reacción política, llena de peligros para quienes como él habían formado parte del gobierno anterior, no sólo mantuvo al Obispo en su Sede, sino que a la larga impuso su criterio en Madrid, hasta el punto de que el Embajador de España en Roma ha de adoptarlo como suyo en una nota al Cardenal Secretario de Estado, el año 1830 en la que se refiere a la época que estudiamos ahora:

"En 1826 fueron hechas a S. M. varias quejas contra aquel Obispo acusándole de malas doctrinas y de malas costumbres. Estas acusaciones fueron tomadas en consideración, aunque fueron anónimos la mayor parte de los escritos que las contenían, y fue fácil convencerse que en cosa de hechos era del todo calumniosa aquella contra las costumbres, porque se vio que el Obispo de La Habana, ha sido siempre respetado por la pureza de sus costumbres, y que se encontraba ya en edad tal que excluía toda la posibilidad de cambiarla". "Sobre el punto que contiene mala doctrina fue tomada en consideración por el Santo Padre León XII de santa memoria, quien quiso que el Obispo de La Habana, fuese mandado a Europa a disposición de la Santa Sede y así lo había ordenado S. M. Católica, pero el Capitán General de la Isla de Cuba representó a S. M. que esta R. O. no podía ejecutarse sin causar una revolución en aquella importantísima posesión de su Corona, porque además de que su avanzada edad, y la gravísima enfermedad del Obispo lo hacían el objeto de la general compasión, tenía en su Diócesis una tan gran reputación de sabio, de virtuoso y de caritativo que el número de sus amigos era grandísimo." [470]

Con lo que se comunicaba a la Santa Sede en otras palabras que las razones políticas habían tenido más peso que las religiosas, y se consagraba oficialmente la tesis de Vives.

En Madrid, el Nuncio trataba de reparar como podía el fracaso de sus gestiones. El 11 de mayo escribe al Cardenal Secretario de Estado informándolo de las condiciones en que se encuentra el asunto. Después de asombrarse por el triunfo de O'Gavan, llamado a España "para justificarse sobre varios fundados gravísimos títulos de acusación" y que entonces estaba a punto de regresar a Cuba, dice que se ha apresurado "con reservadísimas gestiones a impedirlo". No es muy explícito el Nuncio sobre la naturaleza de estas gestiones, que no es necesario decir, fracasaron como las anteriores y como las que narra a continuación:

"Si la administración del Obispado de La Habana, es un motivo de escándalo para todos los fieles y de duelo para la Iglesia, la de su Vicario, escogido por él, complice de sus proyectos, partícipes de sus ideas y de sus doctrinas y órganos e intérprete de su voluntad está bien lejos de podernos inspirar la más mínima confianza.

"Yo insisto para que al Obispo de Guamanga hoy transferido a Puerto Rico, suceda en el Gobierno Espiritual de La Habana, el Obispo de Cartagena de Indias, que allí se encuentra refugiado, y que posee las cualidades necesarias para tan delicado encargo. Espero que lo conseguiré."

Y Monseñor que debía ser rencoroso y no olvidaba la deuda del Cardenal añade "se entiende que siempre en el modo regular y canónico, o sea con una plena, ilimitada delegación de facultades que se haga a este Prelado por el Obispo de La Habana sin lo que la cosa tendría jamás efecto, a no ser que interviniese la Santa Sede con una medida extraordinaria".[471]

En julio se recibió la carta de Vives y ya sea porque el Rey se convenció con sus argumentos, ya porque O'Gavan lograra hacerlo cambiar de opinión o porque se había cansado del asunto, decidió poner punto final, insistiendo en el embarque del Obispo, con lo que se salvaba el principio de autoridad, pero dejando al arbitrio del Capitán General el decidir sobre el momento de efectuarlo, cosa que prácticamente anulaba cuanto se había dispuesto anteriormente.

En efecto, la Real Orden de 26 de julio donde se mandaba que "venga a España el mencionado Prelado luego que se restablezca".[472] Ponía en las manos de Vives la suerte del Obispo y ambos podían considerarla como un triunfo. Sin embargo, Espada, que se daba exacta cuenta de que los términos en que estaba redactada la Real Orden lo dejaban expuesto al peligro de un cambio de actitud en el Gobierno provocado por nuevos ataques de sus enemigos y a la eventualidad de que el sucesor de Vives fuese uno de ellos y quisiese aplicar lo mandado dio nuevas órdenes a su apoderado en Madrid para que implorase de Su Majestad que "se digne dispensarlo absolutamente de venir a su Real llamamiento",[473] cosa que hizo el apoderado el 1 de septiembre. Posiblemente el texto le fue enviado por Espada, pues se parece demasiado a las cartas del Obispo al Rey y a Vives. En ésta vuelve a las veladas amenazas del principio y ruega se anulen las Reales Órdenes donde se le mandaba ir a España, para evitar los males que su posición falsa podrían producir en el ánimo de sus diocesanos.

Hasta ahora Espada se ha mantenido firme en negar su culpabilidad, apenas en su Pastoral sobre la paz y concordia, el versículo del Génesis que usa como tema y el elogio que hace del perdón y el olvido pueden ser interpretados como una alusión a su conducta pasada; es sólo por primera vez, en esta carta a su apoderado donde reconoce en cierta forma sus culpas cuando invoca su edad para pedir "la indulgencia de los errores que puedan haber excitado la medida de su llamamiento".

Los ataques de los enemigos de Espada habían disminuido de violencia en Madrid, en todo el resto del año tanto en los Ministerios como en la Nunciatura no se recibieron nuevas quejas ni se hicieron presiones para forzar a los Ministros o al Nuncio a persistir en el intento del embarque, así es que cuando la carta del Apoderado del Prelado fue entregada en el Ministerio de Gracia y Justicia, se le puso al pie una nota que decía: "Espérese hasta recibir las últimas noticias del Capitán General sobre si continúa con la enfermedad o no", y se unió al expediente del Obispo.

Pero en La Habana, Espada, a quien no satisfacía aquella indiferencia por juzgarla aparente y transitoria, no cejaba en su empeño de conseguir una revocación de las órdenes.

Sus fuerzas regresaban poco a poco y con ellas su antigua inquietud y energía. En diciembre terminó las visitas a las iglesias para ganar el jubileo, visitas que había comenzado a principios del año al frente del Cabildo, el Seminario y algunos clérigos y que había suspendido durante el Verano. Dice que sus achaques lo obligaron a ir en volanta "porque la debilidad de mis piernas y todo mi cuerpo no me lo permitían hacer a pie" y que no podía estar sino pocos minutos de rodillas, pero en esa carta,[474] donde cuenta los trabajos que le costaba celebrar Pontificiales en el oratorio de su casa, y que no concurría a la Catedral "sino en caso absolutamente preciso y con gran trabajo" así como que se excusaba siempre de asistir personalmente a las invitaciones del Capitán General, está escrita con el fin de demostrar lo penoso de

184

su situación física, lo agudo de sus males y la necesidad en que está de que revoquen las órdenes de embarque.

En el año de 1826 fue reconstruido el actual templo de Ganajay, se erigió la Parroquia de Pipian, con San Nicolás de Güines como Auxiliar.[475]

Ya en los primeros días de enero de 1827, el Obispo no pudo contener su impaciencia y sus aprensiones al no obtener respuesta a la carta de su apoderado, así es que el 5 de enero le escribió él a Vives pintándole con los más negros colores su estado y rogándole que intercediese cerca de Fernando VII para conseguir la ansiada revocación.

Su aspecto físico había variado mucho y ya no era aquel Prelado tremendo, capaz con su sola presencia de imponerse a la voluntad de cuantos le rodeaban. En esta carta nos deja su retrato, del que por mucho que descontemos en virtud de la intención con que está escrita, queda lo bastante para darnos la impresión de aquella naturaleza exhuberante, repleta de vigor y de energía había caído en la ruina más absoluta que pueda imaginarse.

Comienza lamentando la falta de sus fuerzas corporales a consecuencia de sus graves y continuados males, que los facultativos convienen que hay suma laxitud en todo su sistema muscular lo que le dificulta los movimientos más sencillos de los brazos y piernas, que padece hinchazón en las extremidades de éstas, la cual aumenta en otoño e invierno, acompañada de dolores en las articulaciones ocasionándole una especie de reumatismo crónico, que los vértigos que constantemente le repiten y la sensación dolorosa de peso en el estómago le causan una aceleración en la respiración y que una hernia de la que sufre, hace difícil el ejercicio necesario para el alivio de sus males.

Según los médicos —dice el Obispo— todas estas alteraciones se deben a un temperamento sanguíneo y nervioso que lo predispuso a un estado escorbútico, general, "bien demostrado en las erupciones cutáneas que en estos últimos tiempos he padecido, entre las cuales se observaron algunos carbuncos malignos y aún lo comprueba la pérdida total de la dentadura y las escoriaciones y pequeñas úlceras de la boca que siempre le molestan".

Que a estas causas sucedió un desorden de todos los órganos destinados a la digestión ocasionando infartos y obstrucciones en algunas vísceras del vientre, la diarrea biliosa inveterada, de la que aún no estoy curado radicalmente y la reducción a un estado de marasmo o consunción general". A lo que agrega para completar el cuadro "el sueño corto y agitado".

Con esta carta en la mano escribió Vives el 21 de enero uno de los más bellos elogios que se han hecho de Espada. Al dirigirse al Ministro de Gracia y Justicia en defensa del Obispo, a la par que describe las cualidades del Prelado, sin quererlo, describe el propio ánimo, noble y generoso, digno de la mayor simpatía aunque sólo fuese por la invariable lealtad y el valor sereno y decidido con que defendió a su amigo de todas las persecuciones que lo amenazaban. Al juzgar a Vives en este caso, no se trata de examinar la culpabilidad o no de Espada, es preciso rendir un homenaje a la actitud gallarda del Capitán General quien puso al servicio del Obispo toda su habilidad y su poder y por quien arriesgó sin vacilar su posición, su nombre y su tranquilidad personal.

Comienza la carta repitiendo casi textualmente las razones de Espada, a quien llama "venerable Prelado" y certificando la veracidad de cuanto aquél ha dicho, pasa enseguida a elogiar la ilustrada beneficencia del Obispo, que distribuye sus rentas entre los pobres necesitados, la educación de los huérfanos y obras de utilidad pública, cosas que le grangearon el amor y el respeto de todo el vecindario "y siempre que le ha insinuado alguna necesidad ha encontrado en él una calurosa cooperación".

Continúa diciendo que desde su llegada a La Habana había notado la falta de un establecimiento de caridad para recoger y asistir el gran número de dementes que vagaban por las calles y que en cuanto las atenciones del gobierno le permitieron dedicar un momento para organizar el proyecto, trató de su realización aunque no tenía otros medios que la generosa piedad de los habaneros. Habiéndose manifestado estas cosas al Obispo las acogió con entusiasmo contribuyendo con grandes sumas, gracias a las cuales y a las limosnas de los vecinos estaba próximo a terminarse el asilo.

De allí pasa a tratar de convencer al Gobierno que se puede contar con confianza en la autoridad de Espada "para todo cuanto ocurra en conservación de esta preciosa Isla en legítima obediencia y sujección al Rey", como se lo ha demostrado la experiencia en las veces que ha sido necesario por sus exhortaciones Pastorales. Concluyendo con una súplica al Rey "cuya clemencia en favor de dicho Prelado sería un beneficio para estos fieles habitantes y para mí demostración de la confianza que S. M. tiene de mis deseos de servirle con amor y fidelidad".[476]

Como todo comentario y como epitafio, se escribió al margen de esta carta: "enterado y que no se conteste", abril 4 de 1827.

A pesar de los éxitos O'Gavan no había dejado de tropezar con dificultad en su estancia en Madrid. Ya el 7 de noviembre de 1825 y el 28 de junio de 1828 se había ocupado de él el Consejo de Indias, y en ambas consultas donde se decidiera que podía regresar a La Habana y continuar en el desempeño de su cargo de Provisor, se había opuesto con uno de sus acostumbrados votos particulares el

Ministro Ximénez Guazo jefe de la oposición a Espada y a O'Gavan en el seno del Consejo. En aquella ocasión se fundaba en que el Provisor de La Habana era de "carácter iracundo, rencoroso y vengativo en las representaciones dirigidas a V. M. oscureciendo en ellas el honor de varias familias ilustres y procediendo de un modo capaz de turbar la paz de algunos matrimonios, pues ofrecía justificar la infidelidad de dos de los cónyuges..., con la circunstancia de obrar así por satisfacer a sus sentimientos vengativos".[477]

Finalmente el 17 de febrero de 1827 dictaminó el Consejo de Indias que se le concedía pasaporte para regresar. Ximénez Guazo y Morand estaban enfermos, y más tarde harán constar que debido a esa coincidencia no formularon en esa ocasión un voto particular en contra,[478] pero que siempre desaprobaron lo decidido en el Consejo.

A pesar de la oposición de los Ministros anti-espadistas, el triunfo de O'Gavan revistió caracteres de verdadera apoteosis. El Rey para indemnizarlo de la vejación de haber sido llamado "por mera providencia de precaución y gubernativa[479] lo declaró "benemérito, fiel servidor, y apto para gobernar la Mitra de La Habana",[480] haciendo constar que su llamamiento e ida a la Península, lejos de perjudicar a su honor, le serviría de especial y relevante mérito en su carrera, nombrándosele en desagravio, Arcediano de la Catedral de La Habana.

Este "inconcebible prodigio" del favor Real ya no lo abandonará mientras viva, y han de reflejarse después de su muerte en su sobrino D. Bernardo de Hechevarría y O'Gavan[481] de cuya educación comenzará a ocuparse inmediatamente que llegue a La Habana, y quien andando los años ha de ser creado Marqués de O'Gavan y más tarde nombrado Senador del Reino.

7

ATAQUE DE ROMA

El llamamiento de Espada a España podía considerarse ya cosa del pasado, ahora con O'Gavan en La Habana se sentía el Obispo seguro y feliz, con la satisfacción de haber vencido una batalla y escapado de peligrosísimos escollos. Por el momento todos los indicios eran de paz y tranquilidad, y los afanes de los tres años anteriores comenzaban a olvidarse como las visiones de una pesadilla.

Desgraciadamente a fines de aquel año 1828, unas, y el 11 de septiembre del próximo, otras, expiraban las facultades extraordinarias llamadas "solitas" que las Sacras Congregaciones de Propaganda Fide, Penintenciaria, Ritos, del Santo Oficio, y la secretaría de Breves habían concedido por diez años a Espada y "como no sólo dura, sino que crece cada día más la necesidad de las mismas (el censo de aquel año arrojaba en Cuba 151.487 habitantes más que en 1819), el Obispo escribió a los Cardenales Prefectos de las Congregaciones suplicándoles le concediesen las acostumbradas prórrogas.[482]

Eran estas "solitas" el conjunto de facultades extraordinarias, propias del Pontífice, que en las diócesis de Europa se impetraban a Roma en cada caso particular y que por gracia especial de los Papas, para obviar los inconvenientes de la distancia, las Congregaciones estaban autorizadas a delegar, en bloque y por plazos periódicos, en los Obispos de América.

Desde luego que el regalismo de Espada, siempre celoso observador de todas las formalidades con que el Patronato regulaba las relaciones de los obispos españoles con la Santa Sede no iba a quebrantarlas ahora que tanto interés tenía en demostrarse un vasallo ejemplar, de modo que no es necesario decir que la prórroga fue solicitada "con las formalidades acostumbradas",[483] o sea, por medio del Ministerio de

Gracia y Justicia quien previa aprobación del Consejo de Indias, debía pasarla al Ministerio de Estado para que éste la enviase al Embajador en Roma con instrucciones de trasladarla a la Santa Sede.

Era el destino de Espada provocar el castigo de sus errores precisamente con actos perfectamente legales y hasta de un burocratismo anodino. Hemos visto con cuantos disgustos y angustias pagó sus veleidades políticas por la reimpresión de su circular de 11 de agosto de 1820, hecha en cumplimiento de instrucciones recibidas de la Autoridad legítima que tenía potestad para dárselas, y como, no por demostrar haber actuado de acuerdo con la Ley, sino por la oposición decidida de Vives a las órdenes del Rey pudo escapar a severísimas sanciones. Ahora, una súplica de tramitación ordinaria, cuyo texto se copiaba posiblemente de la enviada en la ocasión anterior, va a provocar el castigo de todas las culpas de orden espiritual y lo va a poner al borde de la excomunión sin que baste esta vez para defenderlo la acción del mismo Rey de España, debiendo sólo su salvación al más inesperado y terrible de los defensores: a la muerte.

Mientras esa súplica que ha de ser el origen del más serio y complicado de los asuntos del episcopado cubano que preocupó a la Santa Sede en la primera mitad del siglo XIX, viajaba hacia Roma, también abandonaba a La Habana con rumbo a Madrid el Obispo de Cartagena. Es fácil adivinar su decepción al ver regresar a O'Gavan y contemplar a Espada restaurado en todo su poder. Monseñor Gregorio Rodríguez debió haber perdido entonces las últimas esperanzas de alcanzar la Mitra de La Habana, al menos mientras permaneciese en su retiro de Guanabacoa, así es que probablemente pensando en ayudar sus intereses se trasladó a la Península.

Tan pronto llegó a Madrid, su amigo D. Calixto Borja, el "caballero americano", lo puso en contacto con la Nunciatura.

Monseñor Giustiniani, después de recibir el Capelo Cardenalicio que corresponde por derecho propio a la Nunciatura de Madrid, había abandonado su puesto para ahorrarse los disgustos que Fernando VII le hubiera dado al saber el nombramiento de los obispos americanos, dejando sin representación oficial a la Santa Sede (porque extraoficialmente se encargó de ella el Conde Solaro della Margherita,[484] Ministro de Cerdeña), precisamente al momento de producirse la más grave crisis de la época en las relaciones diplomáticas entre España y Roma. Monseñor Tiberi[485] nombrado para sustituirlo, fue expulsado de España antes de llegar a Madrid, pero ahora, superada la crisis había podido llegar finalmente a su Sede.

El nuevo Nuncio recibió al Obispo de Cartagena y a su Cicerone quienes le "contaron cosas poco agradables" sobre los desórdenes y la conducta de Espada "Obispo de la Isla de La Habana", asegurando Monseñor Rodríguez haber sido testigo de cuanto refería.

Escandalizado el Nuncio le pidió le diese una relación exacta por escrito de cuanto acababa de decirle, y el Obispo de Cartagena ofreció mandársela cuanto antes, seguro ahora que las informaciones iban a llegar a manos del Papa, que los días del gobierno de Espada estaban contados.

Tan pronto las visitas dejaron a Monseñor Tiberi, éste, se apresuró a comunicar las noticias al Cardenal Secretario de Estado,[486] volviendo a sonar así, el nombre de Espada en el Vaticano, después de año y medio de silencio.

Los trabajos de Espada en sus Diócesis en el año 1827, además de la ayuda prestada a Vives para la fundación del Hospital de Dementes de San Dionisio, edificado entre el Hospital de San Lázaro y el Cementerio, son la erección de las Parroquias de Cienfuegos y de Mordazo en Puentes Grandes, agregar San Antonio de Cabezas como auxiliar de San Carlos de Matanzas y la Iglesia de Moron a San Eugenio de la Palma; y la reconstrucción de la Iglesia Parroquial de Baja.[487]

La visita del Obispo de Cartagena y de D. Calixto Borja había causado una profunda impresión en el ánimo de Monseñor Tiberi quien se dedicó a estudiar con ahinco en el Archivo de la Nunciatura los antecedentes del amarguísimo asunto. Es fácil imaginar cuál fue el efecto que le produjo la lectura de la correspondencia de su antecesor y se puede muy bien comprender cómo la terminó con el firme propósito de "provocar en favor de la infeliz Diócesis de La Habana, las providencias de la Santa Sede".[488]

Estas intenciones las confirmó un despacho del Cardenal Secretario de Estado de 4 de enero de 1828, en la que su Eminencia acusaba recibo de la nota del Nuncio, de 4 de diciembre anterior, y mostraba a las claras que en la Secretaría de Estado de Su Santidad se tenía una idea muy confusa de cuanto sucedía en La Habana, cosa que alarmó seriamente a Monseñor Tiberi y le inspiró el temor que Espada pudiese aprovecharse de ello para continuar burlando los deseos de la Santa Sede.

"Me es conocidísima —dice el Cardenal— la conducta detestable del Obispo de La Habana, si las cosas están allá en el punto en que yo pude reducirlos con replicados esfuerzos, aquel Prelado no ejercita más su Ministerio, y tiene un Administrador Apostólico, que ocupa su lugar. Desearía saber si, con respecto a este punto, ha sobrevenido algún cambio." [489]

Tanto D. Calixto Borja como el Obispo de Cartagena aumentaron los temores del Nuncio diciéndole que no sólo Espada había recuperado el gobierno de la Diócesis, sino que había regresado a ella O'Gavan, inmoral, escandaloso y masón, de cuyas intrigas convenía guardarse pues pretendía ser elegido Obispo auxiliar; llegando a convencerlo de la necesidad imperiosa de que Espada dejase a Cuba si no se quería que se pierda allí la religión y "aquella isla se sustraiga a la obediencia de su legítimo Soberano".[490]

Mientras tanto Monseñor Rodríguez preparaba las acusaciones contra Espada. Son éstas, un informe dirigido al Papa sobre los desórdenes del Obispo de La Habana de fecha 12 de enero, otro dirigido al Nuncio sobre la penosa situación de las monjas de La Habana de 20 del mismo mes, y un tercero, sin fecha, también dirigido al Nuncio donde "el buen viejo" [491] propone las medidas que a él se le antojan más acertadas para poner "eficaz y solícito reparo" [492] a los males de aquella desgraciada diócesis.

El contenido de las dos primeras ya lo conocemos por haber citado con frecuencia sus párrafos en la segunda parte de esta obra, repite en ellas todos los cargos con que se inculpaba a Espada y que debían ser entonces moneda corriente, ya lo dice Monseñor Rodríguez en el informe sobre las monjas: "Todo lo dicho lo he sabido como cosa pública de pública voz y fama, y por haberlo oído en muchas ocasiones a las primeras personas de la ciudad, Eclesiásticos y seculares, señores y señoras y en fin a las gentes de todas clases refiriéndolo en sus tertulias y conversaciones."

En este informe sobre las monjas hay un párrafo que conviene transcribir por la impresión que ha de causar en la Santa Sede. Es el elogio del Sacerdote D. Manuel Echevarría[493] a quien propone para visitador de las monjas de La Habana: "D. Manuel Echavarría", Presbítero, Dr. en Teología, colegial que fue en Bolonia, y criado en Italia por los Jesuitas. Este buen eclesiástico es el mejor sacerdote de toda la Isla de Cuba; aunque muy rico por su casa, siempre está ocupado en las funciones de su ministerio sacerdotal confesando y auxiliando indistintamente a blancos, mulatos y negros, según que cada cual lo busca y llama para consuelo de sus tribulaciones. Es muy limosnero, sobrino del Arzobispo Peñalver de Guatemala, difunto, muy ejemplar en su conducta pública y privada, muy amante de la justicia y que mereció siempre y merece el primer concepto en la sociedad y en la Iglesia. Sin embargo de las virtudes eminentes que le adornan fue privado de las licencias de confesar religiosos durante el tiempo constitucional, y no sé que el Diocesano le haya recomendado a S. M. C. como el más digno de su clero para algún destino de su Catedral. Sus grandes prendas no deben ser de la aprobación de la curia eclesiástica, y no será extraño que el haber sido criado por los Jesuitas en Italia será un inconveniente para atenderlo como merecen sus bellas cualidades.

Sin darse cuenta Monseñor Rodríguez cargó un poco demasiado la mano en el elogio, y si las cosas hubieran salido como deseaba, no él, sino probablemente el Padre Echeverría hubiera ceñido la Mitra de La Habana.

De los tres informes el que más importancia tiene para el momento que estudiamos es el último donde el Obispo de Cartagena propone a la Santa Sede una solución concreta y práctica para los problemas de La Habana. Este documento sirvió de base a las discusiones de la Sacra Congregación de Asuntos Eclesiásticos Extraordinarios y es el punto de partida de todo el complicado negocio de las "solitas".

"Si Su Santidad —dice el Obispo de Cartagena al Nuncio— quiere remediar los males de la Iglesia de La Habana en la Isla de Cuba el medio más oportuno en mi dictamen es que poniéndose de acuerdo con el Rey Nuestro Señor (q.D.g.) nombre S. S. un Coadjuntor que resuma toda la autoridad eclesiástica separando por así del manejo de los negocios al R. Obispo sin necesidad de otra causa que la de haber sido eminente constitucional. Esta circunstancia no lo recomienda ni con S. Santidad ni para con el Rey cuyas sagradas personas debía haber defendido con todo su poder y con el entusiasmo con que quería llevar adelante el sistema desolador de las nuevas instituciones. Como han sido tan públicas y notorias sus opiniones nadie extrañará que las dos potestades concurran de común acuerdo a separar a un Obispo que manchó su Apostolado con una deserción lastimosa, y que lo manchó no por una ignorancia disculpable y digna de disimulo, sino por una refinada malicia hija de unas opiniones extraviadas ajenas de su ministerio y contrarias a la doctrina constante de la Iglesia Católica Romana. Este medio sencillo evitará el recurso de formación de causa que sería sumamente estrepitoso y lastimoso por la manifestación de una multitud de hechos que ofenderían su memoria y deshonrarían sus canas y que aunque demasiado transparentes o sabidas dicta la caridad cristiana confundirlas para el universo en el abismo insondable de las incertidumbres y probabilidades. Convendría también autorizar el nuevo coadjuntor para con calma y serenidad fuese tomando informes de los que indebidamente han sido promovidos al gobierno de los curatos por la sola circunstancia de individuos de las sociedades, declarando inválida su institución como contrario a los Santos Cánones y poniendo en su lugar sujetos de probadas costumbres que reorganicen la Santa moral que han ofendido las ideas revolucionarias.

"He preferido el primer medio al segundo porque esto se confundi-

193

ría no obstante, y no se analizaría la verdad, por la prepotencia que siempre tiene un hombre rico y gastador sobre los dependientes de los tribunales y por la facilidad con que los hombres del día juran y perjuran en falso sobre los Santos Evangelios por un corto interés o por llevar adelante el sistema de protección que se juran las sociedades." [494]

El 4 de febrero el Nuncio envió los tres documentos al Cardenal Secretario de Estado informándole al mismo tiempo de la situación real de la diócesis de La Habana, hace un resumen del llamamiento de Espada a España y repite las cosas que Monseñor Rodríguez y D. Calixto de Borja le han dicho de Espada, O'Gavan y los eclesiásticos que los rodean, apuntando el temor, que le han infundido de que si el Obispo permanece en Cuba se pierda allí la religión y la Isla se independice de España. [495]

Éste es pues el conducto por donde llega a Roma la idea de que Espada sería la causa de la independencia de Cuba. Pronto veremos cómo la Sacra Congregación de Asuntos Eclesiásticos Extraordinarios recogerá la opinión y cómo ha de ser devuelta a España, donde se le conocía al menos desde 1816. En aquella época la había trasmitido Sobral al Cardenal Gravina y Monseñor Giustiniani a la Santa Sede, pero entonces no causó allí la impresión que ha de producir ahora. Con el transcurrir de los años, la denuncia se había olvidado completamente, siendo considerado el informe de Monseñor Tiberi como cosa enteramente nueva, a pesar de que los que debían juzgarla tenían a la vista el documento del ex-Arcediano de La Habana.

Entre tanto las solicitudes de Espada habían llegado al Consejo de Indias, donde como sabemos que a pesar de haber algunos Ministros contrarios al Obispo, en general se habían modificado mucho los sentimientos que se sentían hacia él. Dice el Fiscal del Consejo en un informe que allí se "prescindió de la persona y sólo atendió a la dignidad y facultades episcopales que habían de continuar ejercitadas por delegación en favor de los fieles de su Diócesis". [496] Fuera esta la razón o el cambio operado por las gestiones de O'Gavan durante su estancia en Madrid, lo cierto es que el 11 de marzo el Consejo concedió su venia al Prelado para impetrar la prórroga de las facultades extraordinarias, y que el asunto fue trasladado a la Embajada de España en Roma para su tramitación. Aunque no tenemos datos para asegurar la fecha es de suponer que las solicitudes fueron presentadas por la Embajada de España a la Santa Sede en el mes de abril, a esa época deben referirse los despachos del Cardenal Secretario de Estado al Nuncio, donde dice que Espada pidió por medio de la Embajada la prórroga de las facultades "solitas" [497] y que León XII recibió una instancia del Obispo de La Habana pidiendo la referido prórroga. [498] Este último documento dirigido el Papa no lo hemos encontrado y tenemos razones para creer que no existió, siendo la frase del Cardenal una manera de decir que se había hecho la solicitud a la Santa Sede.

El 19 de marzo de 1828, Espada bendijo e inauguró el templete de La Habana, celebrando la misa frente a él, como lo recuerda el cuadro de Vermay que se conserva en el interior del edificio.

Dice Joaquín E. Weiss y Sánchez en "La Arquitectura Cubana del Siglo XIX" que: frente a la Casa de Gobierno crecía una frondosa ceiba, bajo la cual, según la tradición, se habían celebrado en el año 1519 la primera misa y el primer cabildo; lo que en el siglo XVIII se conmemoró, a instancia del Mariscal de Campo D. Francisco Antonio Cagigal de la Vega, por medio de un pilar de tres caras, de estilo barroco, elevado sobre un alto pedestal, en el cual se fijaron dos lápidas, una de hierro y otra de mármol, con sendas leyendas en castellano y latín respectivamente.

En 1827 había propuesto Vives la erección en el propio lugar de un monumento conmemorativo más sustancial, susceptible de ser ofrecido en homenaje a la reina D.ª Josefa Amalia de Sajonia, en su próximo cumpleaños, siendo éste el origen de la pequeña fábrica de estilo neoclásico, que se eleva frente al Palacio de los Capitanes Generales, conocida por el Templete, la que por su céntrica ubicación, su significación histórica, y la novedad de su orden dórico, ejerció una decisiva influencia sobre la arquitectura cubana del último período colonial.

En los primeros días del mismo mes de Marzo recibió el Cardenal Secretario de Estado el despacho del Nuncio de Madrid, de 4 de febrero, con los informes del Obispo de Cartagena.

La Secretaría de Estado de Su Santidad no tiene más elementos para juzgar los casos que se someten a su consideración que los informes de los nuncios, de los obispos, de los superiores de las de órdenes religiosas o de aquellas personalidades que se dirijían a ellas. De todas estas personas es natural, y se comprende sin dificultad, que su mayor confianza la tengan los nuncios a quienes ella ha enviado al Extranjero precisamente con el encargo de informarla y los obispos, a cuyo cuidado está el gobierno de las diócesis y a quien el Papa ha concedido la potestad episcopal. Sus informes, salvo muy serias pruebas en contrario, son aceptadas como verdades indiscutibles por proceder de las fuentes más autorizadas para la Santa Sede, y precisamente de los órganos que ella tiene en el extranjero para conocer de los asuntos de su competencia.

En última instancia la Santa Sede no está en posición de juzgar si las pruebas que se le presentan son auténticas o falsas, tiene que limitarse a considerar el aspecto estrictamente jurídico de la cuestión, dejando siempre sin embargo al acusado, la facultad de probar su inocencia por todos los medios que crea conveniente.

Ya hemos visto el proceder prudente de la Santa Sede cuando se presentaron las primeras acusaciones contra Espada y cómo se prefirió antes de tomar ninguna medida enérgica, advertirlo privada y solemnemente del desagrado con que Roma había recibido las noticias de su conducta episcopal. También conocemos la reacción de Espada a esta advertencia, el efecto que su desaire produjo en la Santa Sede y todas las acusaciones que después de esa fecha habían llegado allí, cosas que determinaron las gestiones de Giustiniani para que el Obispo fuera llamado a España. Es preciso también no olvidar que a pesar de sus ideas y de su comportamiento, tal vez por propia conveniencia, quizás por no desearlo, el Obispo no había roto con la Iglesia Católica Apostólica y Romana, y seguía sujeto a ella y a su disciplina, y como tal estaba obligado a someterse y aceptar todas sus decisiones.

Teniendo presente todo esto y la mala fama que el Obispo de La Habana tenía en la Secretaría de Estado de Su Santidad, se comprende enseguida la impresión que causaron en el Cardenal Secretario de Estado el despacho del Nuncio y los informes del Obispo de Cartagena, informes que no se alejaban mucho de la realidad.

Inmediatamente el Cardenal informó a Su Santidad del asunto y éste ordenó "reunir cuanto existía en los diversos archivos de Roma sobre este desgraciado Obispo" [499] y dar traslado de ello a la Sacra Congregación de Asuntos Eclesiásticos Extraordinarios para que se discutiese en su seno y se le elevase después una relación con lo acordado para decidir sobre ella.[500]

Así lo hizo el Cardenal Secretario de Estado, el 6 de marzo[501] enviando un oficio al Secretario de la Sacra Congregación de Asuntos Eclesiásticos Extraordinarios donde le trasmitía las órdenes del Papa, uniendo a él con los documentos recientemente recibidos, la representación del Prefecto General de los Betlemitas, el informe de Sobral, el Breve de Pío VII a Espada, la carta del Arzobispo de Santiago de Cuba al Nuncio Giustiniani y la correspondencia de éste y de Monseñor Tiberi con el Cardenal Secretario de Estado, es decir cuantos antecedentes sobre el Obispo de La Habana existían entonces en el Archivo de la Secretaría de Estado de Su Santidad. Eran éstos casi todos los que en aquel momento habían en Roma, faltando sólo los referentes a la Florida que estaban en el Archivo de la Sacra Congregación de Propaganda Fide, y la denuncia sobre la Pastoral del Jubileo pasada al Santo Oficio, pero esos, lejos de contrarrestar los otros hubieran servido para confirmar sus acusaciones.[502]

Hasta aquí todas las medidas contrarias a Espada tomadas por la Santa Sede estaban encaminadas a hacerlo abandonar su diócesis y retirarse a un convento, ahora se trataba de tomar providencias más serias como será su pública destitución y si no se avenía a ello, tal vez la solemne condena de sus doctrinas y conducta con la consiguiente excomunión si se negaba a retractarse.

El día 7 de mayo la Sacra Congregación de Ritos concedió a Espada la prórroga pedida de las facultades extraordinarias,[503] y poco después "quizás no temiendo el abuso en la materia que les compete",[504] siguieron su ejemplo la Penitenciaría y la Secretaría de Breves.

Por su parte las Sacras Congregaciones del Santo Oficio y de Propaganda Fide que ya había conocido algunos asuntos que no arrojaban buena luz sobre la figura de Espada, "previendo el uso irregular que el Obispo pueda hacer de las facultades si le son confirmadas" [505] fueron de opinión que era más conveniente el negar la prórroga pedida.

Es preciso tener en cuenta que en la Santa Sede se tramitaban a la vez dos asuntos enteramente distintos referentes ambos a Espada. Durante un tiempo han de seguir cauces separadas, luego por un corto espacio se juntarán sin confundirse uno con el otro, para al final mezclarse y constituir uno solo. Son éstos la petición de prórroga de las facultades extraordinarias pedidos por Espada y el estudio de las medidas que debían tomarse en contra del Obispo de La Habana propuestas por el Nuncio y el Obispo de Cartagena. Los dos, partiendo de fuentes diversas, llegaron al mismo tiempo a Roma y esta coincidencia influyó indudablemente en el asunto de la prórroga, que en definitiva fue el único que tuvo una decisión completa y concreta.

Esta dualidad explica muchos de los aspectos complicadísimos que adoptó el problema. Por ignorarla, el Gobierno Español no comprendió las intenciones de la Santa Sede y se asombró del rigor que usaba y de la importancia que daba a una simple petición de tramitación ordinaria.

Dijimos que la Sacra Congregación de Asuntos Eclesiásticos Extraordinarios recibió los documentos relativos a Espada. El Secretario de la Congregación, Monseñor Castracane,[506] los estudió y preparó con ellos una relación para presentarla a los Cardenales que debían juzgar el asunto. En ella narra sucintamente, basándose en los documentos a la vista, la historia del Obispo, alejándose una sola vez de la realidad, al decir, interpretando equivocadamente las palabras de Monseñor Rodríguez, que Espada pretendía arrojar a las monjas de La Habana a la prostitución.[507]

La Sacra Congregación de Asuntos Eclesiásticos Extraordinarios se reunió el 11 de mayo y participaron a ella los Cardenales Della Somaglia (Secretario de Estado) de Gregorio, Zurla, Micara y Capellari (futuro Gregorio XVI), haciendo de Secretario Monseñor Castracane.

Leída la ponencia de Monseñor Castracane, que era ya conocida por todos los presentes, así como la entera documentación, impreso todo esto en sendos folletos que días antes les había sido distribuido para su estudio; se presentaron a la asamblea las siguientes dudas a resolver:

1. ¿Es tal la conducta del Obispo de La Habana y son tales los desórdenes cometidos por él en daño de la Diócesis y en desdoro de su Ministerio para que la Santa Sede no difiera el usar una medida rigurosa contra él?

2. El quatenus affirmative: si consideradas las difíciles circunstancias que acompañan el caso y la urgencia de una providencia, pueda adoptarse sin perjuicio de lo que las reglas de los Sagrados Cánones prescriben en semejantes casos la medida proyectada por Monseñor el Obispo de Cartagena: O si debe adoptarse otra, y cuál.

3. Si el estado de angustia a que están reducidas las Religiosas de La Habana, exija una medida parcial de la Santa Sede en su favor: O si la medida que se adoptare contra el Obispo pueda creerse suficiente para sacarlas de la angustia. Et quatenus si se creyese necesaria una medida parcial: si se juzga oportuna aquella propuesta por el Obispo de Cartagena; o si se debe recurrir a otra y cuál.[508]

La Sacra Congregación estuvo de acuerdo con el parecer del Obispo de Cartagena de separar a Espada de la administración de su diócesis y de nombrarle un Coadjuntor, y estimando que la presencia del Obispo sería una fuente de molestias y obstáculos al libre ejercicio de la autoridad convino en que se debía procurar que fuese llevado a España.

Para obtener la ejecución de esta providencia acordó que se debía informar al Embajador de S. M. C., Sr. Labrador, de los desórdenes del Prelado, y del peligro, no sólo de que la Isla pierda la religión, sino también de que se sustraiga al dominio del Rey.

También se acordó que al mismo tiempo se comunique al Nuncio de Madrid la providencia adoptada para que lo haga saber a S. M. C. y lo empeñe a prestar todo su apoyo poniéndole de relieve que no sólo su religión, sino sus intereses temporales se encuentran empeñados en este crítico asunto.

Un cardenal, cuyo nombre no aparece en el acta de la sesión opinó con Monseñor Castracane que dada la gravedad del caso sería conveniente que el Santo Padre informase directamente a S. M. C. de los desórdenes cometidos por el Obispo de La Habana y de la necesidad de separarlo, haciéndole ver al Rey que debería tomar empeño en promover la ejecución de las medidas proyectadas por espíritu de religión y en defensa de sus intereses temporales.

Llegados a este punto comenzaron a complicarse las cosas. La mayoría se mostró en favor de la vía Ministerial, informando a Labrador, ya que si el Papa escribía al Rey de España se vería en la necesidad de hacer uso, en tales circunstancias, de expresiones de las que resultase su desaprobación de los Gobiernos Constitucionales, y dichas expresiones podrían ser publicadas por España para ofender e indisponer a los Gobiernos independientes de América con la Santa Sede, lo que se quería evitar porque interesa al sumo mantener unidos dichos Gobiernos a la Santa Sede para que puedan tener lugar las providencias necesarias para satisfacer a las necesidades espirituales de aquella parte del mundo católico, así es necesario que la Santa Sede se abstenga de toda ocasión que pueda dar a los dichos Gobiernos pretexto de alienación del centro de la Unidad.

Como vemos el problema de Espada tomaba proporciones de Asunto de Estado de Primera magnitud, ante el cual la Santa Sede se hubiera visto obligada a tomar una posición política pública, que le habría enemistado, o con las nuevas repúblicas americanas, o con España, Francia, Austria y Rusia. En aquel momento delicadísimo de la diplomacia pontifical, los negocios de la diócesis de La Habana podían tener una insospechada repercusión desde la Tierra del Fuego hasta las estepas de la Siberia.

Desechado el proyecto de la carta del Papa, sin desanimarse por la derrota sufrida, la mente sutil y complicada de Monseñor Castracane encontró nuevos arabescos diplomáticos donde enredar aún más la madeja de este asunto ya de por sí bastante y complejo.

Monseñor Castracane, con la aprobación del Cardenal Capellari, sometió a la consideración de la Sacra Congregación que el Embajador de España, Sr. Labrador, ha sido constitucional y como tal tenido por S. M. C. lejos de España hasta el momento en que recibió las cartas credenciales de Embajador Extraordinario cerca de la Santa Sede. "Teniendo por tanto una causa común con el Obispo de La Habana, puede temerse con mucha razón que él previniese a Espada de los medios que se van a tomar contra él, sabiéndose que constitucionales y masones son una sola palabra en el tiempo presente y se dan mutuamente la mano para sostenerse."

"Para evitar el peligro que el Obispo de La Habana también esta vez, obtenga, como lo ha hecho en el pasado, eludir las medidas tomadas contra él, parecería prudente al Secretario omitir la participación que se ha propuesto del Caballero Labrador."

El pobre Labrador no gozaba de la mejor opinión en el Sacro de España. Años después ha de contar el Nuncio unas amargas vacaciones pasadas por el Embajador y su mujer en Madrid: "No niego que este Señor (Labrador) después que vino a España ha perdido el Colegio, lo peor del caso es que tampoco tenía gran crédito en la Corte

199

prestigio; disgustó el tono de superioridad que quiso emplear; humillado más de una vez por los Ministros del Soberano, por los Grandes y por la Familia Real abandonó la ingrata Patria, que olvidaba los servicios prestados. La hermosa consorte no recogió ni los aplausos, ni las consideraciones, ni obtuvo las condecoraciones pedidas y se alejó de España con la amenaza de no verla jamás." [509]

Pero a pesar de estas opiniones los cardenales componentes de la Sacra Congregación votaron de nuevo en contra de la modificación de Monseñor Castracane resolviendo: Separar al Obispo de La Habana de la administración, darle un Coadjuntor, procurar que fuese llevado a España, y para esto hacer conocer al Embajador de España los desórdenes del Prelado y la necesidad en que se encontraba su País para salvar la religión en Cuba y a la vez conservarla unida a España de apoyar las providencias tomadas por la Santa Sede, e informar al mismo tiempo al Nuncio de todo cuanto se había decidido para que lo haga conocer al Rey de España y lo empeñe a prestar su favor a la ejecución del proyecto.[510]

Hasta ese momento sólo se trataba de la separación de Espada de su Diócesis y de la exhortación a España para que ayudase a ejecutar la providencia. En sustancia no se hacía otra cosa que repetir cuanto los Nuncios habían pedido desde 1817, y a esta repetición se redujo todo el aparato de la Sacra Congregación de Asuntos Eclesiásticos Extraordinarios, que hacía prever medios más enérgicos. Por ahora no se hablaba de nada que pudiese trascender al público y mucho menos de una excomunión solemne. La Santa Sede no modificaba en nada la posición adoptada por Giustiniani en su primera conversación con el Duque de Montemar.

Sin embargo ahora la situación era bien distinta. En primer lugar España estaba todavía muy resentida por el nombramiento de los Obispos propuestos por Bolívar. Consideraba que la Santa Sede había atropellado las normas del Patronato y lo estipulado en los Concordatos al prescindir de la presentación real en dichos nombramientos, cuando, como mantenía, la guerra no había cesado aún, al menos jurídicamente, y ella no había renunciado todavía a esos dominios, concluyendo por lo tanto, que en lo que tocaba a sus relaciones con la Santa Sede, ésta debía atenerse a lo pactado con España mientras dichos pactos no fuesen modificados legalmente.

Por otra parte los sentimientos del Gobierno Español hacia Espada habían cambiado radicalmente después del viaje de O'Gavan. Todavía no se tomaba su defensa, pero ya no se hablaba de él en el tono hostil de antes y se prefería ignorar las acusaciones y los ataques que lo denigraban.

Todas estas cosas las sabía la Secretaría de Estado de Su Santidad y si las olvidó al momento de la reunión de la Sacra Congregación de Asuntos Eclesiásticos Extraordinarios, no podía culpar a nadie por ello. A causa de ese olvido la decisión allí tomada estaba condenada al fracaso. Los cardenales de la Sacra Congregación debieron tener presente las muchas gestiones hechas en el pasado para conseguir lo que ahora proponían como cosa nueva, el poco éxito que habían tenido, lo inoportuno de tratar de comenzar de nuevo los mismos procedimientos (ya fracasados) en circunstancias menos favorables que las anteriores y en vista de todo eso emprender una vía nueva, enteramente distinta a la seguida hasta entonces. Ni aún a Monseñor Castracane, que en el seno de la Congregación parecía encarnar el espíritu de la crítica y la oposición, se le ocurrieron estas objeciones. La causa del error está en sólo haber considerado como posible solución la propuesta por el Obispo de Cartagena; quien en este problema no veía más que un aspecto de él, el que le interesaba personalmente.

Monseñor Castracane no era de los que se desanimaba ante un fracaso rotundo como el que acababa de sufrir en la Junta de la Sacra Congregación, por el contrario una vez adoptado un criterio, era incapaz de desentenderse de él mientras hubiera alguna esperanza de ponerlo en práctica.

Como Secretario de la Sacra Congregación de Asuntos Eclesiásticos Extraordinarios, Monseñor Castracane tenía facilísimo acceso al Papa, posiblemente, el día 11, o uno o dos días después, él mismo llevó a Su Santidad la resolución de la Sacra Congregación y aprovechó la oportunidad para exponer a León XII sus puntos de vista y convencerlo de la conveniencia de adoptarlos. Lo cierto es que el Papa aprobó la resolución pero con las siguientes modificaciones que son las sugeridas en la Junta por Castracane:

1.° Que no se siguiese la vía ministerial y no se comunicasen las medidas adoptadas al Caballero Labrador.

2.° Adoptó el partido de escribir él mismo a su Majestad Católica y de servirse de su Nuncio para comunicar al Rey dichas medidas, y ordenó por tanto que le mandé al Nuncio una instrucción análoga. Ordenó además que el Eminentísimo Secretario de Estado escribiese a Monseñor el Obispo de León para empeñarlo a favorecer las medidas tomadas por la Santa Sede con respecto al mencionado Obispo de La Habana.[511]

¿Fue esta última modificación sugerida por Monseñor Castracane, o espontáneamente del Pontífice? No hemos encontrado ningún documento que nos dé la respuesta, pero es fácil que la ocurrencia sea de León XII.

Monseñor Joaquín Abarca y Blanque consagrado Obispo de León

el 26 de febrero de 1825 gozaba de un crédito enorme en la Corte Pontificia y en la de España, más de una vez había servido de puente para salvar las dificultades que con tanta frecuencia surgían entre ambas Potencias. Absolutista convencido, como su gran amigo y compinche en trapisondeos políticos y diplomáticos, el Conde Solaro della Margherita, Ministro del Rey de Cerdeña en España, habían ambos, mostrado en ello mayor elasticidad y más visión que Fernando VII, interviniendo en favor de un arreglo cuando el nombramiento de los obispos Sur Americanos. De su conducto se valía con frecuencia la Santa Sede para hacer llegar al Rey, noticias reservadísimas por una vía extra-diplomática. Esta confianza tuvo su inconveniente, y fue despertar en ambos amigos el gusto de la intriga. Los dos fueron de los organizadores del partido carlista lo que le costó al Obispo de León tener que abandonar a España muriendo en el destierro en Turín el 21 de abril de 1844.

Mientras estas cosas sucedían en Roma, Espada insistía desde La Habana para que el Rey declarase "por medio de la competente Real Orden",[512] que le habían sido gratos sus servicios y que lo había restituido a su real gracia y confianza para lo cual daba nuevas instrucciones a su apoderado en Madrid, D. Gaspar Solivenes, que éste obedeció escribiendo a Fernando VII en el nombre del Obispo el 24 de mayo. En esta carta, después de tratar de explicar la conducta constitucionalista de Espada durante "las difíciles circunstancias del Reino en los años del 20 al 23" y de admitir, por segunda vez, la verdad de las acusaciones hechas contra el Prelado implorando "la indulgencia de que en todos casos es digna la humana fragilidad", se lamenta de su estado de salud y de lo avanzado de su edad para terminar implorando piedad y clemencia del modo más lastimoso que pueda imaginarse, pidiendo la Real Orden "que restituya a su agitado espíritu la calma necesaria para descender al sepulcro, y a su autoridad, pues V. M. se digna conservársela, el prestigio y decoro que exige para su buen desempeño". Lo que demuestra que Espada estaba convencido que ya no se pensaba más en su viaje a España.

La carta fue presentada a la consideración del Rey el 12 de julio, y en el margen se escribió a manera de resolución "Enterado y no se conteste".

En los últimos días de mayo, se trató en la Secretaría de Estado de la prórroga de la "solitas" de Espada. Esta desgraciadísima solicitud no pudo haber caido en peor momento. Aunque faltan documentos que nos den de una manera exacta la relación de cuanto sucedió en esos días, podemos creer que en un primer tiempo se pensó no prorrogar a Espada las facultades extraordinarias ya que la decidida remoción del Obispo lo hacía perfectamente inútil. Es muy posible que se pensase entonces que para no privar a los diocesanos de La Habana de los beneficios que dichas facultades les reportaba se se determinase concederlas al futuro Administrador de la Diócesis, o al Arzobispo de Cuba, el Prelado más cercano, para que por sí o por un delegado suyo las ejerciera en La Habana.

Todo esto estaba aún en discusión el 2 de junio en que el Cardenal Secretario de Estado escribe al Nuncio de Madrid y le dice que Propaganda, en cuanto le concernía, había negado las facultades, no así la Secretaría de Breves ni la Sacra Congregación de Ritos "que han creído que se podía ser condescendientes tratándose de objetos con los cuales podía temerse menos el abuso", le comunica que la Secretaría de Estado difería en darle una respuesta a la Embajada de España sobre como tratar con el Gobierno el asunto del Obispo y le ordena que si le preguntan sobre la prórroga diga que está esperando los oportunos esclarecimientos de la Secretaría de Estado de Su Santidad.[513]

Al aprobar León XII la decisión de la Sacra Congregación de Asuntos Eclesiásticos Extraordinarios e imponer las modificaciones que ya conocemos, ordenó a Monseñor Castracane redactar las minutas de los Breves que él le mandaría a Fernando VII y al Arzobispo de Santiago de Cuba, de la carta que el Cardenal Secretario de Estado enviaría al Obispo de León y de las instrucciones al Nuncio de Madrid.[514]

Inmediatamente comenzó la tarea Monseñor Castracane tropezando enseguida con una serie dificultad al redactar el Breve del Papa al Rey de España. Eran éstas las objeciones, muy atendibles, que opusieron los Cardenales componentes de la Sacra Congregación de Asuntos Eclesiásticos Extraordinarios, a que el Papa escribiese esta carta. Aunque el Secretario de la Congregación había logrado imponer su criterio no dejaba de comprender las razones de la oposición de los Cardenales y la responsabilidad que asumía si por culpa de su redacción surgían en el futuro con los nuevos Estados americanos las graves dificultades que se querían evitar. Por eso entre abandonar el proyecto de las cartas o desoír la advertencia de los purpurados, adoptó Castracane un término medio: escribir la carta y no decir en ella nada que pudiera comprometer a la Santa Sede, limando y puliendo tanto la redacción que como veremos de puro lisa, tersa y lustrada se escapaba el sentido de lo quería decir.

El 13 de junio envió Castracane las minutas al Cardenal Secretario de Estado con un ofició donde le informaba que el Papa había decidido "servirse de Monseñor Nuncio" para enviar su carta al Rey y que las "Minutas han sido revisadas y aprobadas por el Eminentísimo

Capellari".[515] Con lo que se ve que después de la junta de la Congregación al futuro Gregorio XVI y Monseñor Castracane habían seguido de acuerdo sobre las medidas que era preciso adoptar.

En la primera redacción del Breve, Monseñor Castracane escribió un llamamiento a la devoción y piedad del Rey, para que ayude a la Santa Sede a tomar contra de Espada, ciertas medidas que no se dice cuáles son y qué se expresan con la frase vaga de: "providencias más serias". Estas providencias, siempre según la primera redacción, las explicaría al Rey el Nuncio de Su Santidad: "No dudamos que escucharás con calma y benevolencia a Nuestro Nuncio cuando te contará los males que aflijen aquella desgraciada Diócesis y cuando te propondrá poner los remedios necesarios".[516]

Al Nuncio le dice que el Papa hubiera querido llamar a Espada al cumplimiento de su deber; "pero el desprecio con que ese Obispo recibió la admonición canónica que le dirigió su Antecesor, al que insolente no dio ninguna respuesta" lo decidieron a actuar con severidad y a separarlo de su Diócesis y como una vez separado del gobierno de ella, Espada no debía continuar residiendo allí "por que podía ser causa de muchas amarguras al administrador y un obstáculo a la buena marcha de los asuntos, fomentando secretamente divisiones y partidos, ha juzgado (Su Santidad) indispensable que el mismo sea removido de la Isla de Cuba".

Con este objeto se le dan instrucciones para pedir el concurso de las Autoridades Civiles: "Implorando en Su Nombre Pontificio el brazo fuerte de Su Majestal Católica". Ordenándole además hacer presente al Rey "los gravísimos excesos" que han determinado al Papa a "suspenderlo de la administración de su Diócesis", aconsejándosele hacer ver a Fernando VII para convencerlo a cooperar, que la conducta de Espada "da fundados motivos de temer que también favorezca los propósitos y maquinaciones de mal intencionados contra el Gobierno de Su Majestad", y "procurando presentar las cosas de La Habana en tal aspecto que S. M. quede convencido que no sólo su religión sino el interés mismo de Su Corona lo empeñan a secundar las providencias adoptadas por la Santa Sede".

Continúan las instrucciones deciendo: "Cuando habrá Ud. conseguido —como hay todas las razones para esperar que así sea— convencer a S . M. de la oportunidad de dichos procedimientos deberá Ud. hecer uso de toda su destreza y habilidad para dos objetos:

1.º Para que las órdenes partan con la mayor solicitud y secreto posibles;

2.º Para que la ejecución sea con el concurso simultáneo de las dos autoridades, y por tanto cuando Monseñor el Arzobispo de Cuba obedeciendo las órdenes recibidas del Santo Padre separe al Obispo del Gobierno de su Diócesis, y establezca el administrador, las autoridades Civiles de La Habana contemporáneamente, siguiendo las órdenes recibidas de aquel Ministerio procederán al arresto y embarque de Monseñor Obispo. Solamente de esta recíproca armonía se puede esperar el feliz éxito de las medidas contra Monseñor el Obispo, y sin ella hay todo el fundamento para creer que el mismo alcance a eludir las medidas de las dos autoridades".[517]

El Breve al Arzobispo de Cuba narra los desórdenes de Espada quien "desde hace no pocos años lleva un comportamiento tal que más que la persona de un hombre adornado de la dignidad episcopal ofrece la de un hombre que vive vida de gentiles y sobre todo que se ejercita tan sólo en el cultivo del vientre y en el cuidado de los bienes presentes", cuenta lo sucedido con el Breve de Pío VII, y los acontecimientos del último período constitucional en el que "aliado con quienes habían defeccionado de Dios y del Rey" "fue el principal autor de las calamidades que la religión sufrió en la Diócesis de San Cristóbal de La Habana. Porque exterminó de su Diócesis todas las órdenes religiosas con empeño hostilísimo; usó en las parroquias como rectores hombres malvados y públicamente reprobados; y en cuanto estuvo de su parte procuró que monjas respetabilísimas por la santidad de su vida se apartasen de la observancia regular pasando a los vicios y licencias del siglo; le hizo muchas otras cosas que demuestran haber venido a su Diócesis para ser más bien un lobo para matar y perder sus ovejas que un pastor para apacentarlas".

Se expresa a continuación el deseo de tratarlo blandamente, pero el ejemplo de Pío VII, de quien "no sólo no hizo caso sino que ni siquiera le respondió", determinan la adopción de medidas más enérgicas, que serían suspender al Obispo y nombrar un administrador de la Diócesis. Esa medida nos pensamos que es absolutamente necesaria en el Señor y hemos sido impelidos a ella por el deber de nuestro apostolado. Nos hemos manifestado a Nuestro querido hijo en Cristo el Rey Católico, nuestra decisión, rogándole que diese ayuda necesaria para ejecutarla".

En la práctica los acontecimientos debían desenvolverse así: "al mismo tiempo que el Magistrado Civil de San Cristóbal de La Habana prenda al Obispo por orden del Rey para llevarlo a España, por nuestra Apostólica Autoridad la administración de su Iglesia se le dé a otro".

A continuación se disponía que el Presbítero D. Manuel "Chavarría" "Dr. en Sagrada Teología, quien por la integridad de sus costumbres, su doctrina y el celo en la salvación de las almas aventaja a los demás Presbíteros que están en la Isla de Cuba", fuese puesto "al frente de la administración de la Diócesis de La Habana y en el caso en que muriese o que no pueda tomar sobre sí la administración de aquella Iglesia", se daban facultades al Arzobispo para elegir otro Presbítero "dotado de las convenientes dotes por las cuales sea juzgado apto a asumir tan grave función, y para que se atienda a las necesidades y comodidades de la referida Iglesia damos al dicho administrador las facultades que se llaman "solitas" (única vez que se nombra en estos borradores). Nos más tarde lo decoramos con el carácter episcopal".[518]

Esto es lo que el Obispo de Cartagena, podía decir "ir por lana y salir trasquilado", en vez de sentarse él en el trono episcopal de La Habana iba a colocar allí a quien recomendara para visitador de monjas.

La última minuta era la de la carta que el Cardenal Secretario de Estado debía enviar al Obispo de León. Después de informarlo de qué se trataba se le decía; "Nuestro Santísimo Señor por su deber de apostolado ha venido en el propósito de poner en entredicho al mismo (Espada) la administración de su Diócesis haciendo que pase a otras manos el gobierno de la misma."

"Y viendo en su ánimo lo peligrosa que sería y cuantas causas de molestias podría suscitar el que un Obispo de natural tan sedicioso a quien se le ha quitado ya la administración permaneciera en su Diócesis, cree que absolutamente se debe procurar que se le saque de ella y se le vuelva a España. Esta resolución Nuestro Santísimo Padre se la ha descubierto por carta al Rey Católico (lo que es exacto sólo hasta cierto punto) rogándole que quiera ayudarle a esta misma resolución con su autoridad y fuerzas.

"Y para que el asunto resulte según sus deseos con mayor facilidad, fiándose el Santítimo Padre en el celo de tu Grandeza y en tu afecto y observancia especial para con la Sede Apostólica, me ha mandado a mí que te recomiende muchísimo todo el modo de tratar este negocio confiándolo a tu prudencia y a tu autoridad en la cual confía muchísimo."[519]

Vistas en su primera redacción las minutas forman un todo compacto y orgánico dirigido racionalmente a conseguir un solo fin, estando las cuatro cartas en estrecha relación unas con otras, completándose y sosteniéndose mutuamente.

Veamos ahora cómo aparecen en los documentos pontificios los móviles que determinaron a las más altas autoridades de la Iglesia el escribir las cartas que acabamos de examinar.

En el Breve al Rey encontramos la razón, expresada de manera oficial, que originó la decisión del Papa: para que "finalmente se humille el orgullo de este Obispo que desprecia todos los consejos y mandatos de la Santa Sede, y para que examine lo que se ha de hacer para escarmiento de todos los demás y principalmente para su bien y el de toda su Diócesis".

Para conseguir esto el Obispo de Cartagena había propuesto la separación de Espada de su Diócesis, prefiriendo a un ruidoso proceso, el método más expeditivo de que las autoridades españolas lo deportasen por constitucional. Al sugerir la cooperación del Rey, monseñor Rodríguez pensaba, primero en la rapidez del procedimiento, segundo en evitar que Espada se sirviera del soborno y la corrupción para eludir las consecuencias del proceso, y tercero en las regalías de la Corona de España.

La Santa Sede sólo vio el segundo motivo. Desdeñó el primero y olvidó enteramente cuanto se refería al último.

El Cardenal Secretario de Estado escribirá al Nuncio en París el 17 de julio y le dirá que Su Santidad le escribió a Fernando VII para "interesar a aquel religioso monarca a hacer uso de su poder para que se encuentre finalmente un modo de proveer establemente a las necesidades en verdad extraordinarias de los fieles de La Habana librándolos de quien los guía por la vía de perdición en vez de por aquella de la salud".[520]

Años más tarde, en 1830, Monseñor Pío Bighi, sucesor de Castracane en el cargo de Secretario de la Sacra Congregación de Asuntos Eclesiásticos Extraordinarios dirá que "era tan necesario en el caso presente el concurso del Brazo de la Suprema Potestad Política, que donde no se encontrase esta cooperación activa, y un sostén eficaz, no solamente se aventuraría el éxito de cualquier medida y providencia de acuerdo con la severidad canónica, sino que probablemente se iría al encuentro de males mayores".[521]

Las razones por las que se dio intervención en el asunto al Obispo de León nos la da Monseñor Castracane: "para empeñarlo a favorecer, en cuanto él pueda influir, la ejecución de las medidas relativas al Obispo de La Habana",[522] y nos las confirma Monseñor Pío Bighi: se interesó de modo particular la actividad y el celo del Obispo de León, el cual a la mucha influencia y mucho crédito junto al Monarca, reúne devoción y apego a la Santa Sede".[523]

El día 26 de junio el Cardenal Secretario de Estado envió al Nuncio de Madrid las instrucciones sin modificar nada de lo escrito por Castracane, y en el mismo día mandó al Secretario de Cartas Latinas las minutas de los dos Breves y de la Carta al Obispo de León diciéndole que: "Es de placer expreso de Su Santidad, que Monseñor Secretario susodicho quiera reducirlas a mejor forma, infundiéndoles aquel sabor de depurada latinidad que distingue todas las producciones de su docta pluma, de modo que lleguen con el debido decoro a sus respectivas direcciones", rogándole que las traducciones estuviesen listas el 10 de julio "para que puedan enviarse a su destino con el correo de España".[524]

El día 28 debieron haber estado terminadas las traducciones, pues es esa la fecha que lleva el borrador del Breve del Papa al Arzobispo de Santiago de Cuba, fecha que luego será sustituida por la de 12 de julio.

Entre tanto el Cardenal della Somaglia había renunciado al cargo de Secretario de Estado sustituyéndolo el Cardenal Tomaso Bernetti.[525]

Este cambio produjo otro en la dirección que habían de seguir las medidas tomadas contra Espada. El Cardenal Bernetti adoptó una posición que por el momento parecía más favorable al Obispo que la de su antecesor, sin embargo las modificaciones introducidas por él, no harán otra cosa que enmarañar más el enrevesado asunto, pudiéndoseles calificar de inoportunas e indiscretas.

El proyecto de Bernetti, era suspender por el momento la remoción de Espada del Gobierno de su Diócesis y su embarque a España, para sustituir la medida radical por otras parciales y preparatorias, siendo la primera de ellas el negarle las facultades pedidas.

No debe haber tenido dificultades el Cardenal Secretario de Estado en convencer al Papa, pues ya el 30 de junio informaba el Embajador de España al Ministro de Estado, que la Secretaría de Estado de Su Santidad le había hecho saber que no concedería al Obispo de La Habana la prórroga solicitada, cosa que Labrador atribuía a la "opinión poco favorable que se tiene en Roma de aquel Obispo".[526] Careciendo de antecedentes, el Embajador se limitó a comentar la medida diciendo que esta negativa era para los súbditos del Rey que habitaban en La Habana un sobrecargo de gastos y una gran molestia por tener que venir a conseguir en Roma, lo que hasta ahora está autorizado el Obispo a concederles (cosa que subsanaba la Santa Sede dando las facultades al Arzobispo de Santiago de Cuba), y que él pensaba que si el Santo Padre deseaba humillar a Espada, debía hacerlo de manera que no redundase en perjuicio de los súbditos de Su Majestad, proponiendo que sobre esto se consultase al Consejo de Indias o al de Estado o a ambos.

Con lo que se ve que en fin de cuentas no estaban muy desencaminados ni el Cardenal Castiglioni ni Monseñor Castracane cuando temían la intervención de Labrador en favor de Espada.

Dice el Cardenal Secretario de Estado en su oficio de 4 de julio de 1828 a las Sacras Congregaciones de Santo Oficio y Propaganda Fide que "justos y graves motivos" habían inducido al Papa a proceder así.[527]

La discreción de los documentos de estos días es realmente desesperante. Apenas podemos reconstruir los motivos de la Santa Sede con las vagas alusiones de un despacho del Secretario de Estado al Nuncio en Madrid. Allí creemos descubrir los "justos y graves motivos", aunque seguramente no está dada toda la explicación de las razones que determinaron la decisión.

Leemos en este despacho [528] que "esta medida (la negativa a la prórroga de facultades extraordinarias) es la primera entre aquellas que se quieren adoptar para remediar tanto mal. Otras serán tomadas que se dirigirán a la raíz removiendo el lobo del rebaño traicionado, si la prudencia hará esperar posible la ejecución".

Más adelante encontraremos la verdadera explicación: "En caso contrario si se resiste a que otro ejerza por él las facultades se tendrá una prueba delictiva aparente que no admite excusas, y podrá eso sólo bastar al proceso, que si es necesario se hará, para llevar hasta el extremo el rigor pontificio contra el obstinado delincuente."

A falta de otros documentos nos inclinamos a creer que fue ésta la razón que determinó la suspensión de la remoción de Espada y el porqué se prefirió dejarlo en La Habana negándole la prórroga pedida mientras se concedían sus facultades al Arzobispo de Cuba.

Sencillamente se le sometía a una prueba. Si la pasaba con éxito, es decir dejando al Arzobispo de Cuba ejercer las facultades extraordinarias en La Habana (a lo que no podía negarse sin ponerse abiertamente frente a la Iglesia por ser estas facultades delegadas gratuitamente por el Papa en quien él quisiese) se terminaba de una manera pacífica el asunto; pero si por el contrario, Espada se resistía a obedecer a Roma y continuaba ejerciendo ilegalmente las facultades que no le habían sido concedidas (y el Cardenal Secretario de Estado temía que fuese así ya que en un "Memorandum" suyo para la Audiencia del Papa de unos días más tarde se lee: "hay todo el fundamento para creer que el Obispo una vez despojado de sus facultades seguirá permitiéndose cuanto se ha permitido en el pasado, y que encontrará el modo de impedir al Arzobispo de Cuba el ejercicio de las facultades que a este Prelado serían concedidas para la Diócesis de La Habana"; [529] entonces, se tendría en contra de él una prueba evidentísima y se habría obtenido la ventaja de reducir el asunto a una cuestión concreta, evitándose así un largo y espinoso proceso.

Oficialmente no hacía falta explicar la suspensión de la remoción de Espada pues la determinación de hacerlo llevar a España no se había hecho pública, en cuanto a la negativa de las "solitas" se dio como razón que "miraba a un doble fin: primero: asegurar el uso legítimo de dichas facultades, y para que sirviesen de edificación y no de destrucción; segundo para advertir al Obispo de La Habana de las

209

disposiciones más severas que la Santa Sede se proponía tomar contra él si no reformaba su conducta".[539]

El 4 de julio el Cardenal Secretario de Estado escribió a las Sacras Congregaciones del Santo Oficio y de Propaganda Fide un oficio idéntico (hay una sola minuta para los dos) anunciándoles que se había suspendido la medida de la remoción de Espada del gobierno de su Diócesis y aún de la Isla, y que para no dejar a los fieles de La Habana sin las ventajas que les ofrecían las facultades imploradas que se concediesen "al menos por el nuevo año (1829) o al Obispo susodicho (Espada) o a su vecino Arzobispo de Cuba".[531]

En el caso en que se adoptara el partido de conceder las facultades al Arzobispo, el Cardenal proyectaba "ponerse de acuerdo con el Ministerio de España a fin de prevenir las intrigas con que el Obispo de La Habana podría oponerse al ejercicio que Monseñor de Cuba hiciese de las facultades que se le concedieran, y más aún con el objeto de contener al Obispo en los justos límites, pudiéndose temer que él sea capaz de permitirse aquello que hasta ahora se ha permitido aún cuando sea desprovisto de legítima autorización.[532]

Por el "Memorandum" para la Audiencia, los oficios a las Congregaciones y el citado despacho al Nuncio, vemos que el Cardenal Bernetti temía una abierta rebelión de Espada, como lo indica claramente el último párrafo que hemos citado, haciendo esto que llegase hasta el extremo de apuntar como una posible solución el conceder al Obispo de La Habana la prórroga sólo por un año.

Pocos días después el Cardenal trató el asunto con el Papa. Sabemos por el memorandum que escribió para la audiencia que en ella preguntó a León XII: 1.º si los actos de confirmación ya emanados (por las Sacras Congregaciones de la Penitenciaría y de Ritos, y por la Secretaría de Breves) y que se encuentran en manos de la Embajada de España deban ser revocados o si en vez se les debe dejar libre curso. 2.º Si el Santo Oficio y Propaganda deben usar la misma condescendencia que las otras Congregaciones han usado, si bien en materia mucho más peligrosa que la de ellas. Si en vez deben todas indistintamente conferir al Arzobispo de Cuba las imploradas facultades para la Diócesis de La Habana, negándole la confirmación al Obispo Espada.) [534]

Al pie del memorandum el Cardenal della Somaglia expresó sus temores sobre la recepción que dispensaría Espada a la noticia de la negativa repitiendo casi a la letra lo que había escrito al Santo Oficio y a Propaganda Fide: "Es de advertir que si el Santo Padre toma este último partido será necesario interesar al Gobierno de España, ya que hay todo el fundamento para creer que el Obispo una vez despojado de sus facultades seguirá permitiéndose cuanto se ha permitido en el pasado y que encontrará el modo de impedir al Arzobispo de Cuba el ejercicio de las facultades que a este Prelado serían concedidas para la Diócesis de La Habana."

El Cardenal Bernetti que conocía el carácter del Obispo, y sabía de lo que era capaz, temía que reaccionase en tal forma contra la Santa Sede, que, dado el delicadísimo momento que atravesaba la Colonia pudiera tener complicaciones políticas capaces de llegar a provocar en Cuba un movimiento en pro de la independencia de la Isla, cosa que no preocuparía en lo más mínimo a Su Eminencia si en estas circunstancias no entrase el peligro del cisma con la proclamación de la emancipación religiosa.

Los escrúpulos del Cardenal le hacían dudar sobre la eficacia del partido tomado. Sus vacilaciones se ven en el último párrafo de la nota al "memorandum": "Exploradas las intenciones del Gobierno de España, si éstas no resultan conformes a las del Santo Padre, Su Santidad decidirá entonces con las luces sobrenaturales si será menor mal sufrir la prolongación del abuso que dicho Obispo está ahora haciendo de las facultades a él legítimamente concedidas, o exponerse a verlo actuar sin facultades, con daño cierto de las almas y detrimento de la Autoridad Pontificia.

La respuesta de León XII al Cardenal Secretario de Estado la ignoramos, pero podemos imaginarla por la que dio al Obispo de Iconio, Secretario de la Sacra Congregación de Propaganda Fide quien fue recibido por Su Santidad unos días después del Cardenal Bernetti.

El 10 de junio escribió el Obispo de Iconio al Cardenal Secretario de Estado informándole que el "domingo pasado" había referido al Papa cuanto el Cardenal le había dicho en su oficio del día 4 y que Su Santidad había decidido que dichas facultades debían ser concedidas al Arzobispo de Cuba para que por sí o delegando en un sacerdote las ejerciese en la Diócesis de La Habana, ordenando que los rescriptos en que se concediesen las facultades fuesen enviados a la Secretaría de Estado "para mayor seguridad de la transmisión".[535]

Esto fijaba definitivamente la línea de conducta de la Santa Sede. Se trataba ahora de hacer las cosas de la manera más hábil y discreta que se pudiese de llevar a cabo la decisión de Su Santidad aportando el mayor bien espiritual posible a los fieles de La Habana y evitar cometer errores de consecuencias incalculables.

Resuelto ya definitivamente el curso, que debía darse al asunto, llevó el Cardenal Secretario de Estado al Papa las traducciones latinas de los Breves que debían ser enviados respectivamente a Fernando VII y al Arzobispo de Santiago de Cuba, cuya redacción respondía a la disposición, ahora suspendida de separar a Espada del gobierno de sus Diócesis y de enviarlo a España.[536]

De esta conversación sólo tenemos un escueto memorandum "Para la audiencia de N. S." donde el Cardenal Secretario de Estado apuntó el tema del asunto a tratar con el Papa, pero por las modificaciones hechas en las minutas podemos saber que León XII ordenó adaptarlas a las exigencias de las nuevas disposiciones.

En consecuencia se quitaron del Breve al Rey los dos párrafos donde se le comunicaba que el Nuncio le informaría de los males que afligían la Diócesis de La Habana y le propondría los remedios necesarios; y en el Breve al Arzobispo de Cuba se sustituyeron: el párrafo que hablaba de la separación de Espada y de haberse comunicado esta medida al Rey para pedirle su cooperación, por otro en donde le negaban al Obispo de La Habana las facultades "solitas" "que a los otros Obispos americanos. Nos juzgamos que se debía confirmar", y el párrafo donde se mandaba poner al frente de la administración de la Diócesis a D. Manuel Echevarría, por uno donde simplemente se le concedía el uso de las facultades negadas al Obispo.

Al llegar a este punto comenzó a cometer errores el Cardenal Bernetti. Parece ser que volviendo sobre su acuerdo, o quizás obedeciendo las instrucciones del Papa, posiblemente influenciado por el Cardenal Castiglioni y por Monseñor Castracane, decidió conciliar las dos decisiones tomadas sobre Espada (en esta conciliación nos parece reconocer la mano de Monseñor Castracane) y mientras en Cuba sólo se negaba al Obispo de La Habana la prórroga pedida, se trataba en España de conseguir su remoción.

Es esta la única explicación que tiene ahora el Breve a Fernando VII, que se debió desistir de enviar en el momento en que se renunció al arresto y traslado a España de Espada.

De todos modos se enviaba un documento inútil, incapaz aún de expresar lo que se quería que dijese, y que no serviría para otra cosa que para confundir las ideas.

A España también estaba dirigida la carta al Obispo de León, en la que no se había introducido modificación alguna. Además como ya sabemos, el 26 de junio habían salido para su destino las instrucciones al Nuncio.

De modo que un documento trataba de la negativa de las facultades extraordinarias pedidas por Espada y otros tres (entre ellos uno cuya vaguedad lo hacía perfectamente ininteligible) de su separación de su Diócesis y de su remisión a España.

Es verdad que las gestiones del Nuncio y del Obispo de León podían dar un sentido al Breve que el Papa le enviaba al Rey, pero aún en el caso en que Fernando VII hubiese decidido aceptar las proposiciones de León XII, el plan hubiese tropezado con la falta de aquella armonía de acción entre autoridades civiles y religiosas a las que se daba tan gran importancia, precisamente por falta de las últimas, ya que el Arzobispo de Santiago de Cuba, encargado, de acuerdo con el plan original, de suspender a Espada del gobierno de su Diócesis, ignoraba en absoluto el papel que tenía que desempeñar en el momento del arresto y embarque del Prelado, que por otra parte le sorprendería tanto como a Espada mismo.

Cualquiera de las dos medidas que se hubiese tomado: remoción de Espada o negativa a la prórroga de sus facultades, tenían sus ventajas y sus inconvenientes. Seguramente cada una de ellas presentaba sus peligros que era preciso arrostrar, pues las cosas habían llegado a un punto donde no podían permanecer indefinidamente, pero mayor número de inconvenientes tenía y más peligros presentaba una medida mixta o mejor dicho una doble medida, actuadas a la vez, independientemente una de otra y dirigidas ambas a conseguir objetos diferentes. Y era esto precisamente lo que se hacía, entorpeciendo, al echar a rodar la lógica y la coherencia de las medidas empleadas, la acción que se quería ejecutar.

Una vez modificadas las minutas, fueron revisadas por el Cardenal Secretario de Estado para "examinar los cambios que le ha hecho el minutante".[537]

Es interesante, para la mejor comprensión de los futuros acontecimientos, el transcribir íntegra en su redacción definitiva el Breve de León XII al Rey de España. Cito la traducción que se hizo en Madrid posiblemente en la Secretaría del Rey para uso de Fernando VII.[538]

"León Papa XII: Nuestro muy amado hijo en Cristo Salud y Apostólica Bendición. Cuanto es mayor el motivo que según nuestro deber Pastoral nos precisa a implorar la protección de V. M. por medio de esta carta, tanto más confiamos, conocida muy bien, como nos es vuestra piedad y anhelo de defender la fe católica, que gustoso nos prestéis el auxilio necesario, que os pedimos. Ya hace mucho tiempo que son repetidas y sobremanera graves las quejas que de Nuestro Venerable Hermano Juan José Díaz de Espada, Obispo de San Cristóbal de La Habana, se dirigen a esta Nuestra Santa Sede. Movido de las cuales nuestro muy digno predecesor de feliz memoria Pío VII, le dirigió una carta llena de amor paternal con fecha 30 de mayo de 1820, quejándose de haber traspasado los límites del poder episcopal, reprendiéndole su tenor de vida y mala administración. Pero han sido en vano todos los avisos paternales y las demás precauciones que el mismo Santo Pontífice tomó. Pues este Obispo, que no debía haber tomado otro partido que, o defenderse de las acusaciones contra él hechas, o disculparse de las que no pudiese, asegurando la enmienda y cumpliendo su palabra, ni aún se dignó responder a la carta del Santo

Pontífice; ni dejar un tenor de vida tan contrario e indigno de su carácter.

"En mayor y mucho más sensibles son las que cada día hemos recibido, y ha llegado ya a tal punto que parece que si no se quita este escándalo, que dicho Obispo por su contumaz rebeldía da a toda su Diócesis, peligra allí la religión de Jesucristo y mucho más la disciplina de la Iglesia, y las buenas costumbres, y que no es muy difícil que ultrajada impunemente la religión se sigan grandes daños a la Patria.

"Siendo este el estado de las cosas y pareciendo no haber esperanza alguna de poner remedio con nuestra providencia a tan grande mal; obligándonos la conservación de la fe y mirando el progreso de las almas, juzgamos se deben tomar providencias más serias con lo que finalmente se humille el orgullo de este Obispo que desprecia todos los consejos y mandatos de la Santa Sede; y para que se examine lo que se ha de hacer para escarmiento de todos los demás y principalmente para su bien y el de toda su Diócesis.

"Por nuestra parte no omitiremos cosa alguna que esté al alcance de nuestra obligación Apostólica, falta el que para llevarla a cabo concurra V. M. Real. No juzgamos necesario o Hijo muy Querido Nuestro exhortaros a esto, cuando vemos muy bien el grande empeño y esmero que ponéis en conservar la Religión Católica íntegra y pura en todos los países sujetos a Vuestra jurisdicción; y quien sabemos haberse prestado con tanto empeño a los consejos de Nuestro Predecesor por este motivo y por el mismo asunto; y quien finalmente no dudamos lleve a mal el que no obstante este Lobo con toda seguridad vive entre las ovejas, por manera que todo lo corromperá, si es que alguna parte del rebaño por la misericordia de Dios ha quedado a salvo. Y nosotros que todo nos lo prometemos de la piedad y bondad de V. M. no dudamos que todo aquello que Vuestra Prudencia juzgue por más conveniente para conseguir de hecho esta plausible empresa no lo pueda evitar dicho Obispo con su astuta perfidia.

"Un solo consuelo nos queda en medio de nuestro grande sentimiento por la desgraciada situación de este Pastor y su rebaño, y este es la certísima esperanza de una respuesta en todo conforme al nombre de Rey Católico de que con razón os gloriáis. En el entretanto te enviamos a ti, Nuestro muy Querido Hijo en Jesucristo y a toda la Familia Real de V. M. la Bendición Apostólica en señal de particular amor y nuestro singular cariño.

"Dada en Roma San Pedro día 12 de julio del año 1828 y el 5.º de nuestro Pontificado. León Papa XII."

Hasta aquí las cosas se habían complicado lo bastante, pero esta complicación, capaz de entorpecer la buena marcha del asunto con disposiciones contradictorias, hubiera podido subsanarse con gestiones acertadas y hasta haber alcanzado algún final. En todo caso no era de una magnitud tal como para crear un conflicto serio. Sin embargo un nuevo error, el mayor de todos, del Cardenal Bernetti, creará este conflicto y anulará las providencias de la Santa Sede.

Era uno de los privilegios del Patronato que los Breves y Rescriptos Pontificios, dirigidos a los Obispos de América no podían ser enviados a ellos directamente, sino que debían antes presentarse al Rey, para que éste, previa consulta al Consejo de Indias, diese el Regio Exequatur o negase el paso de dichos documentos.

La razón de esto la encontramos en el Título 9, Libro 1.º, Ley 10 de la Recopilación de Indias, y es para que no se "perjudique el derecho concedido al Rey por la Santa Sede ni a su Patronato y Regalías, y porque así conviene para el servicio de Dios N. S. gobierno eclesiástico y temporal y quietud de las Indias".

Semejante disposición de carácter general no era tan absoluta que no tuviese sus excepciones, en efecto no se exigía la presentación para los Breves o Rescriptos que trataban de asuntos puramente espirituales y del valor de los actos de jurisdicción, ni los "de dispensa matrimoniales, los de edad, extra-remporas, de oratorio y otros de semejante naturaleza" así como tampoco a "los Breves de Penitenciaría, como dirigidos al fuero interno". Sin embargo, era este un punto sumamente delicado de las relaciones entre la Santa Sede y España, y ésta, celosísima de sus derechos, mostraba una susceptibilidad extraordinaria siempre que creía adivinar por parte de Roma un intento de lesionarlos.

Esta susceptibilidad, hemos dicho ya, se había hipersensibilizado con el nombramiento de los Obispos sur-americanos, materia que el Rey de España estimaba todavía de su exclusiva competencia y en la que no concedía intervención absolutamente a nadie.

Por eso era mucho mejor no entrar en la discusión de si el Breve al Arzobispo de Santiago de Cuba era o no de los excluidos de la presentación, ya que se podía descontar de antemano que si se saltaba ese requisito, el Gobierno Español consideraría el documento entre los absolutamente obligados, y por lo tanto lo declararía nulo, lo haría recoger y se daría por ofendido.

A pesar de estas razones, el Cardenal Bernetti, mostrando un absoluto desconocimiento de la psicología española y pensando tal vez que con el Breve a Fernando VII y con las explicaciones que le darían el Nuncio y el Obispo de León, el Rey de España iba a quedar satisfecho y olvidar la ofensa hecha a sus privilegios y al prestigio de su Corona, dispuso que en lugar de enviarse al Arzobispo de Santiago de Cuba el Breve que le mandaba el Papa por el camino usual del Nuncio de Madrid, se hiciese a través del Nuncio de París, de modo que el documento no tuviese nada que ver con las Autoridades Españolas.

Creemos que la responsabilidad de esta decisión es toda del Cardenal Bernetti, influido seguramente por Monseñor Castracane, pues no se pensó en ella hasta que aquél tomó posesión de su cargo. Recordemos que mientras el Cardenal della Somaglia fue Secretario de Estado, los Breves estaban destinados a ir por la vía ordinaria y que el 26 de junio se le pedía al Secretario de las Cartas Latinas que tuviese listas las traducciones antes del 1.º de julio "para que puedan enviarse a su destino con el correo de España".

La razón que indujo al Cardenal Secretario de Estado a tomar esta decisión era que teniendo a Espada por "un hombre orgulloso cuyos priincipios lo llevaban a hacerse casi independiente de cualquier otra Autoridad Eclesiástica Superior, en quien el error de las máximas se une a la depravación de la voluntad, a quien no faltaban ni medios ni relaciones ni poderosas protecciones para defenderse",[539] mucho más cuando "la acusación de Masón hecha contra el Obispo que parece ser probada por su gran familiaridad con los miembros de esa secta, y la parte que el tomó en el Gobierno Constitucional, así como el uso de los emblemas masónicos hasta en las sacras vestiduras"[540] lo hacen "fuerte en el partido que tiene en la Diócesis, en Madrid y aún en la Corte"[541] por lo que "se ríe de los esfuerzos del Jefe de la Iglesia". "La Opulencia de sus rentas aumentada por el comercio que hace de cuanto tiene de sagrado le da medios de crearse protectores y partidiarios donde quiera."[542]

Esta opinión es anterior a Bernetti. Sin embargo, cuando el Cardenal della Somaglia la comunicaba al Nuncio, lo hacía sólo para que este estuviese advertido y obrase con cautela, fue el Cardenal Bernetti quien dedujo de ella la conclusión de que era preciso enviar el Breve al Arzobispo por la Nunciatura de Francia.

El 17 de julio el Cardenal Secretario de Estado escribirá al Nuncio de París y le dirá que si se mandaban los Breves "por las acostumbradas vías, o de esta Embajada de España, o de la Nunciatura de Madrid, era inevitable hacerla caer en manos de protectores de aquel indigno prelado" "lo que hubiera destruido cualquier efecto posible",[543] y el 31 de julio, le explicará al Nuncio de Madrid que la determinación obedecía a la necesidad de esconder al Ministerio de S. M. y a cuantos alardea el Obispo de La Habana de ser sus protectores"[544] las providencias adoptadas "para subsanar en el mejor modo posible los gravísimos males que derivan del Gobierno de aquel Prelado a su desventurada Diócesis.

Parece ser que en un primer momento sólo se pensó en enviar por la vía de Francia el Breve del Arzobispo, pues en el despacho que se le mandó a Monseñor Luigi Lambruschini,[545] Nuncio de París, el 15 julio, no se acompaña más que aquél y no se habla del Breve al Rey ni de la carta al Obispo de León.

En esta nota, después de enterar al Nuncio del asunto y de darle las explicaciones que ya conocemos sobre el porqué se usaba "la Nunciatura de Francia en vez de la de España, que sería, sino, más indicada para expedir a Cuba su carta", se le advierte que "es de la más grande importancia" que remita con la mayor solicitud y "especialmente con la máxima seguridad" el Breve temiendo seguramente que como la carta a Osés, también fuese interceptada.

En el mismo despacho se le pide al Nuncio que acompañe la carta del Papa al Arzobispo con otra suya "dándole todos aquellos saludables consejos que su larga experiencia y profunda doctrina le sugerirán", insinuándole que use los medios que el Ministerio de Francia podría suministrarle para hacer llegar los documentos al Arzobispo de Santiago de Cuba.

Al explicarle el Cardenal Secretario de Estado a Monseñor Lambruschini las razones que habían decidido a la Santa Sede a proceder contra Espada, le informa de la doble medida adoptada cuando le dice que se niegan las prórrogas pedidas, "mientras que el Santo Padre está tentando la remoción de este Lobo rapaz de su rebaño traicionado, y la sustitución de uno que santamente gobierne aquella Diócesis en calidad de administrador".[546] Lo que nos confirma en nuestra hipótesis que todavía el 15 de julio, no se pensaba usar la "vía de Francia" para mandar a España el Breve al Rey y la carta al Obispo de León.

Ese mismo día 15 enviaron a la Secretaría de Estado de Su Santidad los respectivos decretos concediendo las facultades extraordinarias al Arzobispo de Santiago de Cuba, el Cardenal Castiglioni Penitenciario Mayor[547] y la Secretaría de Ritos.[548] En este último decreto se le daba el título de "administrador" "de la Diócesis de La Habana" al Arzobispo de Santiago de Cuba, en vista de lo cual el día 16, el Cardenal Secretario de Estado escribió al Secretario de Ritos para que cancelase esa frase, rogándole, dada la urgencia del caso que eviase lo más pronto posible el nuevo decreto.[549]

En Madrid el día 16 dirigía un informe al Rey el Ministro de Estado; enterándole de cuanto había comunicado Labrador en su despacho de 30 de junio.[550]

Entre el 15 y 17 se decidió en la Secretaría de Estado de Su Santidad mandar las otras cartas por "la vía de Francia". El 17, el Cardenal Secretario de Estado escribió de nuevo a Monseñor Lambruschini para comunicarle que por orden expresa del Papa se le enviaba el Breve para el Rey de España explicándole los riesgos que corría dicho Breve si era enviado "por las acostumbradas vías" de caer en manos de los protectores de Espada "quizás antes que S. M. C. lo hubiese leído o se penetrado de él. A esta consideración se unía la otra de estar en ese momento Fernando VII en Cataluña, pudiendo allí "recibir mucho más solícitamente una carta de Roma que le venga dirigida por la vía de París, que si esta de Roma debiese andar a Madrid y de allí replegar hacia el Norte de España cuando le plazca al Ministerio el remitirla".

En el mismo despacho el Cardenal vuelve a la carta que el Nuncio debe escribir al Arzobispo de Santiago de Cuba y le hace las siguientes recomendaciones "1.º envíe a su prudente arbitrio (del Arzobispo) el dar con el Obispo de La Habana aquellos pasos que él crea oportuno, no ya para hacerle sufrible la notificación que le ha sido destinada, sino para prevenir en él los efectos de su testarudez, la que podría tentarle a no hacerse cargo del cese de sus facultades continuando a hacer uso sacrílego de ellas. En lo que se refiere a este propósito es bueno que usted sepa que la duración de las facultades que él ahora goza legítimamente, se extienden hasta los primeros días de septiembre de 1829. Por lo tanto si a Monseñor de Cuba llegase con toda la posible rapidez la carta del Santo Padre tendrá tiempo de esperar el momento que le parezca más oportuno para asegurar el resultado de los pasos que se den".

"2.º Será inútil además que Ud. le advierta como la providencia adoptada por el Santo Padre es posterior de algunos días a la emisión de tres rescriptos, el 1.º de la Santa Penitenciaría, el 2.º de la Santa Congregación de Ritos y el 3.º de la Secretaría de Breves con los que se había prorrogado al Obispo de La Habana por varios años las facultades de que ahora goza y que ahora son concedidas en sus veces a Monseñor de Cuba. El Santo Padre no se ha preocupado de revocar el rescripto emitido por la Secretaría de Breves porque las facultades que en él le son acordadas, diré así, no pueden caer en abuso. Pero ha querido Su Santidad que hubiese una concesión expresa de las otras dos facultades genéricas al Arzobispo de Cuba".

Luego le dice el Nuncio que el Papa lo deje en absoluta libertad de escoger el medio que estime más conveniente para mandar el Breve al Rey: "sea que Ud. prefiera el canal de esa Real Embajada de España, sea cualquier otro no menos decoroso que ese". Es curioso este último párrafo en contradicción no sólo con cuanto se había decidido sino con lo que se le había dicho al principio de ese mismo despacho.

"Queda sin embargo establecido que Ud. no hará uso del Ministerio Francés sabiendo que dura todavía en el Gabinete de S. Idelfonso la sospecha de una secreta inteligencia entre la Santa Sede y la Real Corte de Francia referente al modo como deben ser tratados los asuntos espirituales de la América Española. Por análogas razones deberán evitarse los medios que pudieran facilitar las Legaciones de otras potencias que tengan intereses o comerciales o políticos que arreglar en América."

Como la carta al Arzobispo de Santiago de Cuba no iba a España y no había el temor de que se conociese la vía empleada para hacerla llegar hasta él no se tuvo inconvenientes en sugerir la vía del "Ministerio de Francia" en el despacho de 15 de julio.

Por último, termina el Cardenal aconsejando a Monseñor Lambruschini que cuando haya escogido la persona que deba llevar el Breve, le hable de la mayor rapidez que ofrece la vía de París para que así "no entre en sospechas de la comisión que se le da y se preste con ánimo pacato y voluntarioso".[551]

El pliego dirigido al Nuncio de París se envió dentro de un sobre al Abb. Tosti, encargado de Negocios de la Santa Sede en Turín, ordenándose a este último que se entregase "con toda la posible solicitud, pero por vía privada y segura a Monseñor el Nuncio de París en propias manos".[552]

El encargado de Negocios de la Santa Sede en Turín debía mandarlo, siempre por "vía privada y segura" al Cónsul Pontificio en Génova.[553]

El 19 de julio el Secretario de la Sacra Congregación de Ritos remitió a la Secretaría de Estado de Su Santidad el nuevo decreto para el Arzobispo de Cuba con las correcciones que le habían sido indicadas.[554]

El día 31 en un despacho en parte cifrado, enviado con toda reserva por medio del Cónsul Pontificio en Barcelona al Nuncio de Madrid le comunicaba el Cardenal Secretario de Estado las razones que ya conocemos por las que se tomó la "vía de París". En el mismo despacho se le daban noticias sobre asuntos de Bolivia, Chile, Colombia y se le ordenaba averiguar el pensamiento del Rey sobre las relaciones eclesiásticas de la Santa Sede con los países de América.[555]

Tan pronto como Monseñor Lambruchini recibió las cartas, envió la suya al Obispo de León valiéndose del Ministerio de Francia.[556] El problema estaba en mandar el Breve al Rey. El 22 de agosto le escribe el Cardenal Secretario de Estado informándole del asunto y le dice: "Mi embarazo nacía del encontrar un medio que uniese en sí las formas de conveniencia exterior y calidad tales de probidad y de carácter que se pudiese estar seguros sobre el hecho y la ejecución. Afortunadamente he sabido que el Sr. Duque de Montmar (Montemar) grande de España, Chambelan de Su Majestad Católica y yerno del difunto Embajador Duque de San Carlos, había venido a París para ocuparse de los asuntos económicos de su difunto suegro. Yo ya sabía por las precedentes conversaciones del óptimo, Embajador que el Duque de Montemar es un señor lleno de religión, devoto a su Rey, y de él particularmente amado y favorito. Pareciéndome por tanto que este fuese un medio enviado por la providencia para cumplir la encomienda, me dirigí a hacerle una visita, y no habiéndolo encontrado, le escribí poco después un billete rogándole que me hiciese conocer el día y la hora en que habría podido encontrarlo en su casa. El señor Duque vino a mí la mañana siguiente. Su conversación me gustó mucho, y después de haber hablado con toda expansión del corazón, del difunto Embajador y de la íntima amistad con que me honraba agregué: (en el original el resto está en cifra) con mucha naturalidad que había recibido una preciosa carta de Su Santidad para su óptimo Rey: dije que esta carta había sido escrita cuando se sabía a Su Majestad más próximo a Francia que a su capital, Madrid; agregué que ésta había sido dirigida al alto destino de su difunto suegro, cuya muerte se ignoraba en Roma en la época en que tal carta me había sido enviada; concluí que habiendo cambiado las circunstancias, mi deber sería pedir nuevas instrucciones a Vuestra Eminencia pero que por no retardar demasiado a Su Majestad Católica el consuelo de leer la carta que le dirigía Su Santidad, creía interpretar correctamente la intención de su Beatitud, confiando al ilustre yerno el honor que había estado destinado al difunto suegro. El Sr. Duque me agradeció la consideración que yo tenía con él, pero me dijo que no podría regresar a Madrid después de doce o quizá quince días, no pudiendo en menos tiempo arreglar los asuntos testamentarios por los que habían venido aquí, por lo que surgería el expedirla al Ministerio inmediatamente, para que llegase antes, ya que podría tratarse de cosa urgente. Yo repliqué que la carta que me había sido enviada estaba cerrada, así es que no se podía conocer el contenido, que yo por tanto había creído que él mismo habría podido llevarla consigo para presentarla en las propias manos de Su Majestad sin hablar a ninguno, porque, como la carta habría pasado por las manos del Sr. Duque de San Carlos, así se podría pensar que el Rey le hubiese gustado recibirla por las manos de un confidente que por otra vía. El Sr. Duque de Montemar se convenció con esta observación, y la conclusión fue que él tendría el honor de presentar personalmente la preciosa carta a Su Majestad sin decir palabra a nadie." [557]

Monseñor Lambruschini no le daba importancia al retardo con que llegaría a Madrid la carta para el Rey, pues él calculaba que la otra al Arzobispo de Cuba no arribaría a su destino hasta dentro de cuarenta o cincuenta días. [558]

En Madrid había sido puesto al despacho de Su Majestad el día 10 de agosto el informe del Ministro de Estado sobre la negativa de la prórroga de las facultades de Espada y el Oficio de Labrador relativo a ellas; y el 25 del mismo mes dispuso el Rey que se consultase, como había propuesto el Embajador en Roma, al Consejo de Indias sobre dicho asunto.[559]

Tan pronto como Monseñor Lambruschini salió de las cartas al Rey y al Obispo de León comenzó a pensar en el Breve al Arzobispo de Cuba. Siguiendo las instrucciones recibidas le escribió una carta a éste diciéndole que Su Santidad "te manda y ordena que en cuanto te sean entregadas las presentes letras se lo comuniques al Obispo de La Habana, comunicándole además que las facultades extraordinarias de las cuales había sido provisto por gracia especial de la Sede Apostólica han cesado para él en absoluto, y que totalmente se le prohíbe el uso de ellas desde el día en que se le haga esta intimación".

"No existe la menor duda —continúa el Nuncio— de que el Obispo de La Habana prestará fe a los dichos de tu Grandeza; sin embargo para quitarle todo pretexto de desobediencia, y para que no diga que no ha recibido de parte de Su Santidad significación alguna de oficio por la que se le amoneste de la suspensión de las facultades predichas, te transmito a ti unida mi carta dirigida al mismo Obispo en la que le hago sabedor de todo este asunto." [560]

Luego le recomienda que la persona encargada de entregar la carta a Espada "considere la manera como ha de obtener la respuesta ya que siempre se ha de hacer de tal manera que a nosotros no nos faltasen testimonios ciertos de haber llegado a su poder la carta y de habérsele presentado la misma carta".

El Nuncio temía que Espada hiciese como había hecho con el Breve de Pío VII y se negara a darse por enterado de las nuevas disposiciones, lo que no se le ocurrió ni por un momento es que se diese por enterado precisamente para emplear en su defensa el conducto por donde le había llegado la carta.

En esa carta de Lambruschini a Espada, que es otro de los gruesos errores cometidos en este asunto, el Nuncio le comunica al Obispo "que en ti cesan en absoluto el día mismo en que recibas esta noticia" las facultades extraordinarias. "Por lo mismo el uso de las facultades extraordinarias predichas que tú (lo que Dios no permita) intentarás hacer después de esta notificación queda declarado desde ahora para entonces, nulo, inválido y en absoluto de ningún valor." [561]

Estas dos cartas que llevan la fecha de 27 de agosto fueron enviadas ese mismo día junto con el Breve, al Arzobispo de Santiago de Cuba.[562] Desgraciadamente el Nuncio no dice el camino empleado para hacerlo.

Cumplido el encargo escribió el 3 de septiembre Monseñor Lambruschini al Cardenal Bernetti dándole cuenta del asunto y enviándole copias de las cartas mandadas a Espada y al Arzobispo de Cuba.[563]

Para mayor seguridad el Nuncio de París envió su despacho a la

Secretaría de Estado por medio del Correo diplomático Sardo al Encargado de Negocios de la Santa Sede en Turín, y éste la hizo seguir a Roma.[564]

El Cardenal Bernetti contestó a Monseñor Lambruschini el 6 de septiembre, el despacho del 22 de agosto, felicitándolo por "el medio tan bien escogido por Ud. para asegurar el arribo de aquella (carta) que debe entregarse en Madrid." [565]

8

LA REBELIÓN CONTRA EL PAPA

En España, el asunto de la negativa de las solitas había pasado al Consejo de Indias como sabemos, inmediatamente se dio traslado al Fiscal, quien el 24 de octubre de 1828 hace suyos los razonamientos de Labrador, pero como del examen del expediente se ve que no sólo en Roma sino también en Madrid "se tiene una idea siniestra del R. Obispo de La Habana" y que ya había sido ordenado su traslado a España lo que justificaba "la negativa de la Santa Sede para que le autorizase inútilmente o para que depusiera la opinión poco favorable que de él se tiene en Roma".

"Sin embargo", continúa opinando el Fiscal, "también puede ser que la insistencia del Gobernador en favor del Prelado convenciese al Rey, quien olvidase cualquier defecto que hubiera en su conducta (política) en atención a sus buenas obras y a su ancianidad como explicaba aquel jefe (Vives)", en cuyo caso sería conveniente que se hiciese presente a Su Santidad por conducto del Embajador lo ocurrido en el particular y que habiéndose dignado Su Majestad acceder a los ruegos de las autoridades, corporaciones y habitantes de La Habana, suspendiendo o revocando la citada Real determinación y restituyendo al Obispo a su confianza, no podía ser útil para la Iglesia ni para el Estado ni para los fieles de la Diócesis que éstos lleguen a saber que la persona del Obispo está degradada hasta el punto de no merecer la confianza del Rey ni del Sumo Pontífice, en vista de lo cual se suplicase a Su Santidad se sirva accediera la prórroga solicitada."

Termina su informe el Fiscal confesando la incertidumbre en que se encuentra por lo que emite un dictamen condicional en el que sugiere que el Ministerio de Estado se ponga de acuerdo con el de Gracia y Justicia para que examinados todos los antecedentes se resuelva si se está en el caso de llevar a efecto el traslado del Obispo, "o si fueron suspendidas (las medidas sobre el traslado) por los motivos indicados, y se interceda o no con la Santa Sede para la concesión de la insinuada prórroga".[566]

El Consejo de Indias discutió el asunto el 29 y su acuerdo fue tan favorable a Espada que creemos es digno de ser transcripto íntegro su estracto para mostrar en qué forma había variado la opinión que allí se tenía del Obispo de La Habana:

"Teniendo a la vista el dictamen del Fiscal, el Consejo de Indias hace presente que aún cuando la Santa Sede se haya formado una opinión poco favorable del citado Obispo quizá por motivos ajenos a este punto, es preciso confesar que se halla en el día ejerciendo su sagrado ministerio pastoral, sin cosa en contrario a la satisfacción que debe tener el Gobierno de ello y bajo este supuesto el Consejo cree que se está en el caso de emplear los medios adecuados a la dignidad del Trono de V. M. a fin de que se acceda a la expresada prórroga, y evite a los súbditos los gastos, molestias y dilaciones tan ruidosas como perjudiciales al bien de sus almas, en tener que andar directamente a Roma, en cosas en que hasta ahora las dispensa el citado Obispo en eso de las facultades extraordinarias. Estas no se conceden a los Obispos de Indias para la condecoración de sus dignidades y personas, sino a beneficio del bien espiritual de los fieles a quienes perjudica sobremanera la derogación de ellos. Una negativa traería la consecuencia de degradar de su estimación al R. Obispo de La Habana en el concepto de sus diocesanos con detrimento del Ministerio pastoral que ejerce y es menester conservarlo en la mejor opinión para desempeñarlo con fruto en bien espiritual y temporal (aquí un eco de las amenazas de Espada y de las cartas de Vives), objetos que no podrán menos de ser gratos a la Santa Sede, deponiendo, como es de esperar, cualquier prevención que haya podido influir en su negativa."

"Así, opina el Consejo podrá decirse al Embajador en Roma, siempre que merezca la aprobación de V. M., para que lo haga presente a Su Santidad, en prevención al mismo tiempo de que se empleen los medios que sean propios, a fin de obtener la prórroga al Obispo de La Habana de las facultades extraordinarias, mediante a que en ello se interesa a un tiempo la justa protección de los súbditos y el decoro y la consideración debida al Trono de V. M." [567]

Si la Secretaría de Estado de Su Santidad hubiera sido más clara y explícita sobre la negativa de la prórroga esta resolución del Consejo no habría tenido lugar o al menos muchas de las frases que aparecen en ella no hubiesen sido escritas.

Desde el punto de vista de Espada la resolución del Consejo no podía ser más halagüeña. Con toda razón podía considerarla como una victoria, y en cierta forma como una respuesta a sus cartas al Rey, ya que en ella se dice que "se halla en el día ejerciendo su sagrado Ministerio pastoral, sin cosa en contrario a la satisfacción que debe tener el Gobierno de ello" y se mantiene que "es menester conservarlo en la mejor opinión". Es decir se le rehabilita en toda la línea. De este resultado podía estar orgulloso O'Gavan, pero también Vives quien había contribuido no poco a conseguirlo con su constancia.

Mientras estudiaba el Consejo de Indias la negativa de las facultades extraordinarias había recibido Fernando VII el Breve del Papa que pasó inmediatamente al Consejo de Ministros, éste pidió entecedentes a la Secretaría del Despacho de Gracia y Justicia que le envió el expediente instruido allí sobre el llamamiento a España del Obispo. Teniéndolo a la vista, resolvió el Consejo de Ministros la respuesta que debía darse al Papa, y el 28 de octubre de 1828, elevó a Su Majestad la minuta de ella, que enseguida fue aprobada por el Rey, comunicándoselo el mismo día el Secretario del Consejo al Secretario de Estado y del Despacho de Gracia y Justicia, a quien también devolvió el referido expediente.[568]

La carta fue firmada por Fernando VII el 14 de noviembre de 1828. En ella le dice a León XII que él "también por la obligación que tengo como Rey Católico de velar sobre la pureza de la Fe y de la disciplina de mis dominios, y en virtud de los oficios que mediaron, acerca de este Prelado con el Venerable Predecesor de V. S. he tomado providencias para refrenar algunas demasías y quitar varios motivos de escándalo que estaba informado acerca de los principios y conducta de este Obispo. Pero su ancianidad, el estado achacoso de salud en que me hizo constar documentalmente que se hallaba, y algunas graves consideraciones que me representaron las autoridades administrativas, y otras personas respetables de aquella isla han retardado la ejecución de mis órdenes, pareciendo impropio de la humanidad trasladar desde el lecho del dolor hasta una embarcación a un Obispo anciano y enfermo: y que teniendo, como tiene en aquellos países bastante reputación y apasionados, por el largo tiempo que ha ejercido en ellos la Prelacía; y por muchas relaciones políticas no sería acertada ninguna disposición violenta que pudiera levantar algún fuego de rebelión o de discordia en tierras y en mayor daño de la religión y de la disciplina, por cuya conservación, y en especial porque en los Pastores no haya la menor tacha, ni aún sospecha ni en doctrina, ni en conducta estoy dispuesto a toda clase de esfuerzos y sacrificios".

"Por tanto me ha parecido conveniente significar a V. S. que fijando los términos y modos con que el referido Obispo deba con todo retractar o aclarar alguna doctrina, si por desgracia se halla en este caso, y dar la más completa satisfacción a esa Santa Sede, de cuales-

225

quiera ofensa o agravio en que haya incurrido contra ella, me haga enviar las letras o mandamientos en que V. Bd. lo disponga: bien cierto de que yo emplearé mi autoridad para que se cumpla; y si, contra toda esperanza, faltase a tan sagrado deber, mandaré entregar su persona a disposición de V. Bd. a quien ruego se digne dispensar a mí y a mi Real Familia su Paternal y Apostólica Bendición.[569]

Es decir, con toda suavidad y respeto se negaba a considerar por el momento la remoción de Espada, proponía una solución y recordaba al Papa la vía que debía emplear para tratar este asunto, resultando la frase: "Me haga enviar las letras o mandamientos que V. Bd. lo disponga", un presagio de desagrados y complicaciones que hubiera llenado de aprensión los ánimos de la Secretaría de Estado de Su Santidad si allí la hubiesen leído.

En el citado documento podemos ver la transformación operada en el ánimo del Rey, cambio que habían sufrido, tanto el Consejo de Indias, como el de Ministros. Es indudable que O'Gavan había contribuido mucho a conseguir este resultado, pero las razones que recoge Fernando VII en su carta al Papa son las de Vives y más aún las mismas que Espada había expresado en las cartas que había escrito al Rey.

Es esta carta del Rey, aprobada por el Consejo de Ministros y firmada por Fernando VII, un reconocimiento oficial y solemne del peligro que representaba Espada, a quien se le creía en España en esa época muy capaz de provocar en Cuba un movimiento emancipador, impulsado, no ya por puros ideales, sino para conservar el poder de que estaba revestido.

El Gobierno español se había penetrado de la idea de que Espada permanecería fiel a él mientras no se le molestase y a cambio de esa fidelidad, que en aquel momento representaba mucho, aceptando las veladas amenazas del Obispo y siguiendo las sugerencias del Capitán General, había decidido dejarlo en paz y esperar a que terminara tranquilamente su vida.

En cuanto al último párrafo de la carta, el Rey y el Consejo de Ministros estaban convencidos que después de la Circular al Clero de La Habana de 1824, Espada estaría dispuesto a hacer cualquier retractación que le ordenase el Rey, a cambio de conservar la Mitra, lo que hacía del todo inútil el ofrecimiento de "entregar su persona a disposición del Papa".

En un solo punto están perfectamente de acuerdo la Santa Sede y España: en que Espada era un sujeto peligroso que podía en un momento dado hacer estallar en Cuba una revolución tendente a conseguir la emancipación política y religiosa de la Isla. Por ahora difieren sus opiniones sobre los métodos que se debían emplear para conjurar el peligro, pero también en esto alcanzarán con el tiempo unanimidad de criterio y llegarán a actuar en conformidad.

Aun no habían llegado instrucciones especiales al Embajador de España sobre el asunto de las "solitas", pero se ve que éste había continuado gestionándolo verbalmente porque el 7 de noviembre el Cardenal Secretario de Estado le envió una nota comunicándole que no hay la menor esperanza de que se acceda a la petición de prorrogar las facultades extraordinarias del Obispo de La Habana y que el Papa, para no dejar sin ella a los fieles de esa diócesis las ha concedido al Arzobispo de Santiago de Cuba con facultad de subdelegarlas en algún sacerdote digno.

Continúa el Cardenal diciendo que las razones por las que la Santa Sede ha tomado estas medidas son conocidas de los Ministros de S. M. C. quienes siempre encontraron las quejas hechas contra el Obispo, justas y apoyadas en hechos incontrastables.

Por último termina diciendo que espera que el Embajador estará de acuerdo con él, en que no es posible al Papa usar de mayor indulgencia con un Obispo que se permitió no contestar una carta de amorosa admonición que le dirigió Pío VII.[570]

A principios de la primera quincena de noviembre Monseñor Tiberi visitó a Calomarde y éste le enseñó la respuesta al Breve del Papa, que aún no había firmado Fernando VII.

No creemos que Calomarde le enseñara al Nuncio una copia contrahecha de la carta, sino que Monseñor Tiberi al leerla entendió mal lo que decía pues en su informe al Cardenal Secretario de Estado de 26 de noviembre[571] le comunica que dicho documento "comienza con la narración de las órdenes tantas veces dadas para que el Prelado viniese a la Corte a dar cuenta de la pésima conducta que lo deshonra. Agrega que unas veces con el pretexto de enfermedad, o que el temor que su partida causase una revolución en el pueblo, o excusándose con la avanzada edad, había sabido eludirlas. Y concluye declarando que pone al culpable a la disposición de Su Santidad".

Como se ve en el informe de Monseñor Tiberi es enteramente distinto al espíritu y aún a la letra de la carta del Rey donde se estaba muy lejos de poner al "culpable a la disposición de Su Santidad".

El Nuncio termina resumiendo en una frase su impresión del momento: "Me parece que N. S. puede estar contento con el Religioso Monarca".

Es curiosa esta interpretación de la carta del Rey, que ha de suplantar en la Santa Sede el sentido de las frases escritas en el documento original. De ahora en adelante esta versión falsa es la que se tendrá por auténtica en Roma y aparecerá constantemente en todos los documentos pontificios.

El Nuncio la confirmará en diciembre de 1829, cuando le escriba al Cardenal Secretario de Estado y le diga: "este piadoso Monarca respondió que el Santo Padre dispusiese como mejor le pareciera de la persona del reo", "Se me hizo leer la carta: referí su tenor, y se me aseguró, que era concebida en los términos por mí expresados".[572]

Estos conceptos algo modificados los encontramos de nuevo en la exposición del Secretario de la Sacra Congregación de Asuntos Eclesiásticos Extraordinarios en 1830 donde se lee que "Su Majestad Católica recibió la carta del Santo Padre, y que respondió declarando que el Obispo de La Habana se dejaba a disposición de la Santa Sede, sin profesarse dispuesto a concurrir por su parte al cumplimiento de las disposiciones Pontificias".[537]

El origen de esta confusión está en la errónea interpretación del Nuncio, que no fue posible rectificar pues luego la carta del Rey debió extraviarse en el Vaticano, ya que en varios documentos donde se habla de ella se dice que no ha sido posible encontrarla. Los esfuerzos que he hecho para hallarla en el Archivo Secreto han resultado vanos, lo que me confirma en mi opinión de que se perdió en el mismo despacho de León XII. De que el Papa la recibió no cabe la menor duda, pues el Cardenal Bernetti le escribió al Nuncio de Madrid el día 4 de diciembre de 1828 y al acusarle recibo de su despacho n.º 163 (ya citado) le informa que la carta del Rey ha llegado a manos de Su Santidad quien está meditando (el borrador dice "concertando"), palabra que después fue tachada, el partido a que le conviene atenerse en consecuencia, lo que le promete comunicárselo apenas le sea manifestado.[574]

En Santiago de Cuba, el 26 de noviembre, recibió el Arzobispo un pliego de París, certificado en la Administración de Correos de la ciudad de La Habana. En él venían el Breve para él, la carta que le dirigía el Nuncio de París y la otra que mandaba a Espada.[575]
Leyó el Arzobispo las cartas en medio de la "consternación y lagrimas amarguísimas" que le causó "semejante novedad" que recibía "con ningún antecedente ni habérseme pedido ni dado informe alguno".[576]

Sinceramente conmovido, meditó Monseñor Rodríguez de Olmedo durante cuatro días el partido que debía tomar sin decidirse a confiar a nadie, ni aún a su secretario, las noticias que acababa de recibir. Por fin el día 30 se resolvió a escribirle de su puño y letra a Espada una carta que es un espejo de las mejores cualidades que pueden adornar a un prelado y a un caballero.

Con verdadero dolor y con el tono de un padre atribulado le comunica a Espada las disposiciones de la Santa Sede y la concesión hecha en favor de D. Manuel Echeverría de las facultades extraordinarias, y para mitigar el golpe en lo posible, en un arranque de generosa delicadeza encarga a Espada que sea él mismo quien lo diga a Echevarría y le dé el título de Subdelegado Apostólico como si partiese espontáneamente de él, para que el pueblo no sospeche el origen de la novedad y quede a salvo la dignidad y el prestigio del Obispo.

A renglón seguido le aconseja someterse a escribir al Papa "en términos que se disipe al agudo dolor de que se halla penetrado su paternal corazón".[577] Sugiriéndole también que escriba al Nuncio de París y que le envíe los duplicados de las cartas para incluirlas en su respuesta informando el resultado de la comisión.

Después de Pío VII, Monseñor Rodríguez de Olmedo le abría a Espada las puertas de la reconciliación con Roma. Por medio del Arzobispo de Santiago de Cuba esto hubiera podido haberse hecho sin grandes dificultades y de manera tal que el amor propio de Espada no habría sufrido ninguna humillación, pero los caracteres de ambos prelados eran tan radicalmente opuestos, que a pesar de los repetidos esfuerzos de Rodríguez de Olmedo para colmar las diferencias y traer al redil a la oveja descarriada, había entre ellos un abismo que los separaba e impedía toda comprensión.

Mientras esto sucedía en Cuba, en Madrid el 23 de noviembre se había puesto al despacho del Rey el estracto del dictamen del Consejo de Indias sobre la negativa de la prórroga de las facultades extraordinarias de Espada.

En vez de aceptar Fernando VII el parecer del Consejo, dictó una Real Orden el día 27 de noviembre de 1828 conformándose con el dictamen del Fiscal y mandando que el Ministerio de Estado y el de Gracia y Justicia se pusiesen de acuerdo para proponerle "la medida que se crea más conveniente para conciliar lo que exigen las necesidades espirituales de los fieles de la isla de Cuba y lo resuelto acerca del expresado R. Obispo de La Habana".[578]

Donde se ve que los discursos del Obispo de León habían hecho vacilar de nuevo el ánimo del Rey.

Ese mismo día el Secretario del Despacho de Estado comunicó la Real Orden al Secretario del Despacho de Gracia y Justicia, informándolo de cuanto se había dispuesto.

Confirmando los temores que se tenían en la Secretaría de Estado sobre el particular, Espada estaba perfectamente enterado de cuanto sucedía en Madrid y la Embajada de España en Roma alrededor de la negativa a la prórroga de sus facultades extraordinarias y como es de suponer, desde La Habana seguía con gran atención el desarrollo de las negociaciones. Esto nos lo cuenta el mismo Obispo en su carta de 30 de diciembre, que veremos muy pronto, dirigida a Monseñor Rodríguez de Olmedo.

Sin embargo Espada ignoraba las medidas tomadas por el Papa y estaba persuadido que la intervención de España lograría arrancar del Pontífice la concesión solicitada, no concibiendo que la Santa Sede será capaz de negarle las facultades a pesar de la insistencia del Gobierno de Madrid.

Por eso podemos imaginar el efecto que causaría en él la carta del Arzobispo, sin embargo, a pesar de lo que se podría temer de su carácter, la respuesta fue excesivamente mesurada y discreta. El día 11 de diciembre el Obispo contestó a su Metropolitano, de quien alababa el "carácter bondadoso y lleno de generosidad", haciéndole saber que tratándose de asuntos de la mayor trascendencia y gravedad y exigir alguna meditación para hablar acertadamente acerca de su contenido y como el correo ordinario partía al día siguiente para Santiago de Cuba, se limitaba acusarle recibo, ofreciéndole darle una respuesta por el correo siguiente.[579] No prometía nada bueno esta dilación, ni tampoco el hecho de que Espada, en vez de seguir la línea de conducta de Rodríguez Olmedo y conservar el asunto en el más absoluto secreto, lo divulgara haciendo escribir la respuesta a su Secretario, dando como pretexto que la debilidad de su pulso se lo impedía hacer personalmente.

No obstante todo esto todavía podía el Arzobispo conservar algunas esperanzas de que al fin y al cabo se resignase a obedecer las disposiciones de la Santa Sede lo que facilitaría llegar a una reconciliación con ella.

Sin embargo había un detalle del que no hablaba la carta y que demuestra que desde el primer instante Espada y O'Gavan se habían puesto de acuerdo para resistir a las disposiciones romanas, y era éste el nombramiento hecho por el Obispo el mismo día 19, en favor de O'Gavan, recientemente hecho Dean de la Catedral, de Gobernador de la Diócesis con el ejercicio de las Solitas que el Papa le negaba.

Aquello era tomar posiciones y alzar bandera de rebelión, todo lo demás serán argumentos y razones más o menos sofisticadas dadas por el Obispo para colorear con un tinte de legalidad su atentado, serán pruebas documentales de su actitud, pero este nombramiento es el desafío más insolente con que Espada menosprecia la autoridad del Pontífice, el hecho culminante de la carrera emprendida por el Prelado hacia la heterodoxia.

Al mismo tiempo en Madrid, cuando más falta hacían aclaraciones y franquezas para desvanecer malas interpretaciones, conciliar los ánimos y evitar conflictos, el Nuncio se encerraba en el más absoluto mutismo y rehusaba hablar de la negativa de las "solitas" de Espada, así como el de haberse empleado el conducto del Nuncio de París.[580]

En La Habana el círculo del Obispo discutía las disposiciones romanas, y O'Gavan con la vehemencia y fogosidad de su carácter, sostenía y vigorizaba al viejo Espada, siendo muy posible que haya sido aquel quien redactara la respuesta al Arzobispo que éste firmara el día 31.

Es esta carta la primera de una acalorada discusión epistolar en la que Espada pone de manifiesto, y ya sin velos ni disimulos, sus sentimientos hacia la Santa Sede. Constituye una prueba irrecusable esta correspondencia del Obispo, de la veracidad de cuantas acusaciones se han hecho en contra de él en relación con sus doctrinas "jansenistas". Hasta ahora teníamos testimonios más o menos apasionados, y hechos susceptibles de interpretación y en los que cabía siempre algún atenuante, pero nunca una serie de documentos de indiscutible autenticidad, donde el mismo Prelado mantenga como verdaderas, y en contra de lo sostenido por el Papa, doctrinas que la Iglesia Católica no duda en calificar de erróneas.

Antecedentes de estas cartas son la actitud de Espada ante el Breve de Pío VII y las disposiciones de la Sacra Congregación de Propaganda Fide en el asunto de la Florida. Ya hemos dicho repetidas veces que el Obispo no actuaba obedeciendo impulsos caprichosos y desarticulados originados por estímulos del momento, sino que en él todos los actos obedecen a la solución ofrecida por una fórmula determinada, por lo que frente a situaciones semejantes, reacciones siempre de manera idéntica.

Conociendo la vida de Espada no nos pueden sorprender ninguna de las frases de las cartas que vamos a ver enseguida. Es más, casi nos atreveríamos a decir que estando en posesión de todos los elementos que forman su carácter y sabiendo cuales son las distintas vicisitudes de su historia se pueden adivinar sin ninguna dificultad.

Comienza la carta de Espada exponiendo sus "sentimientos puros, sinceros e inalterables de respeto, de amor, de obediencia y sumisión canónica a la Sagrada Persona del Romano Pontífice, cabeza visible de la Iglesia, nuestro primer Pastor, y el Padre común de todos los fieles, a quien Jesucristo mismo encomendó el Primado del rebaño universal con toda la excelencia y plenitud de sus perrogativas"

En medio de este concierto de protestas de sentimientos filiales, no faltan las notas discordantes y los finísimos oídos de la Secretaría de Estado de su Santidad las cogieron al vuelo cuando se enteraron del párrafo. En efecto "sumisión canónica" es decir puramente externa, "a la Sagrada Persona del Romano Pontífice", es una expresión bastante sospechosa, sospecha que se acentúa unas palabras más adelante cuando llama al Papa "nuestro primer Pastor", concediéndole la primacía de honor o de jurisdicción que no le discuten muchos anglicanos y griegos cismáticos, y que él recalca al final del párrafo cuando habla del "Primado del rebaño universal".

A continuación y antes de pasar adelante deja sentado que no ha de escribir al Papa, como le aconsejaron la razón, la buena educación y el Arzobispo de Santiago de Cuba. "Ojalá que estos sentimientos de mi corazón lleguen al Trono Pontificio por el órgano fidedigno del respetable Metropolitano de esta Provincia, y que produjesen los efectos saludables que son de desear, disipando en el ánimo del Santo Padre los sentimientos y calumniosas imputaciones con que se ha procurado desconceptuarme en su venerable presencia.

A renglón seguido y sin más preámbulos le dice que no le es "posible acceder al objeto que proponen las cartas del Sr. Arzobispo de Génova y de V, porque la fidelidad a mi Soberano y la obediencia que debo a las Leyes Patrias que he jurado presentan en este caso un obstáculo insuperable".

Es preciso no olvidar que aquí se trata de facultades propias del Papa quien las concede libremente a quien desea y que en el caso presente se negó a hacerlo. No se discuten prerrogativas innatas de los Obispos, sino una delegación gratuita que no se ha hecho, por eso cuando Espada dice "Somos unos Obispos Españoles, vasallos del Rey de España, y sujetos a las leyes españolas que debemos cumplir y hacer cumplir exactamente", parece reclamar para el episcopado las facultades pontificias y pretender una amplísima autonomía para los obispos que sólo debieran prestar al Papa una sumisión y obediencia meramente simbólica.

Cita después varias leyes de la Recapitulación de Indias que ordena a los Prelados "Virreyes, Presidente y Oidores de estas Reales Audiencias" recoger todos los Breves "Así de Su Santidad como de sus Nuncios Apostólicos que no están pasados por el Consejo Real de la Indias" y que una vez recogidos los remitan a dicho Consejo en la primera oportunidad; para sacar la conclusión de que "en vista de unas Leyes tan claras y terminantes y penetrado yo muy bien de la fidelidad y amor de V. a nuestro Soberano, y la obediencia a sus Leyes, no dudo que V. reconocerá conmigo que las letras venidas de Roma, cometiendo las facultades llamadas "solitas" para este Obispado, y despojándome de ellas deban quedar sin curso, ni efecto alguno, pues que no han obtenido el exquatur Regio que ordenan las Leyes como requisito esencial, ni se han expedido con el conocimiento y visto bueno del Agente general de la Nación Española en Roma según está prevenido; y en consecuencia deben remitirse esas letras Romanas al Supremo Consejo de Indias en primera ocasión. Yo por mi parte daré expreso cumplimiento a las Leyes sosteniendo siempre las Regalías de la Corona de España". Como vemos Espada volvía a su viejo sistema de "chantage" y la amenaza. Ya en este terreno hace cuanto puede por amedrentar al Arzobispo y forzarle a tomar su partido. "De esta manera caeríamos en el gravísimo escollo de entablar aquí una correspondencia directa con Roma sin conocimiento ni intervención del Supremo Gobierno Español y nos pondríamos al nivel de los Republicanos de México, Colombia y Buenos Aires, que se entienden con aquella Corte directamente y sin ninguna dependencia. Este inconveniente como V. conocerá es de la mayor gravedad y transcendencia aún en el orden político". Sólo la firmeza, el valor y el tacto de Rodríguez de Olmedo le permitieron sortear este obstáculo y evitar la celada que le preparaba el Obispo en el que hubiera caído cualquier otro que no hubiese tenido un criterio tan bien fundado y mesurado como el suyo.

Hasta aquí, aunque en plena rebelión ante las órdenes del Papa, Espada no ha hecho más que dar razones y defender su punto de vista. Si inmediatamente se hubiese despedido del Arzobispo, se habría podido creer en la sinceridad de sus protestas de amor y sumisión y en que mantenía de buena fe una tesis equivocada; pero en vez de terminar la carta, de la defensa pasa al ataque, y de las razones a las acusaciones.

"Es muy notable que para hacer en Roma tan grande novedad contra el orden establecido y para despojarme de unas facultades que se me cometieron legalmente, y con la anuencia del Soberano, se buscara a un Nuncio de Nación extranjera, y no se haya verificado la comunicación de esas letras ofensivas a la Dignidad Episcopal, por medio del Nuncio constituido en la Nación Española."

"La prudencia y buen juicio de V. sabra dar justo valor a semejante tortuosidad, y conocerá que en este negocio no se ha procedido derechamente por la Corte Romana y que se ha buscado un arbitrio para que nuestro Gobierno no llegue a traslucir el plan propuesto."

"¿Cómo pues podemos tolerar, que por caminos tortuosos y llenos de cautela, queden ilusorias las disposiciones del Rey Nuestro Señor y se eche por tierra nuestra legislación? Guardémonos Carísimo Hermano a prestar auxilio a que se ataquen, y vulneren las Regalías del Soberano, y su autoridad sagrada en esta parte de sus dominios que se conserva en paz bajo su benéfica y paternal protección."

Otra vez las amenazas veladas y de nuevo el fantasma de la acusación de insurrecto para espantar al Arzobispo, pero más grave que todo esto, es oír de labios de un Prelado Católico el calificar de "caminos tortuosos y llenos de cautela" los procedimientos de la Santa Sede.

El tono de esta carta da la medida exacta de la distancia que separaba el espíritu de Espada del de la Iglesia y su concepto del Episcopado del que tiene la Iglesia.

En la Secretaría de Estado de Su Santidad se había cometido un error al no tratar el asunto con toda la franqueza y claridad posible, pero Espada mismo nos convence con la carta que nos ocupa que si el método empleado no fue el más adecuado para obtener un buen éxito, las razones que determinaron la adopción de tales medidas eran más que justificadas: "esta novedad de mi despojo se ha hecho al mismo tiempo que nuestro Embajador en Roma estaba practicando vivas diligencias con el Ministerio de aquella Corte, a fin de que se me prorrogasen las "Solitas" sosteniendo que su negativa sería ofensiva a la dignidad Episcopal y acusaría escándalo, y graves perjuicios a los vasallos del Rey residentes en esta Diócesis. El negocio de las "Solitas" para este Obispado no es un negocio mío personal: depende de los Concordatos vigentes entre España y Roma: una de las partes no puede revocarlo sin el conocimento de la otra; y nuestro Gobierno Supremo, aún sin conocimiento de la novedad interesada, se ocupa hoy seriamente acerca de la conducta de Roma con respecto al uso de esas facultades Apostólicas en mi Diócesis de lo cual tengo noticias ciertas". Estas "noticias ciertas" confirman cuanto habían escrito el Nuncio y el Cardenal Secretario de Estado sobre los informadores que mantenía Espada en la Corte de Madrid, y explican los temores que abrigaba la Santa Sede de que prevenido por medio de ellos el Obispo hiciese vanas las providencias adoptadas.

El nombramiento de D. Manuel Echeverría lo rechaza Espada con la mayor frialdad; "aunque muy recomendable por su doctrina y virtudes, es un sacerdote sin Dignidad, Personado, ni canonicato y en consecuencia según las disposiciones canónicas no puede obtener Delegación Apostólica". Y como Espada es siempre el mismo y sus ideas no cambian, en su soberbia y obstinación no comprende lo inoportuno del momento para entonar las alabanzas de O'Gavan, para el cual no renuncia al Obispado Auxiliar que ya hacía años venía pidiendo, aunque en definitiva este nombramiento dependiese del Papa contra quien O'Gavan y él alzaban la bandera de la rebelión. "Aquí hay un Cabildo Catedral cuyos individuos son legalmente aptos para este género de Delegaciones, en su caso: y yo tengo constituido hace veinte años con Real aprobación un Provisor y Vicario General de la Diócesis que es Arcediano de esta Santa Iglesia, del Consejo de S. M. y Oidor Honorario de esta Real Audiencia, que ha sido varias veces Gobernador del Obispado, que ha merecido y merece el aprecio del Soberano, y también la confianza de V. y mía. Ese es el eclesiástico a quien he encargado de nuevo el Gobierno de la Diócesis, como estaba desempeñándolo en 1825 con inclusión del ejercicio de las 'Solitas' dando cuenta de todo al Rey Nuestro Señor para su debido conocimiento."

Después de este elogio donde como hemos visto se pasan por alto tantos puntos escabrosos y no se hace la menor mención a la fecha del nombramiento de O'Gavan, no quedan en la carta más que los acostumbrados lamentos por "las dolencias propias de mi avanzada edad" y en último gesto de insolencia con que se despide: "En medio de mis males y de mis amarguras, encuentro también algún desahogo y consuelo, cuidando de que se coloque dignamente en mi Catedral, el magnífico altar de mármoles, y piedras exquisitas, que hice venir de Roma; de esa misma Roma donde se ha formado tan degradante idea de mi administración episcopal, y donde se derraman abundantes lágrimas por mi conversión, cuando sin salir de su recinto acaso había allá mil objetos que reclaman esas lágrimas preciosas con más justicia y necesidad. Dejaré en mi Santa Iglesia un monumento eterno de mi piedad, y mis sucesores verán con admiración el singular contraste que esta 'Ara dignitatis' y otros establecimientos públicos debidos a mi celo Apostólico, forman con las cartas latinas escritas por extranjeros y en países extranjeros".[581]

El 31 de diciembre escribió Espada una carta al Rey con la peor intención imaginable. Dice Pío Bighi de ella que fue escrita "como si hubiese querido ocultamente fomentar discordias" [582] y en efecto su lectura no nos da otra impresión. En su informe de 1830 el citado secretario de la Sacra Congregación de Asuntos Eclesiásticos Extraordinarios dice que Espada conocía bien los sentimientos de la Corte de España ante los nombramientos hechos por la Santa Sede en las ex-colonias españolas en América, y que procuraba en su carta al Rey fomentarlos para hacer creer que Roma usaba medios poco leales y vías tortuosas para alterar la tranquilidad pública en Cuba y de este modo poniendo frente a frente la Religión y el Trono, alcanzar sus propósitos.[583]

En su carta se queja el Obispo de la Corte Romana por la suspensión de las Solitas, providencia, que según él trata de vejar por todos los medios a un Obispo Español, que si en algo ha delinquido a los ojos de aquella Curia, ha sido en sostener siempre con enteresa las Regalías de la Corona de España, y los derechos sagrados de sus legítimos Soberanos y del Episcopado, y el haber representado alguna vez con la moderación y el respeto que corresponde, cuanto convendría al bien espiritual y temporal de los dominios españoles, que cesasen o al menos se modificasen las reservas romanas que no contribuyen a la edificación del pueblo cristiano y producen desórdenes deplorables mayormente en regiones tan distantes; que está pronto a satisfacer cualesquiera cargos que acerca de su conducta episcopal se le quiera

235

hacer por autoridad competente y en el orden canónico; que la Curia Romana "procede en este negocio por vías de hecho quebrantando las leyes reales que rigen en estos Dominios, valiéndose de caminos tortuosos e inusitados, e invadiendo las regalías de V. M. de una manera escandalosa que podría traer fatales consecuencias en el orden político y religioso.

"Tan lejos están estas letras de ser expedidas con el conocimiento y aprobación de V. M. y de haber obtenido el exquatur regio; que se ha buscado de intento y con cautela un Nuncio extranjero para esta tentativa, excusando la intervención del que se halla reconocido en España, a fin de que el Gobierno Supremo Español no pudiese ni remotamente conjeturar ni impedir el plan que se meditaba", pero lo más virulento del veneno viene a continuación, "Se pretende que en La Habana imitemos a las repúblicas de los insurgentes americanos entrando en comunicaciones directas con Roma y obedeciendo ciegamente sus preceptos. Se evita cuidadosamente que la autoridad soberana examine los Breves Romanos y conserve sus apreciables regalías. Este fatal sistema de innovación es muy notorio y muy antiguo".

Pide en consecuencia Espada al Rey que consulte el Consejo de Indias sobre las medidas que se deben adoptar para conservar ilesas las Regalías, la observancia de las Leyes protectoras de los dominios españoles y el decoro de la dignidad episcopal, y termina exponiendo que "Teniendo en consideración el deseo de la paz, agobiado de años y de enfermedades y afectado profundamente de las desagradables impresiones que le han causado sus perseguidores cubiertos con el manto de la religión, cuya santidad ultrajan violando su principio esencial que es la caridad cristiana, ha resuelto el Obispo exponente confiar de nuevo el gobierno de la Diócesis al Dr. D. Juan Bernardo O'Gavan, Provisor y Vicario General de este Obispado hace veinte años, con real aprobación, dignidad de Arcediano de esta Santa Iglesia Catedral, del Consejo de V. M. y Oidor Honorario de la Real Audiencia del Distrito, según lo estaba desempeñando en abril de 1825, cuando pasó a la Península de Real Orden; y al expedir el 19 de este mes el decreto de su continuación, conforme a la Acordada del Real y Supremo Consejo de Indias, de 9 de mayo de 1826, le ha encargado también él Vuestro Obispo el ejercicio de las Solitas apostólicas".

De esta manera se demuestra que no es la ambición de conservar y ejercer esas Solitas quien le determina a no ceder a las insinuaciones de Roma. Mueve al Obispo de La Habana en este asunto el santo estímulo de que no sea públicamente envilecida su dignidad episcopal por un despojo vejatorio de la Corte Romana: el conservar ilesas las regalías de V. M. patrono y defensor de la Iglesia y sus Pastores; el dar exacto cumplimiento a las Leyes Reales que rigen y sostienen el Orden

Público y disciplina eclesiástica en estos dominios: y el bien de los vasallos de V. M. que no pueden recibir como corresponde, sino de manos de su Obispo o de su Vicario".[584]

Aunque en su circular al Clero, de 1824, y en las varias cartas que en aquella época Espada le había dirigido a Fernando VII, no había aquél dudado en sacrificar sus ideales y condenar a quienes había sostenido hasta el día anterior con tal de salvar su posición; jamás había el Prelado llegado hasta los extremos que alcanza en la carta que acabamos de ver, donde, extraña paradoja: la exaltación feroz de su soberbia que le hace revolverse airado y rebelde contra el Papa, le obliga a arrastrarse a los pies del Rey y a cubrir sus verdaderos sentimientos con el manto repulsivo de la hipocresía.

Conociendo como conocía Espada los antecedentes de las relaciones diplomáticas entre la Santa Sede y España, sobre todo a fines del siglo XVIII y principios del XIX y muy especialmente en los últimos años de esta historia, la carta que nos ocupa era sencillamente aplicar de manera consciente y deliberada el fuego a un polvorín siempre cargado de materias explosivas.

El mismo día 31 de diciembre envió Espada al Secretario de Estado y del Despacho de Gracia y Justicia el original de la carta que le mandó el Nuncio de París y copia de la del Arzobispo de Santiago de Cuba, así como la de su respuesta.[585]

Ese año 1828 el Obispo, además de alzar en la Catedral de La Habana el altar mayor que hizo venir de Roma, fundó en Guanabacoa el hospicio de mujeres de Nuestra Señora de la Asunción.[586]

En los primeros días de enero de 1829 llegó a Madrid una carta de Espada al Rey quejándose de la negativa de la Santa Sede a la prórroga por él pedida. Esta carta es a la que alude el Nuncio en su despacho número 190 de 4 de enero de 1829, evidentemente no puede ser la que envió el Obispo a Fernando VII el 31 de diciembre de 1828 y debe tratarse con toda seguridad de otra, que no conocemos y que escribió el Prelado cuando se enteró de la resolución romana, y antes de saberlo oficialmente por el Arzobispo de Cuba.

En su informe dice el Nuncio: "Como aquí se procede algunas veces con mucha lentitud, recientemente el Caballero Salmon, que ignora los antecedentes, remitió al Consejo de Indias el examen de este asunto."

"A mí nada me han dicho en propósito, ni me creo autorizado a imaginar las resoluciones tomadas. En caso de necesidad insinuaré que fue previsto el bien espiritual del pueblo que puede dirigir sus instancias al Metropolitano. Si después me viese apurado, diré una palabra al Ministro Calomarde el cual está al corriente de todo. Mientras tanto me la paso en silencio."

"Estoy persuadido que este contratiempo no traerá ninguna consecuencia." [587]

Esta actitud del Nuncio fue aprobada plenamente por el Cardenal Bernetti en su despacho de 28 de enero donde le dice que será una cosa muy prudente el evitar cualquier explicación o indicación con quien quiera que sea y le aconseja limitarse a hacer frases generales, y que sólo en el caso en que le fuese indispensable hablar, que lo haga con el Ministro Calomarde, "el cual está enterado de todo y debe bien conocer la gravedad de los motivos que han determinado las medidas tomadas por Su Santidad".[588]

Sobre el citado despacho de 9 de enero del Nuncio volverá a hablar el Cardenal Secretario de Estado el 21 de diciembre del mismo año para decirle que con sus noticias le es fácil combatir al Embajador de España por donde se ve que la Santa Sede se mantenía inflexible en su decisión y que en consecuencia la Secretaría de Estado de Su Santidad había tomado una actitud que hacía imposible cualquier acuerdo por la vía diplomática.

La Santa Sede estaba persuadida y así lo dice Monseñor Pío Bighi en el informe que presentó a la Sacra Congregación de Asuntos Eclesiásticos Extraordinarios en 1830, que el Gobierno Español conocía muy bien la intención aviesa y la mala fe del Obispo, pero juzgaba imprudente cualquier paso contra él, que además de torcidas intenciones tenía en su poder medios para perturbar la tranquilidad pública[589] por lo que lo defendía a toda costa y trataba de escudarlo contra los tiros de Roma.

Asentada esta premisa la Secretaría de Estado se negaba a tratar el asunto y aún a examinar las razones que pudieran asistir al Gobierno Español.

En parte era fundada esta convicción de la Secretaría de Estado, pero no era al único motivo que determinaba la actitud española, había otros muchos factores que en Roma, cometiendo un grave error psicológico, se pasaban por alto en absoluto.

El 16 de enero de 1829 había recibido el Arzobispo de Santiago de Cuba la carta de Espada de 30 de diciembre[590] y el día 19 le contestó lamentando su actitud, negándose a entrar en discusión sobre la justicia de la disposición del Papa y limitándose a aconsejar la obediencia debida sin perjuicio de que al mismo tiempo exponga a Su Santidad cuanto crea conveniente y del modo que le parezca más oportuno.

"Si la obediencia al Superior legítimo en cualquier materia nos precisa sin excusa a dar por de pronto cumplimiento a sus órdenes, cuanto más en la que si se alude no por eso deja de quedar enervada la facultad de obrar, como sucede en lo espiritual que esencial y exclusivamente reside en el Soberano Pontífice especial y señaladamente en los puntos de jurisdicción que penden de una libre y graciosa comisión que tiene reservada a sí la Santa Sede, y que nos confiere por tiempo determinado, estando por lo mismo precisados a conocer y confesar que cualquiera que sea el medio por el cual conste la suspensión de facultades debe cesar el ejercicio válido y lícito de ellas sin que en contrario haya un título que de pronto justifique nuestras operaciones porque en el fuero de la conciencia aisladamente dependen de la potestad exclusiva del Santo Padre, y no hay autoridad que pueda suplirlas."

Después de darle el criterio justo sobre la cuestión, todavía lo explica aún más el Arzobispo: "En el caso en que se faltase a las reglas de un concordato, no por eso sería válido el ejercicio de una facultad espiritual denegada o suspendida por la única autoridad que pueda concederla como depositaria de la jurisdicción individual de la Iglesia." A renglón seguido le implora "no hacer diversos actos espirituales nulos por falta de jurisdición so pena de atribuirnos la que no nos compete a ciencia cierta o de querer negar que la Cabeza Suprema de la Iglesia es la única que puede conferir el ejercicio válido de las Solitas".

Rebate después los argumentos legales aducidos por el Obispo y en vista de la resistencia de este, se ve "con supremo dolor precisado a incluir la adjunta copia del Santo Padre firmada de Su Sagrada Mano habiendo querido hasta ahora excusar a V. su lectura por no aumentar más su amargo sentimiento", con lo que se despide suplicando a Espada "cuán encarecidamente puede que sin más consulta que de Dios y la de sí mismo se resuelva V. sin trepidar y en el momento a llamar al eclesiástico D. Manuel Echevarría y con la prudencia que le es propia le encargue V. el ejercicio de la Solitas" [591] lo que deja ver que el Arzobispo temía más a O'Gavan y a los Secretarios que al mismo Espada, viejo y achacoso, enteramente en manos de aquellos.

El 20 de febrero contestó Espada al Arzobispo con una interminable epístola escrita en el más insolente y altanero de los tonos. En ella, el Obispo, ciego de soberbia, deja de justificarse, pasa al ataque y se planta cada vez más firme en su actitud de amenazadora rebeldía.

La tesis de Espada, expuesta en medio de una nube de sofismas, citas de los Santos Padres, disposiciones Pontificias, leyes españolas y párrafos de Salgado y de Don Diego de Covarrubias, Obispo de Segovia y Presidente del Consejo Real, es que cuantas imputaciones contiene el Breve "son un tejido de absurdas imposturas y calumnias atroces con que se ha procurado sorprender el ánimo del Santo Padre" quien "fue completamente inducido a error en los hechos que se exponen". Este error en los motivos invalida la decisión del Papa (a pesar

239

de ser dicha decisión la negativa de algo que concede el Sumo Pontífice solamente a título gracioso). Por lo tanto estima que no se pueden ejecutar las disposiciones romanas mientras no se le oiga y se comprueben los cargos que se le hacen. No dice ni una palabra, y esto lo observa Pío Bighi, del Breve de Pío VII que dejó sin respuesta y al que se refiere el de León XII que comenta, ni tampoco habla de su silencio ante las cartas de la Sacra Congregación de Propaganda Fide, ni del que guarda en este momento en que se imponía una carta suya al Papa poniendo en claro su situación. Si él se negaba a escribir a la Santa Sede, y cuando ésta quería hacerlo llevar a Europa para juzgarlo, él hacía todo lo posible por impedirlo, no podía en justicia quejarse de que no se le hubiera oído, pues es preciso reconocer que la Santa Sede no tenía otros medios de hacerlo que aquellos que él rehusaba obstinadamente.

Por otra parte, careciendo el Breve "de un requisito esencial cual es el Pase del Consejo y siendo dirigido expresamente a vejar y desconceptuar a un Obispo dentro de su Diócesis de lo cual resultaría escándalo e inquietud pública, violando también el derecho natural que no permite que nadie sea condenado antes de ser oído, es evidente a mi entender, que V. con una conciencia ilustrada y piadosa y con el apoyo de la Ley, ni debe ni puede pretender la ejecución de esa bula, sino obedecerla, esto es tributarle el respeto debido, informando al Superior sobre los inconvenientes de la ejecución".

Aquí Espada juega con la sutileza de "obedecer y no cumplir", pero como Obispo no podía discutir un Breve del Papa que se refería a un asunto exclusivamente espiritual y que por lo tanto le obligaba a obediencia y cumplimiento, a pesar de todas las leyes civiles.

Ya en este plano formula una peligrosísima doctrina, muy en consonancia con su viejo "jansenismo" que tiende a limitar la universalidad de la autoridad papal: "aunque el Sumo Pontífice en calidad de cabeza visible de la Iglesia, y primer Obispo del mundo Católico (otra expresión bastante sospechosa) puede hacer leyes sobre la disciplina eclesiástica Universal, arreglándose a los Sagrados Cánones, no debe sin embargo mudar, alterar, ni quitar la particular recibida en cada Reino, sin consentimiento del Soberano. Con la aceptación del Soberano que manda obedecer esa disciplina en calidad de Protector, se eleva a la clase de Ley, y se forma una especie de pacto recíproco entre la Autoridad Real y la Eclesiástica que no puede derogarse sin el consentimiento de ambos y audiencia de los interesados".

De donde deduce que la negativa del Papa a conceder una gracia no puede, por su mera voluntad, surtir efectos sin el conocimiento del Rey, en cuyo caso "¿cómo esa mera voluntad comunicada por vías clandestinas y tortuosas, puede obrar ningún efecto legal ni en el fuero externo, ni en el interno?".

En relación con el nombramiento de Echeverría cita una Real Cédula de 4 de agosto de 1790 que prohíbe desempeñar los cargos dados por los Obispos sin la previa aprobación y conformidad del Rey "por el principio incontrovertible de que nadie puede desempeñar ninguna especie de Autoridad o Jurisdicción Pública en el territorio Español sin la aprobación Soberana que ateste gozar el nombrado de toda su Real confianza, aunque esa jurisdicción sea emanada de una potestad espiritual. Y si esa ley es tan estricta respecto de los nombramientos que hacen los Obispos Españoles dentro del Reino cometiendo sus facultades ¿cuánta más fuerza deben tener respecto de los nombramientos hechos en países extranjeros?". "Este beneplácito Real, no es una rigurosa etiqueta o ceremonia como V. dice en su carta, sino una condición esencial, sin la cual ningún Breve, o rescripto Pontificio pueden tener valor o producir efecto alguno en estos dominios ni en el fuero externo ni en el interno, ni es obligatorio de ninguna manera. No basta pues que se nos intime la voluntad racional sea examinada, calificada y mandada ejecutar en el Orden y por los medios que nos designan las Leyes."

En esa forma quedaba prácticamente anulada la obediencia al Papa que se concedía solo al Rey quien por medio de su Consejo aceptaba y rechazaba para sí y sus subditos las disposiciones de orden espiritual emanadas de la Santa Sede.

Comentando estos párrafos Monseñor Pío Bighi dice expresando el parecer de la Santa Sede: "Que el Regio Exequatur sea un requisito esencial para la validez de los actos pertenecientes a la Autoridad Eclesiástica es un error intolerable y que lleva el abuso más allá de lo que desgraciadamente se pretende, aún más establece una máxima contraria a los principios revelados sobre la Constitución de la Iglesia y a la libertad de la misma Iglesia. Este lenguaje en boca de un Obispo es sumamente injurioso al propio carácter, y en boca del Obispo de La Habana confirma las sospechas de su irreligión y da valor a cuanto se ha dicho contra su ortodoxia." [592]

Al principio de la carta trata Espada de nuevo la cuestión de "obediencia canónica" y "Primer Pastor" ya enunciada en la anterior dirigida al Arzobispo, y que tantas sospechas suscita sobre su doctrina. Ahora explica más extensamente sus conceptos.

"Estoy bien distante de negar obediencia al Sumo Pontífice, y a sus justas determinaciones, cuando son dirigidas al bien de la Iglesia Universal, la cura, conservación y la integridad y pureza de su doctrina le corresponden en virtud del Primado. Mi carta anterior, cuyo contenido reitero ahora, abraza la protestación más solemne, y explícita de mi obediencia, sumisión y veneración canónica al Primer Pastor del gremio Católico. Pero de nosotros no se exige una obediencia ciega reprobada por los Sagrados Cánones y por las leyes sino una obediencia racional o legal conforme a las reglas inviolables que son las normas de todos los obispos, y del mismo Soberano Pontífice. Admitir otra obediencia aunque con el título de mero ejecutor sería bajo este nombre canonizar la inobediencia de la Ley que es el precepto invariable a que debemos ajustar nuestra conducta y nuestra conciencia".

Aparte de los términos sospechosos que hacen decir a Pío Bighi "su lenguaje parece fraudulento y caprichoso, que diga aquello que quizás no tienen inconveniente en decir los modernos impugnadores de la Autoridad Pontificia y los refractarios a sus órdenes, los que también lo llaman Primer Pastor, y dicen que le profesan obediencia canónica",[593] Espada erige a los Obispos en jueces de las resoluciones del Papa, y pretende para ellos facultades para obedecer o no, según estimen sus conveniencias, concediéndoles además amplísima autonomía en sus obispados, respecto a Roma, debiéndose someter en primer término a las leyes del país y sólo al Papa en aquello que no sea contrario a ellas.

El resto de la carta es un autoelogio de Espada que trata con ello de justificarse y se pinta como un modelo de prelados.

Es intresante conocer este autorretrato por lo que reproduciremos a continuación los párrafos principales.

"Mi conducta política y cristiana y la grande influencia que yo he ejercido sobre mis Diocesanos han contribuido eficazmente a la conservación de la paz pública en esta Isla, y a su constante unión con la Madre Patria, aún en las épocas más calamitosas. Aquí no hemos seguido el torrente de la revolución americana: hemos oído siempre con sumisión y obediencia la voz del Rey Nuestro Señor, cuando nos dijo que se observase la Constitución se observó, y cuando nos dijo que cesase, cesó al momento."

"La religión sufrió en aquella época algunas contrariedades en toda la monarquía, pero es de toda falsedad que yo me hubiese degradado hasta el punto de unirme o admitir en mi confianza y sociedad a los que se mostraban tan poco adictos a la Religión y a la fidelidad debida al Soberano."

"Jamás he desconocido la dignidad y obligaciones de mi elevado carácter: y unos cargos e imputaciones tan infamantes como los que comprende la Bula, sólo han podido forjarse y creerse en países extranjeros; y a tres mil leguas de distancia de mi Silla Episcopal."

"Es además muy notable que en las Letras Apostólicas se me haga un cargo de mi adhesión a los desafectos al Rey cuando tengo plenamente justificada mi lealtad y amor al Soberano y cuando la

Corte Romana conserva por otra parte buena inteligencia, y armonía con los Insurgentes Americanos, que a sangre y fuego sostienen la rebelión contra el Rey Católico de las Españas, y admite, y confirma las presentaciones que esos rebeldes hacen para proveer Obispados de América. Sus agentes tienen carácter diplomático en Roma: y acaso ellos sean los que atizan el fuego para introducir la discordia en este Suelo de la fidelidad, haciendo al mismo tiempo atropellar las regalías más preciosas de la Corona, envilecer la dignidad de un Obispo, español por su cuna y español por sus sentimientos, y empeñar un choque Jurisdiccional entre dos Prelados Limítrofes que viven en Santa Armonía; y alarmar y perturbar las conciencias de estos pacíficos habitantes. Estos son los caracteres que presenta la cuestión del cumplimiento de ese Breve Pontificio."

Después de leer estos párrafos es imposible no estar de acuerdo con Monseñor Bighi cuando éste decía que Espada actuaba "como si hubiese querido ocultamente fomentar discordia". En ellos se ve claramente, su deseo de enemistar a España con la Santa Sede presentando a ésta como protectora de los enemigos de aquélla, e insinuando en la carta al Rey,[594] y en la que estudiamos, la sospecha de que en Roma se desease provocar un movimiento separatista en Cuba; para él aprovechar en beneficio propio la disención y lograr la protección de Fernando VII.

A pesar de la soberbia del Obispo y de sus escasas simpatías por Roma, no podemos creer sin acusarlo de haber perdido la razón, que esperase lograr un rompimiento definitivo entre la Iglesia de España y la Santa Sede en el que él hubiese desempeñado el papel de promotor del cisma. Este triste ministerio lo reservaba para intentar ponerlo en práctica sólo si llegaba el caso extremo en que perseguido a la vez por España y la Santa Sede no le quedase otro medio de defensa propia que incitar al pueblo de Cuba a la independencia política y al cisma religioso, creando, si lograba tener éxito, una Iglesia Cubana dependiente de un Estado Cubano. De haber nacido mil años antes y en Bizancio, Espada pudo haberse llamado Fozio.

Ahora pretendía sólo agriar en tal forma las relaciones entre España y Roma que ésta, atemorizada cediese en el asunto de las Solitas para lograr así restablecer la armonía entre ambas Cortes.

Continúa la carta diciendo: "Si he secularizado Religiosos, o Monjas, ha sido cumpliendo los Breves Pontificios o Letras auténticas del II. R. Nuncio, autorizado a este efecto en España, previo siempre al Pase o Exequatur Regio, como requisito esencial." En el informe que escribirá Monseñor Pío Bighi en 1830 hará notar que en este párrafo Espada no menciona la licencia dada a varios religiosos para casarse que es la primera acusación grave y probada hecha contra él.[595]

"Los conventos de ambos sexos —sigue el obispo— no han sido exterminados como se dice, sino que subsisten y abundantemente provistos, observando sus Reglas Monásticas, en todo su vigor y regularidad. Los Curatos Parroquiales se proveen a presentación del Patronato Real, circunstancias que tal vez ignoraban, u ocultarían los delatores de Roma. Este artículo de la Bula de absoluta falsedad es dirigido más bien contra el Vice-Real Patronato que presentaba para los Beneficios curados a personas muy calificadas."

Más adelante cuenta las obras realizadas por él durante su Episcopado: "En los veinte y siete años de mi gobierno Pastoral he creado y erigido muchos más Beneficios curados, que en trescientos años habían establecido todos mis antecesores: había al ingreso en mi Obispado cincuenta y cinco y hay ahora ciento diez y ocho. Lo mismo he hecho con respecto a Hospitales de Caridad. He arreglado las casas de educación y enseñanza de la Juventud, aumentando Cátedras en el Real Seminario Conciliar. He contribuido con mis erogaciones e influencia a reparar las iglesias, y a ponerlas en un estado de adorno y de decencia de que carecían, la Catedral sobre todo ha recibido de mis manos mejoras y aumentos de gran tamaño. Ahora mismo se está colocando en ella un magnífico altar mayor de mármoles y piedras preciosas traído de Roma a gran costa y que será en La Habana un monumento eterno y precioso de mi esmero religiosidad y celo. He visitado dos veces toda mi Diócesis, dos veces en cinco años interpolados por su vasta extensión, enseñando con mi doctrina y con mi ejemplo a mis Diocesanos las virtudes morales y sociales, y sus deberes como cristianos, y como fieles vasallos del Rey, corrigiendo evangélicamente los excesos y abusos en que suelen incurrir los Ministros del Santuario. He establecido exámenes sinodales del clero secular, y regular a fin de juzgar y calificar su idoneidad para el desempeño de los ministerios sagrados. He contruido y erigido Cementerios Generales en esta Capital y en todo mi Obispado conforme a los deseos e instrucciones del Soberano, en obsequio del decoro de los templos y de la salud pública. He contribuido eficazmente con mi influencia y con mis rentas Episcopales a cuanto se ha hecho de bueno y útil en esta ciudad y en mi Diócesis durante el largo período de mi administración. Puede decirse que he renovado el semblante de esta tierra."

Casi todo lo cual es justo reconocer que es muy cierto y que si a ello se hubiese unido en igual dosis que la magnificencia, la espiritualidad, y en el mismo grado que el mecenazgo, la caridad y la religiosidad; que si en vez de la soberbia lo hubiese animado un espíritu humilde,

Cuba podría ostentarle como el primero de sus Obispos y tal vez la Iglesia no le hubiese negado el honor de los altares.

Termina la carta Espada pidiendo al Arzobispo que, en vista de las razones expuestas, suspenda la aplicación del Breve, esperando la resolución del Rey y del Supremo Consejo de Indias, y que mientras tanto escriba al Papa instruyéndolo de cuanto le ha dicho, para rectificar la mala opinión que, se ha formado sobre su conducta Episcopal.

Al mismo tiempo lo amenaza, si no accede a lo que le pide, con recurrir a la Justicia Civil para que ésta recoja el Breve original, dejándole a manera de despedida el párrafo siguiente para que medite sobre él: "y me sería también muy sensible que sosteniendo V. su opinión contraria puede este negocio ser ocasión, de que nuestro Soberano, a quien debemos tanta confianza, tantos honores, y distinciones, le manifestase su desagrado, y desaprobación, en haber cooperado a un ataque directo contra sus más preciosas regalías, y a la vejación pública de un Obispo Español".[596]

La redacción de esta carta interminable no parece haber cansado excesivamente a Espada, porque el 28 de febrero toma de nuevo la pluma para escribirle al Rey e informándole sobre la insistencia del Arzobispo en que "se realice el despojo de sus solitas".

Envía adjunta a la carta copias de la que le envió el Metropolitano y su respuesta, así como también del Breve de León XII.

Dice el Obispo que basta dar una rápida ojeada por el Breve para reconocer el ánimo que lo ha dictado, desde luego da por seguro que el Santo Padre ha sido sorprendido e inducido a error por alguno de sus enemigos que estaba en Madrid y que sin duda alguna estaría en Roma donde sugeriría todas las falsas imputaciones que constituyen el fundamento del Breve Pontificio.[597] En esto se equivocaba Espada, pues como sabemos ninguno de sus enemigos había salido de España y era siempre por conducto de la Nunciatura que la Santa Sede se enteraba de las quejas dirigidas contra él.

Asombróse el Arzobispo al recibir la respuesta de Espada atribuyendo a la consternación que la noticia le había producido el que no se hubiese enterado con despacio y tranquilidad de sus cartas anteriores y una vez más le escribió para convencerle de que lo que se deje de hacer haya o no Jurisdicción, no induce nulidad por negación de supuesto; no así lo que se hace efectivamente cuando acaso no hay Jurisdicción, o en realidad no la hay por suspensión de la delegación del único origen que puede válidamente cometerla" y de que "es ajeno al caso en que ambos nos encontramos el hecho de que la Santa Sede se haya equivocado al juzgar su conducta, pues es, cierto sin contestación que por más pura que se concibe, de pronto no da ser a la delegación una vez negada".

245

Con todo Monseñor Rodríguez de Olmedo debía haber perdido las esperanzas de traer al redil a la tozuda oveja descarriada, porque después de exponer claramente la verdadera doctrina de la Iglesia sobre el asunto se despide, retirándose definitivamente de la polémica.

"En lo principal del asunto, viendo ya con demasiado dolor de mi corazón, que mis amorosísimas reflexiones, y consejos, no han causado en el ánimo de V. la más leve impresión, y que aún el orden reservado, y cometida por mi casi toda la ejecución del asunto a V. mismo, para que nada se alterase a la vista de sus Diocesanos, ni padeciese su respeto nada ha podido contribuir a mis deseos; y que juzga V. conveniente dar otro giro al negocio, habiendo hecho por mi parte cuanto me ha dictado la prudencia, y caridad cristiana en beneficio de esos Diocesanos, y creo con la pureza de intención que conservo en el beneficio de la paz, y tranquilidad espiritual y temporal de V. mismo, no siendo ya responsable por mi parte de mal alguno, y por evitar otros mayores que preveo discretamente, y que tampoco subsanarían el que se desea alejar, antes bien se duplicaría con la resitencia y con la división de partidos; que abomino, y debe desconocer todo Obispo, suspendo ya dar paso alguno, ni propongo a V. medio, ni arbitrio en la materia, y desde luego me limitaré a dar cuenta del resultado de la Comisión que motu proprio se dignó encargarme S. S. para que entendiéndose nuestra Corte con la de Roma, y con V. mismo, se conserve como hasta aquí, y para siempre nuestra íntima unión, y cordial afecto, que deseo se aumente cada día más, bien convencido V. como debe estarlo de la inmutable sinceridad de mi carácter fiel, noble y franco".[598]

Espada recibió la carta en La Habana cuando estaba entregado a "los cuidados y atenciones de la Semana Santa" retirándose luego a Guanabacoa donde sus dolencias le obligaron a ir "con objeto de tomar estas aguas fortificantes".[599]

Desde luego aprobó la resolución del Arzobispo de abstenerse en el asunto y dar cuenta al Santo Padre para que él se entienda directamente con la Corte de Madrid y así se lo comunica a Monseñor Rodríguez de Olmedo el 29 de abril, a quien participa "con toda la franqueza y sinceridad de mi corazón, que en toda esa carta (la del Arzobispo de 13 de marzo) no veo otra cosa sino una repetición de los mismos argumentos comprendidos en los anteriores, a los cuales creo haber satisfecho victoriosamente".

Más adelante, en el párrafo que pone fin a esta discusión Espada muestra con más claridad que nunca su espíritu soberbio y las doctrinas "jansenistas" de que está infectado "obedeciendo y cumpliendo las Leyes del Reino, que he jurado, mi conciencia estará tranquila, y sin el menor temor de las nulidades sobre que V. insiste con tanto fervor en su última carta. Conozco muy bien el origen y la historia de las reservas romanas, y conozco también la plenitud del episcopado que la misericordia divina me ha confiado, para atender a las necesidades espirituales de mi rebaño. El socorrer oportunamente estas necesidades es la primera Ley de la Iglesia de Dios".

En este párrafo Espada se pone al descubierto y allí lo ataca Monseñor Pío Bighi quien hará notar el año siguiente, cuando comente las cartas, que ya el Prefecto de los Betlemitas, en 1815 había denunciado al Obispo por mantener "dos posiciones condenadas del Sínodo de Pistoya relativas a los tan decantados derechos originales, y la pretendida autoridad de los Obispos no sujeta a alguna restricción",[601] lo que prueba que no era nueva su actitud y que ésta no había surgido como una reacción del momento contra las medidas con que la Santa Sede lo atacaba.

En toda esta polémica se destacan netas y clarísimas las figuras de ambos Prelados, son las cartas que nos ocupan como retratos espirituales de cada uno de ellos y al leerlas nos hace el efecto de que bastan por si solas para caracterizarlos y hacernos conocer sus distintas idiosincracias.

Espada aparece soberbio, seguro de sí mismo, de una mentalidad brillante, enérgica, activa, hábil en la discusión, sofística, enreversada, tortuosa en el mejor sentido de la palabra, obstinado e inflexible, capaz de aferrarse tozudamente a su punto de vista sin ceder un paso, ni aún cuando el adversario logre destajar el bosque de sofismas en que se defiende y lo fuerce a reducirse a la cuestión abiertamente y sin paliativos, su conducta, manteniendo siempre y ya sin argumentos que es la justa y la que debe seguirse, no dudando entonces emplear la amenaza a guisa de razones.

Rodríguez de Olmedo por el contrario se nos presenta como un hombre sereno, pausado, profundamente honrado, de gran sensibilidad y delicadeza, en extremo discreto, dotado de una mente clara disciplinada, recta, sin el brillo ni la habilidad del otro, pero mucho más precisa y de mayor elevación, un hombre en fin que nos da la sensación de ser un perfecto caballero.

9

LA DEFENSA DE ESPAÑA

Mientras ambos Prelados se enfrascaban en el duelo epistolar que acabamos de ver, otros acontecimientos sucedían en el mundo, unos de interés universal, otros que atañían solamente a la suerte del Obispo de La Habana.

León XII había muerto en Roma el 10 de febrero, y el 5 de marzo terminaba el Cónclave con la elección del Cardenal Castiglioni que subía al Trono Pontificio con el nombre de Pío VIII y debía reinar solamente un año y ocho meses.

El cambio de Papa traía, y trae, como secuela casi necesaria, un cambio total en las primeras figuras del Gobierno de la Santa Sede, lo que se refleja forzosamente en la dirección de los asuntos en tramitación y muchas veces en la política exterior y entonces también en la interior del Estado Pontificio.

Espada que no tenía nada que perder con León XII, debe haber aguardado con una cierta ansiedad no exenta de esperanzas, la primera resolución de Roma sobre su asunto, por el momento era evidente que lo sucedido le concedía una tregua y ese tiempo pensaba él usarlo en provecho propio para lograr por medio de España, al menos que se mantuviese el "statu quo".

Entre tanto habían llegado a Madrid las dos cartas de Espada al Rey (de 31 de diciembre de 1828 y de 28 de febrero de 1829) con los documentos enviados adjunto a ellas, y Fernando VII había dispuesto en las Reales Órdenes de 17 de marzo y 8 de abril de aquel año que se pasasen al Consejo de Indias, por medio del Ministerio de Gracia y Justicia.[602]

Inmediatamente se dio traslado al Fiscal quien estimando que "ha cumplido este Prelado (Espada) con los deberes que le imponen sus juramentos y la calidad de vasallo del Rey de España, defendiendo las prerrogativas de la Corona" y de Su Santidad "a lo menos en cuanto al método de la comunicación sin dar parte de ello a S. M. C. o a su Embajador en Roma", "no cabe duda que fue sorprendido, como lo infiere justamente el Rdo. Obispo"; fue del parecer "que inmediatamente se comunique las órdenes oportunas y muy reservadamente al R. Obispo de La Habana aprobando su conducta en el particular con que ha sabido conciliar el respeto y la sumisión a la Silla Apostólica con la defensa de los derechos y regalías de S. M. y al M. R. Arzobispo de Cuba para que a vuelta de correo envíe al Consejo el citado documento de manera que ni el público ni aún las autoridades civiles lleguen a trascender que lo ha recibido ni empeñándose en cumplirlo, sin el requisito del exequatur Regio, sin conocimiento tal vez de la autenticidad de las firmas, sin poner en noticias de S. M. semejantes novedades y sin darse por entendido de las poderosas razones que le hizo aquél presente, ni de las leyes, cédulas y ejemplares que el propósito le citaba".[603]

Espada obtenía con el dictamen del Fiscal un primer triunfo que tal vez, ni aún él mismo se atrevió nunca a soñar sería tan rotundo. Debía tener el viejo Obispo un profundo conocimiento sobre la variabilidad de los hombres y la inestabilidad de las fortunas humanas y de allí una confianza ilimitada en que con su poder de resistencia y su habilidad para aprovechar las debilidades de los otros y las mudanzas de sus sentimientos, lograría siempre emerger como una cumbre sobre todas las tempestades y diluvios que amenazaran sumergirlo bajos sus aguas.

En el momento presente su estrella comenzaba a brillar de nuevo y a anunciarle que al fin y a la postre se saldría con la suya. Ya O'Gavan habría preparado el terreno en su último viaje a España, indirectamente la discusión sobre el nombramiento de los obispos suramericanos contribuyó a crearle en Madrid una atmósfera favorable; luego el medio poco discreto usado por la Santa Sede para conferir las "Solitas" en la Diócesis de La Habana, le ofreció una excelente coyuntura; y ahora su buena fortuna le hacía vislumbrar la victoria final con la muerte de León XII y del Obispo de Cartagena.

En el voto particular de Rafael Morant en la Consulta del Consejo de Indias de 26 de julio de 1829 vemos que ya había muerto D. Gregorio Rodríguez.[604]

Este acontecimiento lo comunicará el Nuncio de la Secretaría de Estado de Su Santidad solo el 15 de abril de 1830 en ocasión de haber propuesto Bolívar para cubrir la vacante de la Sede de Cartagena al Cánonigo de Bogotá, Sotomayor,[605] quien no será nombrado hasta 1834.

La muerte de Monseñor Rodríguez representa una ventaja evidente para Espada, pues con su desaparición cesan en Madrid las instigaciones sobre el Nuncio y la serie de quejas del "buen viejo" que transformadas en despachos, servirán de motivo y acicate a la Santa Sede para proceder contra el Obispo de La Habana.

Todos los síntomas parecen indicar que el huracán tiende a calmarse y que el sol de la tranquilidad, hija del abandono, ya que no el del perdón y la reconciliación, ha de brillar sobre los últimos años del Prelado.

Las consideraciones con que el 6 de julio apoya el Consejo de Indias su dictamen idéntico al del Fiscal son la consagración oficial del triunfo del Obispo y la apoteosis de las teorías regalistas de su "jansenismo".

Comienzan estas consideraciones lamentando que las "tan poderosas, claras y terminantes razones expresadas por el Prelado de La Habana con la moderación propia de su carácter (debemos confesar nuestra sorpresa al leer esta frase), no fueron bastante a tranquilizar el ánimo del referido Metropolitano", quien se acusa de haberse desentendido sin pretexto ni excusa alguna de lo prescrito por las leyes del Reino, desconociendo la Autoridad Soberana en todo lo que se relaciona al bien y tranquilidad de sus subditos y cifrar únicamente el cumplimiento de sus deberes en el cumplimiento de las disposiciones de la Corte de Roma, despreciando el exequatur regio al que llama "una rigurosa etiqueta o ceremonia".

Con este motivo nos da el Consejo su criterio sobre los deberes de los obispos españoles, bien encajado dentro del más puro regalismo: "No deja de ser muy reparable que el M. R. Arzobispo de Cuba, no se haya detenido a examinar las perjudiciales consecuencias que podrían seguirse de cumplir ciegamente, sin dar noticias a V. M. y sin esperar sus órdenes soberanas, la comisión apostólica, mediante a que ninguna razón o respeto puede eximir a los subditos de las obligaciones y deberes prescriptos por las leyes para con sus reyes, y tanto más escrupulosos deben ser en su obediencia cuando más se distingan por las dignidades y gracias obtenidas, de los mismos".

De todo se le puede acusar a Espada menos de no conocer a los hombres de su tiempo, cuando vemos la actitud que tomó el Consejo de Indias se comprende muy bien que el viejo obispo no era un iluso que lanzaba al viento la ridícula fanfarronada de su pretensión de enemistar a España con la Santa Sede (lo que nos hace pensar que tampoco lo era la de la independencia de Cuba) y si nos sorprende mucho el desconocimiento absoluto que mostró la Secretaría de Estado de Su Santidad de la mentalidad y del momento español cuando resolvió el asunto de las "solitas".

"La franqueza y consideración —continúa motivando su sentencia el Consejo de Indias— con que V. M. en 14 de noviembre de 1828 tuvo a bien insinuar los generosos sentimientos de que se hallaba animado para complacer el Sumo Pontífice León XII, satisfaciendo a su carta de 12 de junio anterior, lejos de ser correspondidas con la que exige la calidad y circunstancias del asunto que la motiva, más bien se ha puesto de hecho en claro el empeño de alejar a aquel Pastor de su rebaño, huyendo de manifestar los sólidos fundamentos en que se apoya, o el peligro que, de permanecer en su cargo, corre nuestra sacro-santa Religión". Y olvidando que el mismo Consejo había recomendado tantas veces, y las primeras ignorando también los motivos, precisamente lo mismo que ahora quería la Santa Sede; continúa diciendo que si no se siguen los infinitos ejemplos que dejó el Redentor en el perdón y olvido de las culpas, al menos se señalase con sinceridad las faltas en que hubiese incurrido para que el "Rey Católico y protector al mismo tiempo de sus fieles vasallos" tomase las medidas convenientes; como si las famosas faltas no constasen todas en el Archivo del propio Consejo que hablaba.

Es este un curiosísimo caso de mútua incomprensión en el que ambas partes se dividen igualmente la responsabilidad. Recordemos el alambicado juego diplomático que cristalizó en la desgraciada redacción del Breve de León XII a Fernando VII, y la extraña interpretación que en Roma se hizo de la respuesta del Rey, cosas que se hubiesen podido evitar, la primera concediendo más atención al carácter español, y la segunda con una conducta menos ligera que en vez de tomar por verdad revelada la versión del Nuncio de la carta de un Soberano al Papa, sin molestarse en comprobarla con el original, se hubiese atenido al texto recibido. Por parte de España, nación eminentemente católica, es censurable el afán de hacer intervenir al Gobierno en todos los asuntos de la Iglesia quitando a ésta aquella libertad que debe tener para actuar eficazmente en el campo religioso, y el tan singular cambio de opinión y olvido de antecedentes en el cortísimo plazo de cinco años.

Cuanto se proponía Espada lo había conseguido, al menos en el Consejo de Indias, y esto se lo aseguraba un párrafo de la Consulta que nos ocupa que reza así: "Es preciso decirlo, los principios adoptados por la Corte de Roma son enteramente opuestos, aunque no nuevos, a la deferencia constantemente observada por los Augustos Reyes Católicos de España, con el Padre común de los fieles".[606]

A pesar de todo esto la victoria no fue tan fácil y no faltó en el seno del Consejo quienes se opusieran enérgicamente a ella. Los viejos enemigos de Espada y O'Gavan, Manuel Ximénez Guazo y Rafael Morant que no habían variado de sentimientos hacia ellos y que recordaban con óptima memoria todos los antecedentes, razones y motivos que existían para proceder contra ambos eclesiásticos, cosas que como hemos visto había olvidado el Consejo, mantuvieron con todo vigor la tesis contraria a la mayoría y en vista de que ellos dos no podían impedir el acuerdo tomado por los otros cinco Ministros del Consejo, emitieron votos particulares, como ya habían hecho en veces anteriores.

En sustancia ambos votos son muy semejantes. Después de censurar ásperamente al Capitán General Vives por su conducta y de hacerlo responsable de lo que sucedía, y a O'Gavan "Formado por tal modelo (el de Espada) pues le ha tenido a su lado desde joven, distinguiéndole cuanto le ha sido posible".[607] (Estas distinciones no cesaban, ahora la Academia Greco-latina de Madrid, considerándolo el mejor helenista y latinista de Cuba lo comisionó para organizar en ella una dependencia de ese instituto dejando a su elección el nombramiento de las personas que debían componerlo) son de parecer que se debe dar cumplimiento a las disposiciones de la Santa Sede, en atención a las circunstancias extraordinarias que presenta el asunto, pero haciendo conocer a la Corte Romana lo sensible que ha sido para el Rey la innovación hecha contra lo establecido en el Concordato y protestando de esta aquiescencia no establecerá regla ni servirá de ejemplo que en lo sucesivo se pueda alegar contra las Regalías de la Corona; que Echeverría debe ser nombrado Gobernador de la Diócesis en lugar de O'Gavan y ejercer las "Solitas" de acuerdo con lo dispuesto por el Papa; que se ejecuten las Reales Órdenes que mandan el traslado del Obispo a España y que como "La gravedad de las causas que obligan a tomar esta determinación son de tal naturaleza que aún cuando hubiese algún temor o probabilidad de seguirse de este daño (la muerte de Espada) siendo como lo es un mal físico no debe evitarse, cuando por ello se ocasionan muchos que son sin comparación mayores".[608]

A lo que agrega Morant alcanzando el colmo de la incoherencia: "Y finalmente que se prevenga al M. R. Arzobispo de Cuba que en lo sucesivo se ajuste a las leyes del Concordato en el cumplimiento de las Letras y Bulas Pontificias."

Si el Rey hubiese adoptado un criterio semejante es más que posible que Espada se hubiese declarado en franca rebeldía contra España y la Santa Sede, además tal criterio con la protesta habría mortificado a la Santa Sede, agriando aún más las tensas relaciones entre ambas partes.

Los dos votos particulares fueron acerbamente rebatidos, sobre todo en cuanto se refiere a O'Gavan de quien los otros miembros del Consejo hacen un caluroso elogio; respecto a Espada vemos, no sin cierta sorpresa, que se ha "mostrado sumiso y obediente a la cabeza de la Iglesia", que no ha hecho más que cumplir con su deber al rechazar un Breve evidentemente falso, pues no se concibe que en igual fecha en que "se mostraba tan confiado en la rectitud y católico celo de V. M. y tratase de pedirle auxilio para usar de sus propias facultades en lo cual no pudo llevar otro objeto que el de respetar vuestras prerrogativas reales o el temor de que pudiese aventurarse la quietud de la tierra; y luego desconfiando de esta rectitud y este celo, y olvidando nuestros más conocidos y reputados derechos y esos temores de poner en combustión a la Isla de Cuba, no sólo ocultase de V. M. las medidas tomadas en el propio día", "sino que sin esperar respuesta la pusiese en ejecución por unos medios tan desusados y tan alarmantes en España y en las Indias".

Todo esto para llegar al amargo razonamiento clave de la cuestión y de la actitud de España ante la Santa Sede en toda la primera mitad del siglo XIX, que es escandaloso ver que "no contentos en Roma y otras Cortes amigas con que se despoje al Rey de España del territorio Americano, se le reduzca también en el que se mantiene obediente, aquellos derechos más preciosos de su Soberanía y que tanto cuidaron de afianzar y conservar sus gloriosos progenitores".[609]

Finalmente queda cerrada la discusión con la decisión tomada por la mayoría del Consejo de que debía tratarse exclusivamente del cumplimiento de las letras latinas sin traer a colación por inútil y fuera de propósito los antecedentes que habían dado lugar a ellas, así como la conducta que haya observado el Obispo.

Esto era demasiado para Morant y Ximénez Guazo, quienes con el calor, no ya de jueces, sino de parte interesada, elevaron al Rey el 17 de julio un largo oficio informando a Su Majestad detalladamente de toda la discusión habida y defendiendo el criterio expuesto en sus votos particulares.[610] Tal vez no es preciso ser demasiado severos con estos dos Ministros que mantienen sus opiniones más allá del Tribunal convirtiendo en cuestión personal lo que debió haber sido tratado fría y objetivamente, y sólo en el momento de la discusión, pero al leer el documento elevado al Rey y ver el duelo de sofismas en que se empeñaron ambos bandos y las insidias mutuas con que cada uno quería hacer parecer al contrario como desafecto al Soberano, comprendemos muy bien, aunque no lo aprobamos, que en un régimen absoluto la minoría derrotada se apresurase a demostrar su acrisolada lealtad.

Mientras estas cosas sucedían en Madrid, el Arzobispo de Santiago de Cuba recorría su Archidiócesis en visita pastoral, y encontrándose en Puerto Príncipe el 15 de julio, escribió al Rey dándole cuenta de lo ocurrido y enviándole anexos a su carta nueve documentos, copia de toda la correspondencia relacionada con el asunto.[611]

En esta carta vemos que Espada continuaba usando "como propias" de las facultades negadas, "delegadas para lo más interno de la conciencia".

El mismo día, en un latín de una ampulosidad extraordinaria, escribió el Arzobispo al Papa informándolo del éxito de la comisión que "con sumo horror" había recibido.

Envía también a Roma copias de la correspondencia sostenida con Espada a propósito de la cual hace poquísimos comentarios, siendo el único interesante por encerrar el juicio de un testigo de excepción en cuya palabra se puede tener fe, el que dice: "El retrato que da (Espada) de la Diócesis de La Habana se aparta de la verdad y se convierte en "fábulas científicas".[612]

Esta apreciación condensada de la curiosa frase de San Pablo, se refiere sin duda, no al retrato hecho por Espada de la parte externa de su Diócesis bajo los aspectos urbanísticos, cultural, artístico y de beneficencia, que ya hemos visto que el mecenazgo es la cualidad más relevante e indiscutible del Obispo, sino a la parte estrictamente eclesiástica y religiosa, que en sus cartas el Prelado pintaba como perfectas. De todo esto pudo darse perfecta cuenta Monseñor Rodríguez de Olmedo, pues no sólo era el Metropolitano de Espada, sino porque también, como sabemos, vivió un año en La Habana antes de tomar posesión de la Mitra de Santiago.

Dentro de un sobre sellado envió el Arzobispo su carta a Pío VIII al Nuncio de París, junto con otra para él en respuesta de la que le había escrito y con un sumario de toda la correspondencia que conocemos.

En este período el Nuncio de Madrid no se ocupa del Obispo de La Habana más que para enviarle la última Encíclica del Papa y el Breve del Jubileo, cosa de la que informa el Cardenal Secretario de Estado el 28 de julio.[613]

El 23 de julio se había puesto al despacho la consulta del Consejo de Indias y el expediente del Obispo Espada,[614] mandándose luego pasar todo al Consejo de Ministros, quien "se enteró muy detenidamente" del asunto el 30 de septiembre, emitiendo su parecer sobre él el 4 de octubre.

La decisión del Consejo de Ministros fue que siendo la materia sumamente espinosa, y siendo delicadas y arriesgadas las contestaciones que se sostienen entre los Sumos Pontífices y los Reyes cuando éstos amparan a los Prelados Eclesiásticos contra la decisión de aquéllos, convendría evitar en cierto modo, la dificultad no tratanto la cuestión de frente, sino dando tiempo a que se muden las circunstancias, tanto más cuando el Obispo de La Habana se halla enfermo y achacoso habiendo padecido últimamente una indisposición que hizo temer por sus días. En consecuencia se ordena remitir todo el expediente por el Ministerio de Gracia y Justicia al de Estado, y quedándose ambos con un índice muy circunstancioso de cuantos documentos contiene para que éste lo envíe al Embajador de S. M. en Roma, y así puede el señor D. Pedro Labrador hacer presente a S. S. que el negocio tiene suma conexión con otra disposición tomada por el difunto Pontífice León XII, sobre la entrega, juicio y castigo de dicho Rev. Obispo, cuya estrepitosa providencia traería graves inconvenientes y consecuencias en La Habana en donde no deja de tener gran reputación y afectos a su persona como S. M. misma lo manifestó a Su Beatitud en la carta que le dirigió el 14 de noviembre de 1828, ofreciendo poner a su disposición al referido Prelado si no obstante las razones que le exponía creyese debía llevarse a efecto la disposición de severidad tomada por el difunto Pontífice León XII; y que no habiendo aún recibido contestación ni declarado su voluntad el Santo Padre actual, parece que deberían tomarse en consideración a un mismo tiempo ambas determinaciones, usando al mismo tiempo de los medios y fórmulas acostumbradas para la expedición de Bulas que deberán pasarse por el Consejo de Indias, pareciendo desde luego que nunca puede ser conveniente conceder las facultades solitas a un Eclesiástico particular y destituido de grande dignidad, conservándose el Obispo en el mismo territorio, y que en el caso de acceder S. S. a la indicación hecha por el Rey de que el Rev. Obispo de La Habana de todas las satisfacciones de sumisión, de respeto, y de obediencia a la Santa Sede, el referido Prelado quizá podría hacerse merecedor de que S. S. se dignase confirmarle las mencionadas Solitas: pero que si Su Beatitud no tuviese a bien y por el contrario llevase adelante el propósito del difunto Pontífice insistiendo en que se castigue la persona del citado Obispo, entonces a nadie mejor parece que podría S. S. conceder dichas solitas que al Gobernador o Gobernadores del Obispado durante la vida del actual Prelado.[615]

El Consejo de Ministros no hacía más que repetir la carta de Fernando VII a León XII y ponía la cuestión en el mismo punto en que se encontraba entonces, teniendo ahora la ventaja de disponer de los conocimientos y de la perspectiva necesaria para comprender que los dos Breves del difunto Pontífice debían "tomarse en consideración a un mismo tiempo".

Bien es verdad que en cierta forma se abandona a Espada a su propia suerte, pero las proposiciones que se hacen a este respecto, son justísimas y a la vez salvan la dignidad de la Corona y son perfectamente coherentes con la línea de conducta adoptada anteriormente por el Rey.

También es rigurosamente lógica la defensa que se hace de O'Gavan, a quien no se nombra más que por su cargo, pues es preciso tener presente, que cuando se le llamó a España, lejos de condenársele, se hicieron en su favor las más halagüeñas declaraciones, prueba de que gozaba del favor y de la confianza real. Desde luego que aquellas declaraciones no correspondían a la actuación del Gobernador de la Diócesis de La Habana, pero era la opinión oficial que de él se tenía en aquel momento en Madrid, opinión que se refleja en este dictamen del Consejo de Ministros.

Quien debió haber sufrido una desilusión, si es que su vieja experiencia se lo permitía todavía, es el Obispo, al ver que se derrumbaba el bellísimo castillo que le había fabricado el Consejo de Indias.

Cuando el Nuncio de París, Monseñor Lambruschini recibió la carta del Arzobispo de Santiago de Cuba y los documentos anexos, a pesar de no conocer bien el español, comprendió que Espada protestaba por la falta del Exequartur Regio y se dio cuenta enseguida que mientras más pronto saliera él del asunto tanto mejor era para la Santa Sede, así es que el 2 de octubre escribió al nuevo Secretario de Estado que era el Cardenal Albani[616] y al anunciarle que aprovechaba una ocasión que se le presentaba para enviar el pliego del Arzobispo al Encargado de Negocios Pontificios en Turín le dice que "es una verdadera calamidad ver que un Obispo recurra a tales expedientes para no cumplir las órdenes del jefe Supremo de la Iglesia. Pero el asunto presente es sumamente grave y exige un eficaz remedio por parte de la Santa Sede. El Santo Padre verá en su suma sabiduría cuál es el más conveniente. Tal vez sería acertado que este asunto sea terminado por medio del Nuncio Apostólico de Madrid y de hacer comprender a aquel Gobierno que no debe sostener a ese Prelado, tanto más indigno de la protección del Rey Católico cuanto es más manifiesta su criminal desobediencia al Jefe Supremo de la Iglesia, con positivo daño de la salud espiritual de los fieles".[617]

El 18 de octubre también escribía al Cardenal Albani el Obispo de León. El objeto de esta carta llena de los elogios más dulces al paladar de Su Eminencia, era rogarle que pusiera en manos de Su Santidad la otra que el Prelado le enviaba adjunta y de indicarle al Cardenal que siempre que quisiera encargarle "alguna cosa, que sea únicamente por el conducto del Conde Solaro Embajador de Cerdeña".[618]

Como es de suponer las cartas las mandaba Solaro della Margherita dentro de otra suya[619]

El 19 de noviembre contestó el Cardenal con una epístola que no tenía nada que envidiar en cuanto a alabanzas a la que había recibido, comunicando al Obispo que su carta había sido entregada al Papa quien la contestaría personalmente. Por desgracia ni la carta del Obispo de León, ni la respuesta del Papa se encuentran en el Archivo Secreto del Vaticano, siendo muy posible que se hallaran entre los papeles personales de Pío VIII, y que a su muerte pasaran a la familia Castiglioni. Tal vez en esta carta del Obispo de León hubiéramos descubierto la clave de la conducta de Fernando VII en el asunto de las Solitas, aunque no creemos que sea ésta la respuesta, también extraviada si se escribió alguna vez, del Obispo a la carta de julio de 1828 del Cardenal Bernetti.[620]

El despacho de Monseñor Lambruschini con los documentos anexos había llegado a Roma en los primeros días de noviembre y el 10 le contestaba el Cardenal Secretario de Estado que se los había mostrado al Papa y que este "se ocupa seriamente de las providencias oportunas que reclaman las representaciones del Arzobispo".[621]

Éste "ocuparse, seriamente", conque se despide a Monseñor Lambruschini del asunto, era seguir sus insinuaciones al pie de la letra y enviar, para comenzar, ese mismo día 10 al Secretariado de la Sacra Congregación de los Asuntos Eclesiásticos Extraordinarios una nota remitiéndole "el despacho de Monseñor el Nuncio de París con la carta que le dirigió Monseñor al Arzobispo de Cuba referente a la obstinación de Monseñor el Obispo de La Habana en su renuencia a las órdenes de la Santa Sede, y al abuso que continuaba haciendo de las facultades que se le había acordado una vez. El Santo Padre transmitirá a Monseñor Secretario el pliego que le envió sobre tal argumento el referido Monseñor Arzobispo anexo al despacho del Nuncio".[622] Lo que era crear el núcleo de una nueva decisión de la Santa Sede, que de tomarse debía necesariamente ser más enérgica y radical aún que todas las anteriores.

Siguiendo la línea de conducta trazada por Monseñor Lambruschini el Cardenal Secretario de Estado escribió al Nuncio de Madrid el 30 de noviembre para ponerlo al corriente de las últimas noticias en el asunto de las "Solitas" de Espada y ordenarle enterarse en el Archivo de la Nunciatura de todos los antecedentes de éste "antiguo y desgraciado asunto" y le informaba que el Embajador de España no había protestado todavía por la vía usada para negar las "Solitas" a Espada porque, según el Cardenal, aunque el Consejo de Indias le había manifestado los antecedentes, el Ministerio de Estado no le había dado instrucciones todavía.

En el mismo despacho le ordenaba dedicarse "in bel modo" cerca del Ministerio de Estado o de quien crea más indicado "para que no se prolongue una discusión tan poco digna de ambas partes, y en la cual, aún con el mejor éxito que pueda imaginarse quedaría siempre comprometido el decoro de la Santa Sede".

Y para evitar este inconveniente escribe el Cardenal: "Sería tiempo que las repetidas órdenes de esa Corte, emitidas durante la nunciatura del Eminentísimo Giustiniani, y hasta ahora frustradas, sobre la persona del indigno Obispo, se efectuasen, o al menos se diese un administrador a la desventurada Diócesis de La Habana que verdaderamente tiene por pastor un lobo rapaz." [623]

Al proponer el Cardenal Albani esta solución no hace más que exponer una vez más la manera ideal con que la Secretaría de Estado de Su Santidad hubiera visto terminar este asunto y a la que desde 1819 vuelve constantemente sin perder jamás la esperanza de lograrla.

El Nuncio contestó al Cardenal Secretario de Estado el 21 de diciembre informándolo de una manera bastante vaga y no del todo exacta sobre el desenvolvimiento en España del asunto de las "Solitas"; decía Monseñor Tiberi entre otras cosas que al "osar" el Obispo Espada reclamar, "el Ministro Salmón, que ignoraba los antecedentes, remitió la discusión del asunto al Consejo de Indias" y que "el parecer de este Cuerpo es que se pase al Sr. Labrador.[624] Al margen escribió el Cardenal Albani una nota ordenando que se responda al Nuncio que el Embajador de España no había reclamado todavía "y se le encomienda descubrir todo aquello que se trame en torno".

Aquel año de 1829 de tantas alternativas para Espada se reconstruyeron en la Diócesis de La Habana las Iglesias de Alquízar y Manguito y se erigió la Parroquia de Amarillas con la Iglesia de Palmillas como auxiliar.[625]

El 14 de enero de 1830 se mandó al Nuncio el despacho ordenado en la nota al margen de su informe renovándosele además la instrucción de guardar el más absoluto silencio sobre las medidas tomadas para que éstas no se trasluzcan,[626] lo que era perfectamente inútil y contraproducente, pues a esas horas las medidas eran conocidas de todos a quienes interesaba y ya era tiempo de una aclaración franca y sincera para disipar las mutuas malas interpretaciones y restablecer las mejores relaciones entre ambas Cortes.

Hemos visto que el 4 de octubre anterior el Consejo de Ministros había emitido su parecer sobre el asunto de las "Solitas", ese mismo día lo trasladó al Secretario de Despacho de Gracia y Justicia, y éste lo comunicó el 27 del mismo mes al Ministerio de Estado, quien de Real Orden lo trasmitió al Embajador de España en Roma el 12 de febrero de 1830, para los efectos que en este oficio se indican" [627] enviando anexos a él todos los antecedentes del Obispo que obraban en ambos Ministerios.

En posesión ya de toda la documentación, don Pedro Labrador visitó al Cardenal Secretario de Estado pidiéndole cuanto se le ordenaba en el oficio recibido, a lo que contestó el Cardenal Albani "que no tenía conocimiento alguno del asunto". En vista de esto el Embajador le envió una nota el 17 de Marzo haciendo un resumen de la cuestión desde su inicio y proponiendo la solución apuntada por el Consejo. Al terminar explicaba la conducta del Rey diciendo que "al hacer a S. S. la exposición contenida en esta Nota, y al pedirle la expedición de las facultades extraordinarias para el Obispo o para el Gobernador de la Diócesis de La Habana, no se propone solamente Su Majestad Católica la ventaja de sus súbditos en aquellas Regiones sino el extinguir los partidos que en las circunstancias actuales pudieran sacar consecuencias contrarias a la tranquilidad pública, siendo una entre las otras miserias del tiempo presente aquella que todas las diferencias den lugar a disensiones políticas".[628] No se podía pedir sinceridad mayor.

Remitió inmediatamente esta nota el Cardenal Albani al Secretario de la Sacra Congregación de Asuntos Eclesiásticos Extraordinarios para que después de estudiarla le informase sobre ella.[629] Ya estaba enterado Monseñor Pío Bighi de los antecedentes del asunto así es que no le fue difícil emitir su informe. Precisamente acababa de preparar a imprimir un folleto titulado "Nueva Posición de los desórdenes del Obispo de La Habana",[630] que contenía, además de la traducción al italiano de los documentos que le enviare al Cardenal Secretario de Estado, un largo estudio hecho por él de toda la cuestión y las dudas a resolver en la reunión de la Sacra Congregación de Asuntos Eclesiásticos Extraordinarios. Eran estos folletos destinados, según la costumbre de la Curia Romana, a los Cardenales miembros de la Congregación para facilitarles el estudio de los asuntos y permitirles dar su opinión con perfecto conocimiento de causa en las reuniones donde se tratarán.

En la "Nueva Posición de los desórdenes del Obispo de La Habana" Monseñor Pío Bighi estudia con más profundidad aún que Monseñor Castracane en 1928, la conducta de Espada. Sería largo reproducir íntegras las consideraciones del Secretario de la Sacra Congregación, de ellas lo más interesante son sus conclusiones sobre la doctrina de Espada deducidas de las cartas del Obispo al Arzobispo de Santiago de Cuba:

1.º Que el (Obispo) está mal prevenido y piensa erróneamente sobre la naturaleza de la Potestad Eclesiástica. Si bien no dice expresamente que el Príncipe en el Estado es el Jefe de la Religión, como profesan los Anglicanos; en las diversas proposiciones que va enunciando sobre los pretendidos derechos de Regalías y sobre la dependencia de todo ejercicio de la Potestad Eclesiástica en la Potestad Laica, parece que equivalentemente diga lo mismo, o que al menos, tal consecuencia se deduzca de los principios que él establece."

"2.º Que el (Obispo) es mal afecto particularmente a Roma,

como demuestran las palabras punzantes y la actitud de que está salpicada su serie de cartas."

"Que sus principios sobre la Potestad de los Obispos, y sobre la dependencia al Romano Pontífice son semejantes, por no decir los mismos que profesan los Jansenistas. Nota (b). Se nota la semejanza entre la doctrina de Espada y las del Sínodo de Pistoya en sus proposiciones 4, 5, 6, 7 y 8, concluyendo que uno de sus principales delitos es estar infectado de malas máximas y gravemente sospechoso de errores contra la Fe Católica."

De todo esto deduce Monseñor Pío Bighi que como despúes de los Breves de Pío VII y de León XII "se pueden considerar como cumplidos los términos canónicos y las consideraciones convenientes con su Sagrado Carácter "merecía Espada el rigor de los Sagrados Cánones, es decir, la deposición y la solemne excomunión, pero queriendo evitar" un proceso que se haría escandaloso", "un espino en el que no se podría penetrar, o sería inevitable una sangrienta laceración a quien lograse hacerlo"; "el punto principal de la presente cuestión es no tanto investigar cual sea el Derecho en tal causa; sino qué cosa dicta la prudencia observar". Después de tener en cuenta todo lo que es preciso y posible tener en cuenta, vuelve a caer de lleno en la decisión anterior de la Sacra Congregación agarrándose obstinadamente a quella solución que parece ser la única viable para la Santa Sede, la de "procurar de nuevo ganar el ánimo de S. M. C. y de sus Ministros a fin de que empeñen su eficacia para dar en la raíz de tanto mal". Para obtener esto propone "antes de todo se procure hacer entrar al Ministerio Español en los puntos de vista de la Santa Sede y empeñarlo a favorecer sus disposiciones. Además sería oportuno encargar al Nuncio de S. S. se ocupase de nuevo de este asunto, haciendo todas aquellas gestiones cerca del Rey o de sus Ministros que su prudencia y su celo le dicten".

En fin hasta propone otro Breve a Fernando VII como si no hubiese sucedido nada después de mayo de 1828. Las únicas novedades que introduce consisten en "hacer entender y aún claramente conocer" al Rey que el Papa tiene la intención de proceder enérgicamente para que la Corte de España se vea obligada a tomar un partido.

Todo lo considera la prudencia de Monseñor Pío Bighi: que "podría ser muy oportuno para empeñar a aquellos que se jactan de ser muy afectos a la Monarquía y fieles servidores del Rey" el hacerles ver "las consecuencias ruinosas (de este asunto) aún en daño de los intereses políticos de S. M. C." "que podría ser muy favorable la circunstancia actual de las fuerzas que se encuentran reunidas en aquella Isla, y especialmente el La Habana, para dar un golpe de mano, como suele decirse, sin temor a peligro de mayor trastorno" en la población afecta al Prelado, y hasta el carácter "algo débil o tímido" del pobre Arzobispo de Santiago de Cuba, quien después de comportarse tan caballerosa y correctamente no consiguió más que la desaprobación de todos.

Lo que no puedo Monseñor Secretario preveer con toda su famosa prudencia, a pesar de que asegura que sí, fue la nota del Embajador de España que ahora el Cardenal Secretario de Estado sometía a su consideración.

El hecho nuevo cambió enteramente el aspecto de la cuestión y echó por tierra los proyectos de Monseñor Pío Bighi, cosa que seguramente fue la causa de que el negocio no llegase a ser discutido en la Sacra Congregación de Asuntos Eclesiásticos Extraordinarios y de que la ponencia quedase sin resolución.

Viendo Monseñor Bighi "la gravísima dificultad de alejar aquel Obispo del Gobierno de la Diócesis mientras no concurra con su poder la Potestad Secular" (a la que párrafos antes ha declarado incompetente para examinar la conducta del Prelado) porpone al Cardenal Secretario de Estado como primera condición "imponer al Obispo que se aleje de sí y de su Curia a su Segundo Secretario, D. Francisco Castañeda, tenido públicamente por masón, como refiere el Obispo de Cartagena". "En segundo lugar se debe remover igualmente al actual Provisor o Gobernador de la Diócesis y sustituirlo por el Sacerdote D. Manuel Echeverría eclesiástico muy recomendable a confesión del mismo Obispo, por su doctrina y virtud, y éste podría ser el solo expediente para salvar en parte la conveniencia del Prelado y para tranquilizar a la Santa Sede en la comisión del uso de las facultades extraordinarias confiándolas exclusivamente a dicho sacerdote. En tercer lugar el Obispo debe dar plena satisfacción a la Santa Sede por la irreverencia gravísima cometida contra la Santa Memoria de Pío VII a cuyas paternales admoniciones no respondió; de las reprensibles alocuciones contra la misma Santa Sede a que ha dado lugar en esta circunstancia, y de la que se tiene la prueba en su correspondencia con el Arzobispo de Cuba"; y "de los principios y doctrinas falsas o sospechosas de error de que ha sido acusado, haciendo plena y correspondiente retractación. En cuarto lugar dicho Obispo deberá reformar su conducta según los Sacros Cánones, y en reparación de los escándalos dados a aquellos fieles".[631]

A este informe adjuntaba Monseñor Secretario dos ejemplares de la "Posición" impresa rogándole al Cardenal Secretario de Estado que elevara una al Papa y le transmitiera a él las órdenes correspondientes.

Obligado por las circunstancias a aceptar la realidad, las proposiciones de Monseñor Pío Bighi como respuesta a las del Embajador de España no pueden ser más razonables ni justas, ambas actitudes ponen la cuestión en un plano en el que por fin es posible llegar, aunque sea a través de una discusión, a un acuerdo que termine tan enojoso asunto.

Teniendo a la vista el informe del Secretario de la Sacra Congregación de Asuntos Eclesiásticos Extraordinarios, redactó el Cardenal Secretario de Estado una nota dirigida al Embajador de España, que firmó el día 1 de abril.

El tono de esta nota es duro y en ella se queja amargamente de Espada y de España, donde, mientras "se cela el decoro de un Obispo, ninguna consideración se muestra por el de la Santa Sede villanamente insultado por el silencio y la despreocupación opuestos por él a las repetidas amorosas cartas de dos Sumos Pontífices".

El Cardenal encuentra que sería largo e inoportuno si se pusiese a demostrar cuales fueron las razones que movieron a León XII "a valerse del Nuncio de París para hacer llegar a S. M. Católica una carta suya autógrafa confidencial" (la inoportunidad es patente cuando leemos en el informe de Monseñor Pío Bighi que consultaba al Cardenal al escribir la nota: "Que al escoger la vía de París, la Santa Memoria de León XII tuvo presente el esconder sus determinaciones al Ministro de España en Roma, por ser sospechoso de máximas y correspondencia con aquel Obispo"). No menciona sin embargo el Breve dirigido al Arzobispo de Santiago de Cuba y sólo parece aludir vagamente a él sin entrar en discusión sobre la cuestión de la "presentación" cuando después del párrafo que acabamos de citar, habla en general de la "vía de Francia" escogida porque en aquel momento se encontraba el Rey en Cataluña.

Por fin expone "las precisosas condiciones con que Su Santidad podrá en consecuencia prestarse a satisfacer los deseos del Rey Católico", que son las que conocemos propuestas por Monseñor Pío Bighi. Condiciones que el Cardenal duda mucho que acepten "el orgullo y la indocilidad del Obispo de La Habana" por lo que declina toda responsabilidad en el futuro en el caso en "que si resistiendo a estas últimas insinuaciones del Santo Padre, todas compatibles con su extremo decoro, aquel Prelado se obstinase en su malvada actitud, quedará ciertamente a Su Santidad la profunda pena del mal que podrán recibir los fieles de la Diócesis de S. Salvador (sic) de La Habana y de la inutilidad de los esfuerzos con que, ha querido mostrar al piadosísimo Monarca de España cuán dispuesto está a acceder a sus premuras, aun en este delicado asunto, pero no se reprochará de ser él la causa de uno o del otro, y mucho menos de los desconciertos que V. E. cree posibles en el orden político en aquella parte de los dominios Españoles, si no se provee a las necesidades espirituales de aquellos fieles con oportunas providencias".[632]

El Cardenal Albani debió quedar muy satisfecho de su nota pues el día siguiente de enviarla escribió al Nuncio enterándolo de la que había recibido del Embajador y de la respuesta en la que, según él (empleando una de sus frases favoritas), había defendido en "bel modo" lo actuado por la Santa Sede.

Después de informarle cuales eran las condiciones exigidas en su nota, termina diciendo que con esto se procuraba "la tranquilidad de la conciencia de Nuestro Señor, el bien de aquellos fieles y se tutela el decoro, ya demasiado comprometido de la Santa Sede que sería de otro modo sacrificado al malentendido de un Prelado escandaloso e insubordinado".[633]

Aquel mismo día mandaba el Embajador a España la copia de la nota que enviará al Cardenal Secretario de Estado y la de la respuesta de éste reservándose hacer algunas observaciones acerca de ella en el correo siguiente.[634]

Tan pronto recibió el Ministro de Estado de España dichas copias las trasladó al Ministerio de Gracia y Justicia, acusando recibo al Embajador el 28 de abril.[635]

Las observaciones que prometía el Embajador, las envió el 30 de abril. "Dudo mucho —decía— que el Obispo quiera degradarse hasta el punto de declararse reo sin haber oído ni convencido, y es claro que el partido que tiene aquel Prelado contra sí continúa siempre influyendo contra él en Roma. Es también lástima ver las expresiones injuriosas y durísimas con que le trata el Cardenal Secretario de Estado que a pesar de su dignidad de Cardenal no es en la Iglesia más que un Diácono mientras que el Obispo es un sucesor de los Apóstoles. Por mi parte no creo que podrá conseguirse nada de favorable al citado Obispo, porque aquí se está en posición de tratar mal a los que son contrarios las pretensiones exorbitantes de la Curia de Roma." [636]

Las duras consideraciones del Cardenal Albani y las apasionadas observaciones del Embajador Labrador daban de nuevo a la discusión un tono de rígida intransigencia que torcía el buen rumbo que comenzaba a tomar el asunto gracias a las proposiciones del Secretario de la Sacra Congregación de Asuntos Eclesiásticos Extraordinarios.

Si en vez del "bel modo" con que el Cardenal creyó defender los intereses de la Iglesia, y la pedantería con que Labrador pretendió mantener los del Obispo, se hubiera empleado mayor flexibilidad y comprensión, seguramente se habría llegado a una solución más en consonancia que la que se adoptó, siguiendo las exigencias de la dignidad de ambas partes comprometidas en la discusión, la que en vez de evolucionar hasta llegar a un acuerdo quedó interrumpida con aquel cambio de notas.

Mientras tanto en Madrid, una "persona del Ministerio" a quien también llama el Nuncio "persona de confianza" con un retraso inexplicable a no ser que interviniese el dolo, le había enviado una "Hoja reservada" donde le comunicaba que "la controversia entre el Sr. Arzobispo de Cuba y el Sr. Obispo de La Habana se decidió en el Consejo a favor de este último, con toda la votación, menos los de los señores Moran y Guazo, que hicieron voto particular a favor del Sr. Arzobispo. Este voto particular de los dos señores hizo bastante fuerza al Sr. Ministro, y pensó remitir el asunto al Consejo de Estado antes de su decisión, pero aún no se ha verificado a lo menos no sabemos que haya pasado".[638]

Transmitió la noticia a Roma Monseñor Tiberi y comentándola deducía del tiempo transcurrido y del silencio que notaba, que el Gobierno había acordado seguramente dejar en suspenso la reclamación del Obispo Espada, ya que había estimado conveniente no rechazarla, prometiendo más informaciones las cuales se estaba procurando por medio de personas de confianza.[639]

Creía el Nuncio que la "persona de confianza" lo tendría al corriente de lo que resolviese el Consejo de Ministros y su seguridad en ella era tanta que no pudo sospechar que no sólo ya se había tomado la resolución, sino que ésta había sido mandada a Labrador y por su medio conocida por el Cardenal Secretario de Estado antes que él hubiese tenido el tiempo de prevenirlo.

Cuando lo supo quedó como herido por un rayo. La idea de haber sido burlado y de aparecer en una posición ridícula ante los ojos de la Secretaría de Estado de Su Santidad, lo puso furioso. Fuera de sí y no sabiendo "cómo impedir su victoria" (de Espada), corrió a Aranjuez donde se encontraba Calomarde con la Corte.

Nos imaginamos al Nuncio, lívido de ira, rodando en su coche por los polvorosos caminos en busca del Ministro y nos preguntamos si no sería ésta la "persona de confianza" quien tan lindamente lo había dejado en las astas del toro. Algo debe haber de cierto en esta hipótesis, pues Calomarde, "siempre cortejado por los Grandes y por los personajes de alta distinción", se ingenió de modo que Monseñor Tiberi tuviese que regresar a Madrid sin haber podido hablar a solas con él.

De vuelta a la Nunciatura no le quedó otro remedio a Monseñor que escribir a Roma y confesar su doble fracaso mandando anexa al despacho, a manera de justificación la famosa "Hoja reservada" y tratando de explicar lo sucedido diciendo que "el audacísimo Prelado se jacta de superar todos los obstáculos con argumentos a los que no siempre se resiste, o sea con el dinero". Después de esta acusación continúa desahogando su mal humor contra el gobierno al que llama "impúdico al exceso" "por excusar el indigno proceder del Obispo después de la carta del Rey Católico al Pontífice León XII, y después

265

que por orden Soberana se llamó al varias veces malvado a dar cuenta de su propia conducta".

Cuando comenta la nota del Cardenal le califica de "sólida y digna", pero alarmado por su tono agrega conciliador: "conviene sin embargo usar modos urbanos y emplear la destreza de no herir el orgullo nacional".

Por último comunica el Cardenal que el 12 se anunciará el embarazo de la Reina y el 13 se celebrará el aniversario del regreso de Fernando VII con cuyo motivo se trasladará a Aranjuez para asistir al besa-manos "pero no se si en medio del júbilo y a la etiqueta de Corte, el Caballero Calomarde permitiera una conversación seria y continua" [640] y así melancólicamente, dejando entender que tal vez el Ministro le huía el cuerpo, cierra su informe.

De gran alivio debió haberle servido al Nuncio la respuesta que le escribió el Cardenal Albani el 9 de mayo donde le dice que nunca pensó en culparlo en lo más mínimo por las informaciones que no pudo obtener sobre la decisión del Consejo de Ministros, en un asunto "donde argumentos pecuniarios pugnan en contrario", ordenándole indagar en qué modo ha sido recibido en España su nota al Embajador lo que trasluce que comenzaba a inquietarse por el tono usado en ella, y lo alaba por su empeño en promover el asunto conforme "a los santos deseos de Nuestro Señor". [641]

A pesar de todo esto Monseñor Tiberi no se durmió en sus laureles y continuó la gestión del asunto con aquel exceso de celo que desaconsejaba Talleyrand a los diplomáticos franceses. Tan pronto como le fue posible visitó al Ministro de Estado Salmón abrumándolo de quejas y recriminaciones porque "un hombre de buen sentido y religioso como es el Caballero Labrador defienda la pésima conducta del Obispo de La Habana" llamado a España varias veces por S. M. "porque no podía disimular sus delitos y cuya persona había sido puesta a la libre disposición del Pontífice de Santa Memoria León XII". "¿Por qué hacer tanto ruido en torno a las negadas facultades extraordinarias de un Prelado que podía abusar de ella? preguntaba el Nuncio al Ministro y éste le contestaba, defendiéndose como podía ante el violento ataque, que todo aquello se hacía por proteger el honor del Obispo en atención a la alta dignidad de que estaba revestido; a lo que respondió Monseñor Tiberi que "el proyecto de Su Santidad es muy generoso y provee a todo".

Continúa narrando la entrevista Su Exelencia Reverendísima diciendo que "Entonces me hizo conocer que Labrador le había enviado la nota de V. E. Se entró en materia: pareció convencido; pero concluyó que no era el caso de enviar al Embajador las necesarias instrucciones con el próximo correo".

Viendo Monseñor Tiberi que Salmón se le escurría con un aparente convencimiento que apenas tenía un ligero aspecto de realidad, le advirtió antes de irse que "se trata de un asunto de conciencia. El Santo Padre no olvida sus deberes, y en estos casos es un muro de bronce". Y como viera que ni aún esto lograba conmover al Ministro se despidió diciendo: "Le ruego reflexionar que los masones mandan en La Habana; que de esa secta son el Vicario General, el Secretario, muchos de los Canónigos y Párrocos; que las costumbres están corrompidas y que si no se toman vigorosas medidas, el Rey corre peligro de perder aquel rico País." [642] Es de notarse que en el último período de esta historia, la Santa Sede se desentiende de la acusación de masón hecha contra Espada, dándole crédito solamente a la que atañe a las personas de su Curia.

Por las evasivas de Salmón ya se podía ver que el Gobierno de España comenzaba a cansarse de este interminable asunto y deseaba dejarlo caer, no retrocediendo sin embargo de ninguno de los pasos dados, pero tampoco adelantándose más en él.

Las últimas noticias recibidas de La Habana eran que, enfermo otra vez Espada "no puede humanamente hablando superar la fuerza de la enfermedad".[643] Esto lo sabían el Gobierno y el Nuncio, y mientras el primero esperaba dar tiempo a que la muerte cortase el nudo gordiano que se había hecho, y salir con eso de una situación enojosa, el segundo, a la vez que aliviado ante la perspectiva rogaba al Señor "que lo ilumine a tiempo", pretendía conseguir de España una satisfacción a la Santa Sede que Salvase el prestigio Pontificio.

Esta actitud del Nuncio la aprueba el Cardenal Albani en su nota de 27 de junio donde después de felicitarlo por cuanto ha dicho francamente a Salmón, deja escapar como un suspiro el deseo de que: "quizás el Señor querrá quitar de en medio el escándalo e impedir mayores ruinas" y le ordena insistir cerca del Gobierno para que acepte las condiciones de la Santa Sede, e informar sin pérdida de tiempo cuantas noticias sepa sobre el asunto y la persona del Obispo.[644]

Pero a pesar de las esperanzas de España y de la Santa Sede la naturaleza de hierro del Obispo reaccionaría una vez más a los ataques de la enfermedad y aunque cargado de años y de achaques continuó dando muestra de su prodigiosa actividad. Sabemos por una carta escrita por José de La Luz desde Bolonia el 12 de noviembre a José Antonio Saco, que Espada, "nuestro venerable Pastor" lo llama de La Luz, había autorizado a D. Justo Vélez a poner en París dos mil pesos a la orden de D. Pepe para comprar aparatos de física destinados al Seminario.[645] En su Diócesis el año 1830, a pesar de la enfermedad de Espada, fue uno de importantes trabajos: se trasladó a Corral Falso (actual Pedro Betancourt) la vieja Parroquia de Macuriges, terminóse la fabricación de la Iglesia de Hato Nuevo, se construyó la Capilla de Nueva Gerona y fue elevada la Iglesia de Pueblo Nuevo a auxiliar de San Carlos de Matanzas.[646]

Al final del año, el 30 de noviembre, terminaba en Roma su corto pontificado Pío VIII, y el viejo Obispo que había visto morir a tantos Papas, se preparaba en La Habana para beneficiarse con el interregno y los cambios que la próxima elección introduciría en la Curia Romana.

En aquel cónclave, donde el Embajador Labrador impidió al Cardenal Giustiniani, el ser elegido Papa, presentando en contra suya y a nombre del Rey de España el veto motivado por el nombramiento, patrocinado por el Cardenal cuando era Nuncio en Madrid, de los Obispos suramericanos; fue elevado al Solio Pontífice el Cardenal Cappellari, que tan de acuerdo había estado con Monseñor Castracane en 1828 sobre las medidas que debían adoptarse contra Espada y que ahora tomaba el nombre de Gregorio XVI.

Ya hemos dicho muchas veces que la vida del Obispo está llena de contradicciones, una más fue la elección del nuevo Papa. De todos los Pontífices que reinaron durante el largo tiempo que Espada fue Obispo en La Habana ninguno había intervenido como Cardenal tan directamente en sus asuntos como Gregorio XVI y ninguno se había mostrado antes de su elección tan contrario a él. Era por tanto de esperar severísimas medidas que terminaran de una vez la enojosa cuestión. Por el contrario, sea que la Santa Sede temía una actitud firme por parte de España que acababa de mostrar en el último cónclave que no olvidaba al desacato hecho a las regalías de su Corona, sea que Monseñor Tiberi después del mal rato que le produjo la "Hoja reservada" no insistiera más sobre el particular por temor a nuevas amarguras, o tal vez por la esperanza que hacían concebir las noticias sobre la salud del Obispo de que la muerte traería la más completa solución, lo cierto es que después de 1830 en los Archivos de la Santa Sede sólo se encuentran dos documentos relativos a Espada.

El primero, de 1 de enero de 1831, escrito durante la Sede Vacante, es una carta de la Sacra Congregación de Propaganda Fide dirigida al Ilmo. y Rmo. Sr. Miguel Portier Obispo de Movila en la que se le informa que los administradores de la Iglesia de San Agustín de la Florida han pedido al Papa que exhorte al Obispo de La Habana a devolver a la Iglesia que administran los bienes que pertenecen a la misma y que dicen se encontraban entonces en posesión de Espada.

Propaganda pedía al Obispo de Movila, su opinión sobre el asunto y si, comprobada la verdad de la queja, creía que podría esperarse un buen resultado de la intervención de la Santa Sede en él.[647]

Por esta carta vemos que Espada no había retrocedido un paso en sus pretensiones al gobierno de la Diócesis de la Florida y que en esto, como en la negativa de la prórroga de las "Solitas" continúo hasta su muerte actuando en franca oposición a las disposiciones de la Santa Sede a la que trataba cada día con menor consideración, no obstante, sus protestas de obediencia y sumisión.

El otro documento de este último período que encontramos en los archivos romanos es un despacho de Monseñor Tiberi escrito el 6 de septiembre de 1831, y recordado de nuevo por el Nuncio el 27 de agosto del año siguiente, donde a instancia de un tal don Francisco Delagado y Correa, posiblemente un sacerdote de Cuba, analiza las frases principales de la Pastoral de 1826 en que se hablaba de las indulgencias.[648]

Esta fue la última denuncia que se hizo contra el Obispo Espada. Denuncia inútil porque ya el Juez Supremo en la perfección de su justicia y misericordia infinita había juzgado el alma del Prelado, comparando el bien que hizo con el que pudo hacer, el mal que causó con el que evitó, y uno con otro, para determinar, conociendo el secreto de sus más íntimos pensamientos, si era digno de premio o de castigo.

El 13 de agosto de 1832,[649] a las dos de la tarde, en su casa, había muerto a los "setenta y seis años, tres meses y veinte y seis días de su edad".[650]

No sólo los deseos del Cardenal Albani habían quedado satisfechos, sino que las oraciones del Nuncio surtieron efecto, y Espada, "iluminado a tiempo", murió después de recibir, en pleno uso de su razón, "los Santos Sacramentos, encomendándosele el alma y dichósele las preces que previene el Ceremonial de Obispos, por el venerable Cabildo eclesiástico y clero secular y regular"; como refiere su certificación de defunción que nos hace una detallada descripción de su entierro que constituyó una verdadera apoteosis del Prelado. Pero, antes de verla, oígamos lo que tiene que decirnos el Dr. D. Nicolás Gutiérrez en su informe titulado "Necroscopia del Obispo Espada".[651]

"El 24 de marzo de 1830, después de algunos días en que se quejaba de vértigos ligeros por la mañana, se advirtió torpeza en la lengua, delirio, somnolencia y pérdida del conocimiento. Este ataque apoplético que entonces duró sólo tres o cuatro días, fue el primero de otro que le repitió a los cuatro meses con mayor intensidad, y de otro y otros hasta el número de once que sufrió después: y en el tercero de ellos se notó además de los síntomas referidos, parálisis en el lado izquierdo de la cara e insensibilidad y torpeza del tacto en las manos. Al remitir los paroxismos y recobrar el uso de la razón y del habla se mostraba muy mortificado de la pesadez y dolor que sentía en el lado izquierdo de la cabeza, con ruido sordo y molesto en el oído. Frecuentemente se quejaba también de dificultad para moverse y de laxitud en las piernas, con dolor en las articulaciones; y a pesar de la continúa propensión al sueño, éste era siempre muy interrumpido. En los últimos meses tuvo casi todos los días momentos de delirio: pasados los cuales recuperaba la razón con toda su energía; y aunque tarda y trabajosa conservaba la memoria". Cuando se le practicó la autopsia "el volumen del hígado apareció muy aumentado, y el mediano lóbulo y los dos tercios del grande tenían una dureza semejante a la solidez del cartílago: y la superficie de esta entraña estaba llena de granulaciones y en algunos puntos de manchas rojas con bordes gruesos como úlceras; las incisiones mostraban el interior rojo amarillento; el escalpelo rechinaba al ejecutarlas y las arterias se veían osificadas y la vejiga de la hiel se encontraba llena de una bilis espesa y oscura. El estómago sano contenía alguna bilis mezclada con mucosidad, los intestinos delgados contraídos estaban también sanos y llenos de bilis, los gruesos retenían algunas materias fecales sólo se notó que tanto el estómago como los intestinos tenían sus túnicas demasiado delgadas...". "Por cuanto a la lesión del hígado jamás se quejó S. E. de sufrimiento alguno en él; y no fue sino en los últimos días, cuando aparecieron algunos síntomas, por los cuales pudimos sus médicos (lo asistieron en sus últimos años: su antiguo médico el D. don Tomás Romay, el Dr. don Simón Vicente de Hevia y los Icdos. don Diego M. Govantes, don Hilarion Azcarate, más el Dr. don Nicolás Gutiérrez) conocer que esta entraña estaba dañada. Antes nada lo indicaba: el color del paciente se conservó siempre blanco y enrojecido: se acostaba sobre cualquiera de los dos lados sin experimentar molestia alguna: sus digestiones eran muy ordenadas; y no se le disminuyó el apetito sino en días muy próximos a su muerte."

"El inestimable Pastor que hemos perdido sufrió además en el año de 1829 todos los síntomas de una perineumonía; y en el de 1830 volvió a verse amargado de ella, y en los tres últimos días, la tos, la dificultad en respirar y el estertor precedieron a la apoplejía con que terminó su vida. Pero hemos visto en la autopsia que los pulmones y las pleuras estaban sanas, al paso que se notaron lesiones importantes en el pericardio. Y si consideramos que según las observaciones de Laennec la perinumonía siempre deja vestigios y adherencias señaladas; y si atendemos a que por otra parte es frecuentísimo que la pericarditis se presente con todos los síntomas de las pneumonías; convendremos en que fue o una verdadera pericarditis, o un fuerte catarro bronquial la dolencia que dos veces se había manifestado con el aspecto de una perineumonía. Yo me inclino a creer que fue más bien una pericarditis; porque recuerdo que en el primer ataque en 1823 fue muy molestado por una tos convulsiva que se repetía con mucha frecuencia, y a veces hasta el extremo de asfixiarse. También padeció después muy a menudo de una tos igualmente convulsiva en los momentos de la deglución de los líquidos lo cual debía provenir de cierta parálisis aunque imperfecta de la laringe.

"Por lo que hace a la tos, la dificultad de respirar y el estertor que precedieron a la última apoplegía son fenómenos que han de atribuirse a la falta de influencia cerebral sobre el tórax. El extremado grosor de la vejiga de la orina provenía sin duda de los dilatados padecimientos de cálculos en ella que sufrió por más de 20 años. Y en fin la osificación de las arterias es muy común en los sujetos septuagenarios."

Inmediatamente después dispuso O'Gavan que se le embalsamara, lo que, con la autopsia practicó el Dr. don Nicolás Gutierrez asistido por los Dres. don Agustín E. de Abreu, don Fernando González del Valle, don Manuel Anselmo Chaple y los lcdos. don Diego Govantes y don Hilarion Azcarte.

Terminada la operación del embalsamiento "fue puesto su cadáver (de Espada) de cuerpo presente en su propia casa siendo visitado, además del Cabildo Eclesiástico y Clero Secular y Regular de La Habana, por un inmenso gentío, y asistido del Clero quien dijo misas diariamente cantadas y rezadas, entonando vigilias con toda la pompa del mismo ceremonial romano hasta el día diez y seis del mismo mes en que fue conducido su cadáver por el venerable Cabildo Eclesiástico en forma de depósito con acompañamiento del Clero Secular y Regular hasta la Santa Iglesia Catedral; allí permaneció en depósito hasta el día siguiente en que a las nueve de la mañana fue conducido en hombros de sacerdotes por las calles designadas volviendo a la misma Santa Iglesia Catedral; en seguida se cantó la misa de Requiem, y se le hicieron los oficios fúnebres por el Excmo. Sr. Dean Gobernador del Obispado D. Juan Bernardo O'Gavan, con asistencia del venerable Cabildo eclesiástico y de entreambos cleros, de los principales autoridades, jefes y corporaciones, y de un numeroso concurso; concluidos los cuales, fue conducido hasta la Puerta de la Punta a hombros de sacerdotes, acompañándoles el venerable Cabildo y Clero, donde se le cantó un responso, otro en la Real Casa de Beneficencia y el último en el Cementerio General.

Pero como la paz y el olvido no figuraron entre los dones recibidos por Espada al nacer, el 31 de diciembre de 1880 sus restos fueron trasladados en el cementerio que fundara y donde había sido enterrado, a una bóveda donde permanecieron en depósito hasta el 1 de febrero de 1881, fecha en que con toda pompa se le trasladó al nuevo cementerio de Colón, donde reposan en el panteón de los Obispos de La Habana.

Su muerte fue motivo de tristeza general en La Habana donde se le tributaron los más altos honores póstumos. Todavía el pueblo cubano conserva de él una memoria gratísima. Ahora por primera vez aparecen los defectos que oscurecieron sus altas cualidades, pero sí en servicio de la Historia ha sido preciso entrar en los secretos que con tanto cuidado se velaron en vida del Prelado, si su figura ha perdido algo de aquel brillo venerable con que lo adornó la tradición, es preciso ser indulgentes con él porque no somos nosotros los llamados a juzgarlo y porque en el rincón más sincero de su corazón guardaba un amor sin límites por Cuba.

Al morir Espada, como era de preveer, el Cabildo de la Catedral confirió el Gobierno de la Diócesis a O'Gavan quien ya sin el apoyo del Obispo y volando con las propias alas siguió acumulando cuantos honores caían al alcance de sus manos. Aquel año obtuvo la Gran Cruz de Isabel la Católica, siendo el primer eclesiástico americano no Obispo que la recibió. Poco después la Sociedad Económica de La Habana lo nombró su director y la de Santiago de Cuba socio honorario.

Tuvo un descalabro electoral siendo vencido por D. Juan Montalvo y Castillo que logró el acta de Diputado, pero Martínez de la Rosa lo propuso a la Reina Gobernadora para Auditor de la Rota por la Corona de Castilla siendo nombrado a principios de 1834.

El 19 de mayo de ese año se comunicó el nombramiento al Embajador de España y se le ordenó que desvaneciese la mala opinión que sobre O'Gavan había en el Vaticano.[650]

Aquí comienza su calvario. Tan pronto supo el nombramiento, O'Gavan se había instalado en París para esperar allí la aprobación de la Santa Sede y poder trasladarse rápidamente a Roma cuando ésta fuese acordada, tal vez su ambición le hacía soñar con un capelo cardenalicio que compensara con creces la Mitra que no había podido conseguir. Pero Roma que tiene buena memoria y que sabe mantener las posiciones ocupadas, comenzó a dar largas al asunto.

El 23 de agosto el Encargado de Negocios de España envió una Nota al Cardenal Secretario de Estado anunciándole el nombramiento de O'Gavan y el Cardenal contestó el 25 participando haberlo comunicado a Su Santidad.

El 31 el Encargado de Negocios informa a Madrid de las gestiones hechas y de que el antecesor de éste, (de O'Gavan) que ahora está aquí, no le es muy favorable, pero que prometía que nada diría en contra.[651]

De este modo notas y respuestas, informes y acuses de recibo, fueron dando tiempo al tiempo sin que la ansiada aprobación llegase nunca, hasta que cansado O'Gavan de tanto esperar y convencido de que su buena estrella se había eclipsado defintivamente, regresó triste y desilusionado a La Habana donde, el 7 de diciembre de 1838, treinta y siete días después de llegar, terminó su aventurosa carrera en el mundo, sin lograr alcanzar ninguna de las metas que se propuso, ni dejar tras sí nada estable y duradero. Su ambición desmesurada y su impetuosa violencia le habían hecho consumir en una inútil, y a veces perniciosa agitación las dotes extraordinarias que poseía fueron para él y para Espada fuente amarguísima de tribulaciones y de duras experiencias que a la fuerza les enseñaron cuán vanas son todas las cosas de este mundo.

CIUDAD DEL VATICANO
Septiembre de 1942 a septiembre de 1944

NOTAS

Abreviaturas: A.E.E.S.S. (Archivo de la Embajada de España cerca de la Santa Sede) A.S.V. (Archivo Secreto Vaticano)

1. Leg. 247, fol. 221-222. A.E.E.S.S.

2. José A. Fernández de Castro. «Medio Siglo de Historia Colonial de Cuba.» La Habana, 1923. Editor Ricardo Veloso, p. 31.

3. Don Pio Bighi a pesar de la antipatía no disimulada que sentía por Monseñor Mastai, cuando éste fue elegido Papa con el nombre de Pío IX lo nombró Prelado doméstico y Arzobispo i.p. de Filippi. En 1824 era profesor de Teología Moral de la Universidad Gregoriana.

4. Las Congregaciones de la Santa Sede corresponden a los Ministerios en un gobierno laico. La de los Asuntos Eclesiásticos Extraordinarios fue creada por Pío VII en 1814 y trata todos los asuntos que deben ser concluidos de acuerdo con los varios gobiernos (como estipulaciones de concordatos y sus aplicaciones, nombramiento de obispos, creaciones de diócesis) y todas aquellas cuestiones que el Papa les somete por medio del Cardenal Secretario de Estado, particularmente aquellas que tienen relación con las leyes civiles.

5. «Indias Occidentales, Habana, en la Isla de Cuba en las Antillas, Colonia Española, desórdenes del Obispo de dicha Diócesis», mayo de 1828. Archivo de la Sacra Congregación de los Asuntos Eclesiásticos Extraordinarios. Sesiones Pelnarias del año 1828, fol. 579 a 607.

6. La inscripción de bautismo de Espada se encuentra en el libro nuevo de bautizados que tiene principio en el año 1713, en el folio 34, y está reproducida en el proceso formado para obtener informaciones para el nombramiento del Obispo Espada. Processus Consist. 203, año 1800. Archivo de la Sacra Congregación Consistorial.

7. Procesus Consist. citado.

8. La fecha de 1786 se deduce de una carta de su apoderado al Rey. Septiembre de 1826. Leg. 825, exp. 8. A.E.E.S.S.

9. Idem y Real Orden de 3 de mayo de 1800. Leg. 247, fol. 221-222. A.E.E.S.S.

10. Antonio Vargas y Laguna, Marqués de Constancia, Embajador de España en Roma de 1800 a 1820.

11. Leg. 247, fol. 221-222. A.E.E.S.S.

12. Nombrado el 11 de mayo de 1816, fue destituido el 14 de febrero de 1818, nunca ocupó su puesto ni vino a Cuba.

13. «Informe reservado de los hechos públicos y privados del Ilmo. Sr. D. Juan José Díaz de Espada, actual Obispo de la Santa Iglesia de La Habana. Dirigida

al Emmo. y Exmo. Sr. D. Pedro Gravina, Cardenal de la Santa Iglesia Romana, Gran Cruz de la Real y distinguida Orden de Carlos II, Grande de España, Nuncio de Su Santidad, etc. En Madrid(año de 1816.» Secretaría de Estado. Rúbrica 279, año 1830. A.S.V.

14. Primer anónimo del «Fidelísimo Pueblo de La Habana». 26 de junio de 1824. Leg. 753, exp. I.A.E.E.S.S.

15. Mariano Luis de Urquijo nació en Bilbao el 8 de septiembre de 1768, educado en Francia, protegido al inicio de su carrera por el Conde de Arana, fue Ministro de Estado. Introdujo la vacuna en España, enciclopedista atacó la Inquisición. Preso varias veces por razones políticas. Colaboró con José Bonaparte. Al regreso de Fernando VII a España se refugió en Francia donde se naturalizó. Murió en París el 3 de mayo de 1817.

16. Ángel Salcedo Ruiz. «La época de Goya.» Editorial Saturnino Calleja. Madrid, 1924, p. 47 y siguientes.

17. Pedro Gómez Havelo, Marqués de Labrador, nació en 1775. En la época de Carlos IV representó a España en Florencia y junto a Pío VI. Fue uno de los consejeros de Fernando VII a quien acompañó a Bayona en 1808. Napoleón lo retuvo prisionero hasta 1814. Luego fue Embajador en Francia y asistió al Congreso de Viena en representación de España. Más tarde fue Embajador en Nápoles y en Roma. Murió en París en 1852.

18. Este decreto fue la causa de la caída de Urquijo el 13 de diciembre de 1800, y fue derogado por una Real Orden de 1801 con la que se publicó en España la bula «Auctorem fidei» que condenaba el Concilio de Pistoya.

19. Doña María Francisca de Solas Portocarrero y Zúñiga, nació el 10 de junio de 1754, casó con D. Felipe de Palafox y Centurina de quien enviudó en 1790. Acusada de jansenismo fue condenada por la Inquisición y desterrada a Logroño, donde murió en 1808. Fue la abuela de la Emperatriz Eugenia.

20. Felipe Casoni, nació en Sarzana el 6 de marzo de 1733. Gobernador de Narni y Loreto, luego Vicedelegado de Aviñón. Al regreso de su Nunciatura en España fue creado Cardenal el 23 de febrero de 1801 con el título de Santa María de los Ángeles. Fue Secretario de Estado. Murió en Roma el 9 de octubre de 1811.

21. Processus Consist. citado.

22. Nació en Alpera, Albacete, en 1715. Fue Rector del Seminario de Cartagena, Auxiliar del Arzobispado de Toledo y más tarde Obispo de Calahorra y la Calzada. Murió en 1828.

23. Processus Consist. citado.

24. Ídem.

25. La Sacra Congregación Consistorial fue creada por Pío V en 22 de enero de 1588, es la encargada de preparar los asuntos que se deben decidir en el consistorio y de atender al régimen de todas las diócesis sujetas al derecho común, exceptuando aquellas que dependen de las Sagradas Congregaciones de Propaganda y Oriental.

26. 177 - 12 Cámara de Indias a 17 de mayo. Leg. 1.146. Archivo de Indias. Sevilla.

27. «Notizie per l'anno 1801» Stamperia Gracas Roma; y Gams, «Series Episcoporum Ecclesiae Catholicae». Insr. Librar. Pridem. I. J. Manz. Ratisbona, 1873, p. 146.

28. «La regalía del regium exequatur y retención de Bulas, fundada en la de Alejandro VI a los Reyes Católicos (26 de junio de 1493), que sólo daba la facultad de examinar por el Capellán Mayor de palacio el Ordinario de la Diócesis, asistidos de Nuncio, si eran o no auténticas las disposiciones cuando eran juzgadas

inconvenientes a la tranquilidad pública o a las exenciones y privilegios de que se creía asistida España en el orden eclesiástico.» «Ángel Salcedo Ruiz.» «La época de Goya.» Editorial Saturnino Calleja, Madrid, 1924, p. 50.

29. 816 - 2 Cámara de las Indias a 13 de abril (Ultramar 2). Archivo de Indias. Sevilla.

30. Jacobo de la Pezuela. «Historia de la Isla de Cuba». Carlos Bailly-Bailliere, Madrid, 1878. T 3, p. 356.

31. Processus Consist. citado.

32. Ídem.

33. Ídem.

34. Ídem.

35. Leg. 675, 2 de noviembre. A.E.E.S.S.

36. Informe del Obispo de Maynas a Pío VII. 17 de octubre de 1822. Archivo de la Nunciatura de Madrid. Busta 270. A.S.V.

37. Hipólito Antonio Sánchez Rangel, O. S. Fr. Reformador de la Provincia de San Francisco de La Habana, fue nombrado Obispo de Maynas el 27 de junio de 1806. Ocupó el cargo hasta el 12 de diciembre de 1824.

38. En el proceso seguido para el nombramiento de Espada aparece que las rentas del Obispado de La Habana ascendían a sesenta mil pesos anuales, procedentes de diezmos, y se hallaba gravada con algunas pensiones.

39. Capital eclesiástica.

40. Resumen de una carta de Espada a Fernando VII. 9 de junio de 1824. Expediente sobre la remisión del Obispo a España. Leg. 753, exp. I. A.E.E.S.S.

41. Processus Consit. citado.

42. Ídem.

43. Ídem.

44. Ídem.

45. Para remediar tanto desastre y para solucionar en algún modo el problema de los emigrados de Santo Domingo, dispuso Carlos IV, en el próximo mes de agosto, que se repartiesen a unos y a otros los realengos de la Bahía de Nipe y varios terrenos de Holguín y Sagua.

46. Pezuela. Obra citada. T. 3, p. 356.

47. Carta del Obispo Espada al Arzobispo de Santiago de Cuba. 20 de febrero de 1829. Leg. 758, exp. III. A.E.E.S.S.

48. Ídem.

49. Juan Martín Leiseca. «Apuntes para la Historia Eclesiástica de Cuba.» Talleres Tipográficos de Carasa y Compañía. La Habana, 1938, p. 175.

50. Informe citado del Arcediano de la Catedral de La Habana.

51. Don Francisco Pacheco, orador y jurisconsulto, y ministro durante el reinado de Isabel II, publicó en Madrid en 1848 la biografía de Juan Bernardo O'Gavan, que se reimprimió en 1861 en la «Revista biográfica de los hombres más notables del siglo XIX». Aparece estractada en el tomo 15, p. 880 y siguientes de «Biografía Eclesiástica». Imprenta de D. Alejandro Gómez Fuentenebro. Madrid, 1836.

52. Espada confirma estos datos en su carta Fernando VII. 31 de mayo de 1824. Expediente sobre la remisión del Obispo Espada a España. Leg. 753, Exp. 1. A.E.E.S.S.

53. Don Francisco Saavedra nacido y muerto en Sevilla en 1746-1819. Estudió y se doctoró en el Colegio del Sacro-Monte de Granada. Se encontró en la toma de

Penzacola y fue recompensado con la Cruz de Carlos III y el nombramiento de intendente de Caracas (1783). En 1788 regresó a España y ocupó los cargos de Ministro-Secretario de Estado, de la Real Hacienda, etc. Restablecido en el trono Fernando VII, premió su lealtad con la Gran Cruz de Carlos III y le confió la presidencia de la Compañía de Guadalquivir.

54. Obra citada. T. 3, p. 352.

55. Leiseca. Obra citada, p. 145.

56. 188 - 3 Consejo de Indias. Sevilla.

57. Instrucción de 30 de julio de 1803 al Embajador de España en Roma. Leg. 675-I, mes de septiembre. A.E.E.S.S.

58. Oficio al Embajador de España. 7 de septiembre de 1803. Leg. 675-I, mes de septiembre. A.E.E.S.S.

59. Bulas de erección. Leg. 675-II, mes de noviembre. A.E.E.S.S.

60. Joaquín de Osés y Alzúa, nació en Salvarra, Diócesis de Pamplona, el 22 de septiembre de 1755, fue elegido Obispo de Santiago de Cuba el 3 de diciembre de 1792.

61. Anónimo «El Observador Cubano» sin fecha, pero posiblemente de 1821. Leg. 753, exp. I. A.E.E.S.S.

62. «Observaciones sobre las ocurrencias ofrecidas con motivo de la nueva forma o planta dada por la Rev. Obispo de La Habana al Curato de aquella Capital» de diciembre de 1821, y «Puntos Pendientes» (de las apelaciones en materia jurisdiccional entre el Arzobispo de Cuba y el Obispo de La Habana) 21 de diciembre de 1821. Ambos documentos escritos por el Arzobispo Osés y en el Archivo de la Secretaría de Estado. Rúbrica 279, años 1824-29. A.S.V.

63. «Observaciones, etc.», documento citado.

64. «El Observador Cubano», documento citado.

65. «Puntos Pendientes», documento citado.

66. Mayo 24 de 1825. Leg. 753, exp. I. A.E.E.S.S.

67. «Observaciones, etc.», documento citado.

68. Informe citado del Obispo de Maynas a Pío VII.

69. Carta citada de 9 junio de 1824 de Espada a Fernando.

70. Informe citado del Arcediano de la Catedral de La Habana.

71. Pezuela. Obra citada. T. 3, pp. 356 y 357.

72. Resumen de la carta citada de Espada al Rey. 9 de junio de 1824.

73. William B. Hurlbut. «Pictures of Cuba» London: Logman Brow, Creen & Slongmans, 1855, p. 74.

74. Resumen citado de la carta de Espada al Rey. 9 de junio de 1824.

75. 1942-19 (fol. 188) Consejo de Indias, Sala Primera a 5 de octubre de 1804 (Ultramar 2).

76. Carta de Espada a Mariano Rodríguez Olmedo, Arzobispo de Santiago de Cuba. 30 de diciembre de 1828. Leg. 758, exp. III. A.E.E.S.S.

77. Francisco Xavier de Lizama y Meaumont. Nació en Arnuedo, Diócesis de Calahorra el 13 de diciembre de 1739. Obispo de Teruel desde el 26 de noviembre de 1800 hasta el 24 de mayo de 1802, Arzobispo de México desde esa fecha hasta el 6 de mayo de 1811 en que murió. Virrey de México del 19 de julio de 1809 al 8 de mayo de 1810.

78. «Observaciones, etc.», documento citado.

79. Ídem.

80. «Observaciones, etc.», documento citado.

81. Ídem.

82. Ídem.

83. Anónimo citado «El Observador Cubano».

84. 1 de agosto de 1806. (Proposición de crear una Capitanía General en Santiago de Cuba.) Archivo de Indias. Sevilla.

85. 1944 - 4 Consejo de Indias en la Sala Primera a 10 de septiembre de 1806 (folio 202). Leg. 329.

86. 1999 - 14 Consejo de las Indias en la Sala Primera a 10 de diciembre de 1806. Leg. 329.

87. Leiseca. Obra citada, p. 147.

88. Esteban Manuel de Elozua y Melo, bautizado en la Catedral de La Habana el 2 de enero de 1754, fue Presbítero, Doctor en Cánones, Tesorero, Comisario y Vice-Rector de la Real y Pontificia Universidad de La Habana, Inquisidor Apostólico y Calificador del Santo Oficio de la Inquisición. Era hijo de D. Bernardo José de Elozúa Abarrategui y Díaz, bautizado en la villa de Poza, parroquia de San Cosme y San Damián el 13 de marzo de 1718 (Burgos). Pasó a La Habana donde fue Oficial Mayor de la Tesorería de Ejército de la plaza de La Habana, Ministro interino Interventor de la Real Factoría de Tabacos y Secretario de Gobierno y Capitanía General y de doña Francisca Juliana de Melo y Menéndez Márquez, natural de San Agustín de la Florida.

89. «Puntos pendientes», documento citado.

90. «Observaciones, etc.», documento citado.

91. «Observaciones, etc.», documento citado.

92. Informe citado del Arcediano de La Habana y anónimos, también citados del «Fidelísimo Pueblo de La Habana» y del «Observador Cubano».

93. «Puntos pendientes», documento citado.

94. Ídem.

95. Ídem.

96. Ídem y el anónimos citado del «Observador Cubano».

97. Ídem.

98. Leiseca. Obra citada, p. 147.

99. Don Francisco Montalvo y Ambulodi nació en La Habana en 1754. Recibió el nombramiento de Teniente Rey de la Plaza de La Habana y sub-inspector de la tropas de la Isla de Cuba. De Capitán General fue elevado al título de Virrey de Nueva Granada el 16 de abril de 1816. Murió en madrid en 1822.

100. Publicado por Pezuela. Obra citada. T. 3, apéndice III, p. 434.

101. Nicolás Barreto y Peñalver, fue Caballero de la orden de Carlos III en la que ingresó el 31 de agosto de 1824. Su defunción se encuentra en La Habana, parroquia del Espíritu Santo a 20 de marzo de 1827. Casó en la parroquia del Wajay el 30 de abril de 1813 con doña María Luisa Beitia y O'Farrill, hija de don Antonio José Beitia y Castro, II Marqués del Real Socorro, Brigadier de los Reales Ejércitos, Coronel de Milicias de Infantería de la plaza de La Habana, Depositario general y regidor pereptuo de este Ayuntamiento, Caballero de la orden de Santiago, y de doña María Luisa O'Farrill y Herrera. Con sucesión. Era hijo de D. José Francisco Barreto y Cárdenas, II Conde de Casa Barreto, Regidor Al-

279

calde Mayor Provincial de la Santa Hermandad y Gran Cruz de la orden de Isabel la Católica y de doña María de Jesús Peñalver y Cárdenas.

102. José Manuel de Villena y Porlier, III Marqués del Real Tesoro, nació en La Habana el 16 de abril de 1778. Sentó plaza como Cadete en la Real Compañía de Guardias Marinos el 26 de junio de 1793, llegando a ser Capitán de Marina de la Real Armada. Fue gentilhombre de Cámara del Rey, y el 25 de mayo de 1802 ingresó como Caballero en la Orden de Santiago. Falleció el 25 de julio de 1866.

103. «Puntos Pendientes», documento citado.

104. Mario Luis Ferrand. General francés nacido en Besanzón en 1753 y muerto en Santo Domingo el 7 de enero de 1808. General de brigada en 1801, fue designado para formar parte de la expedición enviada a Santo Domingo contra los negros sublevados. Había logrado restablecer el orden eficazmente auxiliado por los colonos españoles, los cuales a fines de 1808, al saber que Napoleón había invadido España lo abandonaron. Estalló una revolución, y Ferrand derrotado por los sublevados, se suicidó.

105. Juan Sánchez Ramírez, antiguo hacendado de Santiago de los Caballeros, fue promovido a Brigadier por sus hazañas y después nombrado Capitán General de Santo Domingo.

106. Leiseca. Obra citada, p. 147.

107. «Puntos Pendientes», documento citado.

108. Biblioteca del Congreso. 520. La Habana.

109. «Puntos Pendientes», documento citado.

110. Ídem.

111. Primer anónimo de este nombre.

112. Informe citado del Arcediano Sobral.

113. Ídem.

114. Carta citada de Espada al Rey. 31 de mayo de 1824; y primer anónimo, también citado, de «El Fidelísimo Pueblo de La Habana».

115. Don Luis de Peñalver y Cárdenas.

116. Carta citada de Espada al Rey, 31 de mayo de 1824; y 2.051 - 7 folio 234 (Ultramar 2), Archivo de Indias. Sevilla.

117. Primer anónimo citado.

118. 2.055 - 11 Consejo de Indias. Archivo de Indias. Sevilla.

119. «Observaciones, etc.», documento citado.

120. Ídem.

121. Don José Espiga fue uno de los testigos que aparecen en el Proceso Consistorial instruido para la elevación de Espada al Obispado de La Habana.

122. «Puntos Pendientes», documento citado.

123. 2.046 - 2 Consejo de Indias. Archivo de Indias. Sevilla.

124. «Puntos Pendientes», documento citado.

125. Ídem.

126. Ídem.

127. Resumen citado de la carta de Espada al Rey. 9 de junio de 1824.

128. 2.049 - 5 (Ultramar 2) Consejo de Indias, Archivo de Indias. Sevilla.

129. Carta de Someruelos al Ministerio de la Guerra 11 de febrero de 1812. Publicada por Pezuela, obra citada. T. 3, p. 421.

130. Informe citado.

131. 2.231 - 30 Consejo de Indias Sala Primera (Ultramar 3).

132. «Observaciones», documento citado.

133. Se conserva un ejemplar en el Archivo de la Embajada de España cerca de la Santa Sede. Leg. 753, exp. I.

134. Leiseca. Obra citada, p. 147.

135. «Suplemento al Indicador del Viernes», impreso citado.

136. 2.449 Consejo de Estado. 10 de julio de 1813 (Ultramar 3). Archivo de Indias. Sevilla.

137. Informe citado.

138. Resumen citado de la carta de Espada al Rey. 9 de julio de 1824.

139. Informe citado del Arcediano Sobral.

140. Ídem.

141. «Suplemento al Indicador del Viernes», impreso citado.

142. Informe citado.

143. Luis María de Borbón. Infante de España, hermano menor de Carlos III. Nació en Cadialso, diócesis de Toledo, el 22 de mayo de 1777. El 20 de octubre de 1800 Pío VII lo creó Cardenal con el título de Santa María della Scala y le concedió la Sede Episcopal de Sevilla, siendo después trasladado a Toledo. Durante la invasión francesa presidió la Regencia de Cádiz y sancionó el decreto de las Constituyentes, convocando las Cortes. La restauración del absolutismo lo desterró a su diócesis. La revolución de 1820 lo nombró presidente de la Junta de Gobierno Provisional. El gobierno constituyente le reservó un puesto en el Consejo de Estado. Murió en Madrid el 19 de marzo de 1823.

144. «Representación del Prefecto General del Orden Monástico Hospitalario Betlemítico», al Rey. 12 de julio de 1815. Archivo de la Nunciatura de Madrid. Busta 239, antes en la 270. A.S.V.

145. «Representación del Preefcto General del Orden Betlemítico», documento citado.

146. Informe citado del Arcediano de la Catedral de La Habana, e informe del Obispo de Cartagena de Indias a León II. 12 de enero de 1828. Secretaría de Estado. Rúbrica 279, año 1824-29. A.S.V.

147. Carta de Espada al Arzobispo de Santiago de Cuba. 20 de febrero de 1829. Leg. 758, exp. III. A.E.E.S.S.

148. Informe citado del Obispo de Cartagena al Papal.

149. Informe del Obispo de Cartagena al Nuncio sobre el estado en que se encuentran las monjas de La Habana. 20 de enero de 1828. Secretaría de Estado. Rúbrica 279, años 1824-29. A.S.V.

150. Carta citada de Espada al Arzobispo de Santiago de Cuba. 20 de febrero de 1829.

151. Fray Gregorio Rodríguez de la Orden de San Basilio. Nació en Villanova el 9 de mayo de 1769, electo Obispo el 8 de marzo de 1816, murió en España en 1830.

152. Exposición de Mons. Pio Bighi, Secretario de la Sacra Congregación de Asuntos Eclesiásticos Extraordinarios en el expediente impreso: «Indie Occidentali avana nell'isiola di Cuba tra le Antilla, Colonia Spagnuola, Disordini del Vescovo di detta Diocesi». Mayo de 1828. Archivo de la Sacra Congregación de los Asuntos Eclesiásticos Extraordinarios. Año 1828, fol. 579 a 607.

153. 2.105 - 21 Cámara de Indias a 22 de julio de 1815.

154. «Representación del Prefecto General del Orden Betlemítico», documento citado.

155. Cardenal Pietro Gravina. Nació en Sicilia, en Monte Vago, feudo de su familia, el 16 de diciembre de 1749. Pío VII le encargó la Nunciatura de España en 1802. Murió en Palermo, de donde era Arzobispo, el 6 de diciembre de 1830.

156. «Representación del Prefecto General de la Sagrada Religión de Betlemitas al Nuncio Cardenal Gravina, Madrid, 15 de julio de 1815. Busta 239, antes en la 270. A.S.V.

157. Informe citado.

158. Informe citado del Arcediano Sobral.

159. Idem.

160. Leiseca. Obra citada, p. 147.

161. 2.125 - 41 Consejo de Indias. Archivo de Indias. Sevilla.

162. «Suplemento al Indicador del Viernes», impreso citado.

163. Idem.

164. Idem.

165. Francisco Xavier de Santa Cruz y Montalvo, II Conde de Santa Cruz de Mopox y IV Conde de San Juan de Jaruco, Grande de España, IV y último señor y Justicia Mayor con jurisdicción civil y criminal en primera instancia de la ciudad de San Juan de Jaruco. Falleció en Sagua de Zanamo (provincia de Oriente, Cuba) el 17 de agosto de 1889.

166. María Francisca Calvo de la Puerta y Aparicio del Manzano, IV Condesa de Buena Vista, nació en La Habana el 6 de septiembre de 1778. Dama noble de la Orden de María Luisa. Casó con Pedro Pablo Oreilly y de las Casas, II Conde de O'Reilly. Falleció en La Habana el 22 de julio de 1814.

167. Leiseca, obra citada.

168. Leg. 673 (mayo). A.E.E.S.S.

169. Leg. 674 (diciembre. A.E.E.S.S.

170. Archivo de la S. C. de Propaganda Fide. Acta a 1815, vol. 178, fol. 296 ss. En Congregación General el 12 de diciembre de 1815.

171. Idem.

172. Archivo Sacra Congregación Propaganda Fide, a 1822, vol. 185, fol. 421 ss. En Congregación General, el 3 de diciembre de 1822.

173. Idem.

174. Archivo de la Sacra Congregación de Propaganda Fide. Acta a 1815, vol. 178, fol 296 ss. En Congregación General de 12 de diciembre de 1815 y a 1822, volumen 185 f, 234 v. En Congregación General de 3 de junio de 1822.

175. Lettere della Sacra Congregazione e Biglieti di Mons. Segretario a 1815, vol. 296 f, 252 v.

176. Informe citado del Prefecto General de los Betlemitas.

177. Informe citado del Arcediano Sobral.

178. Idem.

179. Idem.

180. Informe citado del Arcediano Sobral.

181. Anónimo «Un humilde Vasallo», 23 de junio de 1824. Expediente de Remisión del Obispo Espada a Espada. Leg. 753, exp. I. A.E.E.S.S.

182. Informe citado del Arcediano Sobral.

183. Informe citado del Obispo de Cartagena al Papa.

184. Dice el anónimo de «Un humilde Vasallo» que las capillanias y administraciones de la Mitra los da Espada sólo a sus familiares.

185. Informe citado.

186. Primer anónimo, ya citado.

187. Nota sin fecha ni número adjunta al Informe del Arcediano. Secretaría de Estado. Rúbrica 279, año 1830. A.S.V.

188. «Desórdenes del Obispo de La Habana», documento citado.

189. 2.287 - 9 La Cámara de Indias a 14 de febrero (Ultramar 3). Archivo de Indias. Sevilla.

190. 2.303 - 25. Archivo de Indias. Sevilla.

191. «Suplemento al Indicador del Viernes», documento citado.

192. «Suplemento al Indicador del Viernes», documento citado.

193. «Suplemento al Indicador del Viernes», y el primer anónimo «El Fidelísimo pueblo de La Habana», documentos citados.

194. Oficio de la Sacra Congregación de Propaganda Fide a la Secretaría de Estado de Su Santidad. 10 de julio de 1828. Secretaría de Estado. Rúbrica 279, años 1824-29. A.S.V.

195. Leg. 918 - 2. A.E.E.S.S.

196. Carta citada de Espada al Rey. 9 de junio de 1824, y «Circular que dirige el Excelentísimo e Ilmo. Sr. D. Juan José Díaz de Espada y Landa, del Consejo de S. M. Caballero Gran Cruz de la Real y distinguida Orden Americana de Isabel la Católica, y Obispo de La Habana al venerable Cabildo de Su Santa Iglesia Catedral y al Clero Secular y Regular de su Diócesis para que exhorten y prediquen la paz, la concordia y unión entre todos los fieles de este Obispado, y el olvido y remisión de las ofensas inferidas en la época de la revolución pasada, en los términos que ordena S. M., en su alocución dirigida a los españoles en 10 de mayo de 1824. La Habana». Imprenta de la Curia Eclesiástica por la Viuda de Boloña, calle del Sol, número 55. 31 de julio de 1824. Se conserva un ejemplar en el Leg. 753, exp. I. A.E.E.S.S.

197. Circular citada al Cabildo y Clero de La Habana.

198. Leiseca. Obra citada, p. 147.

199. 2.204 - 4 Consejo de Indias en la Sala Primera, a 22 de enero de 1818 (Ultramar 3). Archivo de Indias. Sevilla.

200. 2.221 - 21. Consejo de Indias en pleno 3 Salas a 30 de mayo de 1817 (Ultramar 3). Archivo de Indias. Sevilla.

201. Cardenal Giacomo Giustiniani. De familia principesca, nació en Roma el 29 de diciembre de 1769. Pío VI lo nombró en 1794 vicedelegado en Ravenna y en 1797 Gobernador en Perugia. En 1817 fue enviado como Nuncio a España. León XII lo creó Cardenal en 1826. Murió en Roma el 24 de febrero de 1843.

202. Nota núm. 1.015 de 1 de septiembre de 1819 del Nuncio Giustiniani al Cardenal Secretario de Estado. Archivo de la Nunciatura de Madrid. Busta 239 (antes en la 270). A.S.V.

203. Ídem.

204. Ídem.

205. Leg. 683 (noviembre de 1815). A.E.E.S.S.

206. Informe citado del Obispo de Cartagena al Papa, e Informe también citado, del mismo al Nuncio, sobre las monjas de La Habana.

207. Series Episcoporum Ecclesiae Catholicae, Quotquot innotuerunt a Beato Petro

Aposolo, a Multis adjutus Edidit P. Pius Bonifacius Gams. O.S.B. Ratisbonae Instit. Librar. Pridem I. J. Manz. 1873.

208. Carta citada de Espada al Rey. 31 de mayo de 1824.

209. Leiseca. Obra citada, p. 147.

210. 2.308 - 30 (fol. 306). La Cámara de Indias, a 1 de julio de 1818 (Ultramar 3). Archivo de Indias. Sevilla.

211. 2.296 - 18 El Consejo de Indias en la Sala Primera, a 30 de marzo de 1818 (Ultramar 3).

212. «El Observador Cubano», documento citado.

213. Nota núm. 1.015 del Nuncio Cardenal Secretario de Estado. Documento citado.

214. Primer anónimo. documento citado.

215. Nota núm. 1.015, documento anónimo.

216. Ídem.

217. Ídem.

218. Ídem.

219. Ídem.

220. «Desórdenes del Obispo de La Habana», documento citado.

221. Cardenal Ercole Consalvi. Nació en Roma el 8 de junio de 1757. En marzo de 1800 Pío VII lo creó Cardenal y lo nombro Secretario de Estado. En 1809 fue conducido a Francia donde estuvo prisionero treinta y dos meses en Reims y trece en Beziers. En 1814 regresó a Italia y Pío VII le confió de nuevo la Secretaría de Estado. Murió el 24 de enero de 1824.

222. Cardenal Michele Di Pietro. Nació en Albano el 18 de enero de 1747. Gozaba de la confianza de Pío VI quien, cuando fue llevado prisionero a Francia en 1789, le concedió la plenitud de las facultades para ejercitarlas con el título de Delegado Apostólico. Fue creado Cardenal por Pío VII en 1802. Murió en Roma el 2 de julio de 1821.

223. «Desórdenes del Obispo de La Habana», documento citado.

224. Pezuela. Obra citada, tomo 4, p. 82.

225. 2.356 - 11 Consejo de Indias (Ultramar 3). Archivo de Indias. Sevilla.

226. Nota núm. 49.963 del Cardenal Secretario de Estado al Cardenal Di Pietro. 30 de abril de 1820. Secretaría de Estado. Rúbrica 279, año 1830. A.S.V.

227. «Desórdenes del Obispo de La Habana», documento citado.

228. Ídem.

229. Ídem.

230. Ídem.

231. Entre los documentos recogidos en el impreso «Desórdenes del Obispo de La Habana», documento citado.

232. Despacho núm. 219 de 30 de mayo de 1820 del Cardenal Secretario de Estado al Nuncio Giustiniani. Busta 239. Archivo Nunciatura de Madrid. A.S.V.

233. Despacho núm. 219 de 30 de marzo de 1820.

234. Carta citada de Espada al Rey. 9 de julio de 1824.

235. Despacho núm. 59.321 de 30 de noviembre de 1829 del Cardenal Albani, Secretario de Estado al Nuncio Monseñor Tiberi. Archivo de la Nunciatura de Madrid. Núm. 14, tomo IV, busta 283. A.S.V.

236. Despacho núm. 219 de fecha 17 de junio de 1820 del Nuncio al Cardenal Secretario de Estado. Busta 239. Archivo de la Nunciatura de Madrid. A.S.V.

237. Despacho núm. 280 de fecha 18 de julio de 1820. Del Nuncio al Cardenal Secretario de Estado .Busta 239. Archivo de la Nunciatura de Madrid. A.S.V.

238. Despacho 402 de 6 de junio de 1822 del Nuncio al Cardenal Secretario de Estado. Busta 239 (antes 270). Archivo de la Nunciatura de Madrid. A.S.V.

239. Ídem y Despacho 495 de 2 de marzo de 1824 del Nuncio al Cardenal Secretario de Estado. Busta 239 (antes 270). Archivo de la Nunciatura de Madrid. A.S.V.

240. Breve de León XII a Fernando VII. 12 de julio de 1828. Expediente de remisión del Obispo Espada a España. Leg. 753, exp. I. A.E.E.S.S.

241. Instrucciones al Nuncio. 26 de junio de 1828. Rúbrica 279. Secretaría de Estados, años 1824-29. A.S. V.

242. Nota núm. 62.908 del Cardenal Albani, Secretario de Estado al Embajador de España en Roma.

243. Documento citado.

244. Carta citada de Espada al Rey, 9 de junio de 1824.

245. Informe citado del Obispo de Cartagena al Papa.

246. Súplica de un apoderado de España (Gaspar Solvivenes) (?) al Rey. Madrid, 24 de marzo de 1828. Leg. 701. A.E.E.S.S.

247. Resumen del oficio reservado núm. 2 del Capitán General Vives, de fecha 9 de junio de 1824. Expediente de Remisión del Obispo Espada a España. Leg. 753, exp. I. A.E.E.S.S.

248. Carta del Obispo dirigida al Rey. 9 de junio de 1824.

249. Ídem.

250. Ídem.

251. Existe un ejemplar en el Expediente de Remisión del Obispo Espada a España. Leg. 753, exp. I. A.E.E.S.S.

252. Primer anónimo.

253. José de Zayas y Chacón, nació en La Habana en 1772, Comisionado a Bayona por la Junta Suprema para enterar al Príncipe Fernando (futuro Fernando VII) de la creación de aquélla. Tomó parte y se distinguió en la guerra de independencia de España. Cruz Laureada de San Fernando, Gran Cruz de Carlos III. Fue nombrado Virrey del Perú, pero no aceptó el cargo. Elegido diputado a Cortes en 1822. Capitán General de Madrid en 1823. Murió en la Villa de Chiclana (España) el 28 de octubre de 1827.

254. José Domingo Benítez, nació en La Habana, Magistrado del Supremo Tribunal de Guerra y Marina. Diputado a Cortes por la provincia de La Habana, en agosto de 1820.

255. Antonio Modesto del Valle. Nació en Santi-Espíritu (Cuba) el 13 de junio de 1788. Ingresó en el ejército español y tomó parte en la guerra de independencia de España. Teniente Coronel Gobernador de Trinidad. Diputado a Cortes en 1820, no pudo tomar posesión del cargo porque las elecciones fueron anuladas. Falleció Santi-Espíritu el 19 de julio de 1863.

256. Carta citada de Espada al Rey, 9 de junio de 1824.

257. Leg. 758, exp. III. A.E.E.S.S.

258. Expediente de remisión del Obispo Espada a España. Leg. 753, exp. I. A.E.E.S.S.

259. Informe citado del Obispo de Cartagena al Papa, 12 de enero de 1828.

260. Despacho núm. 495 de 2 de marzo de 1824 al Cardenal Secretario de Estado. Archivo de la Nunciatura de Madrid. Busta 239 (antes en la 270). A.S.V.

261. Denuncia citada de Manuel González de la Vega.

262. Cardenal Giulio Maria della Somaglia. Nació en Piacenza el 29 de julio de 1744, de la ilustre familia Capece Anghillara de los Condes della Somaglia. Pío VI lo nombró Secretario de la Sacra Congregación de Obispos y Regulares. El año siguiente le confirió la dignidad de Patriarca «in partibus» de Antioquía y el 1 de junio de 1795 lo creó Cardenal con el título de Santa Sabina. Desterrado por Napoleón a Maziers en 1814 y después a Charleville, regresó a Roma en 1814, en que Pío VII lo nombró Prefecto de la Sacra Congregación del Santo Oficio. En 1823 León XII lo nombró Secretario de Estado. Murió el 2 de abril de 1830.

263. «Instrucciones para darse a Monseñor Nuncio de Madrid para la comunicación que deberá él hacer a S.M.C. de las disposiciones tomadas por la Santa Sede sobre Monseñor al Obispo de La Habana.» 26 de junio de 1828. Secretaría de Estado. Rúbrica 279, años 1824-29. A.S.V.

264. Informe citado núm. 295 de 2 de marzo de 1824.

265. Instrucciones del Nuncio, documento citado.

266. Informe citado del Obispo de Cartagena al Papa.

267. Documento citado.

268. Leiseca. Obra citada, p. 148.

269. Sacra Congregación del Concilio instituida por Pío IV el 2 de agosto de 1564 para cuidar de la recta interpretación y la práctica de las normas sancionadas en el Concilio de Trento. Hoy vigila sobre la disciplina del clero y del pueblo, dirige la instrucción catequista y cuida del cumplimiento de los preceptos de la vida cristiana; ejercita su poder sobre los párrocos, canónigos, confraternidades y asociaciones pías, acción católica, legados, beneficios, oficios, breves eclesiásticos, impuestos y tributos, y conserva el derecho de revisar las actas de los concilios y conferencias episcopales.

270. Leg. 749, núm. 249 Y, leg. 691, fol. 61 (julio). A.E.E.S.S.

271. Archv. Prop. Fide. Acta a. 1822, vol. 185, fol. 142. Congregación General, 3 de diciembre de 1822.

272. Archivo de la Sacra Congregación de Propaganda Fide. Acta a 1822 vol. 185, fol. 226, vol. 227. En Congregación General, el 3 de julio de 1822 núm. 26.

273. Ídem.

274. Despacho núm. 402 del Nuncio. Documento Citado.

275. En la minuta de la carta del Nuncio al Arzobispo de Santiago de Cuba, de fecha 7 de julio de 1820, hay una nota que dice: «retirada con fecha 4 de septiembre de 1821». Archivo de la Nunciatura de Madrid. Busta 239. A.S.V.

276. Carta del Arzobispo de Santiago de Cuba al Nuncio. 31 de diciembre de 1821. Secretaría de Estado. Busta 279, año 1830. A.S.V.

277. Despacho núm. 495. Documento citado.

278. Reunión de la Sacra Congregación de Asuntos Eclesiásticos Extraordinarios. 11 de mayo de 1828. Secretaría de Estado, Rúbrica 279, años 1824-29. AS.V.

279. «Desórdenes del Obispo de La Habana», documento citado.

280. Se conservan ambos documentos en el Archivo Secreto del Vaticano. Secretaría de Estado. Rúbrica 279, años 1824-29.

281. Se conserva en el Archivo de la Embajada de España cerca de la Santa Sede. Leg. 753, exp I.

282. Documento citado.

283. Denuncia citada de González de la Vega.

284. Primer anónimo citado.

285. Representación del Prefecto General de los Betmelitas al Rey. Documento citado.

286. Obra citada.

287. Carta citada de Espada al Rey, 19 de junio de 1824.

288. Segundo anónimo.

289. Despacho núm. 712 de fecha 30 de noviembre de 1821 del Nuncio al Cardenal Secretario de Estado. Archivo de la Nunciatura de Madrid. Busta 254. A.S.V.

290. Despacho núm. 402 de 6 de junio de 1822. Documento citado.

291. Idem.

292. La Sacra Congregación de Obispos y Regulares creada en 1601, presidía el régimen de todas las Diócesis sujetas al derecho común y se ocupaba de cuanto concernía las órdenes y las congregaciones religiosas. Pío X la dividió en 1908 asignando parte de sus atribuciones a la S.C. Consistorial y parte a la S.C. de Religiosos.

293. «Juicio sobre el Obispo de La Habana» sin fecha. Secretaría de Estado. Busta 279, año 1830. A.S.V.

294. Documento citado.

295. Acta de la traslación de los restos de Colón. 23 de octubre de 1822. Leg. 753, exp. I. A.E.E.S.S.

296. Carta citada de Espada al Rey. 9 de junio de 1824.

297. Leiseca. Obra citada. p. 148.

298. Primer anónimo del «Fidelísimo Pueblo de la Habana», documento citado.

299. Idem.

300. Nueva York, 2 de enero de 1830. José A. Fernández de Castro. Obra citada, p. 31.

301. 2.096 - 12, fol. 246. Archivo de Indias. Sevilla.

302. Carta de José de la Luz a José Antonio Saco. Bolonia, 12 de noviembre de 1830. Fernández de Castro. Obra citada.

303. Resumen de una carta del Obispo. 22 de mayo de 1823. Expediente de remisión del Obispo Espada a España. Leg. 753, exp. I. A.E.E.S.S.

304. Copia del artículo en el Expediente de remisión del Obispo Espada a España. Leg. 753, exp. I. A.E.E.S.S.

305. Expediente de remisión antes citado.

306. Leg. 753, exp. I. A.E.S.S.

307. Documento citado.

308. Resumen del Oficio reservado núm. 2 del Capitán General Vives en respuesta a informes pedidos de parte del Rey por la Secretaría del Despacho de Estado. 9 de junio de 1824. Expediente de remisión del Obispo Espada a España. Leg. 753, exp. I. A.E.E.S.S.

309. Carta citada de 9 de julio de 1824.

310. Carta citada de Espada al Rey. 9 de julio de 1824.

311. Idem.

312. Idem.

313. Idem.

314. Primer anónimo citado.

315. Denuncia de la Comunidad de la Merced. Sin fecha ni firma. Posterior al 8 de mayo de 1823, posiblemente de principios de 1824. Leg. 753, exp. I. A.E.E.S.S.

316. Ídem.

317. Pezuela. Obra citada. Tomo 3, p. 411.

318. Voto particular citado de Manuel X. Guazo.

319. Ídem.

320. Leiseca. Obra citada, p. 148.

321. Resumen de la denuncia de Julián Maza. Expediente sobre la remisión del Obispo Espada a España. Leg. 753, exp. I. A.E.E.S.S.

322. Manuel Francisco O Reilly y Calvo de la Puerta, III Conde de O'Reilly y IV Conde de Buena Vista. Nació en La Habana el 16 de enero de 1797. Brigadier de Infantería, Coronel de Milicias de Caballería, Consejero de Administración de la Sala de Cuba, Regidor y Alguacil Mayor perpetuo del Ayuntamiento de La Habana. Senador del Reino, gentil hombre de Cámara de Fernando VII. Caballero de la Orden de Alcíntara, Maestronte de Ronda, Gran Cruz de la Orden de Carlos III, de la Orden de San Hermenegildo y de la Orden de Isabel la Católica. Falleció en La Habana en mayo de 1882. Casó con Dña. María Francisca Núñez del Castillo y Montalvo, natural de La Habana, II Condesa del Castillo con Grandeza de España y IV Marquesa de San Felipe y Santiago.

323. Claudio Martínez de Pinillos y Ceballos, II Conde de Villanueva, Grande de España, I Vizconde de Valvanera, nació en La Habana el 30 de octubre de 1780, Coronel de Infantería de la plaza de La Habana, Capitán agregado al Regimiento provincial de Toledo. Perteneciente al Consejo de Estado de la Reina Isabel II, Intendente de Ejército en comisión, superintendente General interino de la Real Hacienda de las islas de Cuba y Puerto Rico, Contador de Rentas Nacionales de La Habana e Isla de Cuba, Presidente del Tribunal Mayor de Cuentas de las distintas juntas de dicha Real Hacienda, de la de Montepío de Ministros y Oficina de la de diezmos, y de la Almoneda, Oficial de la Tesorería de Ejército, y tesorero de Estado de las Reales Cajas de la Isla de Cuba, Juez privativo de Arribados, Superintendente del ramo de Cruzada, Jefe Superior de la Renta de Lotería, gentilhombre de Cámara de Isabel II, Maestronte de Ronda, Caballero de la Orden de Calatrava, Gran Cruz de Carlos III y de Isabel la Católica. Condecorado por el Rey de Francia con la Flor de Lis de la Vendée, Comendador de la Legión de Honor de Francia, Caballero de la Real y Militar Orden de San Fernando, y poseedor de las cruces militares de Bailén y Zudela. Falleció en Madrid en 1852.

324. Don Juan Agustín Ferrett, Morty, Piñeiro de la Torre y Leones, desempeñó distintos cargos en La Habana, era primo del Canónigo de Santa María in Via Lata in Urbe, Gian María Mastai Ferrety que se encontraba entonces en Santiago de Chile formando parte de la Misión Muzi y que en 1846 sería elegido Papa con el nombre de Pío IX.

325. Resumen de la denuncia de D. Manuel Elosua. Expediente sobre la remisión del Obispo Espada a España. Leg. 753, exp. I. A.E.E.S.S.

326. Consulta del Consejo de Indias. Voto particular de X. Guazo. Documento citado.

327. Oficio del Secretario del Despacho de Estado referente a las sociedades en Cuba y al envío del Obispo Espada a España. Palacio, 15 de marzo de 1824. Leg. 753, exp. I. A.E.E.S.S.

328. Resumen del Oficio reservado núm. 2 del Capitán General Vives. 9 de junio de 1824. Documento citado.

329. Despacho núm. 495 de 2 de marzo de 1824 del Nuncio Giustiniani al Cardenal Secretario de Estado. Archivo de la Nunciatura de Madrid. Busta 329, antes 270. A.S.V.

330. Sesión de la Sacra Congregación de Asuntos Eclesiásticos Extraordinarios de 11 de mayo de 1828. Secretaría de Estado. Rúbrica 279, años 1824-29. A.S.V. y «Nueva Posición de la Sacra Congregación de Asuntos Eclesiásticos Extraordinarios», Secretaría de Estado. Rúbrica 279, años 1824-29. A.S.V.

331. Instrucciones al Nuncio de Madrid. 26 de junio de 1828. Secretaría de Estado. Rúbrica 279, años 1824-29. A.S.V.

332. Despacho citado, núm. 495.

333. Expediente sobre la remisión del Obispo Espada a España. Leg. 753, exp. I. A.E.E.S.S.

334. Obra citada, tomo IV, p. 172.

335. Documento citado.

336. Despacho núm. 29 de 4 de febrero de 1829 del Nuncio, Monseñor Tiberi al Cardenal Secretario de Estado. Núm. 14, título IV, busta 283. A.S.V.

337. Despacho núm. 2.462 de 8 de septiembre de 1824 del Nuncio Giustiniani al Cardenal della Somaglia Secretario de Estado. Archivo de la Nunciatura de Madrid. Busta 239, antes en la 270. A.S.V.

338. Leg. 753, exp. I. A.E.E.S.S.

339. Despacho núm. 2.951 de 12 de octubre de 1825, del Nuncio Giustiniani al Cardenal della Somaglia, Secretario de Estado. Archivo de la Nunciatura de Madrid. Busta 239, antes en la 270. A.S.V.

340. Informe del Obispo de Guamanga. 4 de junio de 1825. Leg. 753, exp. I. Documento 13. A.E.E.S.S

341. Carta citada de Espada al Rey. 9 de junio de 1824.

342. Idem.

343. Real Orden de 19 de febrero de 1824 al Capitán General de la Isla de Cuba. Leg. 753, exp. I. A.E.E.S.S.

344. Despacho citado.

345. Despacho núm. 32.309 del Cardenal della Somaglia al Nuncio Giustiniani. Archivo de la Nunciatura de Madrid. Busta 239, antes en la 275. A.S.V.

346. Documento citado.

347. Despacho núm. 377. Archivo de la Nunciatura de Madrid. Busta 239, antes en la 270. A.S.V.

348. Expediente sobre la remisión del Obispo Espada a España. Leg. 753, exp. I. A.E.E.S.S.

349. Informe citado.

350. Exposición del Secretario de la Sacra Congregación de los Asuntos Eclesiásticos Extraordinarios. Documento citado.

351. Reunión de la Sacra Congregación de Asuntos Eclesiásticos Extraordinarios. 11 de mayo de 1828, Secretaría de Estado. Rúbrica 279, años 1824-29.

352. Secretaría de Estado. Rúbrica 270, años 1924-29. A.S.V.

353. Despacho núm. 44.125. Secretaría de Estado. Rúbrica 279, años 1824-29. A.S.V.

354. Despacho núm. 350 del Nuncio Tiberi al Cardenal Secretario de Estado. 6 de mayo de 1830. Secretaría de Estado. Rúbrica 279, año 1830. A.S.V.

355. Resumen de la carta de Espada al Rey. 31 de mayo de 1824. Expediente sobre la remisión del Obispo Espada a España. Leg. 753, exp. I. A.E.E.S.S.

356. Expediente de remisión del Obispo Espada a España. Leg. 753, exp. I. A.E.E.S.S.

357. Tenía exactamente 68 años, un mes y 11 días.

358. Resumen del acuse de recibo que envió Vives de las Reales Ordenes de 21 de febrero, el 9 de junio de 1824. Expediente sobre la remisión del Obispo Espada a España. Leg. 753, exp. I. A.E.7.S.S.

359. Carta citada al Rey, 9 de junio de 1824.

360. Resumen citado del Acuse de Recibo de Vives.

361. Carta citada de Espada al Rey, 9 de junio de 1824.

362. Idem.

363. Consulta del Consejo de Indias. Voto Particular de Morant. 6 de julio de 1829. Leg. 758, exp. III, A.E.E.S.S.

364. Carta citada de Espada al Rey, 9 de junio de 1824.

365. Idem.

366. Primer anónimo del «Fidelísimo Pueblo de La Habana», documento citado.

367. Resumen citado del acuse de recibo de Vives. 9 de junio de 1824.

368. Expediente de remisión del Obispo Espada a España. Leg. 753, exp. I. A.E.E.S.S.

369. Antonio María de Cárdenas Vélez de Guevara y Zaya Bazán, II Marqués de Cárdenas de Monte Hermoso y II Señor y Justicia Mayor de la Villa de San Antonio Abad de los Baños, nació en La Habana el 27 de enero de 1775. Coronel de Infantería del Regimento de Milicias de La Habana, gentilhombre de Cámara del Rey, Caballero de la Orden de la Calatrava, Gran Cruz de la Orden de Carlos III y de la Orden de San Hermenegildo. Falleció el 4 de septiembre de 1836.

370. Resumen de la Carta del Conde de O'Reilly al Marqués de Cárdenas de Monte Hermoso, 10 de junio de 1824. Expediente de Remisión del Obispo Espada a España. Leg. 753, exp. I. A.E.E.S.S.

371. Resumen del anónimo de «Un Humilde Vasallo», 23 de junio de 1824. Expediente de remisión del Obispo Espada a España. Leg. 753, exp. I. A.E.E.S.S.

372. Resumen citado de una carta del Marqués de Cárdenas de Monte Hermoso al Secretario del Despacho de Gracia y Justicia. 13 de septiembre de 1824. Expediente sobre la remisión del Obispo Espada a España. Leg. 753, exp. I. A.E.E.S.S.

373. Despacho núm. 2.463 de 8 de septiembre de 1823 Documento citado.

374. Despacho núm. 29 de 4 de febrero de 1828 del Nuncio Monseñor Tiberi al Cardenal Secretario de Estado. Archivo de la Nunciatura de Madrid núm. 14, título IV, busta 283. A.S.V.

375. Resumen citado del acuse de recibo de Vives. 29 de junio de 1824.

376. Carta citada de Espada al Rey. 9 de junio de 1824.

377. Resumen citado de la respuesta de Vives. 9 de junio de 1824.

378. Consulta de los Asesores del Gobierno. 19 de abril de 1825. Leg. 753, exp. I. A.E.E.S.S.

379. Resumen de la respuesta de Vives sobre el asunto de la circular 9 de junio de 1824. Expediente de remisión del Obispo Espada a España. Leg. 753, exp. I. A.E.E.S.S.

380 Resumen citado Carta de Espada al Rey, 9 de junio de 1824

381. Secretaría de Estado. Rúbrica 279, años 1824-29. A.S.V.

382. «Desórdenes del Obispo de La Habana», impreso citado.

383. Resumen del anónimo en el expediente citado. Leg. 753, exp. I. A.E.E.S.S.

384. Informe del Fiscal Expediente citado. Leg. 753, exp. I. A.E.E.S.S.

385. Anónimo citado

386. Carta citada.

387. Oficio del Obispo acompañando la circular. 23 de agosto de 1824. Leg. 753, exp I. A.E.E.S.S.

388. Un ejemplar de la circular se conserva en el legajo 753, exp. I. A.E.E.S.S.

389. Resumen del Oficio reservado núm. 34 del Capitán General Vives, 24 de agosto de 1824. Leg. 753, exp. I, A.E.E.S.S.

390. Expediente citado de remisión del Obispo.

391. Oficio del Presidente del Consejo de Indias, 21 de octubre de 1824. Leg. 753, exp. I. A.E.E.S.S.

392. Idem.

393. Despacho núm. 38.963. Archivo de la Nunciatura de Madrid. Busta 239 (antes en la 270). A.S.V.

394. Resumen de la Real Orden de 3 de octubre de 1824 y Oficio núm. 162 en que Vives acusa recibo de ella. 22 de abril de 1825. Expediente de remisión del Obispo Espada a España. Leg. 753, exp. I. A.E.E.S.S.

395. Expediente citado de remisión del Obispo Espada a España.

396. Resumen de la Real Orden de 19 de octubre de 1824. Expediente sobre la remisión del Obispo Espada a España. Leg. 753, exp. I. A.E.E.S.S.

397. Expediente citado sobre la remisión del Obispo Espada a España.

398. Expediente citado sobre la remisión del Obispo Espada a España.

399. Idem.

400. Dictamen del Fiscal. Expediente de remisión del Obispo Espada a España. Legajo 753, exp. I. A.E.E.S.S.

401. Expediente citado de remisión del Obispo Espada a España.

402. Idem.

403. Idem.

404. Despacho núm. 2 bis de 2 de diciembre de 1824. Archivo de la Nunciatura de Madrid. Busta 239 (antes en la 270). A.S.V.

405. Despacho núm. 41.460 de 30 de diciembre de 1824. Archivo de la Nunciatura de Madrid. Busta 239 (antes en la 270). A.S.V.

406. Expediente citado de remisión del Obispo Espada a España.

407. Despacho núm. 3.990 de diciembre de 1824. Busta 239 (antes en la 279). A.S.V

408. Despacho citado. Núm. 41460 de 30 de diciembre de 1824

409. Leiseca. Obra citada, p. 148.

410. Consulta de los Asesores de Gobierno. 19 de abril de 1825.

411. Oficio de Vives al Protomédico Regente, 18 de febrero de 7823. Leg. 753, exp. I. A.E.E.S.S.

412. Dictamen médico, 19 de febrero de 1825 Leg. 753, exp. I. A.E.E.S.S.

413. Idem.

414. Don Mariano Rodríguez de Olmedo, nacido en Guancarqui Diócesis de Arequipa el 24 de septiembre de 1772, trasladado a Puerto Rico el 21 de marzo de 1825. Murió en Puerto Rico el 23 de enero de 1831.

415. Informe del Arzobispo electo de Santiago de Cuba. 22 de febrero de 1825. Legajo 753, exp. I. A.E.E.S.S.

416. Oficio reservado del Capitán General Vives al Intendente en Comisión. Documento 10. Leg. 753, exp. I. A.E.E.S.S.

417. Informe citado del Arzobispo electo de Santiago de Cuba.

418. Informe citado del Arzobispo electo de Santiago de Cuba.

419. Idem.

420. Oficio en que Vives explica las razones del porqué no envía a Espada a España. 23 de febrero de 1825. Leg. 753, exp. I. A.E.E.S.S.

421. Oficio núm. 161 de 21 de abril de 1825 del Capitán General Vives Expediente de remisión del Obispo Espada a España. Leg. 753, exp. I. A.E.E.S.S.

422. Idem.

423. Informe citado del Obispo de Guamanga.

424. Resumen de la carta del Obispo de Guamanga al Capital General Vives. 3 de mayo de 1825; Expediente de remisión del Obispo Espada a España. Leg. 753, exp. I. A.E.E.S.S.

425. Informe citado del Obispo de Cartagena al Papa.

426. Informe del Obispo de Guamanga al Capitán General Vives. 4 de junio de 1825. Documento 13. Leg. 753, exp. I. A.E.E.S.S.

427. Consulta de los Asesores del Gobierno. 19 de abril de 1825 Leg. 753, exp. I. A.E.E.S.S.

428. Oficio núm. 162 de 22 de abril de 1825. Leg. 753, exp. I. A.E.E.S.S.

429. Oficio reservado del Intendente al Capitán General. 23 de abril de 1825. Documento núm. 2. Leg. 753, exp. I. A.E.E.S.S.

430. Miguel Gastón de Iriarte y Navarrete, natural de Cádiz, fue Teniente General de la Real Armada, Caballero Grandes Cruces de las órdenes de Isabel la Católica y de San Fernando. Testó en Cádiz ante José García de Meneses y su defunción se encuentra en La Habana, parroquia del Espíritu Santo a 7 de enero de 1839. No casó. Era hijo de don Miguel Gastón de Iriarte y Elizacoechea, natural de Errazu, Navarra, Teniente General de la Real Armada, Capitán General del Departamento de Cartagena de Indias y Caballero Comendador de Reina en la orden de Santiago, y de doña María Josefa Nacarrete y Lanz.

431. Comunicación del Comandante General de Marina al Capitán General. 25 de mayo de 1825. Documento núm. 3. Leg. 753, exp. I. A.E.E.S.S.

432. Comunicación citada del Comandante General de Marina al Capitán General.

433. Oficio del Capitán General al Obispo Espada. 26 de mayo de 1825. Documento núm. 5. Leg. 753, exp. I. A.E.E.S.S.

434. Oficio reservado del Capitán General al Comandante General de Marina. 26 de mayo de 1825. Documento núm. 4. Leg. 753, exp. I. A.E.E.S.S.

435. Comunicación del Obispo Espada al Capitán General. 27 de mayo de 1825. Documento núm. 6. Leg. 753, Exp. I. A.E.E.S.S.

436. Oficio del Capitán General al Alcalde Ordinario. 3 de junio de 1825. Documento núm. 8. Leg. 753. exp. I. A.E.E.S.S.

437. Comunicación de los Asesores del Gobierno al Capitán General. 1 de junio de 1825. Leg. 753, exp. I. A.E.E.S.S.

438. Oficio del Capitán General al Obispo de Guamanga. 3 de junio de 1825. Leg. 753, exp. I. A.E.E.S.S.

439. Oficio citado del Capitán General al Alcalde Ordinario y Oficio del mismo a los médicos. 3 de junio de 1825. Documento núm. 9. Leg. 753, exp. I. A.E.E.S.S.

440. Informe citado del Obispo de Guamanga.

441. Dictamen de los médicos. 4 de junio de 1825. Documento núm. 11. Leg. 753, exp. I. A.E.E.S.S.

442. Oficio del Alcalde Ordinario al Capitán General. 5 de junio de 1825. Documento núm. 10. Leg. 753, exp. I. A.E.E.S.S.

443. Comunicación núm. 178 de 22 de junio de 1825 del Capitán General. Leg. 753, exp. I. A.E.E.S.S.

444. Real Orden de 4 de julio de 1825. Leg. 753, exp. I A.E.E.S.S.

445. Oficio 186 de 30 de septiembre de 1825 del Capitán General Vives al Secretario de Estado y del Despacho de Gracia y Justicia. Leg. 753, exp. I. A.E.E.S.S.

446. Ídem.

447. Consulta del Consejo de Indias. Voto particular de X. Guazo. 6 de julio de 1829. Leg. 758, exp. III. A.E.E.S.S.

448. Oficio citado núm. 186 de 30 de septiembre.

449. Carta de Espada al Capitán General Vives, 23 de abril de 1826. Leg. 825. A.E.E.S.S.

450. Ídem.

451. Carta de Espada al Arzbispo de Santiago de Cuba. 20 de febrero de 1829. Legajo 758, exp. III. A.E.E.S.S.

452. Nota al margen del Oficio citado núm. 178 de 22 de junio de 1825.

453. Despacho núm. 2.951 de 12 de octubre de 1825 del Nuncio Giustiniani al Cardenal Secretario de Estado.

454. Despacho núm. 10.331 de 30 de noviembre de 1825 del Cardenal Secretario de Estado al Nuncio en Madrid. Busta 239 (antes en la 270). A.S.V.

455. Despacho núm. 251 de 30 de diciembre de 1825 del Nuncio Giustiniani al Cardenal Secretario de Estado. Busta 239 (antes en la 170). A.S.V.

456. Leiseca. Obra citada, p. 148.

457. Ídem, p. 149.

458. Fundada por Pablo III el 21 de julio de 1542 para combatir las herejías, fue reformada por Pío IV, San Pío V y Sixto V. Tiene competencia en todas las cuestiones que atañen a la fe y las costumbres, al privilegio paolino y matrimonios mixtos, vigila la publicación y lectura de los delitos contra la fe y la unidad de la Ilesia (apostasía, herejía, cisma, profanación de la Eucaristía, etc.). Los asuntos que competen al Santo Oficio son tratados en el más riguroso secreto.

459. Despacho del Nuncio en Madrid al Cardenal Secretario de Estado. 27 de agosto de 1832. Núm. 14, título, IV, busta 283. A.S.V.

460. Despacho núm. 295 de 28 de enero de 1826, del Nuncio al Cardenal Secretario de Estado. Archivo de la Nunciatura de Madrid. Núm. 14, título IV, busta 283. A.S.V.

461. Expediente de remisión del Obispo Espada a España. Leg. 753, exp. I. A.E.E.S.S.

462. Real Orden de 29 de enero de 1826. Leg. 825. A.E.E.S.S.

463. Carta de Espada al Capitán General Vives. 29 de abril de 1826. Leg. 825. A.E.E.S.S.

464. Carta citada de Espada a Vives. 29 de abril de 1826.

465. Despacho núm. 1.217 de 11 de mayo de 1826 del Nuncio al Cardenal Secretario de Estado. Archivo de la Nunciatura de Madrid. Busta 239, antes en la 170. A.S.V.

466. Carta citada de Espada a Vives. 29 de abril de 1826.

467. Ídem.

468. Ídem.

469. Carta Núm. 223 de 2 de mayo de 1826, de Vives. Leg. 753, exp. I. A.E.E.S.S.

470. Nota del Embajador de España al Cardenal Secretario de Estado. 17 de marzo de 1830. Leg. 759, marzo. A.E.E.S.S.

471. Despacho núm. 1.217 de 11 de mayo ya citado.

472. Real Orden de 26 de julio de 1826. Leg. 753, exp. I. A.E.E.S.S.

473. Carta del Apoderado de Espada al Rey. 1 de septiembre de 1826. Expediente de remisión del Obispo Espada a España. Leg. 753, exp. I. A.E.E.S.S.

474. Carta de Espada a Vives. 5 de enero de 1827. Leg. 825, exp. 8. A.E.E.S.S.

475. Leiseca. Obra citada, p. 149.

476. Oficio 253 de Vives al Ministro de Gracia y Justicia de 31 de enero de 1827. Leg. 825, exp. 8 A y resumen del mismo. Expediente de remisión del Obispo Espada a España. Leg. 753, exp. I. A.E.E.S.S.

477. Voto Particular de Ximénez Guazo en la Consulta del Consejo de Indias de 6 de julio de 1829. Leg. 758. A.E.E.S.S.

478. Ídem.

479. Refutación de los votos particulares en la Consulta del Consejo de Indias de 6 de julio de 1829. Leg. 758. A.E.E.S.S.

480. Ídem.

481. Bernardo Hechevarría-Elguezua y O'Gavan, I Marqués de O'Gavan. Nació en Santiago de Cuba el 21 de junio de 1802. Abogado, Síndico y Asesor general de la Real Casa y Patrimonio de la Isla de Cuba, del Consejo Real y Secretario de dicho Consejo. Alcalde de Distrito en Madrid, Senador del Reino, Consejero Regio de Instrucción Pública, Ministro Togado honorario del Tribunal Superior de Guerra y Marina. Caballero profeso de la Orden de Montesa. Gentilhombre de Cámara de la Reina Isabel II. Maestronte de Sevilla e individuo de número de la Real Sociedad Económica de Amigos del País.

482. Solicitud del Obispo Espada a la Sacra Congregación de Propaganda Fide. Sin fecha. Secretaría de Estado. Busta 179, año 1830. A.S.V.

483. Dictamen del Consejo de Indias. 29 de octubre de 1828. Leg. 701. A.E.E.S.S.

484. Conde Clemente Solaro della Margherita. Nació en Cuneo el 21 de noviembre de 1792. Ministro de Relaciones Exteriores de 1835 a 1847. Murió en Turín el 12 de noviembre de 1869.

485. Cardenal Francesco Tiberi. Nació en Contigliano el 4 de enero de 1773. Nuncio en Madrid en 1826. Murió en Roma el 28 de octubre de 1839.

486. Despacho núm. 14 de 4 de diciembre de 1827 del Nuncio de Madrid al Cardenal Secretario de Estado. Archivo de la Nunciatura de Madrid (año 1828). Busta 283. A.S.V.

487. Leiseca. Obra citada, p. 144.

488. «Desórdenes del Obispo de La Habana», documento citado.

489. Despacho núm. 37.152 de 4 de enero de 1828. Núm. 14, título V, busta 283. A.S.V.

490. Despacho núm. 29 de 4 de febrero del Nuncio Tiberi al Cardenal Secretario de Estado. Archivo de la Nunciatura de Madrid núm. 14, título IV, busta 283, A.S.V.

491. Ídem.

492. Ídem.

493. Manuel Hechevarría y Peñalver, sobrino de D. Luis de Penalver y Cárdenas, Arzobispo de Guatemala, nació en La Habana el 24 de diciembre de 1774. Sus primeros estudios en el Seminario de San Carlos. En mayo de 1784 pasó a España e

ingresó en el gran colegio de Vergara. En junio de 1797 se recibió de Doctor en Teología en la Universidad de Bologna, pasó a Roma donde permaneció hasta 1803, año en que regresó a La Habana. Prestó notables servicios a la Real Casa de Beneficencia y a la Sociedad Económica de Amigos del País. Fue nombrado Prelado Doméstico por Gregorio XVI. Vice-Rector de la Universidad de La Habana. Donó grandes cantidades a la Casa de Beneficencia y a la Universidad. Encontrándose en Roma fue encargado por el Obispo Espada de vigilar y dirigir la construcción del altar de mármol de la Catedral de La Habana. Falleció en La Habana el 2 de septiembre de 1845.

494. Proyecto dirigido por el Obispo de Cartagena al Nuncio Tiberi, para remediar los males de la Diócesis de La Habana. Sin fecha (enero, 1828). Secretaría de Estado. Rúbrica 279, años 1824-29. A.S.V.

495. Despacho citado del Nuncio. 4 de febrero de 1828.

496. Dictamen del Fiscal. 24 de octubre de 1828. Leg. 701. A.E.E.S.S.

497. Despacho del Cardenal Secretario de Estado al Nuncio de Madrid. Núm. 14, título IV, busta, 283. A.S.V.

498. Despacho núm. 593 de 30 de noviembre de 1829, del Cardenal Secretario de Estado al Nuncio de Madrid. Archivo de la Nunciatura de Madrid. Núm. 14, título IV, busta 283. A.S.V.

499. Despacho del Cardenal Secretario de Estado al Nuncio de Madrid. 4 de marzo de 1828. Nunciatura de Madrid. Núm. 14, título IV, busta 283. A.S.V.

500. Oficio núm. 38.993 de 6 de mayo de 1828 del Cardenal Secretario de Estado al nuncio de Madrid. Secretaría de Estado. Rúbrica 279, año 1830. A.S.V.

501. Oficio núm. 38.993 de 6 de marzo de 1828 del Cardenal della Somaglia, Secretario de Estado a Monseñor Castracane, Secretario de la Sacra Congregación de Asuntos Eclesiásticos Extraordinarios. Secretaría de Estado. Rúbrica 279, año 1830. A.S.V.

502. Idem.

503. Nota de la Congregación de Ritos al Cardenal Secretario de Estado. 15 de julio de 1828. Secretaría de Estado. Rúbrica 279, años 1824-29. A.S.V.

504. Memorandum para la audiencia del Papa. Sin fecha, Secretaría de Estado. Rúbrica 279, años 1824-29. A.S.V.

505. Memorandum para la audiencia del Papa. Documento citado.

506. Monseñor Castruccio Castracana degli Antelminelli. Nació en Urbino el 21 de septiembre de 1779. Gregorio XVI lo creó Cardenal del título de San Pietro in Vincoli el 15 de abril de 1833. Murió en Roma el 22 de febrero de 1852.

507. «Desórdenes del Obispo de la Habana». Exposición del Secretario de la Sacra Congregación de Asuntos Eclesiásticos Extraordinarios. Mayo de 1828. Archivo de la Sacra Congregación de los Asuntos Eclesiásticos Extraordinarios. Año 1828, fol. 579 a 607. A.S.V.

508. «Desórdenes del Obispo de La Habana», documento citado.

509. Despacho núm. 533 de 6 de julio de 1832 del Nuncio de Madrid al Cardenal Secretario de Estado. Rúbrica 249, año 1833, ncartamento núm. 3.922. A.S.V.

510. Reunión de la Sacra Congregación de Asuntos Eclesiásticos Extraordinarios. 11 de mayo de 1830. Secretaría de Estado. Rúbrica 279, años 1824-29. A.S.V.

511. Idem.

512. Súplica al Rey del Apoderado de Espada. 24 de mayo de 1828. Leg. 701. A.E.E.S.S.

513. Despacho del Cardenal Secretario de Estado al Nuncio de Madrid. Núm. 14, título IV, busta 283. A.S.V. 3 de junio de 1828. Archivo de la Nunciatura de Madrid.

514. Oficio del Secretario de la Sacra Congregación de Asuntos Eclesiásticos Extraordinarios al Cardenal Secretario de Estado. 13 de junio de 1828. Secretaría de Estado. Rúbrica 279, años 1824-29. A.S.V.

515. Idem.

516. Minuta del Breve de León XII a Fernando VII, Secretaría de Estado. Rúbrica 279, años 1824-29.

517. «Instrucciones al Nuncio». 26 de junio de 1828. Secretaría de Estado. Rúbrica 279, años 1824-29. A.S.V.

518. Minuta del Breve de León XII al Arzobispo de Santiago de Cuba. Secretaría de Estado. Rúbrica 279, años 1824-29.

519. Carta del Cardenal Secretario de Estado al Obispo de León. Sin fecha. Nueva Posición de los «Desórdenes del Obispo de La Habana», 1830. Secretaría de Estado. Rúbrica 279, año 1830. A.S.V.

520. Despacho del Cardenal Secretario de Estado al Nuncio en París. 17 de julio de 1828. Secretaría de Estado. Rúbrica 279, años 1824-29. A.S.V.

521. «Nueva Posición sobre los desórdenes del Obispo de La Habana». Documento citado. Resumen del Secretario de la Sacra Congregación de Asuntos Eclesiásticos Extraordinarios.

522. Oficio citado de Monseñor Castracane al Cardenal Secretario de Estado. 13 de junio de 1828.

523. «Nueva Posición sobre los desórdenes del Obispo de La Habana», documento citado.

524. Oficio del Cardenal Secretario de Estado al Secretario de Cartas Latinas. 26 de junio de 1828, Secretaría de Estado. Rúbrica 279,años 1824-29. A.S.V.

525. El Cardenal Tommaso Bernetti nació en Fermo el 29 de diciembre de 1779. Fue Secretario del Tribunal de la Rota. En 1808 siguió a Pío VII al destierro. En 1823 Gobernador de Roma y Director General de la Policía. León XII lo envió a misiones diplomáticas a San Petersburgo, Viena y París. El 29 de enero de 1827 fue creado Cardenal. En 1828 Cardenal Secretario de Estado. Pío VIII lo nombró Legado de Boloña. Gregorio XVI lo hizo nuevamente Secretario de Estado y después Vice-Canciller de la Iglesia Romana. Siguió a Pío IX a Gaeta y murió en Fermo el 21 de marzo de 1852.

526. Oficio del Embajador de España al Ministro de Estado. 30 de junio de 1828. Legajo 757, fol. 57 (junio). A.E.E.S.S.

527. Oficio del Cardenal Secretario de Estado a las Sacras Congregaciones de Santo Oficio y Propaganda Fide. 4 de julio de 1828. Secretaría de Estado. Rúbrica 279, años 1824-29. A.S.V.

528. Despacho núm. 45.158 del Cardenal Secretario de Estado al Nuncio, en Madrid. 31 de julio de 1828. Secretaría de Estado. Rúbrica 279, años 1824-29. A.S.V.

529. «Memorandum para la Audiencia del Papa». Sin fecha, de los primeros días de junio de 1828. Secretaría de Estado. Rúbrica 279, años 1824-29. A.S.V.

530. «Nueva Posición sobre los desórdenes del Obispo de La Habana» (relación del Secretario de la Sacra Congregación de Asuntos Eclesiásticos Extraordinarios). Documento citado.

531. Oficio del Cardenal Secretario de Estado a las Sacras Congregaciones de Propaganda Fide y del Santo Oficio. 4 de julio de 1824. Documento citado.

532. Idem.

533. Idem.

534. «Memorandum para la Audiencia del Papa», documento citado.

535. Oficio del Secretario de la Sacra Congregación de Propaganda Fide al Cardenal Secretario de Estado. 10 de julio de 1828. Secretaría de Estado. Rúbrica 279, años 1824-29. A.S.V.

536. «Memorandum para la Audiencia del Papa». Sin fecha pero de principios de julio de 1828. Secretaría de Estado. Rúbrica 279, años 1824-29. A.S.V.

537. Despacho núm. 44.125 de 15 de julio de 1828 del Cardenal Secretario de Estado al Nuncio de París. Secretaría de Estado. Rúbrica 279, años 1824-29. A.S.V.

538. Breve de León XII a Fernando VII. 12 de julio de 1828. Expediente de remisión del Obispo Espada a España. Leg. 753, exp. I. A.E.E.S.S.

539. «Nueva Posición sobre los desórdenes del Obispo de La Habana» (relación del Secretario de la Sacra Congregación de Asuntos Eclesiásticos Extraordinarios). Documento citado.

540. «Nueva posición sobre los desórdenes del Obispo de La Habana» (relación del Secretario de la Sacra Congregación de Asuntos Eclesiásticos Extraordinarios). Documento citado.

541. Nota núm. 44.125 de 15 de julio de 1828 del Cardenal Secretario de Estado al Nuncio de París. Secretaría de Estado. Rúbrica 279, años 1824-29. A.S.V.

542. Idem.

543. Despacho del Cardenal Secretario de Estado al Nuncio de París, 17 de julio de 1828. Secretaría de Estado. Rúbrica 279, años 1824-29. A.S.V.

544. Despacho núm. 45.148 del Cardenal Secretario de Estado al Nuncio de Madrid. 31 de julio de 1828. Secretaría de Estado. Rúbrica 279, años 1824-29. A.S.V.

545. Monseñor Luigi Lambruschini. Nació en Sestri Levante (Génova) el 16 de mayo 1776. Arzobispo de Génova de 1819 a 1926. Nuncio Apostólico en París de 1826 a 1831. Creado Cardenal de título de San Calixto el 24 de febrero de 1832. Secretario de Estado de Gregorio XVI. Murió en Roma el 12 de mayo de 1854.

546. Nota núm. 44.125 de 15 de julio de 1828 del Cardenal Secretario de Estado al Nuncio de París. Documento citado.

547. Nota del Cardenal Penitenciario al Cardenal Secretario de Estado. 15 de julio de 1828. Secretaría de Estado. Rúbrica 279, años 1824-29. A.S.V.

548. Nota de la Secretaría de Ritos a la Secretaría de Estado de Su Santidad. 15 de julio de 1828. Secretaría de Estado. Rúbrica 279, años 1824-29. A.S.V.

549. Oficio del Cardenal Secretario de Estado al Secretario de Ritos. 16 de julio de 1828i Secretaría de Estado. Rúbrica 279, años 1824-29. A.S.V.

550. Informe del Ministro de Estado al Rey. Núm. 1 de 16 de julio de 1828. Leg. 701. A.E.E.S.S.

551. Despacho citado del Cardenal Secretario de Estado al Nuncio de París. 17 de julio de 1828.

552. Despacho del Cardenal Secretario de Estado al Encargado de Negocios de la Santa Sede en Turín. 17 de julio de 1828. Secretaría de Estado. Rúbrica 279, años 1824-29. A.S.V.

553. Despacho del Cardenal Secretario de Estado al Cónsul Pontificio en Génova. 17 de julio de 1828. Secretaría de Estado. Rúbrica 279, años 1824-29. A.S.V.

554. Oficio del Secretario de Ritos al Cardenal Secretario de Estado. 19 de julio de 1828. Secretaría de Estado. Rúbrica 279, años 1824-29. A.S.V.

555. Despacho núm. 45.148 de 31 de julio de 1828 del Cardenal Secretario de Estado al Nuncio de Madrid. Documento citado.

556. Despacho núm. 324 de 22 de agosto de 1828. Secretaría de Estado. Rúbrica 279, años 1824-29. A.S.V.

557. Despacho núm. 324 de 22 de agosto de 1828, del Nuncio de París al Cardenal Secretario de Estado. Documento citado.

558. Ídem.

559. Informe del Ministro de Estado al Rey. 16 de junio de 1828 (al margen). Documento citado

560. Carta al Nuncio de París al Arzobispo de Santiago de Cuba. 27 de agosto de 1828. «Nueva Posición de los desórdenes del Obispo de La Habana.»

561. Carta del Nuncio de París al Obispo Espada. 27 de agosto de 1828. «Nueva Posición de los desórdenes del Obispo de La Habana.»

562. Despacho núm. 486 de 3 de octubre de 1829 del Nuncio en París al Arzobispo de Santiago de Cuba. Secretaría de Estado. Rúbrica 279, años 1824-29. A.S.V.

563. Despacho núm. 329 de 3 de septiembre de 1828 del Nuncio de París al Cardenal Secretario de Estado. Secretaría de Estado. Rúbrica 279, años 1824-29. A.S.V.

564. Ídem.

565. Despacho núm. 4.620 de 6 de septiembre de 1828 del Cardenal Secretario de Estado al Nuncio en París. Secretaría de Estado. Rúbrica 279, años 1824-29. A.S.V.

566. Dictamen del Fiscal. 24 de octubre de 1828. Leg. 701. A.E.E.S.S.

567. Núm. 4. Extracto de la resolución del Consejo de Indias. 5 de noviembre de 1828. Leg. 701. A.E.E.S.S.

568. Oficio de Antonio Fernández de Urrutia, Secretario del Consejo de Ministros, al Secretario de Estado y del Despacho de Gracia y Justicia. 28 de octubre de 1828. Leg. 701. A.E.E.S.S.

569. Carta de Fernando VII a León XII, 14 de noviembre de 1828. Leg. 758, exp. III. A.E.E.S.S.

570. Nota núm. 49.050 de 7 de noviembre de 1828 del Cardenal Secretario de Estado al Embajador de España. Secretaría de Estado. Rúbrica 279, año 1830. A.S.V.

571. Despacho núm. 163 de 26 de noviembre de 1828 del Nuncio de Madrid al Cardenal Secretario de Estado. Secretaría de Estado. Rúbrica 279, años 1830 A.S.V.

572. Despacho núm. 294 de 21 de diciembre de 1829 del Nuncio de Madrid al Cardenal Secretario de Estado. Rúbrica 279, año 1830. A.S.V.

573. «Nueva Posición sobre los desórdenes del Obispo de La Habana». 1830. Secretaría de Estado. Rúbrica 279, año 1830. A.S.V.

574. Despacho núm. 48.761 de 4 de diciembre de 1828, del Cardenal Secretario de Estado al Nuncio de Madrid. Secretaría de Estado. Rúbrica 279, año 1820.

575. Carta del Arzobispo de Santiago de Cuba al Rey. 15 de julio de 1829. Leg. 758, exp. III. A.E.E.S.S.

576. Carta del Arzobispo de Santiago de Cuba a España. 30 de noviembre de 1828. Leg. 758, exp. II. A.E.E.S.S.

577. Ídem.

578. Real Orden de 27 de noviembre de 1828. Leg. 701. A.E.E.S.S.

579. Carta de España al Arzobispo de Santiago de Cuba. 19 de diciembre de 1828. Leg. 758, exp. III. A.E.E.S.S.

580. Despacho 50.346 de 28 de enero de 1829. Archivo de la Nunciatura de Madrid núm. 14, título IV, Busta 283. A.S.V.

581. Carta de España al Arzobispo de Santiago de Cuba. 30 de diciembre de 1828. Leg. 758. Exp. III. A.E.E.S.S.

582. «Nueva Posición de los desórdenes del Obispo de La Habana» 1830, documento citado.

583. Ídem.

584. Carta de Espada a Fernando VII. 31 de diciembre de 1826. Leg. 758, exp. III. A.E.E.S.S.

585. Carta de Espada al Secretario de Estado y del Despacho de Gracia y Justicia. 28 de febrero de 1829. Leg. 758, exp. III. A.E.E.S.S.

586. Leiseca. Obra citada, p. 150.

587. Despacho núm. 190 de 4 de enero de 1829 del Nuncio de Madrid al Cardenal Secretario de Estado. Rúbrica 279, año 1830. A.S.V.

588. Despacho núm. 50.346 de 28 de enero de 1829 del Cardenal Secretario de Estado al Nuncio de Madrid. Archivo de la Nunciatura de Madrid núm. 14, título IV, busta 283. A.S.V.

589. «Nueva Posición de los desórdenes del Obispo de La Habana», documento citado.

590. Carta del Arzobispo de Santiago de Cuba al Arzobispo Espada. 19 de enero de 1829. Leg. 758, exp. III. A.E.E.S.S.

591. Carta citada del Arzobispo de Santiago de Cuba al Obispo Espada. 19 de enero de 1829.

592. «Nueva Posición sobre los desórdenes del Obispo de La Habana», documento citado.

593. Ídem.

594. De 31 de diciembre de 1824. Documento citado.

595. Ídem.

596. Carta del Obispo Espada al Arzobispo de Santiago de Cuba. 20 de febrero de 1829, Leg. 758, exp. III. A.E.E.S.S.

597. Carta del Obispo Espada a Fernando VII. 28 de febrero de 1829. Leg. 758, exp III. A.E.E.S.S.

598. Carta del Arzobispo de Santiago de Cuba al Obispo Espada. 13 de mayo de 1829. Leg. 758, exp. III. A.E.E.S.S.

599. Carta del Obispo Espada al Arzobispo de Santiago de Cuba. 29 de abril de 1829. Leg. 758, exp. III. A.E.E.S.S.

600. Ídem.

601. «Nueva Posición de los desórdenes del Obispo de La Habana», documento citado.

602. Consulta del Consejo de Indias. 6 de julio de 1829 e Informe del Fiscal en el asunto de la supresión de las Solitas. 24 de abril de 1829. Ambos documentos en leg. 758, exp. III. A.E.E.S.S.

603. Informe del Fiscal en el asunto de las Solitas. Documento citado.

604. Consulta del Consejo de Indias. Voto particular de Morant. 6 de julio de 1829. Leg. 758, exp. III. A.E.E.S.S.

605. Resumen del despacho perdido núm. 341 de 15 de abril de 1830 (número de protocolo 64.401) del Nuncio al Cardenal Secretario de Estado. Libro de entrada de la Secretaría de Estado de Su Santidad. A.S.V.

606. Consulta del Consejo de Indias. 6 de julio de 1829. Leg. 758, exp. III. A.E.E.S.S.

607. Voto particular de Ximénez Guazo. Leg. 758, exp. III. A.E.E.S.S.

608. Voto particular de Morant. Leg. 758, exp. III. A.E.E.S.S.

609. Consulta del Consejo de Indias (refutación de los votos particulares). 6 de julio de 1829. Leg. 758, exp. III. A.E.E.S.S.

610. Oficio al Rey de los Ministros Manuel Ximénez Guazo y Rafael Morant. 17 de julio de 1929. Leg. 758, exp. III. A.E.E.S.S.

611. Carta del Arzobispo de Santiago de Cuba al Rey. 15 de julio de 1829. Leg. 758, exp. III. A.E.E.S.S.

612. Carta del Arzobispo de Santiago de Cuba a Pío VIII. 15 de julio de 1829. («Nueva Posición de los desórdenes del Obispo de La Habana».) Documento citado.

613. Despacho núm. 243 de julio de 1829 del Nuncio de Madrid al Cardenal Secretario de Estado. Archivo de la Secretaría de Estado. Rúbrica 283, año 1829. A.S.V.

614. Nota al margen de la Carta del Arzobispo de Santiago de Cuba, remitiendo las copias de la correspondencia con España.

615. Dictamen del Consejo de Ministros. 4 de octubre de 1829. Leg. 758, exp. III. A.E.E.S.S.

616. Cardenal Giuseppe Albani. Nació en Roma de la familia principesca, el 13 de septiembre de 1750. Pío VII lo creó Cardenal con el título de San Eustaquio el 23 de febrero de 1801. Coronó a Pío VIII quien lo nombró Secretario de Estado y Bibliotecario. Pío VII lo nombró Secretario de los Breves Pontificios, cargo que desempeñó bajo León XII, Pío VIII y Gregorio XVI. Murió en Pesaro el 3 de diciembre de 1839.

617. Despacho núm. 486 de 2 de octubre de 1829 del Nuncio de París al Cardenal Secretario de Estado. Secretaría de Estado. Rúbrica 279, años 1824-29. A.S.V.

618. Carta del Obispo de León al Cardenal Albani. 18 de octubre de 1829. Secretaría de Estado. Rúbrica 279, años 1824-29. A.S.V.

619. Carta del Conde Solaro al Cardenal Albani. 30 de octubre de 1829. Secretaría de Estado. Rúbrica 279, años 1824-29. A.S.V.

620. Carta núm. 58.797 de 19 de noviembre de 1829 del Cardenal Albani al Obispo de León. Secretario de Estado. Rúbrica 283, año 1839 y Carta núm. 58.980 de 20 de noviembre de 1829 del Cardenal Albani al Conde Solaro. Secretaría de Estado. Rúbrica 279, años 1824-29. A.S.V.

621. Despacho núm. 58.340 de 10 de noviembre de 1829 del Cardenal Secretario de Estado al Nuncio de París. Secretaría de Estado. Rúbrica 279, años 1824-29. A.S.V.

622. Nota núm. 58,540 del Cardenal Secretario de Estado al Secretario de la Sacra Congregación de Asuntos Eclesiásticos Extraordinarios. 10 de noviembre de 1829. Secretaría de Estado. Rúbrica 279, años 1824-29. A.S.V.

623. Despacho núm. 59.321 de 30 de noviembre de 1829. Archivo de la Nunciatura de Madrid núm. 14, título IV, busta 283. A.S.V.

624. Despacho núm. 294 de 21 de diciembre de 1829 del Nuncio de Madrid al Cardenal Secretario de Estado. Secretaría de Estado. Rúbrica 279, año 1830. A.S.V.

625. Leiseca. Obra citada, p. 150.

626. Despacho núm. 60.614 de 14 de enero de 1830 del Cardenal Secretario de Estado al Nuncio de Madrid. Archivo de la Nunciatura de Madrid núm. 14, título IV, busta 283. A.S.V.

627. Oficio del Ministerio de Estado al Embajador de España en Roma. 12 de febrero de 1830. Leg. 703, fol. 61. A.E.E.S.S.

628. Nota del Embajador de España al Cardenal Secretario de Estado. 17 de marzo de 1830. Leg. 759 (marzo) y Oficio núm. 403 de 29 de marzo de 1830 del Embajador al Ministro de Estado. Leg. 759. A.E.E.S.S.

629. Informe del Secretario de la Sacra Congregación de Asuntos Eclesiásticos Extraordinarios. Sin fecha, 1830. Secretaría de Estado. Rúbrica 279, año 1830. A.S.V.

630. Documento citado.

631. Informe del Secretario de la Sacra Congregación de Asuntos Eclesiásticos Extraordinarios al Cardenal Secretario de Estado. Sin fecha. 1830. Archivo de la Secretaría de Estado. Rúbrica 279, año 1830, A.S.V.

632. Nota 62.908 de 1 de abril de 1830 del Cardenal Secretario de Estado al Embajador de España. Leg. 759 (mayo). A.E.E.S.S.

633. Despacho núm. 63.202 de 2 de abril de 1830 del Cardenal Secretario de Estado al Nuncio de Madrid. Archivo de la Nunciatura de Madrid núm. 14, título IV, busta 283. A.S.V.

634. Postdata de 2 de abril al oficio núm. 403 de 29 de marzo de 1830 del Embajador de España al Ministro de Estado. Leg. 759. A.E.E.S.S.

635. Acuse de recibo del Ministro de Estado de la nota 403 del Embajador de España. 28 de abril de 1830. Leg. 703, fol. 93. A.E.E.S.S.

636. Nota núm. 434 de 30 de abril del Embajador de España al Ministro de Estado. Leg. 759 (abril), leg. 703, fol. 61. A.E.E.S.S.

637. (Hoja reservada) enviada al Nuncio por una «persona del Ministerio» sin fecha. Secretaría de Estado. Rúbrica 279, año 1830. A.S.V.

638. Ídem.

639. Despacho núm. 341 de 15 de abril de 1830 del Nuncio de Madrid al Cardenal Secretario de Estado. Documento citado.

640. Despacho núm. 350 de 6 de mayo de 1830 del Nuncio de Madrid al Cardenal Secretario de Estado. Secretaría de Estado. Rúbrica 279, año 1830. A.S.V.

641. Despacho núm. 64.984 de 31 de mayo de 1830. Archivo de la Nunciatura de Madrid núm. 14, título IV, busta 283. A.S.V.

642. Despacho núm. 362 del Nuncio de Madrid al Cardenal Secretario de Estado. Rúbrica 279, año 1830. A.S.V.

643. Ídem.

644. Despacho núm. 66.012 de 27 de junio de 1830 del Cardenal Secretario de Estado al Nuncio de Madrid. Archivo de la Nunciatura de Madrid núm. 14, título IV, busta 283. A.S.V.

645. Carta citada.

646. Leiseca. Obra citada, p. 150.

647. Carta de la Sacra Congregación de Propaganda Fide al Obispo de Nobila. 1 de enero de 1831. Archivo de la Sacra Congregación de Propaganda Fide. Lettere della S.C. e Biglietti di Mons, Secretario Anno 1831, y, 312, fol. 17V.

648. Despacho del 27 de agosto de 1832 del Nuncio de Madrid al Cardenal Secretario de Estado. Archivo de la Nunciatura de Madrid núm. 14, título IV, busta 283. A.S.V.

649. Gams en su obra citada da esta fecha. Leiseca. Obra citada.

650. Parroquia del Sagrario de la Santa Iglesia Catedral de La Habana. Libro 15 de entierros de españoles, fol. 100, núm. 385.

651. «Necroscopia del Obispo Espada», publicada por el Dr. Jorge Leroy y Cassó en su libro «Historia del Hospital de S. Francisco de Paula», p. 92 y siguientes, La Habana, Imprente del siglo XX, 1958.

652. Oficio núm. 51 de 31 de agosto de 1834 del Encargado de Negocios de España en Roma al Ministro de Estado. Leg. 763, fol. 51 (agosto). A.E.E.S.S.

301

BIBLIOGRAFÍA DE DOCUMENTOS CONSULTADOS

Archivo de la Sacra Congregación de Propaganda Fide

— Carta de la S.C. de P.F. al obispo de Mobila, 7.° de enero de 1831
Lettere della S.C. e Biglietti di Mons. Segretario, Anno. 1831,
V. 312 f. 17ᵛ

— Breve Apostólico confirmando a Mons. Du Bourg la jurisdicción
sobre las Floridas.
Acta a 1815, Vol. 178 fol. 234ᵛ en Congregación General de 3 de
junio de 1822.

— Concesión de la jusrisdicción ordinaria sobre las Floridas a Mons.
Carroll. Acta a 1815, Vol. 178, fol. 296 s.s.
En Congregación General el 12 de diciembre de 1815.

— Carta de Monseñor England sobre el estado de la religión católica
en las Floridas.
Acta a 1822, Vol. 185, fol. 142. Congregación General de 3 de
diciembre de 1822.

— Queja del Arzobispo de Baltimore sobre el obispo Espada de La Ha-
bana.
Acta a 1822, Vol. 185, fol. 226ᵛ — 227.
En Congregación General de 3 de julio de 1822, N.° 26.

— Decreto de la S.C. de P.F. prohibiéndole al Obispo Espada continuar inmiscuyéndose en los asuntos de las Floridas.
Lettere della S.C. a biglietti di Mons. Segretario a. 1815, Vol. 296,
fol. 252ᵛ

Archivo Secreto del Vaticano

Sacra Congregación de Asuntos Eclesiásticos Extraordinarios.

— Impreso "Indie Ocidentali Avanenell' isola de Cuba tra la Antille, colonia spagnuola, Disordini del vescovo di detta Diocesi."
Año 1828.

— "Indias Occidentales, Habana, en la isla de Cuba en las Antillas, colonia española, desórdenes del Obispo de dicha diócesis". Mayo de 1828. Sesiones plenarias del año 1828, fol. 579 a 607.

Secretaría de Estado

— Carta N.° 58979 de 19 de noviembre de 1829 del Cardenal Albani al Obispo de León Rubrica 283, año 1829.

— Despacho N.° 243 de julio de 1829 del Nuncio de Madrid al Cardenal Secretario de Estado.
Rubrica 283, año 1829.

— Despacho N.° 533 de 6 de julio de 1832 del Nuncio de Madrid al Cardenal Secretario de Estado.
Rubrica 249, año 1833, Incartamento 3922.

— Informe del Secretario de la Sacra Congregación de Asuntos Eclesiásticos Extraordinarios (sin fecha) 1830.
Rubrica 279, año 1830.

— Nota N.° 49963 del Cardenal Secretario de Estado al Cardenal di Pietro.
Abril 30 de 1820.
Rubrica 279, año 1830.

— Instrucciones al Nuncio de Madrid.
26 de junio de 1828.
Rubrica 279, años 1824-29.

— Nota sin fecha ni número, remitiendo al Papa el informe del Arcediano Sobral.
Rubrica 279, año 1830.

— Oficio de la S. C. de Propaganda Fide a la Secretaría de Estado de Su Santidad.
Rubrica 279, años 1824-29.

— "Informe reservado de los hechos públicos y privados del Slmo. Sr. Obispo de la Santa Iglesia de La Habana."
Rubrica 279, año 1830.

— Oficio del Secretario de la S. C. de Asuntos Eclesiásticos Extraordinarios al Cardenal Secretario de Estado, 13 de junio de 1828.
Rubrica 279, años 1824-29.

— Minuta del Breve de León XII a Fernando VII.
Rubrica 279, años 1824-29.

— Minuta del Breve de León XII al Arzobispo de Santiago de Cuba.
Rubrica 279, años 1824-29.

— Carta del Cardenal Secretario de Estado al Obispo de León (sin fecha).
Rubrica 279, año 1830.

— Despacho N.° 45148 del Cardenal Secretario de Estado al Nuncio de Madrid.
Rubrica 279, años 1824-29.

— Oficio del Secretario de la S. C. de Propaganda Fide al Cardenal Secretario de Estado, 10 de julio de 1828.
Rubrica 279, años 1824-29.

— Despacho N.° 362 del Nuncio de Madrid al Cardenal Secretario de Estado.
Rubrica 279, año 1830.

— Hoja reservada enviada al Nuncio de Madrid por una "persona del Ministerio" (sin fecha).
Rubrica 279, año 1830.

— Despacho N.° 350 de 6 de mayo de 1830 del Nuncio de Madrid al Cardenal Secretario de Estado.
Rubrica 279, año 1830.

— Despacho N.° 294 de 21 de diciembre de 1824 del Nuncio de Madrid al Cardenal Secretario de Estado.
Rubrica 279, año 1830.

— Despacho N.° 58,340 de 10 de noviembre de 1829 del Cardenal Secretario de Estado al Nuncio de París.
Rubrica 279, años 1824-29.

— Carta N.° 58,980 de 20 de noviembre de 1829 del Cardenal Albani al Conde Solaro.
Rubrica 279, años 1824-29.

— Carta del Conde Solaro al Cardenal Albani, 30 de octubre de 1829.
Rubrica 279, años 1824-29.

— Despacho N.° 486 de 2 de octubre del 829 del Nuncio de París al Cardenal Secretario de Estado.
Rubrica 279, años 1824-29.

— "Nueva posición sobre los desórdenes del Obispo de La Habana" 1830.
Rubrica 279, año 1830.

— Despacho N.° 48761 de 4 de diciembre de 1828 del Cardenal Secretario de Estado al Nuncio de Madrid.
Rubrica 279, año 1830.

— Nota N.° 49050 de 7 de noviembre del 868 del Cardenal Secretario de Estado al Embajador de España en Roma.
Rubrica 279, año 1830.

— Despacho N.° 163 de 26 de noviembre del 828 del Nuncio de Madrid al Cardenal Secretario de Estado.
Rubrica 279, año 1830.

— Despacho N.° 4620 de 6 de septiembre de 1828 del Cardenal Secretario de Estado al Nuncio de París.
Rubrica 279, años 1824-29.

— Despacho N.° 329 de 3 de septiembre de 1828 del Nuncio de París al Cardenal Secretario de Estado.
Rubrica 279, años 1824-29.

— Despacho N.° 486 de 2 de octubre de 1829 del Nuncio de París al Arzobispo de Santiago de Cuba.
Rubrica 279, años 1824-29.

— Despacho N.° 324 de 22 de agosto de 1828.
Rubrica 279, años 1824-29.

— Oficio del Secretario de la S. C. de Ritos al Cardenal Secretario de Estado, 19 de julio de 1828.
Rubrica 279, años 1824-29.

— Despacho del Cardenal Secretario de Estado al Encargado de Negocios de la Santa Sede en Turín, 17 de julio de 1828.
Rubrica 279, años 1824-29.

— Oficio del Cardenal Secretario de Estado al Secretario de la S. C. de Ritos, 16 de julio de 1828.
Rubrica 279, años 1824-29.

— Nota del Cardenal Penitenciario al Cardenal Secretario de Estado.
Rubrica 279, años 1824-29.

— Despacho N.° 45148 del Cardenal Secretario de Estado al Nuncio de Madrid.
Rubrica 279, años 1824-29.

— Despacho del Cardenal Secretario de Estado al Nuncio de París. 17 de julio de 1828.
Rubrica 279, años 1824-29.

— Memorándum para la audiencia del Papa (sin fecha).
Rubrica 279, años 1824-29.

— Carta de la S. C. de Ritos al Cardenal Secretario de Estado, 15 de julio de 1828.
Rubrica 279, años 1824-29.

— Oficio del Cardenal Secretario de Estado al Secretario de la S. C. de Asuntos Eclesiásticos Extraordinarios, 6 de marzo de 1830.
Rubrica 279, año 1870.

— Oficio N.° 38993 de 6 de mayo de 1828 del Cardenal Secretario de Estado al Nuncio de Madrid.
Rubrica 279, año 1830.

— Proyecto del Obispo de Cartagena al Nuncio Tiberi (sin fecha), enero de 1828.
Rubrica 279, años 1824-29.

— Solicitud del Obispo Espada a la S. C. de Propaganda Fide.
Rubrica 279, año 1830.

— Minuta de las instrucciones del Cardenal Secretario de Estado al Nuncio de Madrid, 26 de junio de 1826.
Rubrica 279, años 1824-29.

— Acta de la reunión de la S. C. de Asuntos Eclesiásticos Extraordinarios, 11 de mayo de 1868.
Rubrica 279, años 1824-29.

— Despacho N.° 350 del Nuncio Tiberi al Cardenal Secretario de Estado.
Rubrica 279, años 1824-29.

— Despacho 44125 del Cardenal Secretario de Estado al Nuncio de París, 15 de julio de 1828.
Rubrica 279, años 1824-29.

— Reunión de la S. C. de Asuntos Eclesiásticos Extraordinarios, 11 de mayo de 1828.
Rubrica 279, años 1824-29.

— Instrucciones del Cardenal Secretario de Estado al Nuncio de Madrid, 26 de junio de 1828.
Rubrica 279, años 1824-29.

— "Nueva Posición de la Sacra Congregación de Asuntos Eclesiásticos Extraordinarios".
Rubrica 279, años 1824-29.

— "Juicio sobre el Obispo de La Habana" (sin fecha).
Rubrica 279, año 1830.

— "Observaciones sobre las ocurrencias con motivo de la nueva forma o planta dada por el Rev. Obispo de La Habana al curato de aquella Catedral", diciembre de 1821.
Rubrica 279, años 1824-29.

— "Puntos pendientes de las apelaciones en materia jurisdiccional entre el Arzobispo de Cuba y el Obispo de La Habana".
Rubrica 279, años 1824-29.

— Carta del Arzobispo de Santiago de Cuba al Nuncio de París, 31 de diciembre de 1821.
Busta 279, años 1824-29.

— "Instrucciones para darse a Monseñor Nuncio de Madrid para la comunicación que deberá él hacer a S.M.C. sobre las declaraciones tomadas por la Santa Sede sobre Monseñor el Obispo de La Habana", 26 de junio de 1828.
Rubrica 279, años 1824-29.

— Informe del Obispo de Cartagena al Nuncio de Madrid sobre el estado en que se encuentran las monjas de La Habana, 20 de enero de 1828.
Rubrica 279, años 1824-29.

— Informe del Obispo de Cartagena de Indias a León XII, 12 de enero de 1828.
Rubrica 279, años 1824-29.

— Oficio del Cardenal Secretario de Estado al Secretario de Cartas Latinas, 26 de junio de 1828.

— Despacho N.° 190 de 4 de enero de 1829 del Nuncio de Madrid al Cardenal Secretario de Estado.
Rubrica 279, año 1830.

— Despacho N.° 362 del Nuncio de Madrid al Cardenal Secretario de Estado.
Rubrica 279, año 1830.

— Resumen del Despacho perdido n.° 341, de 15 de abril de 1830 (número de protocolo 64401) del Nuncio de Madrid al Cardenal Secretario de Estado. Libro de Entrada de correspondencia de la Secretaría de Estado de Su Santidad.

— Oficio del Cardenal Secretario de Estado a las SS.CC. del Santo Oficio y Propaganda Fide.
Rubrica 279, años 1824-29.

— Informe del Obispo de Maynas a Pío VII, 7 de octubre de 1822. Busta 279.

Sacra Congregación Consistorial

— Certificación de la inscripción del bautismo de Juan José Díaz de Espada y Landa.
Processus Consist. 203, año 1800.

Nunciatura de Madrid

— Despacho N.° 712 de 30 de noviembre de 1821 del Nuncio al Cardenal Secretario de Estado.
Busta 254.

— Despacho N.° 29 de 4 de febrero de 1829 del Nuncio de Madrid al Cardenal Secretario de Estado.
Busta 283, Título IV, N.° 14.

— Despacho del Nuncio de Madrid al Cardenal Secretario de Estado, 27 de agosto de 1832.
Busta 283, Título IV, N.° 14.

— Despacho N.° 295 de 28 de enero de 1826, del Cardenal Secretario de Estado.
Busta 283, Título IV, N.° 14.

— Despacho N.° 14 de 4 de diciembre de 1827 del Nuncio de Madrid al Cardenal Secretario de Estado.
Busta 283, año 1828.

— Despacho N.° 37154 de 4 de enero de 1828 del Cardenal Secretario de Estado al Nuncio de Madrid.
Busta 283, Título V, N.° 14.

— Despacho del Cardenal Secretario de Estado al Nuncio de Madrid, 4 de marzo de 1828.
Busta 283, Título IV, N.° 14.

— Despacho N.° 59321 de 21 de noviembre de 1829 del Cardenal Secretario de Estado al Nuncio de Madrid.
Busta 283, Título IV, N.° 14.

— Despacho del Cardenal Secretario de Estado al Nuncio de Madrid.
Busta 283, Título IV, N.º 14.

— Despacho N.º 50346 de 28 de enero de 1829.
Busta 283, Título IV, N.º 14.

— Despacho N.º 50346 de 28 de enero de 1829 del Cardenal Secretario de Estado al Nuncio de Madrid.
Busta 283, Título IV, N.º 14.

— Despacho N.º 64984 de 9 de mayo de 1829 del Cardenal Secretario de Estado al Nuncio de Madrid.
Busta 283, Título IV, N.º 14.

— Despacho N.º 66012 de 27 de junio de 1830 del Cardenal Secretario de Estado al Nuncio de Madrid.
Busta 283, Título IV, N.º 14.

— Despacho de 27 de agosto de 1832 del Nuncio de Madrid al Cardenal Secretario de Estado.
Busta 283, Título IV, N.º 14.

— Despacho N.º 59321 de 30 de noviembre de 1829.
Busta 283, Título IV, N.º 14.

— Despacho N.º 63202 de 2 de abril de 1830 del Cardenal Secretario de Estado al Nuncio de Madrid.
Busta 283, Título IV, N.º 14.

— Despacho N.º 64984 de 31 de mayo de 1830 del Cardenal Secretario de Estado al Nuncio de Madrid.
Busta 283, Título IV, N.º 14.

— Despacho N.º 5931 de 30 de noviembre de 1829 del Cardenal Secretario de Estado al Nuncio de Madrid.
Busta 283, Título IV, N.º 14.

— Despacho N.º 64984 de 31 de mayo de 1830 del Cardenal Secretario de Estado al Nuncio de Madrid.
Busta 283, Título IV, N.º 14.

— Despacho N.º 66012 de 27 de junio de 1830 del Cardenal Secretario de Estado al Nuncio de Madrid.
Busta 283, Título IV, N.º 14.

— Despacho N.° 2951 de 12 de octubre de 1825 del Nuncio de Madrid al Cardenal Secretario de Estado.
Busta 239 (antes en la 270).

— Despacho N.° 251 de 30 de diciembre de 1825 del Nuncio de Madrid al Cardenal Secretario de Estado.
Busta 239 (antes en la 270).

— Despacho N.° 32309 del Cardenal Secretario de Estado al Nuncio de Madrid.
Busta 239 (antes en la 275).

— Despacho 279 del Nuncio de Madrid al Cardenal Secretario de Estado, 29 de abril de 1829.
Busta 239 (antes en la 270).

— Despacho N.° 10331 de 30 de noviembre de 1825 del Cardenal Secretario de Estado al Nuncio de Madrid.
Busta 239 (antes en la 270).

— Despacho N.° 38963 del Cardenal Secretario de Estado al Nuncio de Madrid, 30 de septiembre de 1824.
Busta 239 (antes en la 270).

— Despacho N.° 2 bis de 2 de diciembre de 1824 del Cardenal Secretario de Estado al Nuncio de Madrid.
Busta 239 (antes en la 270).

— Despacho N.° 41460 de 30 de diciembre de 1824 del Cardenal Secretario de Estado al Nuncio de Madrid.
Busta 239 (antes en la 270).

— Despacho N.° 3990 de diciembre de 1824 del Nuncio de Madrid al Cardenal Secretario de Estado.
Busta 239 (antes en la 270).

— Despacho N.° 1217 de 11 de mayo de 1826 del Nuncio de Madrid al Cardenal Secretario de Estado.
Busta 239 (antes en la 170).

— Despacho N.° 219 de 17 de junio de 1820 del Nuncio de Madrid al Cardenal Secretario de Estado.
Busta 239.

— Despacho N.° 280 de 18 de febrero de 1820 del Nuncio de Madrid al Cardenal Secretario de Estado.
Busta 239.

— Despacho N.° 402 de 6 de junio de 1822 del Nuncio de Madrid al Cardenal Secretario de Estado.
Busta 239 (antes en la 270).

— Despacho N.° 495 de 2 de mayo de 1824 del Nuncio de Madrid al Cardenal Secretario de Estado.
Busta 239 (antes en la 270).

— Minuta de carta del Nuncio de Madrid al Arzobispo de Santiago de Cuba, 7 de julio de 1820.
Busta 239.

— Despacho N.° 219 de 30 de mayo de 1820 del Cardenal Secretario de Estado al Nuncio de Madrid.
Busta 239.

— "Representación del Prefecto General del orden monástico hospitalario Betlemitico" a Fernando VII, 12 de julio de 1815.
Busta 239 (antes en la 270).

— Despacho N.° 495 de 2 de marzo de 1824 del Nuncio de Madrid al Cardenal Secretario de Estado.
Busta 239 (antes en la 270).

— Despacho N.° 29 de 4 de febrero de 1828 del Nuncio de Madrid al Cardenal Secretario de Estado.
Busta 283, Título IV, N.° 14.

— Sesión de la S. C. de Asuntos Eclesiásticos Extraordinarios de 11 de mayo de 1...
Rubrica 279, años 1824-29.

Archivo de la Embajada de España Cerca de la Santa Sede

— Oficio del Secretario del Consejo de Ministros al Secretario de Estado y del Despacho de Gracia y Justicia, 28 de octubre de 1828.
Leg. 701

— Real Orden de 27 de noviembre de 1828.
Leg. 701

— Dictamen del Consejo de Indias, 29 de octubre de 1828.
Leg. 701

— Súplica al Rey de un apoderado del Obispo España, marzo de 1828.

— Dictamen del Fiscal en el Consejo de Indias, 24 de octubre de 1828.
Leg. 701

— Informe del Ministro de Estado al Rey 16 de julio de 1828.
Leg. 701

— Resumen de la resolución del Consejo de Indias, 5 de noviembre de 1828.
Leg. 701, N.° 4.

— Acuse de recibo del Ministro de Estado a la nota N.° 403 del Embajador de España en Roma.
Leg. 703, fol. 93.

— Anónimo "El Observador Cubano", sin fecha, posiblemente de 1821.
Leg. 751, Exp. I.

— Expediente de remisión del Obispo España a España en el Leg. 753, Exp. I, contiene los siguientes documentos:

— Denuncia de Manuel González de la Vega, 15 de diciembre de 1823.

— Breve de León XII a Fernando VII, 12 de julio de 1828.

— Ejemplar impreso de la circular del Obispo Espada al clero de La Habana exhortando a que se predique la paz y concordia.

— Anónimo "Un Humilde Vasallo", 23 de junio de 1829.

— Resumen de una carta del Obispo Espada a Fernando VII, 9 de junio de 1824.

— Primer anónimo "El Fidelísimo Pueblo de La Habana", 26 de junio de 1824.

— Carta de Espada a Fernando VII, 31 de mayo de 1824.
— Segundo anónimo "El Fidelísimo Pueblo de La Habana", 29 de mayo de 1825.

— Resumen del oficio reservado N.° 2 del Capitán General Vives, de 9 de junio de 1824.

— Carta del Obispo Espada a Fernando VII, 9 de junio de 1824.

— Copia de los artículos que aparecieron en el "Diario del Gobierno Constitucional de La Habana" el viernes 1.° de agosto de 1823, y el 9 de diciembre de 1823.

— Denuncia de la Comunidad de la Merced, sin fecha ni firma.

— Resumen de la denuncia de Julián Maza.

— Resumen de la denuncia de D. Manuel Elosua.

— Oficio del Secretario del Despacho de Estado referente a las sociedades en Cuba y el envío del Obispo Espada a España, 15 de marzo de 1824.

— Resumen de una carta del Obispo Espada a un "Querido amigo", 22 de marzo de 1823.

— Informe del Capitán General Vives.

— Informe del Obispo de Guamanga, 4 de junio de 1825 (documento 13).

— Real Orden de 19 de febrero de 1824.

— Denuncia "reservadísima" de Remigio Quintana de Trujillo al Ministro de Gracia y Justicia, 10 de junio de 1824.

— Resumen de una carta del Obispo Espada a Fernando VII, 31 de mayo de 1824.

— Traslado al Ministerio de la Guerra de las denuncias de Maza y Elosua.

— Resumen del acuse de recibo del Capitán General Vives a la Real Orden de 21 de febrero de 1824, 9 de junio de 1824.

— Representaciones de corporaciones y particulares en favor del obispo Espada, mayo-junio de 1824.

— Resumen de carta del Conde de O'Reilly al Marqués de Cárdenas de Monte Hermoso, 10 de junio de 1824.

— Consulta de los Asesores del Gobierno, 19 de abril de 1825.

— Dictamen del Fiscal de Consejo de Indias proponiendo que se reitere la Real Orden de 21 de febrero de 1824.

— Voto partiular en el Consejo de Indias del Duque de Montemar, D. Antonio Gámiz y D. Manuel Ximénez Guazo.

— Dictamen médico de 19 de febrero de 1825.

— Oficio del Capitán General Vives al Protomédico Regente, 18 de febrero de 1825.

— Consulta de los Asesores del Gobierno de 19 de abril de 1825.

— Real Orden de 2 de diciembre de 1824 ordenando al Capitán General Vives cumplir en todas sus partes la de 21 de febrero.

— Voto particular en el Consejo de Indias de D. Ignacio Omulayan, D. Antonio Gamiz, D. Francisco de Leyba y D. Manuel Ximénez Guazo.

— Acuerdo del Consejo de Indias diciendo a Fernando VII que es de parecer que mande al Capitán General Vives cumplir en todas sus partes la Real Orden del 21 de febrero.

— Dictamen del Fiscal del Consejo de Indias pidiendo antecedentes, 24 de octubre de 1824.

— Real Orden de 4 de octubre de 1824 remitiendo al Consejo de Indias los documentos enviados por el Capitán General Vives, y la carta del Obispo Espada dirigida al "Querido amigo".

— Resumen de la Real Orden de 3 de octubre de 1824, y oficio N.° 162 en que el Capitán General Vives acusa recibo de ella el 22 de abril de 1825.

— Oficio del Presidente del Consejo de Indias, 21 de octubre de 1824.

— Carta del Obispo Espada a Fernando VII, 31 de mayo de 1824.

— Resumen de la respuesta del Capitán General Vives sobre el asunto de la circular al clero de La Habana de 9 de junio de 1824.

— Oficio del Obispo Espada acompañando la circular al clero de La Habana, 23 de agosto de 1824.

— Informe del Arzobispo electo de Santiago de Cuba, 22 de febrero de 1825.

— Oficio reservado del Capitán General Vives al Intendente en comisión (documento 1.°).

— Oficio del Capitán General Vives explicando por qué no envió al Obispo Espada a España, 23 de febrero de 1825.

— Oficio N.° 161 de 21 de abril de 1825 anunciando ida de O'Gavan a España.

— Oficio del Capitán General Vives al Obispo Espada manifestándole que era preciso nombrara un Gobernador de la Diócesis, 21 de abril de 1825.

— Resumen de una carta del Obispo de Guamanga al Capitán General Vives, 3 de mayo de 1825.

— Informe del Obispo de Guamanga al Capitán General Vives, 4 de junio de 1825 (documento 13).

— Consulta de los Asesores del Gobierno, 19 de abril de 1825.

— Oficio N.° 162 de 22 de abril de 1825 del Capitán General Vives al Intendente.

— Oficio reservado del Intendente al Capitán General Vives, 23 de abril de 1825 (documento N.° 2).

— Comunicación del Comandante General de Marina al Capitán General Vives, 25 de mayo de 1825 (documento N.° 3).

— Oficio del Capitán General Vives al Obispo Espada, 26 de mayo de 1825 (documento N.° 5).

— Oficio reservado del Capitán General Vives al Comandante General de Marina, 26 de mayo de 1825 (documento N.° 4).

— Comunicación del Obispo Espada al Capitán General Vives, 27 de mayo de 1825 (documento N.° 6).

— Oficio del Capitán General Vives al Alcalde Ordinario, 3 de junio de 1825 (documento N.° 8).

— Comunicación de los Asesores del Gobierno al Capitán General Vives, 1.° de junio de 1825.

— Oficio del Capitán General Vives al Obispo de Guamanga, 3 de junio de 1825.

— Oficio del Capitán General Vives a los médicos, 3 de junio de 1825.

— Dictamen de los médicos, 4 de junio de 1825 (documento N.° 11).

— Comunicación N.° 178 de 22 de junio de 1825 del Capitán General Vives al Secretario del Despacho de Gracia y Justicia.

— Real Orden de 4 de julio de 1825.

— Oficio 186 de 30 de septiembre de 1825 del Capitán General Vives al Secretario de Estado y del Despacho de Gracia y Justicia.

— Acta del traslado de los restos de Colón, 23 de octubre de 1822.

— Real Orden de 29 de enero de 1826 disponiendo se envíe al Obispo Espada sin excusa alguna.

— Carta N.° 223 de 2 de mayo de 1826 del Capitán General Vives.

— Real Orden de 26 de julio de 1826.

— Carta del apoderado del Obispo Espada a Fernando VII, 7 de septiembre de 1826.

— Carta del Obispo Espada al arzobispo de Santiago de Cuba, 20 de febrero de 1829.
Leg. 758, Exp. III.

— Carta del Obispo Espada al Arzobispo de Santiago de Cuba, 20 de febrero de 1829.
Leg. 758, Exp. III.

— Carta del Obispo Espada al Arzobispo de Santiago de Cuba, 30 de diciembre de 1828.
Leg. 758, Exp. III.

— Voto particular de Rafael Morant en el Consejo de Indias, 6 de julio de 1829.
Leg. 758, Exp. III.

— Voto particular de Manuel Ximénez Guazo en el Consejo de Indias, 6 de julio de 1829.
Leg. 758, Exp. III.

— Carta del Obispo Espada al Arzobispo de Santiago de Cuba, 20 de febrero de 1829.
Leg. 758, Exp. III.

— Refutación de los votos particulares en la Consulta del Consejo de Indias, 6 de julio de 1829.
Leg. 758.

— Carta de Fernando VII a León XII, 14 de noviembre de 1828.
Leg. 758, Exp. III.

— Carta del Arzobispo de Santiago de Cuba al Obispo Espada, 30 de noviembre de 1828.
Leg. 758, Exp. II.

— Carta del Obispo Espada al Arzobispo de Santiago de Cuba, 19 de diciembre de 1828.
Leg. 758, Exp. III.

— Carta del Obispo Espada a Fernando VII, 31 de diciembre de 1826.
Leg. 758, Exp. III.

— Carta del Obispo Espada al Secretario de Estado y del Despacho de Gracia y Justicia, 28 de febrero de 1829.
Leg. 758, Exp. III.

— Carta del Arzobispo de Santiago de Cuba al Obispo Espada, 19 de enero de 1829.
Leg. 758, Exp. III.

— Carta del Obispo Espada a Fernando VII, 28 de febrero de 1829.
Leg. 758, Exp. III.

— Carta del Arzobispo de Santiago de Cuba al Obispo Espada.
Leg. 758, Exp. III.

— Carta del Obispo Espada al Arzobispo de Santiago de Cuba, 29 de abril de 1829.
Leg. 758, Exp. III.

— Consulta del Consejo de Indias, Informe del Fiscal, 6 de julio de 1829.
Leg. 758, Exp. III.

— Oficio de Fernando VII a los Ministros Manuel Ximénez Guazo y Rafael Morant, 17 de julio de 1829.
Leg. 758, Exp. III.

— Dictamen del Consejo de Ministros, 4 de octubre de 1829.
Leg. 758, Exp. III.

— Nota del Embajador de España en Roma al Cardenal Secretario de Estado, 17 de marzo de 1820.
Leg. 759 (marzo).

— Nota N.° 62908 de 1.° de abril de 1820 del Cardenal Secretario de Estado al Embajador de España en Roma.
Leg. 759 (mayo).

— Oficio N.° 403 de 29 de mayo de 1820 del Embajador de España en Roma al Ministro de Estado.
Leg. 759.

— Nota del Embajador de España en Roma al Cardenal Secretario de Estado, 17 de marzo de 1830.
Leg. 759 (marzo).

— Nombramiento de D. Gregorio Rodríguez, Obispo de Cartagena de Indias.
Leg. 683 (noviembre 1815).

— Bulas de erección elevando el Obispado de Santiago de Cuba a archidiócesis, 2 de noviembre de 1803.
Leg. 675 - II, mes de noviembre.

— Instrucción al Embajador de España en Roma para que interprete las Bulas necesarias para elevar el obispado de Santiago de Cuba a archidiócesis, 30 de junio de 1803.
Leg. 675 - I, mes de septiembre.

— Oficio del Embajador de España en Roma, 7 de septiembre de 1803.
Leg. 675 - I, mes de septiembre.

— Traslado de Fray Francisco Porro al Obispado de Tarragona.
Leg. 674 (diciembre).

— Promoción de D. Luis de Penalver y Cárdenas a Arzobispo de Guatemala.
Leg. 673 (mayo).

— Oficio N.° 51 de 31 de agosto de 1834 del Encargado de Negocios de España en Roma al Ministro de Estado.
Leg. 673, fol. 51 (agosto).

— Presentación de D. Juan José Díaz de Espada y Landa para el Obispado de La Habana.
Leg. 747, f. 221-222.

— Real Orden de 3 de mayo de 1800.
Leg. 247, f. 221-222.

— Oficio 253 del Capitán General Vives al Ministro de Gracia y Justicia, 31 de enero de 1827.
Leg. 825, Exp. 8.

— Carta del Obispo Espada al Capitán General Vives, 5 de enero de 1827.
Leg. 825, Exp. 8.

— Carta del Obispo Espada al Capitán General Vives, 29 de abril de 1826.
Leg. 825.

— Carta del Obispo Espada al Capitán General Vives, 30 de septiembre de 1826.
Leg. 825.

Documentos del Archivo de Indias que se Conservan en el Archivo de la Embajada de España cerca de la Santa Sede

— Real Orden mandando al Consejo de Indias que estudie la representación de D. Juan Cruz del Junco y de D. Ignacio Fernández de Velasco, 2204-4 Consejo de Indias en la Sala Primera a 22 de enero de 1818 (ultramar 3).

— Proposición del Arzobispo de Santiago de Cuba de crear una Capitanía General en esa ciudad.

— Denegación del Consejo de Indias al Procurador de los Franciscanos que pedía se permitiera enterrar en las parroquias y conventos a los que tuvieran sepulturas en ellos.
1944-4 Consejo de Indias en la Sala Primera a 10 de septiembre de 1806.
Leg. 329, folio 202.

— Reprobación del Consejo de Indias por haber nombrado agente procurador a D. Francisco María Castañeda.
199-14 Consejo de Indias en la Sala Primera a 10 de diciembre de 1806.
Leg. 329.

— Queja de Fray Baltazar de Pozo Antiguo contra el Obispo Espada y el Capitán General Marqués de Someruelos.
1942-19 (fol. 188) Consejo de Indias, Sala Primera, 5 de octubre de 1804 (ultramar 2).

— Oficio de la Cámara de Indias al Rey comunicándole que D. Juan José Díaz de Espada y Landa aceptó el nombramiento de Obispo de La Habana.
177-12 Cámara de Indias, Leg. 1146.

— Respuesta del Rey (Carlos IV) a la consulta de la Cámara de Indias, 8 de noviembre de 1802.
188-3, Consejo de Indias.

— Carta de la S. C. del Concilio al Obispo Espada sobre anulación de matrimonio.
Leg. 749 N.° 249 y Leg. 691, fol. 61 (julio).

— Sentencia del Consejo de Indias dando procedencia al Obispo de La Habana sobre el General de Marina.
2049-5 (Ultramar 2) Consejo de Indias.

— Nombrando a D. Vicente Ruiz de Alvillo, Arzobispo de Cuba.
2046-2 Consejo de Indias.

— Queja del Vicario General de los Capuchinos.
2105-21, Cámara de Indias a 22 de julio de 1815.

— Proyecto de Espada, sin resolución sobre los Obispos de Ultramar.
2449 Consejo de Eestado, 10 de julio de 1813 (Ultramar 3).

— Sentencia del Consejo de Indias ordenando a Espada levantar la suspensión impuesta al Presbítero D. Francisco Soles Muñoz.
223130 Consejo de Indias, Sala Primera (Ultramar 3).

— Real Orden disponiendo que todos los Obispos escriban una Pastoral comentando la exhortación del Papa a la paz y concordia.
Leg. 918-2.

— Dictamen del Consejo de Indias diciendo que el Rey podía servirse declarar vacante la prebenda del arcediano Sobral.
2287-9 Cámara de Indias a 14 de febrero (Ultramar 3).

— Dictamen del Consejo de Indias resolviendo que D. Manuel Martínez (ex-Fray Manuel de San Román) permanezca en Madrid.
2221-21 Consejo de Indias en pleno 3 Solos a 30 de mayo de 1817. (Ultramar 3).

— Dictamen del Consejo de Indias negando solicitud del Obispo Espada de que se traslade a D. Pedro Gordillo.
2308-30 (fol. 306) Cámara de Indias a 8 de julio de 1818 (Ultramar 3).

— Dictamen del Consejo de Indias sobre la prisión de D. Nicolás Abrantes.
2296-18 Consejo de Indias en la Sala Primera a 30 de mayo de mayo de 1818 (Ultramar 3).

— Orden del Consejo de Indias mandando al Capitán General de Cuba que no permita la impresión de papeles con expresiones denigrantes para los habitantes de la Isla.
2356-11 Consejo de Indias (Ultramar 3).

— Nombrando a D. Juan Bernardo O'Govan, Oidor de la Real Audiencia de Cuba, 21 de enero de 1815.
2125-41 Consejo de Indias.

— Nombramiento de Provisor hecho por el Obispo Espada 816-2, Cámara de Indias a 13 de abril de 1801 (Ultramar 2).

— Instrucciones al Embajador de España para impetrar las correspondientes bulas apostólicas en favor de D. Juan José Díaz de Espada y Landa Leg. 247 fol. 221-222.

— Nota N.° 62908 del Cardenal Secretario de Estado al Embajador de España en Roma.

— Oficio del Ministro de Estado al Embajador de España en Roma, 12 de febrero de 1830.
Leg. 903, fol. 61.

INDICE DE NOMBRES

GUTIÉRREZ DE PIÑERES, D. Tomás, 98
GUTIÉRREZ DE COS, D. Pedro, 18, 134, 180, 179 (ver Guamenga Obispado)
Guatemala, 63, 113
Guayama, 27

H

Habana, 13, 15, 19, 21, 26, 27, 28, 38, 39, 40, 41, 42, 44, 45, 47, 48, 49, 50, 51, 52, 55, 56, 58, 59, 61, 62, 63, 64, 65, 72, 75, 76, 78, 76, 80, 82, 83, 85, 86, 87, 91, 94, 99, 100, 101, 102, 103, 105, 109, 110, 113, 117, 119, 122, 123, 124, 130, 132, 135, 138, 139, 141, 142, 146, 147, 150, 152, 153, 154, 157, 158, 163, 164, 165, 166, 169, 174, 175, 177, 180, 183, 186, 187, 189, 190, 191, 192, 193, 194, 196, 199, 202, 203, 204, 205, 206, 207, 208, 209, 210, 213, 218, 223, 226, 228, 230, 236, 244, 246, 251, 255, 256, 261, 267, 270, 271, 272, 273, 275 ; Arzobispo de la, 10 ; Apostadero de la, 169, 171 ; Catedral de la, 237, diócesis de la, 179, 205, 211, 212, 217, 250, 255, 259, 257, 259 ; Gaceta de la, 100 ; Obispo de la, 16, 18, 20, 24, 26, 32, 95, 104, 105, 109, 120, 131, 134, 135, 148, 179, 197, 198, 150, 210, 221, 223, 224, 227, 228, 229, 236, 241, 251, 255, 256, 258, 260, 263, 265, 266, 270 ; Protomedicato de la, 195 ; Universidad de la, 24, 25, 140
Haití, 22, 26, 52

Hato Nuevo, 87, 111, 268
Hechevarría, 106, 113, 114
HERNÁNDEZ, Dr. Lorenzo, 165
HEVIA, D. Gabriel, 18 ; Dr. Simón, 165, 270
Hispanismo, 16
Hispanoamérica, 9
Humilde Vasallo, un, 67, 70

I

ICONIO, Obispo de, 211
Iglesia, Española, 16
Indias, 215 ; Cámara de, 18, 27 ; Consejo de, 35, 37, 38, 50, 51, 53, 61, 76, 82, 83, 84, 85, 87, 99, 101, 104, 125, 132, 133, 134, 136, 139, 159, 162, 164, 175, 178, 187, 189, 194, 208, 215, 221, 223, 224, 225, 226, 229, 232, 236, 237, 245, 249, 250, 251, 252, 254, 221, 256, 257, 258, 261 ; Recapitulación de, 36, 224, 232
"Indicador del Viernes", 96
Inglaterra, 26, 41, 65, 111, 119 ; guerra con, 21
Inquisición, 54 ; Tribunal de la, 17, 107, 130
Institución libre de Enseñanza, 15
Isabel II, 286, 291
Isabel la Católica orden de, 153, 180, 145, 272
Italia, 110, 161, 172, 193 ; Legación de Cuba en, 9
Iturbide, 109

J

Jaruco, 140
Jackson, 102
Jausenismo, 15, 16, 17, 34, 35, 64, 57, 59, 246, 251, 260, 276

331